CONTACTS

LANGUE ET CULTURE FRANÇAISES

SECOND EDITION

Jean-Paul Valette

Rebecca M. Valette
Boston College

HOUGHTON MIFFLIN COMPANY • Boston
Dallas   Geneva, Ill.   Hopewell, N.J.   Palo Alto   London

ACKNOWLEDGMENTS

The authors and publisher would like to thank the many users of *Contacts* who responded to our questionnaire on the first edition. Their comments and suggestions were invaluable in preparing *Contacts*, *Second Edition*. In addition, special thanks are due to the following people for their in-depth reviews of portions of the manuscript:

Lucia Baker, *University of Colorado*
Claire Georghiou, *University of California Riverside*
Constance Knop, *University of Wisconsin*
Gloria Russo, *University of Virginia*
Susan Schunk, *University of Akron*

CONTENTS

v

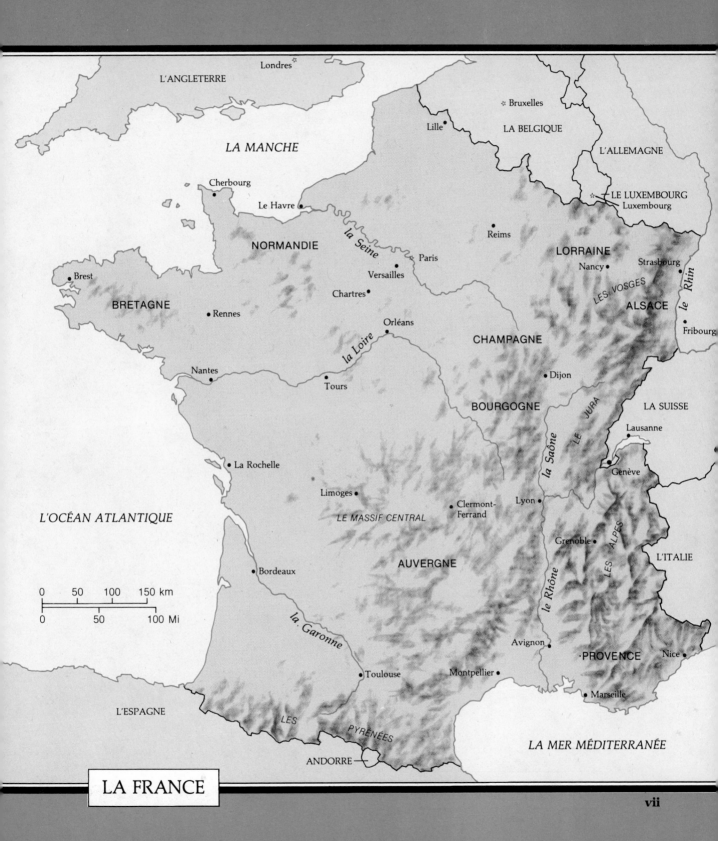

L'ANGLETERRE

Londres ☆

LA MANCHE

Cherbourg

Le Havre

la Seine

NORMANDIE

Paris

Versailles

Chartres

Brest

BRETAGNE

Rennes

Orléans

la Loire

Nantes

Tours

L'OCÉAN ATLANTIQUE

La Rochelle

Limoges

LE MASSIF CENTRAL

0   50   100   150 km

0   50   100 Mi

Bordeaux

AUVERGNE

la Garonne

L'ESPAGNE

Toulouse

LES

PYRÉNÉES

ANDORRE

Lille

LA BELGIQUE

☆ Bruxelles

L'ALLEMAGNE

LE LUXEMBOURG ☆

Luxembourg

Reims

LORRAINE

Nancy

Strasbourg

LES VOSGES

ALSACE

le Rhin

Fribourg

CHAMPAGNE

Dijon

BOURGOGNE

la Saône

LE JURA

LA SUISSE

Lausanne

Genève

Lyon

Clermont-
Ferrand

Grenoble

LES ALPES

L'ITALIE

le Rhône

Avignon

PROVENCE

Nice

Montpellier

Marseille

LA MER MÉDITERRANÉE

LA FRANCE

KEY
1 l'Algérie
2 la Belgique
3 le Bénin
4 le Burundi
5 le Cambodge
6 le Cameroun
7 le Congo
8 la Corse
9 la Côte d'Ivoire
10 Djibouti
11 la France
12 le Gabon
13 la Guadeloupe
14 la Guinée
15 la Guyane française
16 Haïti
17 la Haute-Volta
18 le Laos
19 la Louisiane
20 le Luxembourg
21 Madagascar
22 le Mali
23 le Maroc
24 la Martinique

25 la Mauritanie
26 le Niger
27 la Nouvelle-Angleterre
28 la Nouvelle-Calédonie
29 la Polynésie française
30 le Québec
31 la République Centrafricaine
32 la Réunion

33 le Rwanda
34 le Sénégal
35 la Suisse
36 le Tchad
37 le Togo
38 la Tunisie
39 le Vietnam
40 le Zaïre

LE FRANÇAIS DANS LE MONDE

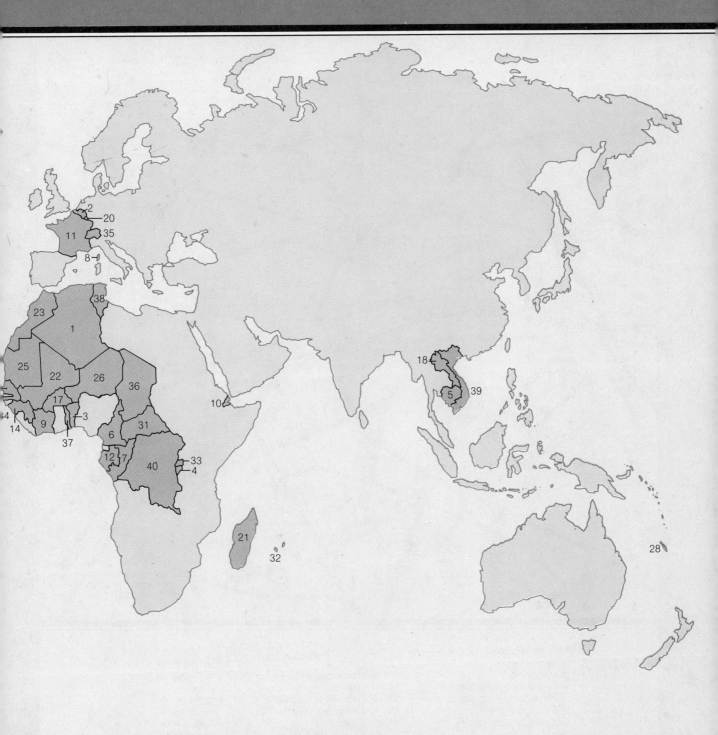

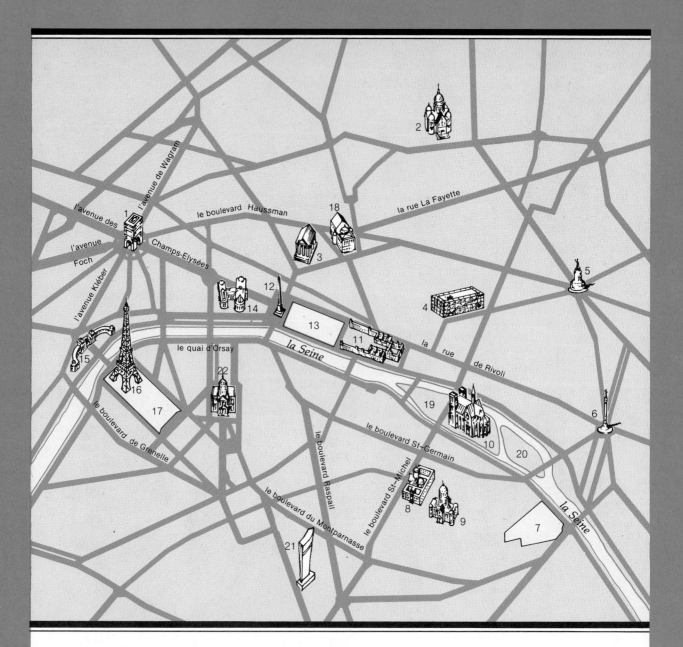

PARIS MONUMENTAL

I: Rencontres

Leçon 1: La rentrée

It is the first day of class at the university. Students are meeting their old friends and striking up new acquaintances.

Voici Philippe.
Voilà Sylvie.

Bonjour, Philippe.
Bonjour, Sylvie.

Qui est-ce?
C'est Monique.
Monique Masson?
Non, Monique Salat!

Bonjour!
Bonjour, je m'appelle Thomas. Et toi?
Je m'appelle Nathalie.

Au revoir, Philippe.
Au revoir, Sylvie.

Here is Philippe.
There is Sylvie.

Hello, Philippe.
Hello, Sylvie.

Who is that?
It's Monique.
Monique Masson?
No, Monique Salat!

Hello!
Hello. My name is Thomas. And you?
My name is Nathalie.

Good-by, Philippe.
Good-by, Sylvie.

Renseignements culturels *(Cultural information)*: *L'université en France*

The French university system differs from the American system in many ways. Most French universities are public and are under the direction of the **Ministre des Universités** who holds a cabinet post in the French government. Another distinguishing feature of the French universities is that tuition is free; students just pay registration fees. However, only 20% of the college-age population in France attends the university, as compared to 35% in the United States.

La rentrée means the "return" of students to their classes and refers to the opening of the academic year. At the university level, the **rentrée** takes place in mid to late October. Courses are not divided into semesters or trimesters, but run straight through until June. Students have two weeks of vacation at Christmas, and a week each in February (Mardi Gras) and April (Easter).

Vocabulaire et Phonétique

VOCABULAIRE: Bonjour

Voici ...	here is ... , here comes ...	**Voici** Philippe.
	here are ... , here come ...	**Voici** Philippe et Sylvie.
Voilà ...	There is ... , there comes ...	**Voilà** Thomas.
	There are ... , there come ...	**Voilà** Thomas et Nathalie.
Bonjour!	Hello!	**Bonjour,** Thomas!
Au revoir!	Good-by!	**Au revoir,** Nathalie!
Comment vous appelez-vous?	What's your name?	**Comment vous appelez-vous?**
Je m'appelle ...	My name is ...	**Je m'appelle** Sylvie.
Qui est-ce?	Who is it? Who is that?	**Qui est-ce?**
C'est ...	It's ... , That's ...	**C'est** Thomas.

Introduction à la phonétique française

While French and English show many similarities in their written forms, they are very different in their spoken forms. If you have ever heard French spoken, you will have noticed that not only are the words pronounced differently, but the overall impression of the language is not the same.

The best way to acquire a good French pronunciation is to imitate the speakers of French as accurately as possible. This requires two steps: listening and repeating. CONTACTS is specifically designed to give you such practice. The exercises in the textbook provide you with many opportunities to develop your oral skills under your instructor's guidance. The tape program that accompanies the textbook provides extensive guided listening and speaking practice.

NOTE LINGUISTIQUE:

Comment comprendre une langue *(How to understand a language)*

The languages of French and English are not parallel "codes" in which words are interchangeable at will. For example, to introduce themselves, the French say **Je m'appelle** ... which corresponds to the English phrase *My name is ...* , but which literally means *I call myself* ...

To take another example, the closest equivalent to the English word *university* is **université.** Although these two words are roughly equivalent, the linguistic fit between them is not absolutely perfect. When French students talk about their **université,** they have essentially the academic buildings in mind. To American students, the word *university* also encompasses bookstores, sports facilities, dormitories, dining halls, and student activity centers.

Languages reflect the ways in which different people express the "reality" they perceive. Thus, when reading and listening to French, you should try to understand the idea that is expressed and avoid making word-for-word correspondences that are often awkward and sometimes meaningless.

A. Différences entre l'anglais et le français

Spoken French differs from English in several ways:

TENSENESS	English is a very *relaxed* language. Vowels are often glided. Some consonants may also be prolonged. *Madam. Michele. Isabel.*	French is a very *tense* language. Vowels are short and clipped: they do *not* glide. Consonants are short and distinctly pronounced. **Madame. Michèle. Isabelle.**
RHYTHM	English rhythm is *sing-songy.* Some syllables are short and others are long. Good *morn*ing. Good *morn*ing, Emily. My *name* is Paul.	French rhythm is *very even.* Only the *last* syllable of a group of words is longer than the others. Bon**jour.** Bonjour, Émil**ie.** Je m'appelle **Paul.**
LINKING	In spoken English, words are usually *separated.* Your vocal cords may even stop vibrating an instant between words. *There's Kate.* ≠ *Their skate.*	In spoken French, words are *not separated.* In fact, within a group of words, all syllables are linked together. **par an** *(per year)* = **parents**
SYLLABLES	In spoken English, many words and syllables end on a *consonant sound.* *That's Thom·as.*	In spoken French, syllables end on a *vowel sound* wherever possible. **C'e$t Tho·ma$.**

1. Bonjour! Imagine that you are studying at a French university. Say *hello* to the following people.

▶ Anne   *Bonjour, Anne!*

1. Paul	4. Annie	7. Michel	10. Isabelle
2. Sylvie	5. Patrick	8. Monique	11. Émilie
3. Philippe	6. Pascal	9. Nicole	12. Anne-Marie

2. Présentations *(Introductions)*: Introduce the following people.

▶ Paul Lavoie   *Voici Paul Lavoie.*

1. Philippe Vallée
2. Nicole Masson
3. Sylvie Lagarde
4. Michel Aveline
5. Anne-Marie Lama
6. Patrick Duval

B. Les lettres muettes

Some letters in French are not pronounced, especially when they come at the end of a word. The following letters are usually silent:

—final **-e**

     Philippe̸   Sylvi̸e   Anni̸e

—final **-s**

     Loui̸s   Deni̸s   Charle̸s

—other final consonants, except **-c, -f, -l,** and sometimes **-r**

     Richar̸d   Rober̸t   Roge̸r
     but Mar**c**   che**f**   Pau**l**   bonjou**r**

—**h** in all positions

     H̸enri   T̸homas   Nat̸halie

3. Les étudiants français *(The French students)*: Imagine that a group of French students is visiting your campus. Introduce each one to the class.

▶ T̸homa̸s   *Voilà Thomas.*

1. Éric	5. Loui̸s	9. Édit̸h
2. Yve̸s	6. Louis̸e	10. Anne̸-Mari̸e
3. Nat̸hali̸e	7. H̸uber̸t	11. Mart̸he̸
4. Nicola̸s	8. Mat̸hild̸e	12. Alber̸t

Leçon 2: Bonjour!

François is on his way to the university. On the street he meets Hélène, a class-mate.

FRANÇOIS:	Salut, Hélène!	*Hi, Hélène!*
HÉLÈNE:	Salut, François! Ça va?	*Hi, François! How are you doing?*
FRANÇOIS:	Ça va! Et toi?	*Fine. And you?*
HÉLÈNE:	Oh, ça va!	*Oh, OK!*

François meets his history professor, Madame Laforêt.

FRANÇOIS:	Bonjour, Madame. Comment allez-vous?	*Good morning (Ma'am). How are you?*
MME LAFORÊT:	Très bien, merci. Et vous?	*Fine, thank you. And you?*
FRANÇOIS:	Pas mal, merci.	*Not bad, thanks.*

Renseignements culturels: *Niveaux de langue* (Levels of language)

In both English and French there are different levels of language, ranging from the very casual to the highly formal. An American student on his way to lunch might say to a friend something that sounds like: "Hey! Jeet jet?" Under similar circumstances, an American meeting an acquaintance with whom he is on more formal terms might say: "Did you eat yet?"

In the first conversation above, François and Hélène are using the casual speech of students or good friends. Informal experssions such as **Salut** and **Ça va?** correspond to the more formal **Bonjour** and **Comment allez-vous?** which François uses when talking to his history professor.

The French use two different forms of address, depending on the degree of formality or informality which exists between them and the persons to whom they are talking. Since the French tend to be more formal than the Americans, it is a good idea for American students abroad to adopt a rather formal level of language with all acquaintances except classmates, close friends, and young children.

Vocabulaire et Phonétique

VOCABULAIRE: Salutations *(Greetings)*

formally		*informally*	
Bonjour, Monsieur!	Good day, Sir!		
Bonjour, Madame!	Good day, Ma'am!	**Salut!**	Hi!
Bonjour, Mademoiselle!	Good day, Miss!		
Comment allez-vous?	How are you?	**Ça va?**	How are you?
Je vais ...	I am ...	**Ça va** ...	Things are going ...

très bien	**bien**	**comme ci, comme ça**	**mal**
very well	fine	not too bad	not great

NOTES DE VOCABULAIRE

1. Greetings in French are almost always followed by either a name or a form of address:

   Bonjour, Paul!   **Salut, Anne!**   **Bonjour, Monsieur!**

2. When addressing others, the French usually do not use last names with **Monsieur, Madame,** and **Mademoiselle.** Compare:

Bonjour, Monsieur.	Good morning, Mr. Smith.
Bonjour, Madame.	Hello, Mrs. Clark.
Comment allez-vous, Mademoiselle?	How are you, Miss Simpson?

3. The French often use the following abbreviations:

   M. for **Monsieur**   **Mlle** for **Mademoiselle**   **Mme** for **Madame**

1. Dans la rue: As Hélène walks down the street, she meets the following people. Play the role of Hélène, greeting them formally or informally as appropriate.

▶ (Jacques, a classmate) *Salut, Jacques! Ça va?*
▶ (Monsieur Dupont, a professor) *Bonjour, Monsieur! Comment allez-vous?*

1. (Sylvie, her cousin)
2. (Madame Bouvier, the pharmacist)
3. (Paul, another classmate)
4. (Josette, a neighbor's daughter)

5. (Monsieur Bellamy, a neighbor)
6. (Mademoiselle Lucas, a neighbor)
7. (Monsieur Dumas, the mailman)
8. (Philippe, the son of the grocer)

NOTE LINGUISTIQUE: L'alphabet phonétique

Both English and French use the Roman alphabet, but letters and groups of letters do not represent the same sounds in the two languages.

1. Certain sounds exist in one language and not the other. The vowel sound **u** of **salut** does not exist in English.

2. In both languages, a single sound may be written different ways. The underlined letters in the following French words are all pronounced the same way: <u>ç</u>a, <u>s</u>alut, voi<u>c</u>i, profe<u>ss</u>eur.

3. In both languages, a given letter or group of letters may represent more than one sound. The letter **c** has two pronunciations in French: **voici, Caroline.**

4. In both languages, a letter may not represent any sound. In French, the **t** of **salut** is silent.

Because each language has its own set of sound-spelling correspondences, the International Phonetic Association (I.P.A.) has developed a special alphabet where each symbol, usually given between slash lines (such as /a/ and /i/), represents a specific sound. These I.P.A. symbols are used to identify the sounds of French in the PHONÉTIQUE sections of your text. They are listed, together with the French system of sound-symbol correspondence, in Appendix I.

A. Les accents

In French, accent and spelling marks are part of the spelling of a word and cannot be left out. Four accent marks occur with vowels. One spelling mark occurs with a consonant.

exemples
L'accent aigu *(acute accent):* [´]   André, Renée
This accent appears only on the vowel **e.**

   é represents the sound /e/.

L'accent grave *(grave accent):* [`]
This accent may appear on **a, e,** and on the word **où.**

è almost always represents the sound /ɛ/.

Michèle, voilà, où

L'accent circonflexe *(circumflex accent):* [ˆ]
This accent may appear on all vowels except **y.**

ê usually represents the sound /ɛ/.
ô usually represents the sound /o/.

forêt, hôpital, dîner

The circumflex accent usually does not indicate a change in pronunciation of **a, i,** or **u.**

Le tréma *(diaresis):* [¨]
This accent may appear on the second of two consecutive vowels and indicates that these vowels are pronounced separately.

Noël, naïve

La cédille *(cedilla):* [¸]
This accent only appears under the consonant **c.**

français, ça

ç always represents the sound /s/.

2. Salut! Greet the following students according to the model.

▶ François   *Salut, François! Ça va?*

1. Mélanie
2. Michèle
3. Cécile

4. Léon
5. Noëlle
6. Joël

7. Hélène
8. Thérèse
9. Jérôme

B. Intonation

As you speak, your voice rises and falls; this is called intonation. In French, as in English, your voice falls at the end of a declarative sentence. However, in French the voice rises after each group of words within a longer sentence, whereas in English it either falls or stays on the same pitch.

Ça va très bien.   **Voilà Michel.**

Ça va comme ci, comme ça.   **Voici Marie et voilà Michel.**

3. Rencontres: Repeat the following groups of sentences.

1. Voici Anne.   Voilà François Dumas.   Voici Anne et voilà François.

2. Je m'appelle Jean.   Je m'appelle Jean Montel.   Je m'appelle Jean-Paul Montel.

3. Ça va mal.   Ça va très mal.   Ça va comme ci, comme ça.

Leçon 3: L'heure, c'est l'heure!

À la gare du Nord

AU CINÉMA

ALAIN: À quelle heure est le film?
CLAIRE: À deux heures.
ALAIN: Et quelle heure est-il?
CLAIRE: Il est une heure.
ALAIN: Ça va! Nous avons le temps!

At the movie theater

At what time is the movie?
At two (o'clock).
And what time is it?
It's one o'clock.
That's OK! We have time!

AU CAFÉ

ALICE: Quelle heure est-il?
MARC: Il est deux heures et demie.
ALICE: Zut! J'ai rendez-vous dans dix minutes!
MARC: Au revoir, Alice!
ALICE: Au revoir, Marc!

At the café

What time is it?
It's two-thirty.
Darn! I have an appointment in ten minutes!
Good-by, Alice!
Good-by, Marc!

À LA GARE

ROBERT: À quelle heure est le train?
MARIE: À trois heures et quart.
Nous avons le temps.
Il est trois heures moins le quart.
ROBERT: Mais non! Il est trois heures et demie!
MARIE: Zut alors! Ma montre est arrêtée!

At the train station

At what time is the train?
At a quarter after three.
We have time.
It's a quarter to three.
Why no! It's three-thirty!
Oh darn! My watch has stopped!

Renseignements culturels: La ponctualité

The concept of time often varies from culture to culture. In their interpersonal relationships, the French generally have a more flexible attitude towards time than the Americans. When two French people agree to meet socially at two o'clock, for instance, they are thinking of a certain time span (roughly between two and two-twenty) rather than a precise point in time. This is not to say that the French are hopelessly negligent or that they treat punctuality with casualness. What it does mean is that the French acknowledge and respect the fact that the other person probably has a busy schedule and appreciates a certain flexibility in getting to a rendez-vous.

In many other circumstances, however, especially those connected with school and business, the French are very time conscious. They get to class and meet their business engagements on time. And they take great pride in the fact that theirs is the only country in the world where the trains always run on schedule!

Vocabulaire et Phonétique

A. Les nombres de 0 à 12

Numbers may be used alone, as in counting. They may also be used with nouns. Note the pronunciation of the numbers from 0 to 12 in the chart below.

alone		before a consonant sound	before a vowel sound
		J'ai rendez-vous ...	Le train arrive ...
0	zéro		
1	un	dans͜z un moment (in a moment)	dans͜z un instant
		dans͜z une minute	dans͜z uné heure (hour)
2	deux	dans deux minutes	dans deux͜z heures
3	trois	dans trois minutes	dans trois͜z heures
4	quatre	dans quatre minutes	dans quatré heures
5	cinq	dans cinq minutes	dans cinq͜k heures
6	six	dans six minutes	dans six͜z heures
7	sept	dans sept minutes	dans sept͜ heures
8	huit	dans huit minutes	dans huit͜ heures
9	neuf	dans neuf minutes	dans neuf͜v heures
10	dix	dans dix minutes	dans dix͜z heures
11	onze	dans onze minutes	dans onzé heures
12	douze	dans douze minutes	dans douzé heures

- Alone, **six** and **dix** are pronounced /sis/ and /dis/.

- When a number occurs before a word beginning with a consonant sound, the final consonant of that number is usually not pronounced.

    hui**t**   hui/ minutes

- When a number occurs before a word beginning with a vowel sound (that is, with **h** or a vowel), the final consonant is pronounced as if it were the first sound of the next word. This is called *liaison*. Note that in liaison, a final **-s** or **-x** is pronounced /z/: trois‿heures, dix‿heures.

1. L'ordinateur *(The computer):* The following numbers are listed on a computer print-out. Read each series aloud.

1.   1, 3, 5, 7, 9, 11,

2.   0, 2, 4, 6, 8, 10, 12,

3.   1, 5, 2, 7, 9, 11, 12,

4.   3, 2, 0, 4, 8, 2, 5,

5.   0, 12, 4, 11, 8, 5, 7,

2. Au café *(At the café):* You are working as a waiter or a waitress in a French café. Relay the following orders to the bar.

▶ 6 cafés *(coffees)*   *six cafés ... six!*

1. 3 cafés
2. 6 thés *(teas)*
3. 8 coca-colas
4. 9 cafés
5. 10 thés
6. 2 sandwiches
7. 12 sandwiches
8. 2 orangeades
9. 6 orangeades
10. 10 orangeades

B. *L'heure*

Note how the hour and its divisions are expressed in French.

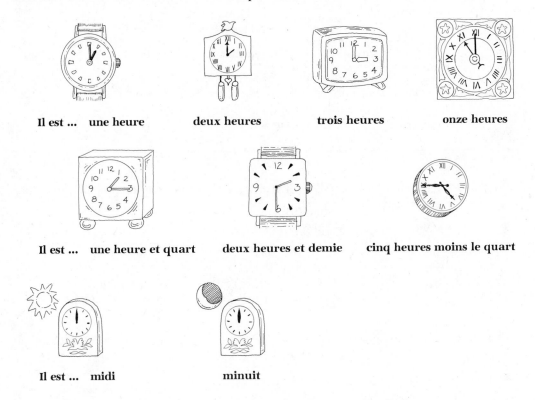

Il est ...   une heure   **deux heures**   **trois heures**   **onze heures**

Il est ...   une heure et quart   **deux heures et demie**   **cinq heures moins le quart**

Il est ...   midi   **minuit**

■ To express time in fractions of an hour, the French say:

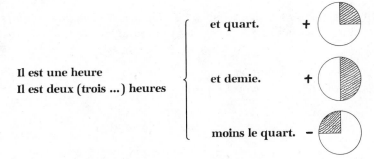

Il est une heure
Il est deux (trois ...) heures
    et quart.   +
    et demie.   +
    moins le quart.   −

- In English, the expression *o'clock* may be left out. In French however, the word **heure** or **heures** (abbreviated as **h**) is never omitted when giving the time.

- With **midi** and **minuit**, the half hour is written **et demi.**

VOCABULAIRE: L'heure

Quelle heure est-il?	What time is it?	**Quelle heure est-il,** Jacques?
Il est ...	It is ...	**Il est** deux heures.
J'ai rendez-vous (avec) ...	I have an appointment, a date (with) ...	**J'ai rendez-vous avec** Janine.
À quelle heure?	At what time?	**À quelle heure** est le concert?
À ...	At ...	**À** huit heures et demie.
Dans ...	In ...	**Dans** dix minutes.

3. Quand il est midi à Paris ... *(When it is noon in Paris ...):* Give the time in other cities when it is noon in Paris.

▶ New York: 6 h   *À New York, il est six heures.*

1. Boston: 6 h
2. Chicago: 5 h
3. Denver: 4 h
4. Los Angeles: 3 h

5. Québec: 6 h
6. Madrid: 12 h
7. Moscou: 2 h
8. Tel Aviv: 1 h

9. Mexico: 5 h
10. Pékin: 7 h
11. Tokio: 8 h
12. Honolulu: 1 h

4. À quelle heure? Jacques wants to know when certain things are scheduled. Monique answers him. Play both roles according to the model.

▶ le concert/9 h   JACQUES: *À quelle heure est le concert?*
MONIQUE: *À neuf heures.*

1. le film/10 h
2. le dîner/7 h 30

3. la classe/2 h 15
4. le bus/4 h 45

5. le train/6 h 15
6. le rendez-vous/9 h 30

5. La montre de Philippe *(Philippe's watch):* Philippe's watch is 15 minutes slow, but Hélène has the correct time. Play both roles according to the model. Note: «*Mais non!*» means "Why no!"

▶ 3 h 15   PHILIPPE: *Il est trois heures et quart.*
HÉLÈNE: *Mais non! Il est trois heures et demie.*

1. 3 h
2. 4 h 15

3. 5 h
4. 5 h 15

5. 5 h 30
6. 7 h 30

Instantané

LE FRANÇAIS PRATIQUE

Les présentations

Henri:	Paul, je te présente Jacques.
Paul:	Enchanté!
Jacques:	Enchanté!
Henri:	Madame Roche, je vous présente Mademoiselle Martin.
Mme Roche:	Enchantée!
Mlle Martin:	Enchantée!

La politesse

Bonjour, Paris!

Un bateau-mouche sur la Seine

Sur le Boulevard Saint-Germain

II: Qui parle français?

Leçon 4: Au Canada

Paul Lavoie, a French-Canadian student, talks about himself and two of his friends.

Bonjour.
Je m'appelle Paul Lavoie.
J'habite à Montréal.

Voici Monique et voilà Michèle.
Elles n'habitent pas à Montréal.
Elles habitent à Québec.
Monique est bilingue°.   *bilingual*
Elle parle français.
Elle parle anglais aussi°.   *also, too*
Michèle ne parle pas anglais.
Elle parle uniquement° français.   *only*

Et vous? Parlez-vous° français?   *do you speak*

Québec et le Saint-Laurent

Renseignements culturels: *Le français en Amérique*

In today's world, French is the native language of about 100 million people. These French speakers are located on every continent. In the Americas, French is spoken principally in Haïti, Canada, and, to a lesser extent, in the United States.

In Canada, French is spoken by the descendants of the French settlers who came to the New World in the seventeenth and eighteenth centuries. Today the French Canadians number nine million. In fact, Montreal is the second largest French-speaking city in the world, after Paris.

French-Canadians have immigrated in large numbers to the United States. In the eighteenth century, many of them moved south to Louisiana. In the nineteenth and twentieth centuries they settled mainly in New England. There are now about two million Franco-Americans in the United States. Since the 1970's, there has been a noticeable revival of French in certain Franco-American communities, especially in southern Louisiana, where this movement is sponsored at the state level by CODOFIL (Council for the Development of French in Louisiana). A similar group, CODOFINE, has grown up in New England.

À Québec

Structure et Vocabulaire

A. Le présent des verbes en -er et les pronoms-sujets

Note the forms of the verbs **visiter** *(to visit)* and **parler** *(to speak)* in the chart below. Each verb form consists of two parts:

—the stem (**visit-, parl-**), which remains the same;
—the ending, which changes with the subject.

infinitive		**visiter**	**parler**
singular	first person	Je **visite** Paris.	Je **parle** français.
	second person	Tu **visites** Montréal.	Tu **parles** français.
	third person	Marc **visite** New York.	Il **parle** anglais.
		Hélène **visite** Boston.	Elle **parle** anglais.
plural	first person	Nous **visitons** Mexico.	Nous **parlons** espagnol.
	second person	Vous **visitez** Moscou.	Vous **parlez** russe.
	third person	Paul et Jacques **visitent** Québec.	Ils **parlent** français.
		Anne et Sylvie **visitent** Toronto.	Elles **parlent** anglais.

NOTE LINGUISTIQUE: Verbes réguliers
The basic form of the verb is the *infinitive.* In French, verbs are classified by their infinitive endings. Many French verbs end in **-er** in the infinitive.

A set of verb forms, like the forms of **visiter** in the chart above, is called a *conjugation.* Most **-er** verbs are conjugated like **visiter** and **parler.** They are called *regular verbs* because their forms are predictable.

■ In the present tense, each regular **-er** verb has one stem (the infinitive minus **-er**) and one set of written endings:

je	**-e**	nous	**-ons**
tu	**-es**	vous	**-ez**
il/elle	**-e**	ils/elles	**-ent**

• The endings **-e, -es,** and **-ent** are silent.

■ The French present tense corresponds to three English forms:

Paul **parle** français. {
Paul *speaks* French.
Paul *is speaking* French.
Paul *does speak* French.

■ In French, there are eight personal subject pronouns:

je (I)	**tu** (you)	**il** (he)	**elle** (she)
nous (we)	**vous** (you)	**ils** (they)	**elles** (they)

• **Tu** vs. **vous**

—When talking to *one person*, speakers of French use:

tu (the familiar form)   to address a close friend, a child, or member of the family;

vous (the formal form)   to address someone older or a person who is not a close friend.

Tu parles anglais, Paul?   **Vous** parlez anglais, Madame?

—When talking to *two or more people*, speakers of French use:

vous (both the familiar and the formal form).

Vous parlez anglais, Anne et Philippe?

Note: **Vous** is always used with a plural verb, even when it refers to one person.

• **Ils** vs. **elles**

When talking about two or more people, speakers of French use:

ils   when *at least one member* of the group is male;

elles   when the *entire* group is female.

Voici Paul et Philippe.   **Ils** parlent français.
Et Monique et Suzanne?   **Elles** parlent français aussi.
Et Marc et Christine?   **Ils** parlent français et anglais.

1. Français ou anglais? The following people are traveling. Say which cities they are visiting and whether they are speaking French *(français)* or English *(anglais)*. Use subject pronouns and the appropriate forms of the verbs *visiter* and *parler*.

▶ Paul (Paris)   *Il visite Paris. Il parle français.*

1. Louis (San Francisco)
2. Hélène et Sylvie (Québec)
3. Jacqueline (Chicago)
4. Jacques et Albert (Genève)
5. Louis et Thomas (Dallas)
6. Monsieur et Madame Dupont (Los Angeles)
7. Charles et Louise (Bordeaux)
8. Nathalie (Paris)

2. Qui parle français? Ask the following people whether they speak French.

▶ Annette Tremblay (a student from Montreal)   *Tu parles français?*
▶ Monsieur Tremblay (Annette's father)   *Vous parlez français?*

1. Hélène Duval (a student from Paris)
2. Alain Duval (Hélène's younger brother)
3. Madame Duval (Hélène's mother)
4. Monsieur Lacroix (your English teacher)
5. Pierre et André (Monsieur Lacroix's young children)
6. Sylvie Leblanc (an employee at the reservation desk of Air Canada)
7. Paul Bouchard (a student on the hockey team)
8. Albert Lafleur and Jacques Boudreau (Paul's roommates)
9. Lucien Lambert (the coach of the hockey team)

VOCABULAIRE: Quelques activités *(Some activities)*

verbes en -er

détester	to dislike, to hate	Paul **déteste** Paris.
jouer (au tennis)	to play (tennis)	Nous **jouons au tennis.**
parler	to speak, to talk	Jacques **parle** français.
regarder	to look at	Nous **regardons** Suzanne.
	to watch	Tu **regardes** la télévision.
téléphoner (à)	to phone, to call	Vous **téléphonez à** Sylvie.
travailler	to work	Pierre **travaille.**
visiter	to visit (a place)	Nous **visitons** Québec.

expressions

à	to	Jacques parle **à** Henri.
	at	Nous jouons au tennis **à** deux heures.
	in *(+ city)*	Ils travaillent **à** Montréal.
de	from	Vous téléphonez **de** New York.
	of, about	Nous parlons **de** Michèle.
avec	with	Tu joues **avec** Monique.
pour	for	Elle travaille **pour** Air Canada.
et	and	Voici Guy **et** Hélène.
ou	or	Jean parle français **ou** anglais.
mais	but	Je joue au tennis **mais** vous jouez au golf.

NOTE DE VOCABULAIRE

In English, certain verbs are followed by prepositions *(to look at)*. This is also the case in French **(téléphoner à).** However, French and English do not always follow the same patterns. Contrast:

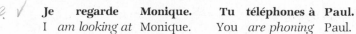

Je   regarde   Monique.   Tu   téléphones à   Paul.
I   *am looking at* Monique.   You   *are phoning*   Paul.

---

3. Au téléphone: The participants at an international convention are calling home. Tell which city they call and which language they are speaking. Use the verbs *téléphoner à* and *parler.*

▶ Henri (Paris/français) *Henri téléphone à Paris. Il parle français.*

1. nous (New York/anglais)
2. vous (Mexico/espagnol)
3. Marc (Québec/français)

4. Christine (Montréal/anglais)
5. je (San Francisco/anglais)
6. tu (Moscou/russe)

4. Activités: Describe the afternoon activities of the following people.

▶ Cécile/jouer au tennis *Cécile joue au tennis.*

1. nous/jouer au volleyball
2. vous/travailler
3. Philippe/téléphoner à Sylvie
4. Pierre et Paul/jouer avec Alain

5. tu/regarder la télévision
6. Louise et Jacqueline/travailler
7. Anne/jouer au ping-pong
8. je/téléphoner à Jacqueline

B. Élision et liaison

Élision The final **-e** of a few short words, like **je** and **de,** is dropped when the next word begins with a vowel sound. This is called *elision.* In written French, elision is marked by an apostrophe.

Je travaille à Paris.	**J'**habite à Paris.
Nous parlons **de** Jacques.	Nous parlons **d'**Albert.

Liaison When a French word ends in a consonant, this consonant is almost always silent. In certain words, however, the final consonant is pronounced when the next word begins with a vowel sound. This is called *liaison* and occurs between words that are closely linked in meaning, such as a subject pronoun and its verb. Note the liaison after **nous, vous, ils,** and **elles.**

Ils̮ invitent Philippe.	Nous̮ invitons Marie.
Vous̮ habitez à New York.	Elles̮ habitent à Montréal.

• The liaison consonant (in the above examples, the final **-s,** which represents the sound /z/) is always pronounced as if it were the first sound of the following word.

• The sign ‿ will be used in the STRUCTURE ET VOCABULAIRE sections to indicate when liaison is required with a new word or expression.

aimer	to like, to love	Paul **aime** Paris.
écouter	to listen to	Vous **écoutez** la radio.
étudier	to study	Ils **étudient** avec Sophie.
habiter	to live	Barbara **habite** à Boston.
inviter	to invite	Elle **invite** Robert.

Flag of the province of Québec

5. Les étudiants canadiens *(The Canadian students):* Say that the following Canadian students like their hometowns. Use subject pronouns and the appropriate form of *aimer*.

▶ Louise et Hélène (Québec)   *Elles aiment Québec.*

1. Nous (Montréal)
2. Louis (Québec)
3. je (Halifax)
4. tu (Moncton)

5. Robert et François (Gaspé)
6. Marc et Marie (Saint-Anne)
7. Elisabeth (Sydney)
8. vous (Baie-Comeau)

6. Les Québécois *(People from Quebec):* State that the following people all work in Quebec and live there too. Use subject pronouns and the verbs *travailler* and *habiter*.

▶ Jacqueline   *Elle travaille à Québec. Elle habite à Québec.*

1. Hubert
2. Monique
3. Irène et Sylvie
4. Gisèle, Suzanne et Pierre
5. Monsieur et Madame Imbert

6. Mademoiselle Lamy
7. nous
8. vous
9. je

C. La négation

Compare the affirmative and negative sentences below.

Je parle français.	Je **ne** parle **pas** anglais.	I *don't* speak English.
Nous jouons au volleyball.	Nous **ne** jouons **pas** au tennis.	We are *not* playing tennis.
Paul habite à Montréal.	Il **n'**habite **pas** à Québec.	He *doesn't* live in Québec.

In French, negative sentences follow the pattern:

> subject + **ne** + main verb + **pas** + rest of sentence

- Note the elision: **ne** → **n'** before a vowel sound.

7. Monique et Michèle: Michèle does not do what Monique does. Express this according to the model.

▶ Monique joue au tennis.   *Mais Michèle ne joue pas au tennis!*

1. Monique joue au volleyball.
2. Monique travaille pour Air-Canada.
3. Monique parle à Jacques.
4. Monique téléphone à Paul.
5. Monique regarde la télévision.
6. Monique aime Québec.
7. Monique habite à Québec.
8. Monique invite Sylvie.
9. Monique étudie le piano.
10. Monique écoute la radio.

8. Oui et non: Say that the following people are doing one of the things suggested in parentheses, but not the other.

▶ Je parle ... (anglais/espagnol)   *Je parle anglais. Je ne parle pas espagnol.*
ou: *Je parle espagnol. Je ne parle pas anglais.*

1. Nous parlons ... (italien/russe)
2. Tu invites ... (Michèle/Monique)
3. Vous jouez ... (au tennis/au ping-pong)
4. Ils habitent ... (à Paris/à Québec)
5. Jacques travaille ... (avec Paul/avec Jean-François)
6. Je téléphone ... (à Philippe/à Janine)

9. Expression personnelle: Say which of the following things you do on Saturday afternoons, and which you don't.

▶ regarder la télévision   *Je regarde la télévision.* ou: *Je ne regarde pas la télévision.*

1. travailler
2. jouer au tennis
3. étudier
4. parler français
5. écouter la radio
6. téléphoner

D. Mots apparentés

In this lesson you have encountered many French words that look like English words and have similar meanings. These are called *cognates*.

la télévision   television   **la radio**   radio

French contains many English cognates. In fact, about 60% of all English words are of French origin or related to French.

However, cognates do present some problems:
—They are never pronounced the same in French and English.
—They are often spelled differently in the two languages.
—Their meanings are often somewhat different in the two languages.
In the readings and exercises of this book, you will frequently encounter other cognates which you should be able to recognize and use.

Many French **-er** verbs correspond to English verbs.

-er ↔ *-e,*	commenc**er**	to commence (to begin)
	dîn**er**	to din*e* (to eat dinner)
-er ↔ (–)	visit**er**	to visit (a place)
	respect**er**	to respect

10. Et vous? Here are Michel's opinions about certain people and things. Say whether or not you feel the same way. Note: *aussi* means "also."

▶ Je déteste la télévision. Et vous?   *Je déteste la télévision aussi.*
                                     ou: *Je ne déteste pas la télévision.*

1. J'adore New York.
2. J'admire Barbara Walters.
3. J'admire le président.
4. Je déteste la discipline.

5. Je déplore la violence.
6. Je respecte mes *(my)* parents.
7. Je prépare mes examens.

Phonétique

La voyelle /a/

Look in the mirror as you pronounce the English words *say, sigh, so, see.* You will see that your lips, jaws, and tongue move. This movement lets the vowels "glide." They do not each represent one sound, but a diphthong, that is, a continuum of two or more sounds.

In contrast, French vowels are pure vowels, that is, they represent only one sound. When pronouncing French vowels, such as /a/, keep your lips, jaws, and tongue in the same tense position. Then the vowels will not glide.

Mot-clé: **Canada**
Répétez: **Anne, Max, Madame, banane, Alabama**

        Ça va, Anne?
        Voilà Madame Laval.

La voyelle /i/

When pronouncing /i/, smile and keep your lips in a tense position. Do not let the vowel glide.

Mot-clé: **Mimi**
Répétez: **il, Sylvie, Philippe, visite, Mississippi**

        Sylvie habite à Nice.
        Philippe visite le Mississippi.
        Alice arrive à midi.

Récapitulation

Substitution

Replace the underlined words with the words in parentheses, making all necessary changes.

▶ Tu parles à Philippe.   (inviter)   *Tu invites Philippe.*
▶ J'écoute la radio.   (vous)   *Vous écoutez la radio.*

1. Nous habitons à New York.   (détester, visiter, travailler à, étudier à)
2. Je téléphone à Sophie.   (inviter, parler à, aimer, parler de, écouter)
3. Claire ne visite pas Paris.   (aimer, habiter à, travailler à, détester)
4. Nous regardons la télévision.   (tu, Marie, Sophie et Roger, je, vous)
5. Philippe étudie à Québec.   (Monique, nous, tu, vous, je, ils, elle)
6. Vous ne jouez pas au tennis.   (Julien, je, Marc et Sylvie, tu, nous)

Vous avez la parole: Présentation *(Introduction)*

Imagine that you are introducing yourself to a French student. Describe yourself using the suggestions below in affirmative or negative sentences.

▶ habiter (à ... ?)   *J'habite à San Francisco.*

1. parler (français? anglais? espagnol?)
2. jouer (au tennis? au volleyball? au basketball?)
3. travailler (oui? non?)
4. étudier (le français? la biologie? la musique?)
5. aimer (New York? Québec? le jazz?)

Leçon 5: À Paris

Lamine Diouf is a young African woman who works in Paris.

Salut!
Je m'appelle Lamine.
J'habite à Paris, mais je ne suis pas de Paris.
Je suis de Dakar au Sénégal.
Je ne suis pas étudiante°.   *a student*
Je suis infirmière°.   *a nurse*
Je travaille à l'hôpital Laennec.
Je travaille beaucoup, mais je ne travaille pas tout le temps°.   *all the time*
J'aime la musique et j'aime danser.
J'aime aussi voyager, mais je ne voyage pas souvent.
Je voudrais visiter les États-Unis°!   *United States*

Et vous, est-ce que vous aimez voyager?

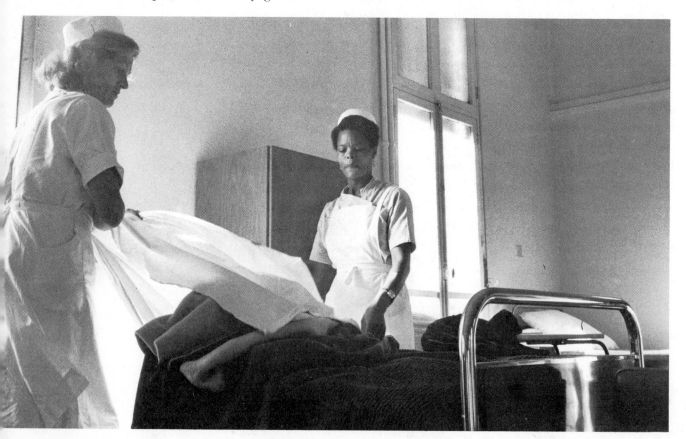

Renseignements culturels: *Le français en Afrique*

Today, French is widely spoken in Western and Central Africa. The use of French as a common language is a factor of national integration and cohesion in countries where different tribes have traditionally spoken different languages. Eighteen countries of black Africa have adopted French as their official language. Among the most important French-speaking countries in Africa are the Malagasy Republic (Madagascar), Zaïre, Sénégal (whose capital, Dakar, is one of the most modern cities in Africa), Mali, and the Ivory Coast. Formerly French or Belgian colonies, these countries became independent nations in the early 1960's. French is also spoken by large segments of the population in the northern African countries of Morocco, Algeria, and Tunisia.

AIR AFRIQUE

L'Afrique Noire, c'est notre affaire.

Structure et Vocabulaire

VOCABULAIRE: Activités

verbes en -er

chanter	to sing	Jean et Claire **chantent.**
danser	to dance	Jeanne et Richard **dansent.**
nager	to swim	Vous ne **nagez** pas.
voyager	to travel	Paul ne **voyage** pas.

adverbes

assez	enough	Tu ne travailles pas **assez.**
aussi	also, too	J'invite Paul. J'invite Sylvie **aussi.**
beaucoup	a lot, (very) much	Nous aimons **beaucoup** Dakar.
maintenant	now	Il travaille pour Air Afrique **maintenant.**
toujours	always	Ils parlent **toujours** français en classe.
souvent	often	Michèle ne voyage pas **souvent.**
bien	well	Tu chantes **bien.**
mal	badly, poorly	Je chante **mal.**
assez	rather	Vous dansez **assez** bien!
très	very	Anne ne nage pas **très** souvent.

NOTES DE VOCABULAIRE

1. The **nous**-form of verbs in **-ger,** like **nager** and **voyager,** ends in **-geons.**

   Nous **nageons** bien.   Nous ne **voyageons** pas très souvent.

2. In French, adverbs usually come immediately *after* the verb, or after **pas** if the verb is in the negative. Adverbs *never* come between the subject and the verb.

Je joue **souvent** au tennis.	I *often* play tennis.
Vous ne voyagez pas **beaucoup.**	You don't travel *very much.*

NOTE LINGUISTIQUE: Mots partiellement apparentés

There are many French words that resemble English words but whose meanings are not always parallel. For instance:

regarder		to look at, to watch		to regard
chanter	*more often means*	to sing	*than*	to chant
voyager		to travel		to voyage

It is important to realize that the main meaning of a partial cognate does not always correspond to that of its English counterpart.

1. Activités: Say whether or not you and your friends often do the following things.

▶ parler français   *Nous parlons souvent français.*
        ou: *Nous ne parlons pas souvent français.*

1. étudier   3. écouter la radio   5. danser   7. jouer au tennis
2. nager   4. regarder la télé   6. jouer au golf   8. voyager

2. Expression personnelle: Say how well or how frequently you do the following things. Use one or two of the following adverbs in affirmative or negative sentences: *bien, mal, beaucoup, souvent, toujours, assez, très.*

▶ jouer au tennis   *Je joue très bien au tennis.*
        ou: *Je joue assez mal au tennis.*
        ou: *Je ne joue pas beaucoup au tennis.*

1. parler français   4. voyager   7. jouer au ping-pong
2. travailler   5. danser   8. jouer au frisbee
3. étudier   6. chanter   9. nager

A. Le verbe être

Note the forms of the present tense of the irregular verb **être** *(to be)* in the chart below.

être	to be	
je **suis**	I am	Je suis de Québec.
tu **es**	you are	Tu es de San Francisco.
il/elle **est**	he/she is	Il n'est pas avec Nathalie.
nous **sommes**	we are	Nous ne sommes pas en classe.
vous **êtes**	you are	Vous êtes de New York.
ils/elles **sont**	they are	Elles ne sont pas à Paris.

• Liaison is required in **vous êtes.**

• There is often liaison after **est** and **sont: Il est à Dakar.**

3. Où sont-ils? *(Where are they?):* Read what the following people do and then say where they are. Use the appropriate forms of *être.*

▶ Nous travaillons à Dakar. *Nous sommes à Dakar.*

1. Jacques travaille à Québec.
2. Isabelle travaille à Paris.
3. Paul et Louis travaillent à Montréal.
4. Tu habites à New York.
5. Vous habitez à Chicago.
6. Nous étudions avec Sylvie.
7. J'étudie avec Mélanie.
8. Ils parlent avec Annette.

4. En voyage *(On a trip):* The following people are travelling. Say that they are not from the cities they are visiting. Follow the model.

▶ Philippe (Québec) *Philippe visite Québec mais il n'est pas de Québec.*

1. nous (Paris)
2. je (Montréal)
3. Nathalie (New York)
4. Louis et Paul (Miami)
5. tu (San Antonio)
6. vous (Marseille)
7. Jacques et Denise (Dakar)
8. M. et Mme Denis (Bordeaux)

B. La construction infinitive

Note the use of the infinitives in the following sentences.

Lamine aime **voyager.**	Lamine likes *to travel.*	(Lamine likes *travelling.*)
Je déteste **étudier.**	I hate *to study.*	(I hate *studying.*)
Tu n'aimes pas **travailler.**	You do not like *to work.*	(You do not like *working.*)

■ The infinitive is frequently used after verbs like **aimer** *(to like)* and **détester** *(to hate).*

• In French, the infinitive consists of one word, whereas in English the verb is often preceded by the word *to.*

• French often uses an infinitive where the equivalent English sentence contains a verb in *-ing.*

• In negative sentences, the expression **ne...pas** is placed around the conjugated verb.

• The infinitive is also often used after the following expressions:

je veux	I want	Je veux **visiter** Dakar.
je ne veux pas	I don't want	Je ne veux pas **étudier** maintenant.
je voudrais	I would like	Je voudrais **habiter** à Paris.

5. Expression personnelle: Say whether or not you like the following activities.

▶ parler français   *J'aime parler français.*
         ou: *Je n'aime pas parler français.* ou: *Je déteste parler français.*

1. parler en public
2. étudier le week-end
3. voyager en autobus
4. jouer au baseball

5. regarder la télévision après *(after)* minuit
6. nager dans l'océan
7. organiser des surprise-parties *(parties)*
8. dîner à la cafétéria

6. Une bonne raison *(A good reason):* State that the following people like to do what they are doing. Use the construction *aimer* + infinitive.

▶ Philippe téléphone à Michèle.   *Philippe aime téléphoner à Michèle.*

1. Nous étudions.
2. Vous travaillez.
3. Tu invites Pierre.
4. Marc parle anglais.
5. Linda joue au ping-pong.
6. Nous visitons Montréal.

7. J'habite à Paris.
8. Je regarde la télé.
9. Paul et Marc écoutent la radio.
10. Tu nages.
11. Sylvie et Louise voyagent.
12. Pierre et Annie dansent.

7. Oui et non: Michèle has two younger brothers: Louis who wants to do the same things she does, and Patrick who does not. Play the roles of Louis and Patrick according to the model.

▶ Michèle voyage.   LOUIS: *Je veux voyager.*
                  PATRICK: *Je ne veux pas voyager.*

1. Michèle habite à Paris.
2. Michèle travaille pour Air Canada.
3. Michèle est photographe.

4. Michèle visite New York.
5. Michèle parle anglais.

C. Questions à réponse affirmative ou négative

Questions that can be answered affirmatively or negatively are called *yes/no questions.* Compare the statements and the questions below.

Marc joue au tennis.	**Est-ce que** Marc joue au tennis?	*Does* Marc play tennis?
Vous voyagez souvent.	**Est-ce que** vous voyagez souvent?	*Do* you travel often?
Elle aime chanter.	**Est-ce qu'**elle aime chanter?	*Does* she like to sing?

■ A statement can be transformed into a yes/no question as follows:

> **est-ce que** + subject + verb + rest of sentence

• Note the elision: **est-ce que** → **est-ce qu'** before a vowel sound.

• Your voice rises at the end of a yes/no question.

■ In conversational French, yes/no questions may also be formed:

a) by simply letting your voice rise at the end of the sentence;

Marc habite à Paris.   Marc habite à Paris?

b) by adding the tag expression **n'est-ce pas** at the end of the sentence.

Tu habites à Dakar.   Tu habites à Dakar, **n'est-ce pas?**   You live in Dakar, *don't you?*
Vous êtes français.   Vous êtes français, **n'est-ce pas?**   You're French, *aren't you?*

Note: In tag questions, the speaker expects a yes answer.

VOCABULAIRE: Expressions pour la conversation

The French have many different ways of answering a yes/no question. Here are some of them.

Oui.	Yes.	
Mais oui!	Why yes! Yes, of course!	—Tu es étudiant?
		—**Mais oui!**
Bien sûr!	Of course!	—Tu parles français?
		—**Bien sûr!**
D'accord!	OK! All right! Agreed!	—Tu joues au tennis avec Marc?
		—**D'accord!**
Non.	No.	
Mais non!	Why no! Of course not!	—Tu joues souvent au golf?
		—**Mais non!**
Pas du tout!	Not at all! You're wrong!	—Tu aimes danser?
		—**Pas du tout!**
Bien sûr que non!	Of course not!	—Tu aimes travailler?
		—**Bien sûr que non!**
Peut-être.	Maybe. Perhaps.	—Tu invites Robert?
		—**Peut-être ...**

NOTE DE VOCABULAIRE
The expression **être d'accord** means *to agree.*

—Est-ce que **vous êtes d'accord** avec Anne-Marie?   *Do you agree* with Anne-Marie?
—Non, **je ne suis pas d'accord.**   No, *I don't agree. (I disagree.)*

---

8. Tennis? You are looking for a tennis partner. Ask if the following people play tennis. Begin your questions with *est-ce que (est-ce qu').*

▶ Anne   *Est-ce qu'Anne joue au tennis?*

1. vous
2. Philippe
3. Alain et Roger
4. Michèle et Marc
5. Isabelle
6. tu

9. À la Maison des Jeunes *(At the Youth Center):* Imagine that you are the director of a French youth center. Ask if the following people do the activities mentioned. Use subject pronouns.

▶ Michèle danse bien.   *Est-ce qu'elle danse bien?*

1. Pierre joue au ping-pong.
2. Sylvie nage.
3. Hélène chante avec la chorale.
4. Marc parle anglais.
5. Jacques et Antoine jouent au basketball.
6. Paul et Philippe parlent espagnol.
7. Claire et Suzanne jouent au volleyball.
8. Henri et Annie dansent.

10. Interview: You are interviewing candidates for the job of travelling sales representative in Europe. The requirements for this position are listed below. Ask the candidates if they meet these requirements, addressing each one as *vous.*

▶ être dynamique   *Est-ce que vous êtes dynamique?*

1. être optimiste
2. parler anglais
3. parler espagnol
4. aimer voyager
5. aimer travailler en groupe
6. aimer parler en public

11. Dialogue: Why not get better acquainted with your classmates? Ask them questions based on the following cues. They will answer, using one of the *expressions pour la conversation.*

▶ jouer au volleyball?   *—Est-ce que tu joues au volleyball?*
—Bien sûr, je joue au volleyball!
ou: *Mais non! Je ne joue pas au volleyball!*

1. habiter à New York?
2. parler espagnol?
3. être optimiste?
4. être de San Francisco?
5. voyager beaucoup?
6. chanter dans une chorale?
7. danser très bien?
8. nager souvent?
9. regarder souvent la télévision?
10. aimer danser?

Phonétique

La consonne /r/

The French **r** never represents the sound of the English *r*. The French /r/ is pronounced at the back of the throat. Say "ah" and clear your throat at the same time. This sound is similar to the French /r/.

Mot-clé: Pa**r**is
Répétez: **R**enée, **R**obert, a**rr**ive, pa**r**le, **r**este, **r**ega**r**de

Rita parle russe.   Robert arrive à Paris.   Richard regarde Renée.

Récapitulation

Substitution

Replace the underlined words by the expressions in parentheses, making all necessary changes.

▶ Je danse mal. (vous)   *Vous dansez mal.*
▶ <u>Marc</u> est à Paris. (tu/à Chicago)   *Tu es à Chicago.*

1. <u>François</u> aime voyager.   (Madame Bellamy, Monsieur Dulac, je, nous, vous, tu)
2. Est-ce que <u>vous</u> chantez bien?   (Anne, tu, vous, ils, nous, Monsieur Simonet)
3. Je voudrais <u>travailler</u>.   (nager, voyager, visiter Paris, chanter à l'Opéra)
4. <u>Claire</u> n'est pas <u>à l'université</u>.   (vous/en classe, ils/à Dakar, Lamine/au Sénégal, nous/à Paris, je/à Paris, tu/avec Michel)
5. <u>Tu</u> voyages <u>beaucoup</u>.   (nous/aussi, elle/souvent, vous/assez souvent, Monsieur et Madame Simon/très souvent)

Vous avez la parole: Autoportrait

Compose a brief self-portrait by completing each of the following sentences with an expression of your choice. You may wish to use the suggestions in parentheses.

1. En général, je suis ...
2. Je ne suis pas ...   (réaliste, idéaliste, optimiste, pessimiste, dynamique, timide, calme)
3. Je suis souvent ...

4. J'aime ...   (étudier, voyager, danser, nager, écouter la radio, regarder la télévision)
5. Je n'aime pas ...

6. Je veux ...   (être professeur, architecte, artiste, dentiste)
7. Je ne veux pas ...

8. Je voudrais ...   (voyager, travailler en France, visiter Paris)

Leçon 6: À Genève

Anne-Marie Laffont is a student from Switzerland.

Je m'appelle Anne-Marie Laffont.
Je suis étudiante en sciences économiques°.   *economics*
Un jour°, je voudrais travailler pour une compagnie multinationale.   *one day*
Pour cela°, j'étudie l'anglais et l'espagnol.   *for that reason*
Et vous, pourquoi est-ce que vous étudiez le français?

J'habite à Genève.
Mes° parents habitent à Genève aussi,   *my*
  mais je n'habite pas avec eux°.   *them*
Pourquoi est-ce que je n'habite pas avec eux?
C'est simple:
J'aime bien mes parents,
  mais j'aime aussi mon° indépendance!   *my*
Pour moi, c'est essentiel!

Est-ce que vous êtes d'accord avec moi?

Renseignements culturels: *Le français en Europe et ailleurs*

In Europe, the domain of the French language extends beyond the boundaries of France. French is an official language in Luxemburg, Belgium, and Switzerland, which have sizeable French-speaking populations. Brussels, the capital of Belgium, is a bilingual city. Geneva and Lausanne, the seats of many international organizations, are also large French-speaking cities.

In Asia, French is used by significant groups of people. In particular, it is the principal secondary language in Vietnam, Cambodia, and Laos.

The use of French is not limited to the French-speaking nations. In many countries, especially in Europe and the Americas, French language, literature and culture are widely studied. (In the United States, for instance, nearly two million high school and university students enroll each year in French courses.) For many millions of non-native speakers, French is the main language of communication. Moreover, it is one of the five official languages of the United Nations and is, along with English, its working language.

Structure et Vocabulaire

✳ VOCABULAIRE: Les nombres de 11 à 60

11	**onze**	21	**vingt et un**	40	**quarante**
12	**douze**	22	**vingt-deux**	50	**cinquante**
13	**treize**	23	**vingt-trois**	60	**soixante**
14	**quatorze**	24	**vingt-quatre**		
15	**quinze**		...		
16	**seize**	30	**trente**		
17	**dix-sept**	31	**trente et un**		
18	**dix-huit**	32	**trente-deux**		
19	**dix-neuf**		...		
20	**vingt**				

NOTES DE VOCABULAIRE

1. The rules of pronunciation and liaison which apply to single-digit numbers also apply to multi-digit numbers.

   vingt-six /vẽtsis/   **vingt-six** /vẽtsiz/ **heures**   **vingt-six** /vẽtsi/ **minutes**

2. Note that **et** is used with the numbers 21 (31, 41, 51), but not with 22, 23, etc.

3. There is never liaison after **et.**

1. Numéros de téléphone: Ask the operator for the phone numbers indicated below. Note: in French, numbers are given in groups of two digits.

 Durand 23.41.16   *Je voudrais le vingt-trois, quarante et un, seize, s'il vous plaît.*

1. Laroche 18·22·35   5. Lagarde 17·42·39
2. Vallée   11·60·54   6. Masson   16·56·47
3. Denis   24·45·12   7. Pascal   47·15·53
4. Moreau   38·21·46   8. Lacoste 19·35·24

A. L'heure: les minutes

Note how minutes are expressed when giving the time in French.

Il est une heure cinq.

Il est deux heures vingt.

Il est trois heures moins vingt.
(Il est deux heures quarante.)

Il est quatre heures moins cinq.
(Il est trois heures cinquante-cinq.)

■ To express time in minutes, the French say:

Il est une (deux, trois, ...) heure(s) $\begin{cases} 5, 10, \ldots . \\ \textbf{moins } 5, 10, \ldots . \end{cases}$

• When there is a need to differentiate between A.M. and P.M., the French use the following expressions:

du matin	A.M. *(in the morning)*	Il est dix heures et demie **du matin.**
de l'après-midi	P.M. *(in the afternoon)*	Il est deux heures **de l'après-midi.**
du soir	P.M. *(in the evening)*	Il est neuf heures **du soir.**

• Official time, which uses a 24-hour clock, is used to give arrival and departure times of planes, buses, and trains; to show times of plays and films; and to make public announcements. On the official clock, the hours from 12 to 24 correspond to P.M. Any fraction of the hour is recorded in terms of minutes past the hour.

official time	*conversational French*
11 h 00 onze heures	onze heures (du matin)
11 h 50 onze heures cinquante	midi moins dix
20 h 15 vingt heures quinze	huit heures et quart (du soir)
23 h 45 vingt-trois heures quarante-cinq	minuit moins le quart

VOCABULAIRE: Ponctualité

23h?
Le Riv'Droite
NOUVEAU CABARET MUSIC-HALL.

verbes en -er

arriver	to come, to arrive	Nous **arrivons** à Genève à dix heures.
rentrer	to return, to go home	Nous **rentrons** à minuit.

expressions

à l'heure	on time	Anne-Marie est **à l'heure.**
en avance	early, ahead of time	Robert arrive **en avance.**
en retard	late	Nous sommes **en retard.**

2. Dix minutes avant: Paul does whatever Françoise does, but he does it ten minutes before her. Express this according to the model.

▶ Françoise arrive à l'université à neuf heures.   *Paul arrive à l'université à neuf heures moins dix.*

1. Françoise arrive à la cafétéria à midi.
2. Elle arrive en classe à deux heures moins cinq.
3. Elle dîne à six heures moins le quart.
4. Elle arrive au cinéma à sept heures et demie.
5. Elle rentre à dix heures.

3. À la gare *(At the station):* You are working at the information desk of the *Gare d'Austerlitz* in Paris. Give the arrival times of the following trains.

▶ Toulouse/8 h 40   *Le train de Toulouse arrive à huit heures quarante.*

1. Tours/9 h 23
2. Orléans/10 h 14
3. Bordeaux/11 h 35
4. Nantes/11 h 50
5. Limoges/13 h 25
6. La Rochelle/14 h 38

4. Expression personnelle: Complete sentences 1 to 5 with the exact time. Complete sentences 6 to 10 with a time expression: *à l'heure, en retard, en avance.*

1. Généralement, j'arrive à l'université à ...
2. La classe de français commence à ...
3. Le professeur arrive en classe à ...
4. Maintenant il est ...
5. Je dîne à ...
6. Normalement, j'arrive en classe ...
7. Pour un examen, j'arrive ...
8. Pour un rendez-vous, j'arrive ...
9. J'aime être ...
10. Je n'aime pas être ...

NOTE LINGUISTIQUE: Adverbes apparentés
Many French adverbs that end in **-ment** correspond to English adverbs that end in *-ly.*

-ment ↔ *-ly*   normale**ment**   normal*ly*

B. Questions d'information

The questions below cannot be answered by yes or no. They request specific information and are therefore called *information questions*. Note that the questions begin with interrogative expressions which define the information which is sought.

où? quand? comment?
qui? pourquoi?
il a réponse à tout

le petit Larousse en couleurs

	questions	*answers*
(where)	**Où** est-ce que tu habites?	J'habite à Genève.
(with whom)	**Avec qui** est-ce que vous voyagez?	Je voyage avec Paul.
(when)	**Quand** est-ce que vous visitez Paris?	Nous visitons Paris en septembre.
(why)	**Pourquoi** est-ce que tu étudies le français?	Parce que *(because)* je veux travailler en France.
(who, whom)	**Qui** est-ce que tu invites?	J'invite Jacqueline.

Information questions can be formed according to the following pattern:

interrogative expression + **est-ce que** + subject + verb + rest of sentence

- In information questions, your voice usually begins on a high pitch and steadily falls until the end of the sentence.

  Quand est-ce que vous arrivez à Genève?

- Short information questions are sometimes formed by inverting or reversing the noun subject and the verb.

Où **habite Anne-Marie?**	Where does Anne-Marie live?
Avec qui **travaille Charles?**	With whom does Charles work?

VOCABULAIRE: Expressions interrogatives

comment?	how?	**Comment** est-ce que vous voyagez? En auto ou en bus?
où?	where?	**Où** est-ce que tu habites?
quand?	when?	**Quand** est-ce que vous étudiez?
à quelle heure?	at what time?	**À quelle heure** est-ce qu'il arrive?
pourquoi?	why?	**Pourquoi** est-ce que tu étudies les maths?
parce que	because	**Parce que** je veux être ingénieur!
qui?	who?	**Qui** parle français? Paul ou Jeannette?
	whom?	**Qui** est-ce que vous invitez?
à qui?	to whom?	**À qui** est-ce que tu parles?
avec qui?	with whom?	**Avec qui** est-ce que Jacques joue au tennis?
pour qui?	for whom?	**Pour qui** est-ce que vous travaillez?

1. Note the elision: **parce que** → **parce qu'** before a vowel sound.

2. Many of the interrogative expressions are also used in statements.

Voici le village **où** elle habite.	Here is the village *where* she lives.
Anne-Marie est l'étudiante	Anne-Marie is the student
avec qui je joue au tennis.	*with whom* I play tennis.

3. When **qui?** *(who)* is the subject of the sentence, **est-ce que** is not used. The word order is: **qui** + verb + rest of sentence.

    Qui joue au tennis?   *Who* plays tennis?

---

5. Pourquoi? Ask why the following people do what they are doing. Use subject pronouns.

▶ Hélène voyage.   *Pourquoi est-ce qu'elle voyage?*

1. Philippe étudie beaucoup.
2. Monique parle avec Marc.
3. Jean-Claude invite Isabelle.
4. Henri travaille à Genève.
5. Alain et Paul regardent la télévision.
6. Suzanne et Louise téléphonent à Jean.
7. Pierre et Robert ne chantent pas.
8. Thomas et Lucie n'écoutent pas la radio.

6. Questions: Some people are very nosy and ask a lot of questions. Be nosy yourself and formulate questions using the expressions in parentheses.

▶ Tu travailles. (Où?)   —*Où est-ce que tu travailles?*

1. Vous voyagez. (Comment? Pourquoi? Avec qui?)
2. Monsieur Rémi travaille. (Pourquoi? Pour qui? Quand?)
3. Jacqueline parle espagnol. (Comment? Avec qui? Pourquoi?)
4. Jean-François joue au tennis. (Avec qui? Quand? Comment?)
5. Anne et Marc téléphonent. (À qui? Pourquoi? À quelle heure?)
6. Tu aimes voyager. (Pourquoi? Comment? Avec qui?)

7. Dans le bus: A very talkative Frenchman is travelling by bus. He talks about himself to the person sitting next to him and would like to get similar information from this person. Complete his questions, using the interrogative expression that corresponds to the underlined information.

▶ J'habite <u>à Paris</u>. Et vous?   *Où est-ce que vous habitez?*

1. Je travaille <u>à Passy</u>. Et vous?
2. Je travaille <u>pour une compagnie internationale</u>. Et vous?
3. J'aime voyager <u>en bus</u>. Et vous?
4. J'aime voyager <u>en septembre</u>. Et vous?
5. Je joue au tennis <u>dans *(in)* un club sportif</u>. Et vous?
6. Je joue <u>très bien</u> au tennis. Et vous?
7. Je dîne <u>à sept heures et demie</u>. Et vous?
8. Je voyage <u>parce que je veux visiter les États-Unis</u> *(United States)*. Et vous?

C. Les pronoms accentués

In the sentences below, the pronouns in heavy print are *stress pronouns*. Compare these pronouns with the corresponding subject pronouns.

me **Moi**, je travaille pour **moi**.   **Nous**, nous travaillons pour **nous**.
you **Toi**, tu travailles pour **toi**.   **Vous**, vous travaillez pour **vous**.
him or her **Lui**, il travaille pour **lui**.   **Eux**, ils travaillent pour **eux**. *they or them*
    Elle, elle travaille pour **elle**.   **Elles**, elles travaillent pour **elles**.

FORMS

There are eight stress pronouns.
Four have the same form as the subject pronouns:

> **elle, nous, vous, elles**

Four have a different form:

> **moi, toi, lui, eux**

USES

Stress pronouns are used in many ways:
a) alone, or in short sentences with no verbs;

> —Qui parle français?   Who speaks French?
> —**Moi! Toi** aussi, n'est-ce pas?   Me! You too, don't you?

b) to emphasize a noun or another pronoun;

> **Moi**, j'aime voyager.
> Philippe, **lui,** déteste voyager.

c) after prepositions such as **de** *(of, about, from),* **avec** *(with),* **pour** *(for);*

> Voici Henri. Nous parlons souvent de **lui.**
> Voici Marc et Paul. Je joue au volleyball avec **eux.**
> Voici Monsieur Lucas. Nous travaillons pour **lui.**

d) before and after **et** *(and)* and **ou** *(or).*

> Qui joue au volleyball avec nous? **Toi** ou **lui?**
> **Elle** et **moi,** nous jouons souvent au tennis.

8. Qui joue au volleyball? Say that the following people all play volleyball. Use the appropriate stress pronoun, according to the model.

▶ Caroline joue au volleyball. Et Henri?   *Lui, aussi!*

1. Et Charles?   5. Et Jean-Louis Dumas?
2. Et Béatrice?   6. Et Mademoiselle Dupont?
3. Et Isabelle et Louise?   7. Et Monique et Patrick?
4. Et Jacques et Daniel?   8. Et Albert et Nicolas?

Et eux,
est-ce qu'ils chantent bien?

9. La chorale: The president of the choir wants to know how well the following people sing. Tell him, using the appropriate stress and subject pronouns.

▶ Paul et Jean (assez bien)   *Eux, ils chantent assez bien.*

1. Sylvie (très bien)
2. moi (assez bien)
3. toi (très bien)
4. Monique et Robert (bien)

5. nous (bien)
6. Lucie et Hélène (assez bien)
7. vous (très, très bien)
8. Michel et Alain (très bien)

10. Oui et non: Philippe asks Anne-Marie about her activities. She answers affirmatively or negatively. Play the role of Anne-Marie, using stress pronouns.

▶ Tu étudies avec Paul? (non)   *Non, je n'étudie pas avec lui.*

1. Tu joues au tennis avec Charles? (non)
2. Tu joues au golf avec Hélène? (oui)
3. Tu danses avec Louis? (oui)
4. Tu voyages avec Caroline et Sylvie? (non)
5. Tu travailles pour Monsieur Rémi? (non)
6. Tu aimes danser avec Albert? (non)
7. Tu dînes souvent avec Roger? (oui)
8. Tu travailles pour Mademoiselle Martin? (oui)

VOCABULAIRE: Expressions pour la conversation

To indicate agreement with a positive statement:

Moi aussi   Me too, I do too   —J'aime voyager.
                                        —**Moi aussi.**

To indicate agreement with a negative statement:

Moi non plus Me neither, I don't either   —Je n'aime pas voyager.
                                                  —**Moi non plus.**

11. Dialogue: Say whether or not you do the following things. Then ask your classmates if they agree with you.

▶ aimer danser   —J'aime danser. Et toi?
                   —Moi aussi, j'aime danser.   ou: Moi, je n'aime pas danser.

                   —Je n'aime pas danser. Et toi?
                   —Moi non plus, je n'aime pas danser.   ou: Moi, J'aime danser.

1. voyager souvent
2. étudier beaucoup
3. jouer au tennis
4. aimer chanter
5. jouer au hockey
6. danser très bien
7. aimer parler français
8. aimer voyager

Phonétique

La voyelle /u/

To pronounce /u/, round your lips and hold them tense in that position.

Mot-clé: **ou**
Répétez: v**ou**s, n**ou**s, j**ou**er, T**ou**louse, s**ou**vent

    Loulou joue avec nous.
    Est-ce que vous êtes souvent à Toulouse?

La voyelle /y/

The sound /y/ does not exist in English. To produce the vowel /y/, say the vowel /i/ through rounded lips. Keep your tongue against your lower front teeth and your lips tensely rounded.

Mot-clé: sal**u**t
Répétez: t**u**, L**u**c, L**u**cie, S**u**zanne, ét**u**die, aven**u**e, bien s**û**r

    Salut, Suzanne!
    Est-ce que tu étudies avec Lucie?

Récapitulation

Substitution

Replace the underlined words by the expressions in parentheses, making the necessary changes.

▶ <u>Marc</u> danse bien. J'aime danser avec lui. (Claire)
  Claire danse bien. J'aime danser avec elle.

1. Je travaille avec <u>Paul</u> mais je n'habite pas avec lui.   (Hélène, Sylvie et Jeannette, Thomas et François)
2. <u>Je</u> travaille pour moi.   (Henri, Sylvie, tu, nous, Marc et Philippe)
3. Nous, <u>nous</u> étudions beaucoup.   (vous, je, tu, ils, elle, elles)
4. <u>Où</u> est-ce que <u>tu</u> travailles?   (avec qui/vous, pourquoi/Paul, pour qui/Jean et Charles)

Vous avez la parole: Interview

Imagine that you are interviewing an exchange student from Geneva for your campus newspaper. Prepare six questions. You may want to use the following suggestions.

où?   (travailler, étudier, habiter)
quand?   (étudier, travailler)
comment?   (jouer au tennis, voyager, parler anglais)
pourquoi?   (voyager, être en Amérique)
à quelle heure?   (dîner, regarder la télévision)

Instantané

LE FRANÇAIS PRATIQUE

Parlez-vous français?

—Parlez-vous français?
—Oui, je parle français.
ou: Non, je ne parle pas français. Parlez-vous anglais?

—Est-ce que vous comprenez?[1]
—Oui, je comprends.
ou: Non, je ne comprends pas.

—Savez-vous où est le boulevard Raspail?[2]
—Oui, je sais.
ou: Non, je ne sais pas.

—Comment dit-on «money» en français?[3]
—On dit «argent.»

1 *Do you understand?* 2 *Do you know where Boulevard Raspail is?* 3 *How do you say "money" in French?*

Hep, taxi!

—Hep, taxi! Vous êtes libre[1]?
—Oui, Monsieur.
—Avenue du président Kennedy, s'il vous plaît.
—À quel numéro[2]?
—Au 54!

1 *free* 2 *what number*

taxis

taxis-radio

— ALLO TAXI	203.99.99
	200.67.89
— APPEL TAXI	656.94.00
— G.A.T.	657.11.12
— RADIO TAXIS	739.33.33

Les francophones

Aujourd'hui, cent (100) millions de personnes parlent français tous les jours[1]. Ces personnes[2] sont les «francophones.» Voici la distribution des francophones dans le monde[3].

Europe (France, Belgique, Suisse, Luxembourg)	60 millions
Amérique	
Amérique du Nord[4] (Canada, Nouvelle Angleterre[5], Louisiane)	10 millions
Antilles (Guadeloupe, Martinique, Haïti)	5 millions
Afrique	
Afrique du Nord (Algérie, Maroc[6], Tunisie)	3 millions
Afrique Noire[7] (Sénégal, Côte d'Ivoire[8], etc.)	20 millions
Asie et Océanie (Indochine, Tahiti)	2 millions
Total:	100 millions

1 *everyday* 2 *these people* 3 *world* 4 *north* 5 *New England* 6 *Morocco* 7 *black* 8 *Ivory Coast*

FLASH! *Informations*

À Dakar

À Tahiti

Quelles langues[1] est-ce que les Français étudient?

Les principales langues étudiées[2] sont l'anglais, l'allemand[3], l'espagnol et l'italien.

anglais	66% (soixante-six pour cent)
allemand	20%
espagnol	12%
italien	2%

1 *what languages* 2 *studied* 3 *German*

Les Français aux États-Unis

Aujourd'hui soixante mille (60.000) Français habitent aux États-Unis[1]. La majorité de ces[2] Français habitent à New York ou en Californie. Ils sont généralement commerçants[3], restaurateurs[4], ... et professeurs!

1 *United States* 2 *these* 3 *businessmen* 4 *restaurant owners*

RENCONTRES

Quatre Interviews

Jacques

Je m'appelle Jacques Dupré. J'habite à New York. Je suis haïtien. Ma famille[1] est de Port-au-Prince. Nous sommes immigrés. Mes parents ne parlent pas très bien anglais. Par conséquent[2], en famille[3] nous continuons à parler français.

Je suis étudiant en biologie à l'Université de New York. Je veux être médecin[4]. Je voudrais être radiologue. Je voudrais travailler dans une grande ville[5]. À Boston ou à San Francisco, par exemple.

1 *my family*   2 *consequently*   3 *among ourselves*   4 docteur
5 *large city*

Muna

Je m'appelle Muna Teriitehau. Je suis français mais je n'habite pas en France métropolitaine[1]. J'habite à Tahiti, une île[2] de la Polynésie française. (La Polynésie est un territoire français.)

J'habite à Papeete. Je travaille à la réception d'un hôtel. Avec les clients je parle français et anglais. Mais en famille et avec mes amis, je parle tahitien. Le tahitien est une langue polynésienne apparentée[3] au hawaiien et au maori de la Nouvelle Zélande[4].

1 continentale   2 *island*   3 *related to*   4 *New Zealand*

Monique

Je m'appelle Monique Dutour. J'habite à Trois-Rivières dans la province de Québec, mais je ne suis pas souvent là-bas[1]. C'est parce que je voyage beaucoup. Je suis en effet[2] hôtesse de l'air[3] pour Air Canada. En ce moment[4], je travaille sur la ligne[5] Montréal-Vancouver. Un jour[6] à Montréal, un jour à Vancouver ... C'est un peu[7] monotone.

L'année prochaine[8], j'espère[9] travailler sur la ligne Montréal-Paris. Je voudrais beaucoup visiter l'Europe, surtout[10] le Sud[11]: la France, l'Italie, l'Espagne, le Portugal ...

1 *there*   2 *in fact*   3 *stewardess*   4 *at present*   5 *on the line*
6 *one day*   7 *a little*   8 *next year*   9 *hope*   10 *especially*
11 *south*

Amélan

Je m'appelle Amélan Kouadio. C'est un nom[1] africain, plus[2] exactement baoulé. (Les Baoulés sont une tribu de la Côte d'Ivoire.) Je suis étudiante en lettres[3] à l'Université d'Abidjan. À l'université, nous parlons toujours français. Avec mes amis[4] et mes parents, je parle surtout le baoulé qui[5] est la langue de ma[6] tribu. Ma famille habite à Alépé. C'est un petit[7] village de 6.000 (six mille) habitants[8]. Moi, bien sûr, j'habite à Abidjan qui est une ville moderne.

Plus tard[9], je voudrais être journaliste. Avant[10], je voudrais voyager. Je voudrais passer[11] une ou deux années[12] en France.

1 *name*   2 *more*   3 littérature   4 *my friends*   5 *which*
6 *my*   7 *small*   8 *inhabitants*   9 *later*   10 *before that*   11 *to spend*   12 *years*

III: Images de la vie

Leçon 7: La vie est belle!

Voici Caroline.
Caroline habite à Paris où elle est étudiante.
Caroline parle de sa vie.°   *her life*

Est-ce que vous avez une voiture?
Moi, je n'ai pas de voiture,
    mais j'ai un vélomoteur.
Je n'ai pas de téléviseur,
    mais j'ai un électrophone et des disques.
Je n'ai pas d'appartement,
    mais j'ai une chambre° à la Cité Universitaire.   *room*
J'ai des amis, beaucoup d'amis.
J'ai aussi un petit ami!
La vie est belle,° n'est-ce pas?   *life is beautiful*

Renseignements culturels

La Cité Universitaire

For centuries, French universities catered only to the educational needs of the students, and their buildings were exclusively academic ones. As the number of university students increased—more than fivefold between 1950 and 1980—student residences (**cités universitaires**) were added. In many parts of France, the newer **cités universitaires** were built in the suburbs where land is less expensive, while the academic buildings remained in the center of town. In Paris, for example, the **Cité Universitaire** is located several miles from the academic **Quartier Latin.** This situation creates a serious transportation problem for the students, who must often commute long distances.

Auto ou vélomoteur?

Because of the very high cost of gas, few French students can afford the luxury of owning and maintaining a car. Instead, many ride motorbikes (**vélomoteurs**), motorscooters (**scooters**) and motorcycles (**motos**). This mode of transportation is not only much more economical than the automobile; it is often much faster since the riders are not slowed down by congested traffic and do not face the parking problems which plague car owners in most French cities. And according to many young people, riding a motorbike or motorcycle is simply a lot of fun.

Structure et Vocabulaire

A. Le verbe avoir

Note the forms of the present tense of the irregular verb **avoir** *(to have)*.

avoir	to have	Je voudrais **avoir** une auto.
j' **ai**	I have	J'ai une bicyclette.
tu **as**	you have	Est-ce que tu as une auto?
il/elle **a**	he/she has	Philippe a une guitare.
nous **avons**	we have	Nous avons une Renault.
vous **avez**	you have	Vous avez une Fiat.
ils/elles **ont**	they have	Elles ont une Toyota.

• Liaison is required in **nous avons, vous avez, ils ont** and **elles ont.**

1. Autos: Say which types of cars the following people have. Use subject pronouns.

▶ Sylvie (une Ford)   *Elle a une Ford.*
▶ Pierre et moi (une Cadillac)   *Nous avons une Cadillac.*

1. Paul (une Renault)
2. Jacqueline (une Volvo)
3. moi (une Jaguar)
4. M. et Mme Rémi (une Mercédès)
5. Monique et moi (une Citroën)
6. toi (une Chevrolet)
7. nous (une Alfa Roméo)
8. vous (une Peugeot)
9. Jean-Luc et François (une Talbot)
10. Jacques et toi (une Toyota)

B. *Le genre: L'article indéfini* un, une

Determiners are words that introduce nouns. In the sentences below, the determiners in heavy print are called *indefinite articles.* Note the forms of these articles and the forms of the pronouns that replace the articles and their corresponding nouns.

J'ai **un** ami.	**Il** parle français.	I have *a* friend (male.)	*He* speaks French.
J'ai **une** amie.	**Elle** habite à Paris.	I have *a* friend (female).	*She* lives in Paris.
J'ai **un** appartement.	**Il** est confortable.	I have *an* apartment.	*It* is comfortable.
J'ai **une** auto.	**Elle** n'est pas confortable.	I have *a* car.	*It* is not comfortable.

■ In French, all nouns, whether they designate people, animals, objects, or abstract concepts, have *gender:* they are either *masculine* or *feminine.* In the above examples, **ami** and **appartement** are masculine. The nouns **amie** and **auto** are feminine.

It is important to know the gender of each noun, since the gender determines the forms of the words associated with that noun, such as *determiners, adjectives* and *pronouns.*

- In the singular, the indefinite article **un** *(a, an)* introduces a masculine noun. There is liaison after **un** when the next word begins with a vowel sound. Masculine noun subjects, both persons and things, can usually be replaced by the pronoun **il** (or **ils** in the plural).

- In the singular, the indefinite article **une** *(a, an)* introduces a feminine noun. Feminine noun subjects, both persons and things, can usually be replaced by the pronoun **elle** (or **elles** in the plural).

VOCABULAIRE: Les gens *(people)*

noms

un ami	friend (male)	**une amie**	friend (female)
un petit ami	boyfriend	**une petite amie**	girlfriend
un étudiant	student (male)	**une étudiante**	student (female)
un garçon	boy, young man	**une fille**	girl, young woman
un jeune homme	young man	**une jeune fille**	young woman
un homme	man	**une femme**	woman
un monsieur	gentleman	**une dame**	lady
un professeur	professor, teacher	**une personne**	person

expressions

Qui est-ce?	Who is it?	**Qui est-ce?**	
C'est ...	It's ... , That's ...	**C'est** Paul. **C'est** Louise.	
	He's ... , She's ...	**C'est** un ami. **C'est** une amie.	

1. Note the pronunciation of **femme:** /fam/

2. The gender of a noun designating a person usually corresponds to that person's sex. Note the following exceptions:

>**Un professeur** is masculine, whether it refers to a male or female teacher.
>**Une personne** is feminine, whether it refers to a man or a woman.

---

2. Au café: Caroline and Pierre are in a café. As Caroline points out people whom she sees, Pierre asks her who they are. Play both roles according to the model. Be sure to use *un* or *une*, as appropriate.

▶ Paul Masson/artiste

> CAROLINE: *Voici Paul Masson.*
> PIERRE: *Qui est-ce?*
> CAROLINE: *Un artiste.*

1. Jacques/étudiant
2. Jacqueline/amie
3. Jean-Claude/ami
4. Hélène/étudiante

5. Sylvie Motte/artiste
6. Monsieur Simon/journaliste
7. Madame Lasalle/dentiste
8. Mademoiselle Camus/journaliste

3. Qui est-ce? A Frenchman asks an American who the following people are. Play the two roles according to the model.

▶ Paul Newman/acteur

> LE FRANÇAIS: *Qui est Paul Newman?*
> L'AMÉRICAIN: *C'est un acteur.*

1. Marlon Brando/acteur
2. Jane Fonda/actrice
3. Woody Allen/comédien
4. Carole Burnett/comédienne
5. Rudolf Nureyev/danseur

6. Marianne Moore/poétesse
7. Robert Frost/poète
8. Barbara Walters/journaliste
9. Jimmy Connors/champion
10. Tracy Austin/championne

NOTE LINGUISTIQUE: Mots apparentés **-eur** ↔ *-or, -er*
Many French nouns in **-eur** have English cognates in *-or*.

-eur ↔ *-or*	un profess**eur**	profess*or*
	un mot**eur**	mot*or*

French nouns in **-eur** that are derived from verbs often have English counterparts in *-er*, also derived from verbs.

-eur ↔ *-er*	danser → un dans**eur**	to dance → danc*er*
	chanter → un chant**eur**	to sing → sing*er*

VOCABULAIRE: Les objets

noms

un objet	object, thing	une chose	thing
un appareil-photo	camera	une auto	car
un disque	record	une bicyclette	bicycle
un électrophone	record player	une calculatrice	calculator
un livre	book	une caméra	movie camera
un magnétophone	tape or cassette recorder	une cassette	cassette
un téléphone	telephone	une chaîne-stéréo	stereo
un téléviseur	TV set	une montre	watch
un transistor	transistor radio	une moto	motorcycle
un vélo	bicycle	une photo	photograph
un vélomoteur	motorbike	une radio	radio
		une voiture	car

verbe

marcher	to work, to "run"	J'ai un téléviseur, mais il ne marche pas.

expressions

Qu'est-ce que ... ?	What ... ?	Qu'est-ce que tu écoutes? Un disque ou une cassette?
Qu'est-ce que c'est?	What is it? What is that?	Qu'est-ce que c'est? C'est une Renault.

NOTES DE VOCABULAIRE

1. The basic meaning of **marcher** is *to walk:* Moi, je n'aime pas **marcher.**

2. The expression **qu'est-ce que** consists of **que** *(what)* + **est-ce que.** It is followed by a subject and verb.

---

4. Le coût de la vie *(The cost of living):* A French student is asking about the cost of living in the United States. Tell him about how much the following items would cost, using a price between $5 and $60, and the verb *coûter* (to cost).

▶ disque   *Un disque coûte sept dollars.*

1. appareil-photo Instamatic
2. livre
3. calculatrice
4. cassette
5. transistor
6. montre

5. Zut alors! The people below have various objects which unfortunately do not work. Express this using the appropriate indefinite articles and corresponding subject pronouns.

▶ Paul/auto   *Paul a une auto, mais elle ne marche pas.*

1. Janine/vélomoteur
2. Jean-Jacques/montre
3. Catherine/calculatrice
4. Philippe/caméra
5. Alain/téléviseur
6. Isabelle/appareil-photo
7. Claire/transistor
8. Albert/voiture
9. Stéphanie/chaîne-stéréo
10. Robert/radio

NOTE LINGUISTIQUE: Le genre

There is no systematic way of predicting the gender of nouns designating objects and concepts.

masculine nouns: **un appartement, un problème**
feminine nouns: **une auto, une question**

As you learn nouns in French, learn each one with its determiner, which indicates its gender; think of **un vélo** (rather than simply **vélo**), **une voiture** (rather than **voiture**).

In the VOCABULAIRE sections, all nouns are preceded by determiners. Masculine nouns are usually listed in the left-hand column and feminine nouns in the right-hand column.

C. Le nombre: l'article indéfini des

Nouns are either singular or plural. In the middle column below, the nouns are plural. Note the forms of these nouns as well as the form of the determiner that introduces each one.

Voici un professeur.	Voici **des professeurs.**	Here are (some) teachers.
Voici une étudiante.	Voici **des étudiantes.**	Here are (some) students.
J'ai un ami à Paris.	J'ai **des amis** à Nice.	I have (some) friends in Nice.
Est-ce que tu as une cassette?	Est-ce que vous avez **des cassettes?**	Do you have (any) cassettes?

■ The plural of both indefinite articles **un** and **une** is **des.**

• The indefinite article **des** may correspond to the English *some* or *any*. However, while *some* may often be omitted in English, the article **des** cannot be omitted in French.

• There is liaison after **des** when the next word begins with a vowel sound.

■ In written French, the plural of a noun is generally formed as follows:

> singular noun + -s

• The final **-s** of a plural noun is silent in spoken French.

• A final **-s** is not added to nouns ending in **-s, -x,** or **-z.**

un Français   **des Français**

• A few nouns have irregular plurals, that is, plurals that do not follow the above pattern. Note: des appareil**s**-photo, des chaîne**s**-stéréo. (In the VOCABULAIRE sections, irregular plurals will be given in parentheses.)

6. Au grand magasin *(At the department store):* Philippe is asking the saleswoman in a department store whether she has the following items. She answers yes. Play the two roles, using plural nouns.

▶ un livre   PHILLIPE: *Est-ce que vous avez des livres?*
            LA VENDEUSE: *Bien sûr, nous avons des livres.*

1. une radio	5. une lampe	9. un électrophone
2. une guitare	6. une table	10. une magnétophone
3. une bicyclette	7. un disque	11. un vélomoteur
4. une montre	8. une caméra	12. un transistor

D. L'article indéfini dans les phrases négatives

Contrast the following sentences:

Philippe a **un** vélomoteur.	Jacques n'a **pas de** vélomoteur.
Phillipe a **une** montre.	Jacques n'a **pas de** montre.
Philippe a **un** appareil-photo.	Jacques n'a **pas d'**appareil-photo.
Philippe a **des** disques.	Jacques n'a **pas de** disques.

■ In negative sentences, the indefinite articles **un, une, des** become **de** immediately after the negative word **pas.**

• Note the elision: **pas de** becomes **pas d'** before a vowel sound.

• The expression **pas de** has several English equivalents:

Nous **n'avons pas de** disques.
{ We *have no* records.
We *do not have any* records.
We *do not have* records.

• The expression **pas de** is not used when the verb of the negative sentence is **être.**

Paul **est un** ami.   Philippe **n'est pas un** ami.

7. Mais non! Since Hélène does not like Jacques borrowing her things, she simply tells him she does not have what he is looking for. Play both roles according to the model.

▶ un électrophone

JACQUES: *Est-ce que tu as un électrophone?*
HÉLÈNE: *Mais non, je n'ai pas d'électrophone.*

1. un vélomoteur
2. des disques
3. des enveloppes
4. une guitare
5. un magnétophone
6. une bicyclette
7. une montre
8. une caméra
9. des cassettes

8. On ne peut pas tout avoir! *(You can't have everything!):* Say that the people below have the first item in parentheses but not the second one.

▶ Henri (des disques/un électrophone)
Henri a des disques mais il n'a pas d'électrophone.

1. Nathalie (un transistor/un téléviseur)
2. Charles (un vélomoteur/une auto)
3. Anne-Marie (un magnétophone/une chaîne-stéréo)
4. Jacques (un problème/une solution)
5. Roland (un appareil-photo/une caméra)
6. Philippe (des amis/une petite amie)
7. Jacqueline (des amies/un petit ami)
8. Thérèse (des amis à Paris/des amis à New York)

9. Dialogue: Ask your classmates if they have any of the following items.

▶ un téléviseur?

—*Est-ce que tu as un téléviseur?*
—*Oui, j'ai un téléviseur.*
ou: *Non, je n'ai pas de téléviseur.*

1. une guitare?
2. une Mercédès?
3. un vélomoteur?
4. un piano?
5. un dictionnaire anglais-français?
6. un appartement?
7. des amis à New York?
8. des amis en France?

10. Conversation: Carry out short conversations similar to the model, using the items suggested. Note: *ça* means "that."

▶ une moto/un vélomoteur

A: *Est-ce que vous avez une moto?*
B: *Non, je n'ai pas de moto.*
A: *Mais ça, c'est une moto, n'est-ce pas?*
B: *Pas du tout. Ce n'est pas une moto. C'est un vélomoteur.*

1. une caméra/un appareil-photo
2. un magnétophone/un électrophone
3. des disques/des cassettes
4. une bicyclette/un vélomoteur

E. L'expression il y a

Note the use of the expression **il y a** in the sentences below.

Il y a un vélo dans le garage.	*There is* a bicycle in the garage.
Il y a 20 étudiants dans la classe.	*There are* 20 students in the class.

■ The expression **il y a** is used *to state* the existence of people, things, or facts.

• The negative form of **il y a** is **il n'y a pas (de/d').**

Il n'y a pas de cassettes.	*There aren't any* cassettes.
Il n'y a pas d'université à Tahiti.	*There is no* university in Tahiti.

• The expressions **voici** and **voilà** are used only *to point out* people and things.
They are never used in the negative.

Voici un ami. **Voici** des amis.	*Here is (comes)* a friend. *Here are* some friends.
Voilà un livre. **Voilà** des cassettes.	*There is* a book. *There are* some cassettes.

Note: **Voici** and **voilà** are often interchangeable.

11. Votre chambre: Say whether or not there are the following items in your room.

▶ des disques?   *Oui, il y a des disques.*
▶ un vélo?   *Non, il n'y a pas de vélo.*

1. un téléviseur?	5. des posters?	9. un réfrigérateur?
2. un téléphone?	6. des photos?	10. une chaîne-stéréo?
3. une radio?	7. des livres?	11. un poisson rouge *(goldfish)*?
4. un magnétophone?	8. des plantes?	12. un serpent?

Phonétique

La voyelle /e/

To pronounce /e/, keep your lips slightly apart in the smiling position. Be very careful not to let the vowel glide as it does in the English word *say*.

Mot-clé: v**é**lo
Répétez: **et**, t**é**l**é**viseur, **é**cout**er**, cam**é**ra, ass**ez**, obj**et**, d**es**

> J'ai des caméras.
> Vous téléphonez à Béatrice.
> Dédé écoute Renée.

La voyelle /ɛ/

In comparison with /e/, the vowel /ɛ/ is pronounced further back in the mouth with the lips wider apart.

Mot-clé: Mich**è**le
Répétez: **e**lle, **ai**me, av**e**c, bicycl**e**tte, **ê**tes

> Vous êtes avec Michèle.
> Elle n'aime pas Isabelle.

Récapitulation

Substitution

Replace the underlined words with the expressions in parentheses. Make all necessary changes.

▶ Voici un électrophone.   (disques)   *Voici des disques.*

1. Voilà un vélo.   (auto, moto, vélomoteur, voiture, transistor)
2. Il y a des étudiants au café.   (garçons, jeunes filles, professeur, dame, hommes)
3. Je voudrais avoir une montre.   (appareil-photo, livres, téléviseur, calculatrice)
4. Nous avons une caméra.   (Anne-Marie, tu, vous, Paul et Jean, je, Nicole et moi)
5. François n'a pas de voiture.   (nous, Marc et toi, je, Guy et Charles, tu, Claire)
6. Voici une radio.   (il y a, il n'y a pas, j'ai, je n'ai pas, c'est, ce n'est pas)

Vous avez la parole: La vie est belle!

Complete the following sentences with nouns of your choice.

Pour moi, la vie est (n'est pas) belle. J'ai un … J'ai une … J'ai des … Je n'ai pas de … Je voudrais avoir un … et une … J'ai un ami qui a … J'ai une amie qui a … J'ai des amis qui ont …

Leçon 8: Dans la rue ...

Dans la rue°, il y a un café.   street
Dans le café, il y a une jeune fille.
Un jeune homme passe dans la rue.
Il passe devant° le café.   in front of
Il regarde la jeune fille.
La jeune fille regarde un magazine.
Elle est grande°.   tall
Elle est blonde.
Elle est jolie°...   pretty
«Qui est-ce?» pense le jeune homme.
«C'est probablement une touriste!»

Le jeune homme décide d'entamer° la conversation.   to strike up
—Hello, Miss. Vous êtes américaine?
—...
—Anglaise?
—...
—Canadienne?
—Non, je suis espagnole! ... et j'ai rendez-vous avec un ami. Tiens°!   look
  Il arrive!
—Ah ... Hm ... Bon ... Zut° ... Euh ... Je ... Au revoir, Mademoiselle.   darn

Et le jeune homme continue sa° promenade°.   his/walk

Renseignements culturels: *Le café*

The café plays an important role in the daily life of most French students. They go there at any time of day to have something to eat or drink, to relax, to read the newspaper or to listen to music. Since many students live quite a distance from the university, and since the existing libraries are seriously overcrowded, the café also offers a place to sit and study. Most cafés have public telephones if one has to make a phone call. Finally, the café is the ideal spot to meet one's friends, to strike up a casual conversation with other students, or to observe people walking by.

Structure et Vocabulaire

A. *L'article défini* le, la, les

The sentences below on the left refer to items which are not specifically identified; the nouns are introduced by *indefinite* articles *(a, an)*. The sentences on the right refer to specific items; the nouns are introduced by *definite* articles *(the)*. Note the forms of these articles.

Voici **un** disque et **un** électrophone.	Robert regarde **le** disque et **l'**électrophone.
Voici **une** moto et **une** auto.	Colette regarde **la** moto et **l'**auto.
Voici **des** livres et **des** albums.	Suzanne regarde **les** livres et **les** albums.

The definite article has four written forms:

	singular	plural		
masculine	**le**	**les**	le garçon	les garçons
	l' (+ vowel sound)		l'ami	les‿amis
feminine	**la**		la fille	les filles
	l' (+ vowel sound)		l'amie	les‿amies

• There is liaison after **les** when the next word begins with a vowel sound.

1. Le catalogue: Marie and Nicole are looking at the Manufrance mail order catalogue. Play the role of Marie as she points out various items to her friend.

▶ une calculatrice   *Regarde la calculatrice!*

1. un électrophone
2. un magnétophone
3. une montre
4. une bicyclette

5. des albums de photo
6. des raquettes de tennis
7. des cassettes
8. des caméras

2. Au café: When Paul is alone at a café, he likes to watch what is going on in the street. Express this, according to the model.

▶ jeune fille   *Il y a une jeune fille. Paul regarde la jeune fille.*
▶ voitures   *Il y a des voitures. Paul regarde les voitures.*

1. étudiante
2. étudiant
3. vélo
4. vélomoteurs
5. touristes
6. dame
7. jeune homme
8. motos

B. La forme des adjectifs de description

Adjectives are used to describe nouns and pronouns. Read the sentences below, paying attention to the forms of the adjectives.

Jean-Paul est **patient** et **optimiste.**   Jacqueline est **patiente** et **optimiste.**
Paul et Marc sont **patients** et **optimistes.**   Louise et Renée sont **patientes** et **optimistes.**

■ Adjectives agree in *gender* and *number* with the nouns and pronouns they modify. Regular adjectives have the following pattern of written endings:

	masculine	feminine	
singular	—	-e	patient, patiente
plural	-s	-es	patients, patientes

• In written French, the feminine form of a regular adjective is formed by adding **-e** to the masculine. If the masculine form already ends in **-e,** the masculine and feminine forms are identical.

Robert est **intelligent.**   Sophie est **intelligente.**
Jacques est **calme.**   Michèle est **calme.**

• Adjectives that do not follow the above pattern are irregular.

Marc est **heureux** *(happy).*   Marie est **heureuse.**

Irregular forms of adjectives will be given in parentheses in the VOCABULAIRE sections.

- In written French, the plural form of a regular adjective is formed by adding an **-s** to the corresponding singular form. If the masculine singular form ends in **-s** or **-x**, the masculine singular and the plural forms are identical.

Michel et Guy sont **intelligents.**	Anne et Alice sont **intelligentes.**
Philippe est **français.**	Pierre et Louis sont **français.**
Richard est **heureux.**	Alain et Marc sont **heureux.**

NOTES DE PRONONCIATION
- In spoken French, if a regular adjective ends in a silent consonant in the masculine, this consonant is pronounced in the feminine.

    Paul est intelligent.   Sylvie est intelligente.

- In spoken French, regular adjectives that do not end in a silent consonant in the masculine sound the same in the masculine and feminine.

    Luis est espagnol.   Luisa est espagnole.
    Il est timide et réservé.   Elle est timide et réservée.

NOTE LINGUISTIQUE: Mots apparentés **-é** ↔ *-ed*, **-iste** ↔ *-istic*, *-ist*
French adjectives (and past participles) in **-é** often have English cognates in *-ed*.

-é ↔ *-ed*	réservé	reserv*ed*
	marié	marri*ed*

French adjectives (and nouns) in **-iste** often have English cognates in *-istic* or *-ist*.

-iste ↔ *-istic*	optim**iste**	optim*istic*
	réal**iste**	real*istic*
-iste ↔ *-ist*	un art**iste**	art*ist*
	un pessim**iste**	pessim*ist*

---

3. Les amis: The following people have friends with similar personality traits. Describe these friends.

▶ Marc est brillant. Et Anne-Marie?   *Elle est brillante aussi.*
▶ Nicole est élégante. Et Thomas?   *Il est élégant aussi.*

1. Jacques est idéaliste. Et Monique?
2. Suzanne est indépendante. Et Jean-Louis?
3. François est timide et réservé. Et Nathalie?
4. Claire est optimiste. Et Olivier?
5. Albert est riche mais distant. Et Thérèse?
6. Yves et Luc sont patients. Et Anne et Marie?
7. Sylvie et Claudine sont très contentes. Et Robert et Paul?
8. Charles et Denis sont idéalistes. Et Isabelle et Marianne?
9. Colette et Lucie sont intelligentes. Et Philippe et Alain?
10. Jean-Paul et André sont impatients. Et Yvette et Alice?

VOCABULAIRE: La description

la description physique

blond ou **brun**	blond or darkhaired
fort ou **faible**	strong or weak
grand ou **petit**	tall or short

la description morale et social

heureux (heureuse) ou **triste**	happy or sad
intelligent ou **idiot**	intelligent or stupid
intéressant et **amusant** ou **pénible**	interesting and amusing or boring
sympathique ou **désagréable**	nice or unpleasant
marié ou **célibataire**	married or unmarried

la nationalité

américain	American
anglais	English
espagnol	Spanish
français	French
japonais	Japanese

4. C'est évident! *(It's obvious!)*: Read the description of the following people and then say what they are *not* like, using the appropriate forms of the adjectives with opposite meanings.

▶ Charlotte est blonde.   *Elle n'est pas brune!*

1. Lucie est brune.
2. Charles et Henri sont forts.
3. Catherine est grande.
4. Philippe est pénible.
5. Suzanne et Anne-Marie sont amusantes.
6. Sylvie et Nathalie sont intelligentes.
7. Robert est sympathique.
8. Denise et Claire sont mariées.
9. Michèle et Sophie sont heureuses.
10. Paul et Denis sont tristes.

5. Descriptions: Describe the following people in two sentences, using adjectives from the VOCABULAIRE. Your sentences may be affirmative or negative.

▶ King Kong   *Il est fort. Il n'est pas sympathique.*

1. Dracula
2. Charlie Brown
3. Jane Fonda
4. Paul Newman
5. le président
6. Miss Piggy
7. Woody Allen
8. les Beatles
9. la reine *(queen)* Elisabeth

C. La place des adjectifs

Read the sentences below, paying attention to the position of the adjective.

Paul est un garçon **sympathique.**	Paul is a *nice* boy.
Hélène est une fille **intelligente.**	Hélène is an *intelligent* girl.
Voici des disques **français.**	Here are some *French* records.

■ In French, adjectives usually come *after* the noun they describe.

• A few adjectives, like **grand** and **petit,** come before the noun.

    J'ai une **petite** voiture.   I have a *small* car.

• In the plural, when an adjective precedes a noun, the indefinite article **des** traditionally becomes **de** (or **d'**). In contemporary French, however, **des** is often used.

    À Paris il y a **des** grandes avenues.   } In Paris there are large avenues.
    À Paris il y a **de** grandes avenues.

6. Nationalités: Give the national origins of the following people and things. Complete the sentences below with the appropriate adjectives of nationality.

▶ Les Toyota sont des voitures ...   *Les Toyota sont des voitures japonaises.*

1. Les Renault sont des voitures ...
2. Les Peugeot sont des vélos ...
3. Picasso est un artiste ...
4. Les Bee Gees sont des musiciens ...
5. Vanessa Redgrave est une actrice ...
6. Paul Newman et Robert Redford sont des acteurs ...
7. Berlioz et Debussy sont des compositeurs ...
8. Louis Armstrong et Duke Ellington sont des musiciens ...

7. Ressemblances: The following people have relatives and acquaintances with similar personality traits. Express this according to the model.

▶ Jacques est optimiste. (des amis)   *Il a des amis optimistes.*
▶ Pauline est impatiente. (un cousin)   *Elle a un cousin impatient.*

1. Henri est amusant. (des amies)
2. Philippe est intelligent. (une amie)
3. Catherine est sympathique. (un petit ami)
4. Paul est blond. (une petite amie)
5. Nathalie est brune. (une cousine)
6. Robert est intéressant. (des parents)
7. Francine est indépendante. (des amis)
8. Le professeur est brillant. (des étudiants)

8. Chauvinisme: The following people own things from their country of origin. Express this using the appropriate forms of the adjectives of nationality with the nouns in parentheses.

▶ Monsieur Smith est américain. (une voiture, un téléviseur)
Il a une voiture américaine et un téléviseur américain.

1. Bill est anglais. (une bicyclette, des disques, un appareil-photo)
2. Philippe est français. (un vélo, des livres, une chaîne-stéréo, des transistors)
3. Tatsuo est japonais. (une calculatrice, des transistors, un magnétophone)
4. Luis est espagnol. (une guitare, des livres, un électrophone)

VOCABULAIRE: Adjectifs qui précèdent le nom

bon (bonne)	good	J'ai un très **bon** appareil-photo.
mauvais	bad, poor	Nous n'avons pas de **mauvais** professeurs.
grand	big, large	Mélanie a une **grande** voiture.
petit	small	Paul et Anne ont un **petit** téléviseur.
joli	pretty	Suzanne est une **jolie** fille.
jeune	young	Qui est le **jeune** homme avec qui vous parlez?
vrai	true, real	Vous êtes des **vrais** amis.

NOTE DE VOCABULAIRE
There is liaison after **bon, mauvais, grand** and **petit** when the next word begins with a vowel sound.

un mauvais‿accident   un bon‿ami   un grand‿appartement   un petit‿appareil-photo

---

9. Aux Galeries Lafayette: The *Galeries Lafayette* is a well-known department store in Paris. Play the roles of the salespersons and the customers according to the model. In the customers' statements, make sure the adjectives are in the proper position.

▶ une caméra (japonaise)
—Vous désirez une caméra, Monsieur (Madame)?
—Oui, je voudrais une caméra japonaise.

1. un transistor (japonais)
2. un transistor (petit)
3. un téléviseur (moderne)
4. un téléviseur (grand)
5. un magnétophone (petit)
6. un magnétophone (bon)
7. une bicyclette (anglaise)
8. des livres (amusants)
9. une table (grande)
10. une calculatrice (petite)

D. Il est *ou* c'est?

As we have seen, the subject pronouns **il, elle, ils** and **elles** are used to replace noun subjects referring to people or things. However, when the verb of the sentence is **être,** the following constructions are used.

		Qui est-ce?	Qu'est-ce que c'est?
c'est **ce sont** +	proper noun stress pronoun article + noun article + noun + adjective article + adjective + noun	C'est **Philippe.** C'est **lui.** C'est **un ami.** *(He is ...)* C'est **un garçon intelligent.** C'est **un bon étudiant.**	— — C'est **un vélo.** *(It is ...)* C'est **un vélo français.** C'est **un grand vélo.**
il/elle est **ils/elles sont** +	adjective location name of a profession	Il est **sympathique.** *(He is ...)* Il est **avec Michèle.** Il est **étudiant.**	Il est **rapide.** *(It is ...)* Il est **dans le garage.** —

- Note the negative forms of **c'est:**

  C'est un livre.   **Ce n'est pas** un magazine.
  Ce sont des motos.   **Ce ne sont pas** des vélomoteurs.

Reminder: **Pas de** is not used when the verb is **être.**

10. Commentaires: Max is asking Anne about the following people. Play both roles according to the model.

▶ Sophie (intelligente)   MAX: *Elle est intelligente, n'est-ce pas?*
                             ANNE: *Oui, c'est une fille intelligente.*

▶ Robert (indépendant)   MAX: *Il est indépendant, n'est-ce pas?*
                            ANNE: *Oui, c'est un garçon indépendant.*

1. Paul (idéaliste)   5. Albert (intéressant)
2. Jean-François (pessimiste)   6. Claire (sympathique)
3. Catherine (amusante)   7. Suzanne (timide)
4. Isabelle (pénible)   8. Jean-Luc (idiot)

11. Les voitures: Say whether each of the cars below is American or not. Then say whether it is economical. Follow the model, using the adjectives *américain* and *économique.*

▶ une Toyota   *Ce n'est pas une voiture américaine.*
                  Elle (n')est (pas) économique.

1. une Cadillac   4. une Mercédès   7. une Buick Electra
2. une Renault   5. une Honda   8. une Rolls Royce
3. une Monte-Carlo   6. une Continental   9. une Alfa Roméo

12. Expression personnelle: Say whether or not you have the following. If you answer affirmatively, describe the object or the person. Begin your second sentence with *C'est* and add an adjective of your choice.

▶ une auto   *J'ai une auto. C'est une auto japonaise.*
                     ou: *C'est une petite auto.*

1. une calculatrice   3. une chaîne-stéréo   5. un ami
2. un vélo   4. un transistor   6. une amie

Phonétique

La voyelle /φ/

Round your lips tensely as you say the sound /e/. The result will be the French vowel /φ/.

Mot-clé: d**eu**x
Répétez: h**eureu**x, **Eu**gène, v**eu**x, monsi**eu**r, **eu**x

Eugène n'est pas heureux.
Monsieur Lebleu dîne avec eux.

La voyelle /œ/

Round your lips as you say the sound /ɛ/. The result will be the French vowel /œ/.

Mot-clé: j**eu**ne
Répétez: h**eu**re, profess**eu**r, télévis**eu**r, n**eu**f, vélomot**eu**r

Le professeur arrive à l'heure.
La jeune fille a un vélomoteur.

La voyelle /ə/

When the letter **e** represents a sound similar to /œ/ or /φ/, it is phonetically indicated as /ə/.

Mot-clé: l**e**
Répétez: j**e**, n**e**, parc**e** qu**e**, r**e**garde, R**e**née, D**e**nise

Je regarde Denise.
Le grand garçon ne danse pas avec Renée.

Récapitulation

Substitution

Replace the underlined words with the expressions in parentheses, making all necessary changes.

▶ Où est le professeur?   (étudiants)   *Où sont les étudiants?*
▶ Voici une bonne cassette.   (américaine)   *Voici une cassette américaine.*

1. Où est la voiture?   (auto, électrophone, caméra, livre, disques, cassettes)
2. J'ai un ami français.   (une amie, des amis, des amies, des professeurs)
3. Paul est intelligent mais il n'est pas amusant.   (le professeur, Sylvie, Jacques et Paul, Monique et Suzanne)
4. Suzanne est une étudiante française.   (américaine, bonne, mauvaise, intelligente, anglaise, intéressante)
5. Monsieur Duval est un professeur amusant.   (pénible, mauvais, jeune, vrai, sympathique, timide)
6. Je n'ai pas de livres intéressants.   (amusants, bons, jolis, espagnols)

Vous avez la parole: Mes amis et moi *(My friends and I)*

Describe yourself and your friends. Describe also what you consider the ideal friend. You may use the following suggestions as guidelines.

Physiquement, je suis ... (grand? brun?)
Je ne suis pas ...
Généralement, je suis ... (heureux? amusant?)
Je ne suis pas ...
Je suis (marié? célibataire?)
J'ai un ami ...   Il est ...   C'est ...
J'ai une amie ...   Elle est ...   C'est ...
Pour moi l'ami idéal est ...   L'amie idéale est ...

Leçon 9: Le temps libre

Vous travaillez beaucoup, n'est-ce pas?
Mais vous ne travaillez pas tout le temps°...   all the time
Où est-ce que vous allez quand vous avez un moment de libre?°   free time
Voici la réponse de cinq jeunes Français:

MICHÈLE *(20 ans, étudiante en pharmacie):*

J'adore le cinéma. Quand j'ai un moment de libre, je vais au cinéma. Ce soir°,   tonight
par exemple, je vais aller voir° un western ...   to see

HENRI *(19 ans, étudiant en psychologie):*

Moi aussi, j'aime le cinéma mais je déteste la violence. Ainsi°, je ne vais pas   so
souvent au cinéma. Quand j'ai un moment de libre, j'écoute des disques.
J'adore la musique, surtout° la musique classique.   especially

JEAN-FRANÇOIS *(22 ans, mécanicien°):*   mechanic

Le cinéma, la musique ... d'accord! Mais moi, je ne suis pas un intellectuel. Je
préfère aller au café avec les copains°!   friends

PATRICE *(20 ans, étudiant en médecine):*

J'adore le sport, surtout le football° et le rugby. Quand il y a un match à la télé,   soccer
je reste° à la maison°. Samedi°, je vais regarder le match France-Espagne!   stay/home/Saturday

NATHALIE *(22 ans, secrétaire):*

Patrice aime le sport ... à la télé. Moi, je suis un peu plus° active. Quand j'ai le   more
temps°, je vais au Club des Sports, et je joue au tennis. Je ne suis pas une   time
championne, mais je joue assez bien. Et vous?

Renseignements culturels: Le cinéma en France

According to a recent survey, French young people rank going to the movies as their favorite leisure activity. Yet, for many movie-goers, cinema is considered not only as a leisure activity but as an art form: **le septième art**—the seventh art. After seeing a movie, French people are likely to debate at length its flaws and merits, focusing their discussion on the scenario, the acting (**le jeu des acteurs**) and the directing (**la mise en scène**).

Because tickets to newly released movies (**les films en exclusivité**) are relatively expensive, many students go to the local theaters (**cinémas de quartier**) or ciné-clubs to see reruns of old favorites, both French and foreign. In general, the French public is very receptive to American movies of recent or older vintage. Always popular are the films of Charlie Chaplin, Humphrey Bogart, and Alfred Hitchcock. The French also enjoy all westerns, including those of European manufacture.

La Cinémathèque

CHAILLOT (704-24-24)
MERCREDI 23 AVRIL
15 h. : les Trois Ages, de Buster
Keaton et Eddie Cline ; 18 h. :
Ophélia, de C. Chabrol ; 20 h. : le
jeune cinéma allemand ; 22 h. :
Crl, de R. Van Ackeren : le Dernier
Hommage à R. Parrish : Body and
Soul, de R. Rossen.

Chez le marchand de disques

Structure et Vocabulaire

A. L'usage de l'article défini dans le sens général

Note the use of the definite article in the following sentences.

J'aime **les** sports.	I like sports *(in general)*.
Le tennis est un sport intéressant.	Tennis *(in general)* is an interesting sport.
Les Français aiment **le** cinéma.	*(Generally speaking)*, French people like movies.
Les étudiants détestent **la** violence.	*(Generally speaking)*, students hate violence.

■ In French, the definite article is also used to introduce nouns used in an *abstract*, *general*, or *collective sense*.

NOTE LINGUISTIQUE: L'usage des déterminants
Although English and French both have definite and indefinite articles, the use of these articles does not always correspond in the two languages. In French, contrary to English, nouns are almost always introduced by determiners.

Nous regardons **la** télé.	We watch TV.
Paul étudie **l'**espagnol.	Paul studies Spanish.

---

1. Questions personnelles: Express your personal opinion.

1. Aimez-vous les sports? le tennis? le baseball? le golf? le hockey? le basketball?
2. Aimez-vous la musique? la musique classique? le jazz? les blues? la musique pop?
3. Aimez-vous l'art? l'art moderne? l'art abstrait? l'art oriental?
4. Admirez-vous les acteurs? les poètes? les inventeurs? les athlètes? les musiciens?
5. Respectez-vous l'autorité? la justice? le gouvernement? les opinions adverses? les intellectuels?
6. Étudiez-vous la biologie? l'anglais? l'histoire? la psychologie? les maths? les sciences?

2. Pour ou contre? State whether you are for *(pour)* or against *(contre)* the following. Then explain your position, using adjectives such as *nécessaire, bon, mauvais.*

▶ les examens   *Je suis pour les examens. Les examens sont nécessaires.*
ou: *Je suis contre les examens. Les examens ne sont pas nécessaires.*

1. l'énergie nucléaire
2. le service militaire
3. le communisme
4. le capitalisme
5. l'égalité des sexes

6. la révolution
7. la religion
8. la violence
9. le service militaire pour les femmes

VOCABULAIRE: Les loisirs

un sport
Le tennis, le football *(soccer),* **le volleyball** sont des sports.

un spectacle (show)
Le cinéma *(movies),* **le théâtre, la télévision** sont des spectacles.

un passe-temps (hobby)
La cuisine *(cooking),* **la danse** et **la photo** *(photography)* sont des passe-temps.

un art
La musique, la peinture *(painting)* sont des arts.

un jeu (game)
Le bridge, le poker, les dames (f.) *(checkers),* **les échecs** (m.) *(chess),* **les cartes** (f.) *(cards)* sont des jeux.

NOTE DE VOCABULAIRE:
In conversational French, the names of sports such as **le football** and **le volleyball** are often shortened to **le foot, le volley.** Similarly, **la télévision** becomes **la télé.**

3. Opinions: State your opinion of the following leisure-time activities, using one of these adjectives: *intéressant, pénible, simple, compliqué, passionnant* (exciting), *facile* (easy), *difficile* (difficult).

▶ le football   *Le football est un sport passionnant.*
▶ les échecs   *Les échecs sont un jeu difficile.*

1. le volleyball   4. la photo   7. les dames
2. le théâtre   5. le poker   8. les cartes
3. la danse   6. la peinture   9. la cuisine

4. Dialogue: Ask your classmates about their preferences. Be sure to use the appropriate definite article.

▶ cinéma ou théâtre?   —*Est-ce que tu préfères le cinéma ou le théâtre?*
                            —*Je préfère le théâtre (le cinéma).*

1. cinéma ou télévision?   8. bridge ou poker?
2. tennis ou football?   9. dames ou échecs?
3. musique classique ou musique moderne?   10. photo ou peinture?
4. musique pop ou musique disco?
5. danse classique ou danse moderne?
6. cuisine française ou cuisine américaine?
7. restaurants français ou restaurants italiens?

B. *Les prépositions* à *et de plus* l'article défini

Note the forms of the definite article after the prepositions **à** *(at, to)* and **de** *(of, from, about).*

	parler **à** *(to talk to)*	parler **de** *(to talk about)*
Voici le garçon.	Paul parle **au** garçon.	François parle **du** garçon.
Voici la fille.	Paul parle **à la** fille.	François parle **de la** fille.
Voici l'étudiant.	Paul parle **à l'**étudiant.	François parle **de l'**étudiant.
Voici les étudiants.	Paul parle **aux** étudiants.	François parle **des** étudiants.

■ The definite articles **le** and **les** contract with **à** and **de** to form single words.

à	de
à + le → **au**	de + le → **du**
à + les → **aux**	de + les → **des**

• The articles **la** and **l'** do not contract.

• There is liaison after **aux** and **des** when the next word begins with a vowel sound.

5. Oui ou non? Express your agreement or disagreement with the following by making slogans beginning with *Oui à* or *Non à*.

▶ les examens   *Oui aux examens!*
          ou: *Non aux examens!*

1. le service militaire
2. le socialisme
3. le racisme
4. l'injustice

5. les Jeux Olympiques
6. l'inflation
7. les diplômes
8. la musique disco

6. Sujets de discussion *(Topics for discussion):* Say whether or not you talk about the following topics with your friends.

▶ les examens   *Oui, nous parlons souvent des examens.*
          ou: *Non, nous ne parlons pas souvent des examens.*

1. les vacances
2. la situation internationale
3. la classe de français
4. les problèmes métaphysiques

5. le professeur
6. les autres *(other)* étudiants
7. le problème de l'inflation
8. l'avenir *(future)*

7. D'accord? Say whether or not you agree with the following things or people.

▶ la politique/le président   *Je suis d'accord avec la politique du président.*
          ou: *Je ne suis pas d'accord avec la politique du président.*

1. la politique/les Démocrates
2. le président/l'université
3. le journal *(paper)*/le campus
4. l'attitude/les féministes
5. les décisions économiques/le gouvernement
6. les opinions/les gens conservateurs

VOCABULAIRE: Deux verbes en *-er*

jouer	to play	Je voudrais **jouer** avec vous.
jouer à	to play *(a sport or game)*	Je **joue au** tennis mais je ne **joue** pas **aux** cartes.
jouer de	to play *(a musical instrument)*	Je **joue du** piano mais je ne **joue** pas **de la** guitare.
penser	to think, to believe	Je **pense,** donc je suis.
penser à	to think about *(as the topic of one's thoughts)*	Je ne **pense** pas **à** l'inflation.
penser de	to think of, about *(to have an opinion about)*	Qu'est-ce que tu **penses de** la cuisine française?
penser que	to think that	Je **pense qu'**elle est très bonne.

NOTE DE VOCABULAIRE

The expression **que** *(that)* is often left out in English. It cannot be omitted in French.

Paul pense **que** vous jouez bien.   Paul thinks *(that)* you play well.

---

8. Dialogue: Ask your classmates whether they play the following games or instruments. Use *jouer à* and *jouer de*, as appropriate.

▶ le golf   —*Est-ce que tu joues au golf?*
                   —*Oui, je joue au golf.*
          ou: *Non, je ne joue pas au golf.*

▶ la flûte   —*Est-ce que tu joues de la flûte?*
                  —*Oui, je joue de la flûte.*
          ou: *Non, je ne joue pas de la flûte.*

1. le tennis	5. le poker	9. le violon
2. le baseball	6. le bridge	10. le piano
3. le volleyball	7. les dames	11. la guitare
4. le hockey	8. les échecs	12. le banjo

9. Dialogue: Ask your classmates whether they often think about the following topics.

▶ la politique   —*Est-ce que tu penses souvent à la politique?*
                   —*Oui, je pense à la politique.*
          ou: *Non, je ne pense pas souvent à la politique.*

1. la classe de français	5. les problèmes philosophiques
2. les vacances	6. le problème de l'énergie
3. les examens	7. la justice sociale
4. les grands problèmes	8. les dangers des centrales nucléaires

10. Interview: Imagine that you are asking French exchange students about the following subjects. Your classmates will play the role of the French students, using the suggested adjectives in affirmative or negative sentences.

▶ les étudiants américains (intelligents?)   —*Qu'est-ce que vous pensez des étudiants américains?*
                   —*Nous pensons qu'ils sont intelligents.*
          ou: *Nous pensons qu'ils ne sont pas très intelligents.*

1. le cinéma américain (intéressant?)	5. l'hospitalité américaine (remarquable?)
2. les Américains (sympathiques?)	6. l'humour américain (amusant?)
3. les Américaines (sympathiques?)	7. le football américain (très violent?)
4. la cuisine américaine (bonne?)	8. les restaurants américains (excellents?)

C. *Le verbe* aller; *le futur proche avec* aller + *infinitif*

The verb **aller** *(to go)* is the only irregular **-er** verb. Note the forms and uses of **aller** in the chart below.

infinitive	aller		
present	je **vais**	Je vais à Paris.	Je vais visiter le Louvre.
	tu **vas**	Tu vas à l'université.	Tu vas étudier.
	il/elle **va**	Anne va à Québec.	Elle va parler français.
	nous **allons**	Nous allons à Nice.	Nous allons nager.
	vous **allez**	Vous allez au restaurant.	Vous allez dîner.
	ils/elles **vont**	Elles vont au musée.	Elles vont regarder les sculptures.

■ The verb **aller** (unlike the verb *to go* in English) is never used with only a subject.

It can be used with an adverb: **Comment** allez-vous? Je vais **bien.** It can be used with an expression of location: Nous allons **au théâtre.**

■ To express the near future, the French use the construction:

aller + infinitive	*to be going to do something*

Nous **allons inviter** des amis. We *are going to invite* some friends.
Paul **va voyager.** Paul *is going to travel.*

• Note that in negative sentences, the negative expression **ne ... pas** goes around the verb **aller.**

Je **ne vais pas** étudier.   *I am not going to study.*

11. Bon voyage! This summer the following students are going to travel. Say to which city they are going and what they are going to visit there.

▶ Paul (Paris/le Centre Pompidou)   *Paul va à Paris.*
                                     Il va visiter le Centre Pompidou.

1. Jacques et Henri (Londres/le British Museum)
2. nous (Rome/le Vatican)
3. toi (New York/le musée d'Art Moderne)
4. moi (Paris/Notre Dame)
5. vous (Moscou/le Kremlin)
6. Isabelle (New York/les Nations Unies)
7. Albert et Nicolas (Québec/le Château Frontenac)
8. Marc et moi (Munich/le zoo)

Le Château Frontenac

12. Bon week-end! Next weekend, the following students are going to do what they like to do and they are not going to study. Express this according to the model.

▶ Thérèse aime voyager. *Elle va voyager. Elle ne va pas étudier.*
▶ Vous aimez jouer aux échecs. *Vous allez jouer aux échecs. Vous n'allez pas étudier.*

1. Nous aimons inviter des amis.
2. Paul aime jouer au tennis.
3. Jacqueline aime nager.
4. J'aime jouer au poker.

5. Tu aimes regarder la télé.
6. Vous aimez écouter des disques.
7. Anne et Alice aiment aller au cinéma.
8. Les étudiants aiment danser.

VOCABULAIRE: Où et comment

noms

un aéroport	airport	**une bibliothèque**	library
un café	cafe	**une école**	school
un laboratoire	laboratory	**une église**	church
un magasin	store	**une gare**	(train) station
un musée	museum	**une piscine**	swimming pool
un restaurant	restaurant	**une plage**	beach
un stade	stadium	**une université**	university
un théâtre	theater		

verbes

entrer (dans)	to enter	Nous **entrons dans** le magasin.
passer (par)	to pass, to go (through)	Est-ce que vous **passez par** Paris?
passer	to spend (time)	Je **passe** une heure au café.
rester	to stay	Paul et Suzanne **restent** à Cannes.

expressions

ici	here	Nous travaillons **ici**.
là	there, here	Paul n'est pas **là**. Il est à la plage.
là-bas	over there	Qui est la fille **là-bas**?
à la maison	(at) home	Ils sont **à la maison**.
à pied	on foot	Nous allons à l'université **à pied**.
à vélo	by bicycle	Je vais à la plage **à vélo**.
en voiture	by car	Henri va à Chicago **en voiture**.
en avion (un avion)	by plane	Nous allons en France **en avion**.
en bus (un bus)	by bus	J'aime voyager **en bus**.
en métro (un métro)	by subway	Je vais aller au Centre Pompidou **en métro**.

Au musée du Louvre

13. Lieux de travail *(Places of work):* Say where each of the following people goes to work. Use place names from the VOCABULAIRE.

▶ le professeur   *Le professeur va à l'école (à l'université).*

1. l'athlète
2. l'actrice
3. les étudiants
4. le pilote
5. la serveuse *(waitress)*
6. la chimiste *(chemist)*

14. Projets *(Plans):* Say where you go and what you do in the following circumstances.

▶ Vous avez cinq minutes de libre.   *Je parle avec des amis.*
                             ou: *Je vais téléphoner à un ami.*

1. Vous avez une heure de libre.
2. Vous avez cinq heures de libre.
3. Vous avez un week-end de libre.
4. Vous êtes triste.
5. C'est votre anniversaire *(your birthday).*
6. C'est l'anniversaire d'un ami.

15. Dialogue: Ask your classmates whether they and their friends often go to the following places and, if so, how they get there.

▶ le restaurant   —*Est-ce que vous allez souvent au restaurant?*
                    —*Oui, nous allons souvent au restaurant.*
              ou: *Non, nous n'allons pas souvent au restaurant.*

                    —*Comment est-ce que vous allez au restaurant?*
                    —*Nous allons à pied (en voiture).*

1. le stade
2. le cinéma
3. le théâtre
4. le café
5. la piscine
6. l'église
7. le musée
8. la bibliothèque
9. le concert
10. la plage
11. le restaurant chinois
12. le laboratoire de langues

Phonétique

La voyelle /o/

The vowel /o/ is pronounced with the lips tightly rounded. Be sure not to let the vowel glide as it does in the English word *so.*

Mot-clé: vél**o**
Répétez: **au**x, b**eau**coup, pian**o**, Lé**o**, h**ô**tel.

Lé**o** va à B**o**rdeaux en aut**o**.   Marg**o**t va au stade en métr**o**.

La voyelle /ɔ/

The sound /ɔ/ is somewhat similar to the *u* in the English word *up*; however, the lips are more rounded in French.

Mot-clé: P**au**l
Répétez: b**o**nne, éc**o**le, p**o**rt, M**o**nique, Yv**o**nne, m**o**derne

Paul téléphone à Monique.   Yvonne va à l'école moderne.

Récapitulation

Substitution

Replace the underlined words by the expressions in parentheses. Make all necessary changes.

▶ Nous jouons souvent de la guitare.   (le tennis)   *Nous jouons souvent au tennis.*

1. Je parle à François.   (le professeur, les étudiants, les étudiantes, l'étudiante américaine)
2. Qu'est-ce que vous pensez de Jacques?   (l'étudiant français, le professeur, le concert, le restaurant, les Français, les Françaises, la cuisine française)
3. Pierre n'est pas ici. Il est au laboratoire.   (bibliothèque, université, café, église, stade, aéroport)
4. Quand est-ce que vous allez à la piscine?   (nous, Monique, tu, Alain et Paul, je, les étudiants)
5. Michèle joue de la flûte.   (le piano, le basketball, le football, la clarinette, les cartes)

Vous avez la parole: Le week-end

Describe your weekend activities: what you like, where you go, what you are going to do. You may use the following suggestions.

J'aime ... /Je n'aime pas ...
Généralement, je vais ... parce que j'aime ...
Je ne vais pas ... parce que je déteste ...
Ce *(this)* week-end, je vais aller ... avec ...
Nous allons ... /Nous n'allons pas ...

Instantané

LE FRANÇAIS PRATIQUE

S'il vous plaît!

s'il vous plaît, où est....

S'il vous plaît, où est ...
S'il vous plaît, où se trouve[1] ...

le café de Flore?
le cinéma «le Cluny»?
l'hôtel Lutétia?
le musée des Arts décoratifs?
la poste?
la station de taxi?
la station de métro Odéon?
l'arrêt de l'autobus?

C'est ... à gauche ←
tout droit ↑
à droite ⌐→

1 *is (located)*

Au café

la cliente: Garçon, s'il vous plaît!
le garçon: À votre service, mademoiselle.
la cliente: Un coca et un sandwich au
jambon[1], s'il vous plaît.

(plus tard)[2]

la cliente: Garçon, l'addition[3], s'il vous plaît.
le garçon: Voici, mademoiselle.
la cliente: Est-ce que le service est compris[4]?
le garçon: Oui, mademoiselle, le service est compris.

1 *ham* 2 *later* 3 *check* 4 *included*

Les loisirs des Français

■ Les Français aiment le sport ... *à la télévision*. Deux Français sur[1] trois ne pratiquent aucun[2] sport, mais 41% regardent régulièrement le sport à la télévision.

■ La télévision est la distraction préférée des Français. 76% (soixante-seize pour cent) des Français pensent que c'est une distraction intéressante (contre[3] 61% pour le cinéma).

■ Où vont les Français quand ils sortent[4]? Voici leurs[5] préférences:

aller chez[6] des amis	51%
aller au cinéma	14%
aller au théâtre	13%
aller au restaurant	9%
aller au concert	4%
aller au musée	2%
sans[7] opinion	7%

■ Qui va au cinéma? Ce sont *les jeunes* qui vont le plus souvent au cinéma!

âge:	15–24 ans[8]	13,2 fois par an[9]
	25–34 ans	8,4 fois
	35–49 ans	3,4 fois
	50–64 ans	3,1 fois
	65 et plus	1,3 fois

En moyenne[10], les Français vont 5,5 (cinq virgule cinq) fois par an au cinéma.

1 *out of*   2 *do not engage in any*   3 *against*   4 *go out*
5 *their*   6 *to the home of*   7 *without*   8 *years old*   9 *times per year*   10 *on the average*

THEATRE DE LA VILLE
du 3 au 14 avril 18h30
**ballet théâtre
français de nancy**
Chorégraphies
Farber · Lubovitch · Falco

Les Français et le cinéma américain

Les films américains ont généralement beaucoup de[1] succès en France. Voici les titres[2] français de certains[3] de ces films:

* L'empire contre-attaque (1980)
* Rencontres[4] du troisième type (1978)
* Vol[5] au-dessus[6] d'un nid[7] de coucou (1976)
* La Tour[8] infernale (1975)
* Le Parrain[9] (IIe épisode) (1974)
* Le Parrain (Ier épisode) (1972)
* Orange mécanique (1972)
* 2001, l'odysée de l'espace (1968)
* West Side Story (1962)
* Casablanca (1944)
* Les révoltés[10] du Bounty (1936)

1 *much*   2 *titles*   3 *some*   4 *encounters*   5 *flight*   6 *over*
7 *nest*   8 *tower*   9 *godfather*   10 *mutineers*

Les Français sont comme ça

■ La majorité des Français sont en réalité ... des *Françaises*. Les femmes représentent 52% (cinquante-deux pour cent) d'une population de 55 millions de personnes. Huit millions de femmes—une sur[1] trois—travaillent.

■ La population française est relativement jeune: 33% (trente-trois pour cent) des Français ont moins de 20 ans[2].

■ En moyenne[3], les hommes mesurent 1 mètre 71 (un mètre soixante et onze) et pèsent[4] 71 kilos. Les femmes mesurent 1 mètre 60 et pèsent 60 kilos.

■ La majorité des Français sont bruns. Les blonds diminuent[5]. Les roux disparaissent[6]: 0, 3% (zéro virgule trois pour cent) de la population. Un Français sur trois a les yeux[7] bleus.

1 *out of* 2 *are under 20* 3 *on the average* 4 *weigh* 5 *are diminishing* 6 *are disappearing* 7 *eyes*

LA GOURMANDISE EST UN VILAIN DÉFAUT

RENCONTRES

Pour ou contre l'auto

Marc

J'ai une Deux Chevaux. Bien sûr, ce n'est pas une voiture spectaculaire. Elle est minuscule. Elle n'est pas très confortable et elle n'est pas très très rapide sur l'autoroute[1]. Mais pour Paris, c'est le véhicule idéal: pratique, maniable[2], économique. ... Et puis[3], c'est une voiture! Avoir une voiture présente des avantages considérables. Le week-end[4], par exemple, je peux quitter[5] Paris. Je peux rendre visite à[6] des amis. Je peux respirer[7] l'air pur de la campagne[8]. ...

Oui, la voiture, c'est la liberté!

1 *expressway* 2 *easy to handle* 3 *moreover* 4 *weekends*
5 *I can leave* 6 *visit* 7 *breathe* 8 *countryside*

«*La voiture, c'est la liberté!*»

Philippe

Moi, je n'ai pas de voiture. D'abord[1], je ne suis pas riche. Mais la raison[2] principale, c'est que je suis réaliste. À Paris il y a un excellent système de transports publics. Alors, pourquoi avoir une voiture? Pourquoi payer une assurance[3], un parking, des contraventions[4]? Tu parles aussi de l'air pur de la campagne ... Mais si[5] l'air est pollué[6] à Paris, c'est à cause de ta[7] voiture. Tu parles des avantages de la voiture le week-end ... Mais le reste de la semaine[8]? Souvent la circulation[9] est si[10] intense qu'il est impossible d'avancer. Tu es là, isolé[11], immobile. N'as-tu pas l'impression d'être prisonnier dans[12] ta voiture?

Non, mon cher[13] Marc, la voiture, ce n'est pas la liberté ... C'est l'esclavage[14]!

1 *first* 2 *reason* 3 *insurance* 4 *tickets* 5 *if* 6 *polluted*
7 *because of your* 8 *week* 9 *traffic* 10 *so* 11 *isolated*
12 *in* 13 *my dear* 14 ≠ liberté

IV: Problèmes d'argent

Leçon 10: Un pull qui coûte cher

SCÈNE 1. UNE AFFAIRE°   bargain

Carole et Monique sont dans un grand magasin°. Ce magasin s'appelle «les   department store
Nouvelles Galeries». Carole et Monique regardent les pulls°.   sweaters

CAROLE: Regarde ce pull!
MONIQUE: Quel pull?
CAROLE: Ce pull bleu! Il est joli, hein?
MONIQUE: Moi, je préfère ce pull rouge.
CAROLE: Mais il est trop° grand pour toi!   too
MONIQUE: D'accord! Mais il est très bon marché°.   cheap
CAROLE: Combien coûte-t-il°?   how much does it cost?
MONIQUE: Soixante-cinq francs ... C'est une affaire!

SCÈNE 2. UNE AFFAIRE QUI° N'EST PAS UNE AFFAIRE   which

Monique achète le pull. Puis, elle sort° du magasin avec Carole.   leaves

CAROLE: Dis, Monique! Regarde le flic° là-bas!   cop
MONIQUE: Quel flic?
CAROLE: Le flic qui note le numéro de ta° voiture.   your
MONIQUE: Zut!

Monique va parler à l'agent de police°.   policeman

MONIQUE: Mais Monsieur l'agent ... Je n'ai rien fait°.   I didn't do anything
L'AGENT: Et ce panneau°?   sign
MONIQUE: Quel panneau?
L'AGENT: Ce panneau-là! «Interdiction de stationner°.»   no parking
           Désolé°, mais c'est soixante-quinze francs ... , Mademoiselle.   sorry
CAROLE: Soixante-cinq francs pour le pull et soixante-quinze francs pour la
           contravention°. Cette affaire, ce n'est pas exactement une affaire!   ticket
MONIQUE: Toi, tais-toi°!   Oh, be quiet!

Renseignements culturels: Le shopping

En France, comme aux États-Unis[1], le «shopping» n'est pas seulement[2] une nécessité. C'est aussi une forme de récréation. Pour les vêtements[3], les Français ont le choix[4] entre[5] la boutique spécialisée (le magasin de vêtements, le magasin de chaussures[6], la chemiserie[7]...) ou le «grand magasin». Le samedi[8], des milliers[9] de Français et de Françaises vont au grand magasin. Là, ils s'informent de[10] la mode[11]. Ils comparent les prix[12]. Ils essayent[13] les vêtements ... et parfois[14], ils achètent[15]!

1 *as in the United States*   2 *only*   3 *clothes*   4 *choice*   5 *between*   6 *shoes*   7 *shirt store*   8 *on Saturdays*   9 *thousands*   10 *find out about*   11 *fashion*   12 *prices*   13 *try on*   14 *sometimes*   15 *buy*

Shopping aux Galeries Lafayette

Structure et Vocabulaire

VOCABULAIRE: Quelques vêtements

noms

un anorak	ski jacket	**une blouse**	blouse
un chemisier	blouse	**une chemise**	shirt
un costume	suit	**des chaussettes**	socks
des jeans	jeans	**des chaussures**	shoes
un manteau	coat	**une cravate**	tie
un pantalon	pants	**une jupe**	skirt
un pull (pull-over)	sweater	**des lunettes**	glasses
un short	shorts	**des lunettes de soleil**	sunglasses
un tee-shirt	T-shirt	**une robe**	dress
un vêtement	(piece of) clothing	**une veste**	jacket

adjectifs de couleur

noir	black	**gris**	gray	**blanc (blanche)**	white
bleu	blue	**vert**	green	**jaune**	yellow
rose	pink	**rouge**	red	**violet (violette)**	purple
orange	orange	**marron**	brown		

o'hange   mahon

verbe

porter   to wear   Je **porte** un pantalon bleu et une chemise verte.

NOTES DE VOCABULAIRE

1. The adjectives **orange** and **marron** are invariable; they do not take regular adjective endings.

> J'ai **une chemise marron** et **des chaussures orange.**

2. Nouns that end in **-eau** in the singular end in **-eaux** in the plural.

> un mant**eau**   des mant**eaux**

NOTE LINGUISTIQUE: Mots empruntés à l'anglais
Over the past hundred years, the French have been borrowing words from the English language. Borrowed nouns have more or less maintained their English pronunciation and are usually masculine.

Sports: **le golf, le tennis, le basketball, le rugby, le skateboard**
Clothing: **le short, le tee-shirt, les jeans**
Business: **le marketing, le business, le management, le shopping**
Fast foods: **le bar, le grill, le snack (le snack-bar), le self-service**

1. Aujourd'hui *(Today):* Describe the clothes worn by the following people today. Give the colors for each item.

1. Aujourd'hui, je porte ...
2. L'étudiant(e) à ma droite *(to my right)* porte ...
3. L'étudiant(e) à ma gauche *(to my left)* porte ...
4. Le professeur porte ...

2. Vêtements pour chaque occasion *(Clothes for each occasion):* Describe the clothes you would wear on the following occasions.

1. Quand je vais au restaurant, je porte ...
2. Quand j'étudie, je porte ...
3. Quand je vais à une entrevue *(interview)* professionnelle, je porte ...
4. Quand j'ai un rendez-vous, je porte ...
5. Quand je joue au tennis, je porte ...

3. Une question de goût *(A matter of taste):* What goes well with the following items of clothing?

1. Un blazer bleu va bien avec ...
2. Un pull gris va bien avec ...
3. Des chaussettes noires vont bien avec ...
4. Une chemise jaune va bien avec ...
5. Une cravate orange et marron va bien avec ...

A. *Les verbes comme* acheter *et* préférer

Here are the present-tense forms of **acheter** *(to buy)* and **préférer** *(to prefer).* Note what happens to the final **-e** of the stem when it occurs in the last pronounced syllable of the verb.

infinitive	ach**e**ter	préf**é**rer
present	j'ach**è**te	je préf**è**re
	tu ach**è**tes	tu préf**è**res
	il/elle ach**è**te	il/elle préf**è**re
	nous achetons	nous préférons
	vous achetez	vous préférez
	ils/elles ach**è**tent	ils/elles préf**è**rent

■ Most verbs which end in **-e** + consonant + **-er** (like **acheter**), and all the verbs which end in **-é** + consonant + **-er** (like **préférer**) have the following stem change in the **je, tu, il,** and **ils** forms of the present: **e, é → è.**

J'**achète** une chaîne-stéréo.   Elle **préfère** la veste bleue.

VOCABULAIRE: Verbes conjugués comme *acheter* et *préférer*

verbes conjugués comme acheter

acheter	to buy	Nous **achetons** une chaîne-stéréo.
amener	to bring, to take (along)	Philippe **amène** Monique au concert.

verbes conjugués comme préférer

considérer	to consider	Je **considère** Paul comme *(as)* un ami.
espérer	to hope	Est-ce que tu **espères** avoir un «A» en français?
posséder	to own	Vous ne **possédez** pas de voiture?
préférer	to prefer	Je **préfère** la veste bleue. Et toi?
répéter	to repeat	Le professeur **répète** la question.

4. Joyeux anniversaire! *(Happy birthday!):* The people below are taking their friends out on their birthday. Say where, using the appropriate forms of *amener.*

▶ tu/Annie/le restaurant   *Tu amènes Annie au restaurant.*

1. Charles/Monique/le théâtre
2. nous/Henri/le concert
3. vous/des amies/le cinéma
4. Robert et Jacques/Carole/la discothèque
5. moi/une amie/le bowling
6. Thomas/Denise/le restaurant chinois

5. Espérances: State that the following people hope to buy things they do not now own. Use the verbs *espérer* and *posséder,* according to the model. Remember to use *pas de* in the negative.

▶ André (une moto)   *André espère acheter une moto. Il ne possède pas de moto.*

1. moi (une chaîne-stéréo)
2. toi (un vélomoteur)
3. André (un avion)
4. vous (un appartement)
5. M. et Mme Tremblay (une voiture)
6. nous (un magnétophone)

B. L'adjectif démonstratif ce

In the sentences below, the determiners in heavy print are demonstrative adjectives.

Je voudrais acheter **ce** disque et **cet** électrophone.	I would like to buy *this* record and *this* record player.
Je vais acheter **cette** robe.	I am going to buy *that* dress.
Est-ce que tu aimes **ces** pantalons et **ces** chemises?	Do you like *these* pants and *those* shirts?

The determiner **ce** *(this, that)* has four written forms.

	singular	*plural*	
masculine	**ce** **cet** (+ vowel sound)	ce garçon cet homme	ces garçons ces hommes
	ces		
feminine	**cette**	cette fille cette amie	ces filles ces amies

- There is liaison after **cet** and **ces** when the next word begins with a vowel sound.

- The demonstrative adjective **ce** corresponds to both *this* and *that*.

  Tu achètes **ce** disque? $\begin{cases} \text{Are you buying } this \text{ record?} \\ \text{Are you buying } that \text{ record?} \end{cases}$

- The meaning of the demonstrative adjective may be reinforced by adding **-ci** or **-là** to the noun.

  Cette veste-**ci** est jolie.   *This* jacket *(over here)* is pretty.
  Cette veste-**là** est chère.   *That* jacket *(over there)* is expensive.

6. Critiques *(Criticism):* Paul has a tendency to criticize everyone and everything. Play his role, using the suggested adjectives, according to the model.

▶ le pull (joli)   *Ce pull n'est pas joli.*

1. la veste (élégante)
2. les chaussures (élégantes)
3. le livre (intéressant)
4. l'électrophone (bon)
5. la voiture (confortable)
6. le professeur (intéressant)
7. les garçons (amusants)
8. les filles (intelligentes)
9. les amis (sympathiques)
10. les amies (amusantes)

7. Désaccord *(Disagreement):* Philippe and Sylvie are at a department store. Whenever Philippe points out something he likes, Sylvie prefers something else. Play the two roles.

▶ une caméra   PHILIPPE: *J'aime cette caméra-ci.*
                  SYLVIE: *Moi, je préfère cette caméra-là.*

1. un électrophone
2. des disques
3. un transistor
4. une radio
5. une bicyclette
6. une moto
7. des livres
8. des skis
9. un pantalon
10. un tee-shirt
11. des chaussures
12. des lunettes

C. *L'adjectif interrogatif* quel

In the following exchanges, the determiners in heavy print are interrogative adjectives. Note the forms of the interrogative adjective **quel**.

MONIQUE:
Je vais acheter ce livre et cette montre.   **Quel** livre?   **Quelle** montre?
Je veux inviter des garçons et des filles.   **Quels** garçons?   **Quelles** filles?

CAROLE:

The determiner **quel** *(which, what)* has four written forms:

	singular	plural		
masculine	**quel**	**quels**	quel garçon?	quels amis?
feminine	**quelle**	**quelles**	quelle fille?	quelles amies?

- There is liaison after **quels** and **quelles** when the next word begins with a vowel sound.

- **Quel** may be separated from the noun it modifies by the verb **être.**

    Quelle est la **couleur** de cette jupe?   *What* is the *color* of that skirt?

8. La boutique: Carole and Monique are walking around the duty-free shop at the Paris international airport. Whenever Carole points out something or someone, Monique asks her to be more specific. Play both roles according to the model.

▶ les vestes   CAROLE: *Regarde les vestes!*
                    MONIQUE: *Quelles vestes?*

1. la caméra
2. l'appareil-photo
3. le pantalon
4. l'électrophone
5. les lunettes
6. le touriste   *quel*
7. les Américains   *quels*
8. le parfum   *quel*
9. les montres   *quelles*

Une rue commerçante à Rouen

D. Les questions avec inversion

There are several ways of formulating questions in French. In the questions below, the subjects are pronouns. Each pair of questions illustrates two ways of requesting the same information. Compare the position of the subject pronouns in each example.

Est-ce que **tu achètes** cette veste? }
Achètes-tu cette veste? } Are you buying this jacket?

Où est-ce que **vous habitez?** }
Où **habitez-vous?** } Where do you live?

Quelle voiture est-ce que **tu as?** }
Quelle voiture **as-tu?** } What car do you have?

■ Questions with pronoun subjects are often formed by inverting the subject and the verb. The word order is:

> interrogative expression
> *(if any)* + verb–pronoun + rest of sentence?

• In inverted questions, the pronoun is joined to the verb with a hyphen (-).

• In inverted questions, the sound /t/ is heard between the verb and the subject pronouns **il, elle, ils,** and **elles.** Since all third person plural verbs end in **-t,** that letter is pronounced in liaison.

Voici mes amis.   **Sont-ils** français?   **Habitent-ils** à Paris?

If the third person singular verb ends in a vowel, the letter **-t-** is inserted between the verb and the pronoun.

Voici Paul. ·   **Est-il** sympathique?   **A-t-il** une voiture?
Voici Nicole.   **Est-elle** française?   Où **habite-t-elle?**

• Inverted questions are not normally used when the subject is **je.**

Où **est-ce que je vais?**   Je vais au cinéma.

• In infinitive constructions, the subject pronoun is joined to the main verb.

Quelle cravate **allez-vous** acheter?

9. Questions personnelles:

1. Avez-vous un vélo? De quelle couleur est-il?
2. Voyagez-vous souvent? Où allez-vous? Comment préférez-vous voyager: en train? en avion? en auto? en autostop *(hitchhiking)*?
3. À quel cinéma allez-vous généralement? Quels films aimez-vous? les films anglais? français? américains?
4. Pratiquez-vous un sport? Quel sport pratiquez-vous? Où pratiquez-vous ce sport?
5. Jouez-vous aux cartes? Quel jeu de cartes préférez-vous?
6. Achetez-vous régulièrement des magazines? Quels magazines achetez-vous?
7. Achetez-vous souvent des vêtements? Dans quel(s) magasin(s)?

Au marché aux puces

10. Dialogue: Ask your classmates some personal questions, using the following verbs. Questions 1–5 are yes/no questions; questions 6–10 are information questions which begin with the expression in parentheses.

▶ avoir un vélomoteur?   —*As-tu un vélomoteur?*
                            —*Oui, j'ai un vélomoteur.*
                 ou: *Non, je n'ai pas de vélomoteur.*

▶ (où) étudier?   —*Où étudies-tu?*
                            —*J'étudie à la bibliothèque (à la maison ...).*

1. avoir des amis français?	6. (où) habiter?
2. être optimiste?	7. (quels programmes) regarder à la télé?
3. étudier beaucoup?	8. (à quelle heure) dîner?
4. aller souvent au théâtre?	9. (quels disques) aimer?
5. porter des lunettes?	10. (quels livres) préférer?

11. Juliette: Juliette is an exchange student from France, whom you don't know very well. Ask a friend certain questions about her, using the subject pronoun *elle.*

▶ parler anglais?   *Parle-t-elle anglais?*

1. parler bien anglais?	5. avoir un petit ami?
2. jouer au tennis?	6. aimer la musique?
3. jouer au volley?	7. aimer danser?
4. avoir des amis américains?	8. aimer aller au cinéma?

12. Détective: You are a private detective and have sent your assistant to trail René Filou, an international gambler. Read your assistant's report and then ask for more details.

▶ À deux heures, René Filou va dans un café.   *Dans quel café va-t-il?*

1. Il parle à une jeune fille.
2. À cinq heures, il va dans un magasin.
3. Il achète des vêtements.
4. À sept heures, il va dans un restaurant.

5. Il dîne avec des amis.
6. À neuf heures, il va dans un casino.
7. Il joue au poker avec des touristes.
8. À minuit, il rentre à l'hôtel.

VOCABULAIRE: Les nombres de 60 à 99

60	**soixante**	80	**quatre-vingts**
61	**soixante et un**	81	**quatre-vingt-un**
62	**soixante-deux**	82	**quatre-vingt-deux**
63	**soixante-trois**	83	**quatre-vingt-trois**
64	**soixante-quatre**	84	**quatre-vingt-quatre**
	...		...
69	**soixante-neuf**	89	**quatre-vingt-neuf**
70	**soixante-dix**	90	**quatre-vingt-dix**
71	**soixante et onze**	91	**quatre-vingt-onze**
72	**soixante-douze**	92	**quatre-vingt-douze**
73	**soixante-treize**	93	**quatre-vingt-treize**
	...		...
79	**soixante-dix-neuf**	99	**quatre-vingt-dix-neuf**
100	some		

13. En France: Imagine you are making phone calls to the following people in France. Ask for the phone numbers. Note that in French, digits are always given in pairs.

▶ Bailly-Maître: 72-29-99   *Je voudrais le soixante-douze, vingt-neuf, quatre-vingt-dix-neuf, s'il vous plaît.*

1. Maréchal   28.74.14
2. Durand   65.82.92
3. Lejeune   28.62.71
4. Mercier   45.32.83

5. Azéma   94.12.66
6. Imbert   28.81.91
7. Michaud   75.76.85
8. Thomas   12.82.92

VOCABULAIRE: L'argent

noms

l'argent	money	As-tu **l'argent** nécessaire pour acheter ce pull?
le prix	price	Quel est **le prix** de cette robe?

adjectifs

cher (chère)	expensive	Ces chaussures sont très **chères.**
bon marché	inexpensive, cheap	Les chaussettes sont **bon marché.**
meilleur	better, best	Quelles sont les **meilleures** lunettes?

verbe

coûter	to cost	Cette cravate **coûte** soixante-dix francs.

expressions

combien + *verb* + *subject?*	how much?	**Combien** coûtent ces chemisiers?
combien de + *noun?*	how much?	**Combien** d'argent avez-vous?
	how many?	**Combien de** tee-shirts achetez-vous?
plus	more	Est-ce que ce costume est **plus** cher?
moins	less	Est-ce que cette robe est **moins** élégante?

NOTES DE VOCABULAIRE

1. The expression **bon marché** is invariable and does not take adjective endings.

2. In comparisons, the expressions **plus ... que** and **moins ... que** are used.

> Cette cravate-ci est **plus (moins)** chère **que** cette cravate-là.
> This tie is *more (less)* expensive *than* that tie.

---

14. Questions personnelles:

1. Combien d'étudiants est-ce qu'il y a dans la classe?
2. Combien d'étudiantes est-ce qu'il y a dans la classe?
3. Combien d'étudiants dans la classe portent des lunettes?
4. Combien d'étudiants portent des jeans?
5. Combien de disques avez-vous?

15. Le marché aux puces *(The flea market):* You are at the flea market with a friend, and you spot the following items. Say how much each one costs. Then state whether, in your opinion, it is expensive or not.

▶ ces jeans (15 dollars)   *Ces jeans coûtent quinze dollars.*
   Ils sont chers (bon marché).

1. ce vélo (95 dollars)
2. cette guitare (68 dollars)
3. ce téléviseur (85 dollars)
4. ce vélomoteur (70 dollars)
5. cette veste (79 dollars)
6. ce costume (99 dollars)

Phonétique

La voyelle /ə/ (suite)

When the letter **e** (without an accent mark) occurs at the end of a word, or when it is followed by only one consonant in the middle of a word, it represents the vowel sound /ə/.

When the letter **e** is followed by two consonants, it represents the vowel sound /ɛ/.

Contrastez: /ə/   /ɛ/
           petit   personne
           regarder   intéressant
           chemise   lunettes
           comment vous appelez-vous?   je m'appelle ...

The vowel /ə/ is called a *mute e* or **e muet** because it is sometimes not pronounced. As you know, the mute *e* at the end of a word is almost always dropped. The mute *e* is also often dropped in the middle of a word or phrase.

Répétez: vêt∉ment   maint∉nant   am∉ner   ach∉ter   mad∉moiselle
          est-c∉ que   qu'est-c∉ que   n'est-c∉ pas

Récapitulation

Substitution

Replace the underlined words by the expressions in parentheses. Make all other necessary changes.

▶ Combien coûte ce pull? (chaussures)   *Combien coûtent ces chaussures?*

1. Combien coûte cette caméra? (appareil-photo, téléviseur, disques, auto, jeans, short)
2. Jacques préfère cette veste-ci. (pantalon, lunettes, pulls, chaussures)
3. Je n'achète pas la chemise bleue parce que je préfère la chemise rouge. (nous, tu, Henri, Mélanie, vous)
4. Quel ami amènes-tu? (amie, amis, amies, filles, garçons, étudiants)
5. Où travailles-tu? (vous, ils, elles, il, elle)
6. Quand allez-vous à Paris? (nous, tu, il, elle, ils, elles)
7. Aimez-vous voyager? (tu, il, elle, ils, elles)
8. Cette chemise coûte 80 francs. (64, 79, 87, 93)

Vous avez la parole: Au magasin

Imagine that you and a French friend are shopping in a department store. Write a brief dialogue similar to the first scene of «*Un pull qui coûte cher*» in which you select an item of clothing of your choice.

Leçon 11: Le budget de Philippe

Faites-vous souvent votre budget?

Philippe, lui, fait son budget tous les mois°. Il est bien obligé! Ses dépenses° *every month/expenses*
ont une irrésistible tendance° à dépasser° ses ressources. Les ressources de *tendency/surpass*
Philippe sont limitées: 1.300 (mille trois cents) francs par mois. Il a une bourse° *scholarship*
de 800 (huit cents) francs par mois. Ses parents paient le reste. Bien sûr, 1.300
francs, ce n'est pas énorme°, mais avec cela°, Philippe paie sa chambre°, ses *enormous/that/room*
repas°, ses livres, l'essence° de son vélomoteur ... *meals/gas*

Voici comment Philippe calcule° ses dépenses du mois. *calculates*

Dépenses
Logement   400   *francs*
Repas   300   *francs*
Vêtements   200   *francs*
Livres   100   *francs*
Spectacles   70   *francs*
Transports   80   *francs*
Dépenses diverses   150   *francs*

     Total   1300   *francs*

Renseignements culturels: Le budget des étudiants

Analysez attentivement le budget de Philippe. Vous
remarquez qu'il ne paie pas de scolarité[1]. En France,
les principales universités sont des universités publiques et les études sont pratiquement gratuites[2]. Un
assez grand nombre d'étudiants reçoivent[3] des
bourses (pour payer leur logement, leurs repas,
etc.). Certains étudiants, les futurs professeurs par
exemple, reçoivent une rémunération, le «pré-
salaire», pendant[4] leurs études.

Les étudiants français ont d'autres[5] avantages financiers. Par exemple, avec leurs cartes d'étudiants[6], ils ont des réductions dans beaucoup de
cinémas, de théâtres, de musées, etc.. Autre[7] avantage important: s'ils sont malades[8] ou s'ils vont à
l'hôpital, leurs frais médicaux[9] sont remboursés[10].

Des tickets de restaurant universitaire

1 *tuition* 2 *free* 3 *receive* 4 *during* 5 *other* 6 *student ID*
cards 7 *another* 8 *sick* 9 *medical expenses* 10 *reimbursed*

Au restaurant universitaire

Structure et Vocabulaire

VOCABULAIRE: Le budget

noms

un budget	budget	**une bourse**	scholarship
un chèque	check	**une carte de crédit**	credit card
le logement	housing	**une dépense**	expense
les loisirs	leisure activities	**une économie**	saving(s)
le loyer	rent	**la scolarité**	tuition
un projet	plan	**les vacances**	vacation
un repas	meal		
les transports	transportation		

verbes

dépenser	to spend	Combien **dépensez**-vous pour les repas?
gagner	to earn	Combien d'argent **gagnez**-vous?
	to win	Qui va **gagner** ce match de tennis?
payer	to pay (for)	Qui **paie** le café? Toi ou moi?

expressions

par		by	Nous payons **par** chèque.
par		through	Je vais passer **par** Paris.
par jour	(un jour)	per day	Je dépense 5 dollars **par jour** pour les repas.
par semaine	(une semaine)	per week	Je gagne 500 francs **par semaine.**
par mois	(un mois)	per month	Combien dépenses-tu **par mois** pour ton logement?
par an	(un an)	per year	Combien paies-tu **par an** pour la scolarité?
pendant		during	Nous voyageons **pendant** les vacances.
si		if, whether	**Si** je paie le café, tu paies le cinéma. D'accord?

1. Verbs which end in **-yer,** like **payer,** have the following stem change in the **je, tu, il,** and **ils** forms of the present: **y → i.**

Je **paie** avec une carte de crédit. Et vous, comment **payez**-vous?

2. Note the elision: **si → s'** before **il** and **ils.**

S'il gagne le match, il va être content.

---

1. Questions personnelles:

1. Avez-vous un budget? Est-ce que ce budget crée des problèmes pour vous?
2. Avez-vous un job? Où travaillez-vous? Combien d'argent gagnez-vous par semaine?
3. Avez-vous des cartes de crédit? De quelles compagnies?
4. Quand vous allez au restaurant, est-ce que vous payez avec une carte de crédit?
5. Quand vous achetez des vêtements, est-ce que vous payez par chèque?
6. Est-ce que la scolarité de cette université est élevée *(high)*?
7. Avez-vous une bourse?
8. Combien coûtent les repas à la cafétéria de l'université?
9. Combien dépensez-vous pour le logement?

NOTE LINGUISTIQUE: Verbes apparentés **-er** ↔ *-ate*
Some French verbs in **-er** have English cognates in *-ate.*

-er ↔ *-ate*		
	cré**er**	to cre*ate*
	élev**er**	to elev*ate* (to raise)

A. *Le verbe* **faire**

The verb **faire** *(to do, to make)* is irregular. Note the present tense forms.

infinitive	**faire**	Qu'est-ce que nous allons faire?
present	je **fais**	Je fais des projets.
	tu **fais**	Qu'est-ce que tu fais ici?
	il/elle **fait**	Philippe fait son budget.
	nous **faisons**	Nous ne faisons pas d'économies.
	vous **faites**	Faites-vous des projets pour les vacances?
	ils/elles **font**	Qu'est-ce qu'ils font à l'université?

- The letters **ai** of fa**i**sons are pronounced /ə/.

- The principal meaning of **faire** is *to do* or *to make.*

Philippe **fait** son budget. Philippe *is doing* (working out) his budget.
Je **fais** des projets pour le week-end. I *am making* plans for the weekend.

- **Faire** is also used in many idiomatic expressions.

faire des économies	to save money	Je ne **fais** pas **d'économies.**
faire un voyage	to take, to go on a trip	Paul **fait un voyage** à Québec.
faire une promenade	to take a walk	Nous **faisons une promenade** dans le parc.
	to go for a ride	Charles **fait une promenade** à bicyclette/en voiture.
faire attention	to pay attention	Je **fais attention** quand le professeur parle.
faire un match	to play a game	Sylvie **fait un match** de tennis.

2. Week-end: On the weekend, the following students do not study. Say what each one is doing, using the appropriate form of *faire*.

▶ Paul (un match de tennis)   *Paul fait un match de tennis.*

1. nous (un match de football)
2. vous (un match de volley)
3. Caroline (un voyage)
4. moi (une promenade en auto)
5. les filles (une promenade à bicyclette)
6. toi (une promenade à pied)

3. Occupations: Inquire about the plans of the following people, using the verb *faire*. Ask whether they are going to the places mentioned in parentheses.

▶ toi (à huit heures? à la bibliothèque?)   *Qu'est-ce que tu fais à huit heures?*
     Est-ce que tu vas à la bibliothèque?

1. toi (à midi? à la cafétéria?)
2. Jacqueline (à deux heures? en classe?)
3. les étudiants (à six heures? au café?)
4. vous (ce week-end? au cinéma?)
5. nous (en octobre? à l'université?)
6. Éric (en septembre? en France?)

4. Questions personnelles:

1. Faites-vous des économies pour les vacances?
2. Faites-vous souvent des projets? Quels projets?
3. Faites-vous souvent des voyages? Où?
4. Allez-vous faire un voyage pendant les vacances? Où?
5. Aimez-vous faire des promenades en auto? à bicyclette? à pied? Où?
6. Faites-vous attention quand le professeur parle?

5. Activités: Read what the following people are doing and complete each description with an expression using *faire*.

▶ Sylvie ne dépense pas d'argent. Elle ...   *Elle fait des économies.*

1. Claire joue au tennis avec Marc. Ils ...
2. Daniel n'écoute pas le professeur. Il ne ... pas ...
3. Isabelle et moi, nous aimons marcher *(to walk)*. Nous ... dans le parc.
4. Monsieur et Madame Leclerc vont visiter la France, l'Italie et la Grèce. Ils vont ... en Europe.
5. Vous mettez *(put)* cinquante dollars par mois à la banque. Pourquoi est-ce que vous ...

VOCABULAIRE: Les nombres de 100 à l'infini

100	**cent**	*some*	1.000	**mille** *mill*
101	**cent un**		1.001	**mille un**
102	**cent deux**			...
103	**cent trois**		1.100	**mille cent (onze cents)**
110	**cent dix**		1.200	**mille deux cents (douze cents)**
150	**cent cinquante**		1.300	**mille trois cents (treize cents)**
	...			...
200	**deux cents**		2.000	**deux mille**
201	**deux cent un**		2.100	**deux mille cent**
202	**deux cent deux**		2.200	**deux mille deux cents**
	...			...
300	**trois cents**		10.000	**dix mille**
301	**trois cent un**			...
	...			
400	**quatre cents**		100.000	**cent mille**
	...			...
900	**neuf cents**		1.000.000	**un million**
			2.000.000	**deux millions**

NOTES DE VOCABULAIRE

1. In writing numbers, French uses periods where English uses commas, and vice versa.

    French: 2.531,25   English: 2,531.25

2. In the plural, the word **cent** *(hundred)* does not take an **-s** if it is followed by another number.

    deux **cents,** *but* deux **cent** quatre

3. The word **mille** *(thousand)* never takes an **-s.**

---

6. Le prix du logement: Michèle's friends pay different rents for their rooms. Say how much each one pays.

▶ Marie (300 francs)   *Marie paie trois cents francs.*

1. Hélène (300 francs)
2. Jacques (400 francs)
3. Monique (500 francs)
4. François (350 francs)
5. Louis (325 francs)
6. Sophie (450 francs)
7. Henri (550 francs)
8. Robert (375 francs)

7. Combien? Say how much it would cost to buy the following items in France. Then say how much you think each item would cost in the United States.

▶ une bicyclette (600 francs)   *Une bicyclette coûte six cents francs en France.*
Ici une bicyclette coûte (cent) dollars.

1. une raquette de tennis (300 francs)
2. une radio (250 francs)
3. une caméra (500 francs)
4. un téléviseur (1.000 francs)

5. un téléviseur couleur (2.000 francs)
6. une petite voiture (25.000 francs)
7. une grande voiture (40.000 francs)
8. une chaîne-stéréo (4.500 francs)

B. La possession avec de

Read the following sentences, paying attention to word order in the expressions in heavy print.

Voici **le budget de Philippe.**   Here is *Philippe's budget.*
Voilà **la voiture de Michèle.**   There is *Michèle's car.*
Où sont **les livres du professeur?**   Where are the *professor's books?*

One way French indicates possession is to use the construction:

noun + **de** + (determiner +) noun

The first noun designates what is owned and the second noun designates the owner.

• The above construction is also used to express relationship.

Voici **l'ami de Christine.**   ... *Christine's friend.*
Voilà **la cousine de Jacques.**   ... *Jacques' cousin.*

• If the noun that follows **de** is not a proper name, it is usually preceded by a determiner (i.e. a definite or indefinite article, a demonstrative adjective ...)

C'est **la voiture d'un ami.**   It's a *friend's car.*
Où sont **les livres de l'étudiant?**   Where are the *student's books?*
Voilà **le petit ami de cette fille.** Here comes that *girl's boyfriend.*

8. Achats: Imagine that you are renting an unfurnished apartment in Paris and will buy the following things. Say to whom each object belongs.

▶ la radio (Bernard)   *Je vais acheter la radio de Bernard.*

1. l'électrophone (Paul)
2. le sofa (Michèle)
3. la lampe (Antoine)
4. la table (Jean-Pierre)

5. le téléviseur (un ami français)
6. les disques (le cousin de Sylvie)
7. le réfrigérateur (la cousine de Michèle)
8. le radiateur électrique (les amis de Paul)

9. Curiosité: You want to know more about the friends and acquaintances of the people below. Ask the relevant questions, using the adjectives in parentheses.

▶ Paul a une petite amie. (sympathique?)   *Est-ce que la petite amie de Paul est sympathique?*

1. Anne a un petit ami. (intelligent?)
2. François a une cousine. (intéressante?)
3. Thomas a des cousins. (riches?)
4. Jacqueline a des amies. (amusantes?)
5. Madame Lamblet a un secrétaire. (intelligent?)
6. Monsieur Camus a un dentiste. (compétent?)
7. Le professeur de français a des étudiants. (brillants?)
8. Philippe a des parents. (généreux?)

C. Les adjectifs possessifs

In the sentences below, the determiners in heavy print are possessive adjectives. These determiners refer to Philippe's belongings. Note the form of the possessive adjective in the following sentences.

C'est la veste de Philippe?	Oui, c'est **sa** veste.	Yes, it's *his* jacket.
C'est le vélo de Philippe?	Oui, c'est **son** vélo.	Yes, it's *his* bike.
Ce sont les livres de Philippe?	Oui, ce sont **ses** livres.	Yes, they're *his* books.

■ In French, possessive adjectives agree with the nouns they introduce. They have the following forms:

possessor		*singular* masculine	*feminine*	*plural*			
(je)	*my*	**mon**	**ma (mon)**	**mes**	mon vélo	ma moto	mes disques
(tu)	*your*	**ton**	**ta (ton)**	**tes**	ton vélo	ta moto	tes disques
(il *or* elle)	*his, her, its*	**son**	**sa (son)**	**ses**	son vélo	sa moto	ses disques
(nous)	*our*	**notre**		**nos**	notre vélo	notre moto	nos disques
(vous)	*your*	**votre**		**vos**	votre vélo	votre moto	vos disques
(ils *or* elles)	*their*	**leur**		**leurs**	leur vélo	leur moto	leurs disques

• There is liaison after **mon, ton, son, mes, tes, ses, nos, vos,** and **leurs** when the next word begins with a vowel sound.

Philippe est mon_ami.
Vos_amis sont mes_amis.

- **Mon, ton, son** are used instead of **ma, ta, sa** to introduce feminine nouns when the next word begins with a vowel sound.

    Voici **mon_amie** Christine.   *but:* C'est **ma** meilleure amie.

    Où est **ton_auto?**   Où est **ta** petite auto?

- The choice between **son, sa,** and **ses** depends only on the gender and number of the noun that follows and not on the gender and the number of the owner.

C'est l'appartement de Paul?	Oui, c'est **son** appartement.	*his* apartment
C'est l'appartement de Michèle?	Oui, c'est **son** appartement.	*her* apartment
Ce sont les disques de Paul?	Oui, ce sont **ses** disques.	*his* records
Ce sont les disques de Michèle?	Oui, ce sont **ses** disques.	*her* records

10. Un millionnaire: Pretend that you are a millionnaire. Show off some of your possessions, as in the model.

▶ l'avion   *Voici mon avion.*

1. le yacht *mon*
2. la piscine *mon*
3. les autos *mes*

4. la Mercédès *ma*
5. la Jaguar *ma*
6. l'Alfa Roméo *mon ma*

7. le chalet *mon*
8. l'appartement à Paris *mon*
9. les chevaux *(horses)* *mes*

11. Les valises *(Packing):* Philippe is packing for vacation and is looking for some of his things. His sister Mélanie says that she has some of them, but not others. Play both roles, according to the model.

▶ les lunettes (non)   PHILIPPE: *As-tu mes lunettes?*

                        MÉLANIE: *Non, je n'ai pas tes lunettes.*

1. la veste (oui) *ma ta*
2. le pull (non) *mon ton*
3. les chaussures (oui) *mes tes*

4. la caméra (non) *ma ta*
5. l'appareil-photo (oui) *mon ton*
6. le transistor (non) *mon ton*

12. La surprise-partie: Say whom the following people are bringing to the party. Follow the model.

▶ Hélène (un ami)   *Hélène amène son ami.*

1. Jacques (des amies)
2. Nathalie (des amis)
3. Paul (une amie)
4. Sylvie (un ami)
5. Alice (un petit ami)
6. Marc (une petite amie)
7. Jacques et François (un cousin)
8. Thérèse et Annie (des cousines)
9. nous (un cousin et des amis)
10. vous (une cousine et des amies)

VOCABULAIRE: La famille

la famille	family
les parents	parents
le mari—la femme	husband—wife
le père—la mère	father—mother
les enfants	children
le fils—la fille	son—daughter
le frère—la sœur	brother—sister
les grands-parents	grandparents
le grand-père—la grand-mère	grandfather—grandmother
les petits-enfants	grandchildren
les parents	relatives
l'oncle—la tante	uncle—aunt
le cousin—la cousine	cousin (male—female)

NOTE DE VOCABULAIRE

Note the pronunciation of the following words:

la femme /fam/   **le fils** /fis/

---

13. Noël: It's Christmas. Say that the following people are phoning their relatives. Use the appropriate possessive adjectives.

▶ Paul (des cousins)   *Paul va téléphoner à ses cousins.*

1. Robert (une sœur)
2. Pauline (une sœur)
3. Isabelle (un cousin)
4. Paul et David (un oncle)
5. nous (des grands-parents)
6. moi (une grand-mère)
7. vous (une tante)
8. Madame Mercier (un fils)
9. Monsieur Dumas (des filles)
10. Monsieur et Madame Durand (des enfants)
11. toi (les cousines)
12. Henri et moi (un père)

14. Questions personnelles:

1. Avez-vous des frères et des sœurs? Combien de frères? Combien de sœurs? Est-ce qu'ils habitent avec vos parents?
2. Avez-vous des cousins? des cousines? Où habitent vos cousins et vos cousines?
3. Où habitent vos grands-parents?
4. Combien d'enfants ont vos grands-parents? Combien de petits-enfants?
5. Dans votre famille, est-ce qu'il y a souvent des réunions de famille? Allez-vous à ces réunions? Qui va à ces réunions?

Phonétique

Les voyelles nasales

There are four nasal vowels in French:

/ã/ Jean   /ɛ̃/ Alain   /õ/ bon   /œ̃/ un

The phonetic mark [~] indicates a nasal vowel.
Although nasal vowels correspond to the spelling pattern *vowel* + **n** (or **m**), the **n** or **m** is not pronounced.

La voyelle nasale /ã/

To begin producing the nasal vowel /ã/, say the English word *on*, but do not add the final /n/. Keep your mouth open a bit wider for the French /ã/.

Mot-clé: Je**an**
Répétez: **an,** qu**an**d, r**en**tre, Fr**an**ce, m**an**ger, ch**am**bre, par**en**ts, t**an**te

La chambre de ma tante n'est pas grande.
André a un appartement en France.

Récapitulation

Substitution

Replace the underlined words with the words in parentheses, making all necessary changes.

▶ Où est votre grand-père? (cousins)   *Où sont vos cousins?*

1. Je vais téléphoner à mon frère.   (sœur, amie Jeanne, cousine Irène, ami Paul)
2. Voici Paul et voilà son oncle.   (tante, mère, père, cousins, cousines)
3. Albert et sa cousine vont au cinéma.   (Michèle, Jacques et Pierre, Suzanne et Monique)
4. Invites-tu ton ami Paul?   (Jacqueline, Sylvie et Suzanne, Marc et Philippe)
5. Marc arrive avec son ami.   (Brigitte, Henri, Elisabeth et Monique, Eric et François)
6. Je fais mon budget.   (tu, Charles, nous, vous, mes amis)
7. Brigitte parle à son ami.   (amie, amis, amies, cousin, cousine)
8. Je voudrais acheter la voiture de Philippe.   (Alice, le professeur, mes cousins, les amis de mon frère)

Vous avez la parole: Votre budget

Describe your budget for the year. Indicate how much you pay for the following items: tuition, room, meals, books, trips, etc. You may want to refer to «*Le budget de Philippe*».

Leçon 12: Le rêve et la réalité

La chambre° de Michèle est confortable, avec une grande salle de bains°. Est-ce   *room/bathroom*
le logement idéal pour une étudiante?

   «Oui!» pensent les parents de Michèle.

   «Non! pense Michèle, parce que finalement cette chambre n'est pas à moi°.»   *mine*
Michèle, en effet, habite chez° ses parents, et chez ses parents elle n'est pas   *at the home of*
totalement indépendante.

Voilà pourquoi Michèle rêve de louer° un appartement.   *dreams of renting*

Michèle regarde le journal°.   *newspaper*

   «Tiens, voilà une annonce° intéressante.»   *ad*

> QUARTIER LATIN
> Studio avec cuisine° et salle de bains;   *kitchen*
> 900 Francs par mois

   Neuf cents francs par mois! C'est trop° pour le modeste budget de Michèle. Et   *too much*
puis, en ce moment Michèle fait des économies pour les vacances. Alors? Alors,
Michèle ferme° le journal ... . Après tout°, sa chambre n'est pas si° mal!   *closes/after all/that, so*

Renseignements culturels

Le Quartier Latin

Le Quartier Latin est le centre de la vie estudiantine[1] à Paris. C'est un quartier très animé[2] où il y a beaucoup de cinémas, de théâtres, de cafés et de boutiques.

Le logement des étudiants

Pour les étudiants français, le logement représente un problème majeur. Les universités sont en effet situées dans des grandes villes[3] où les appartements sont très chers. Comment les étudiants résolvent-ils le problème du logement?

Certains[4] habitent avec leurs parents. Ce n'est pas la solution idéale pour les étudiants qui aiment être indépendants. En plus[5], cette solution est impossible pour les milliers[6] d'étudiants qui n'habitent pas dans une ville universitaire. Beaucoup louent une «chambre d'étudiant»[7]. Ces chambres sont relativement peu coûteuses[8], mais elles ne sont pas très

confortables. Elles n'ont pratiquement jamais[9] le téléphone et certaines n'ont pas l'eau courante[10]. Souvent, la meilleure solution est d'avoir une chambre à la Cité Universitaire ... . Malheureusement[11], cette solution n'est pas toujours possible. Les demandes[12] sont en effet nombreuses[13] et excèdent les disponibilités[14].

1 *student*   2 *full of life*   3 *cities*   4 *some*   5 *moreover*
6 *thousands*   7 *student room*   8 *pas* très chères   9 *never*
10 *running water*   11 *unfortunately*   12 *requests*   13 *numerous*   14 *number available*

Structure et Vocabulaire

VOCABULAIRE: Expressions pour la conversation

Conversational style is characterized by the presence of *fillers* which are used:

—to attract attention

Dis!	Say! Hey!	**Dis,** Michèle! Où habites-tu?
Tiens!	Look!	**Tiens!** Voilà Paul!
Alors!	Well!	**Alors,** Philippe! Où vas-tu ce week-end?

—to reinforce a statement, an explanation, or a question

Alors?	So?	—Je n'habite pas avec mes parents.
		—**Alors,** où habites-tu?
alors	therefore, then, so	Je ne suis pas riche. **Alors,** je n'ai pas de voiture.
en effet	as a matter of fact, indeed	—Pierre a une auto, n'est-ce pas?
		—**En effet,** il a une Fiat.
après tout	after all	**Après tout,** il voyage souvent.
et puis	and, and then	—Je vais étudier, **et puis** je vais regarder la télé. Et toi?

—to pause

euh ...	uh ... er ...	—Moi? ... **euh** ... Je vais travailler.

A. L'expression être à

Note the use of the expression **être à** in the sentences below.

Est-ce que ce vélomoteur **est à Philippe?**	Does this motorbike *belong to Philippe?*
Oui, il est **à lui.**	Yes, it does *belong to him.*
À qui est cette voiture?	*To whom* does this car belong?

■ The French expression **être à** indicates possession, and often corresponds to the English expression *to belong to.*

• The preposition **à** is repeated before each identified possessor.

   Ces disques sont **à** Jacques et **à** son cousin.

• Stress pronouns are used after the preposition **à.**

—Est-ce que ce livre est à Pierre?	—Does this book belong to Pierre?
—Non, il n'est pas **à lui.**	—No, it does not belong *to him.* (It is not *his.*)
—Il est **à moi.**	—It belongs *to me.* (It is *mine.*)

1. À qui est-ce? Michel asks to whom the following things belong. Eric hesitates and then tells him. Play both roles. Remember: *à + le → au, à + les → aux.*

▶ le vélomoteur (Henri)   MICHEL: *À qui est ce vélomoteur?*
                            ERIC: *Euh ... il est à Henri.*

▶ les lunettes (Claire)   MICHEL: *À qui sont ces lunettes?*
                            ERIC: *Euh ... elles sont à Claire.*

1. la bicyclette (Suzanne)
2. l'appartement (M. Moreau)
3. la radio (Jacqueline)
4. la montre (Philippe)
5. la voiture (Mme Lucas)
6. la moto (l'étudiante américaine)

7. les disques (mes frères)
8. les vêtements (mon cousin)
9. le livre (le professeur)
10. les notes (les étudiants)
11. la caméra (la photographe)
12. la chaîne-stéréo (Bernard)

2. Rendez à César ... ! Antoine asks who owns the following things. Cléo says they belong to her friends, but César claims them as his. Play the three roles according to the model. Be sure to use the appropriate stress pronouns.

▶ les chaussures (Pierre)   ANTOINE: *Dis! À qui sont les chaussures?*
                            CLÉO: *Elles sont à Pierre.*
                            CÉSAR: *Mais non, elles ne sont pas à lui. Elles sont à moi.*

1. l'électrophone (Paul)
2. le transistor (Marc et Philippe)
3. la montre (Hélène)
4. les lunettes (Pauline)
5. la petite table (André)

6. les livres anglais (Suzanne et Monique)
7. les cassettes (Henri et François)
8. le pull jaune (Robert)
9. le vélo noir (Henri)
10. la jolie cravate (Raymond)

B. La préposition chez

Note the use of **chez** in the following sentences, and compare it with the English equivalents.

Je suis **chez moi.**	I am *(at) home.*
Philippe n'est pas **chez lui.**	Philippe is not *home (at his house, at his place).*
Tu vas **chez toi?**	Are you going *home?*
Je vais **chez Louise.**	I am going *to Louise's (house, room, apartment).*
Michèle va **chez le docteur.**	Michèle is going *to the doctor's (office).*
Elle habite **chez ses parents.**	She lives *at her parent's (house).*

■ The preposition **chez** is followed by a noun or by a stress pronoun.

• Note the use of the interrogative expression **chez qui.**

Chez qui est Paul?	*At whose place* is Paul?
Chez qui est-ce que vous allez?	*To whose place* are you going?

• Note that while the preposition **à** is used with *names of places*, the preposition **chez** is used with *people.*

Je vais **à la pharmacie.**	I am going *to the pharmacy.*
Je vais **chez le pharmacien.**	I am going *to the pharmacist's.*

3. Après la classe *(After class):* Say that the students are going home after class. Use the construction *chez* + stress pronoun.

▶ Philippe   *Philippe rentre chez lui.*

1. Hélène
2. Suzanne et Monique
3. Antoine
4. moi

5. toi
6. vous
7. nous
8. Pierre, Paul et Marie

4. Où est Sylvie? Paul is looking for Sylvie and wants to know if she is visiting the following people. Henri tells him that she is not there. Play both roles according to the model.

▶ Louise   PAUL: *Dis, Henri. Est-ce que Sylvie est chez Louise?*
HENRI: *Non, elle n'est pas chez elle.*

1. David
2. Marie et Sophie
3. Madame Lucas
4. Monsieur Duval
5. ses parents
6. sa tante

5. Questions personnelles:

1. Allez-vous souvent chez vos amis?
2. Préférez-vous dîner chez vous ou au restaurant?
3. Préférez-vous étudier chez vous ou à la bibliothèque?
4. Allez-vous souvent chez le dentiste?
5. Invitez-vous souvent des amis chez vous?

VOCABULAIRE: Le logement

noms

un appartement	apartment	**une maison**	house, home
un studio	studio apartment	**une résidence**	dormitory
un cabinet de toilette	bathroom	**une chambre**	(bed)room
un garage	garage	**une cuisine**	kitchen
le jardin	garden	**une pièce**	room (of a house)
un salon	(formal) living room	**une salle à manger**	dining room
les WC	toilet(s)	**une salle de séjour**	living room
		une salle de bains	bathroom
		les toilettes	toilet

adjectifs

confortable	comfortable	Notre maison est **confortable** ...
moderne	modern	mais elle n'est pas très **moderne.**

verbe

louer	to rent	Je vais **louer** un appartement.

expressions

dans	in	Le téléviseur est **dans** la salle de séjour.
sur	on	Habitez-vous **sur** le campus?

6. Questions personnelles:

1. Où habitez-vous? dans une résidence? dans un appartement? chez vos parents?
2. Comment s'appellent les principales résidences de l'université? Si vous habitez dans une résidence, comment s'appelle cette résidence? Avez-vous une chambre confortable? Avez-vous une chambre moderne?
3. Si vous habitez dans un appartement, est-ce un grand appartement? Est-ce un appartement confortable? Est-ce qu'il y a une cuisine moderne? Est-ce qu'il y a une salle de bains moderne? Combien de personnes habitent dans cet appartement?
4. Quand vous êtes chez vos parents, est-ce que vous avez une chambre indépendante? Combien de pièces est-ce qu'il y a chez eux? Combien de chambres est-ce qu'il y a? Est-ce que la salle de séjour est grande? Est-ce qu'il y a un jardin?
5. Quand vous allez en vacances, est-ce que vous louez un appartement? une voiture? un vélo?
6. Quand vous allez travailler après *(after)* l'université, est-ce que vous allez louer un studio? un appartement?

7. Où sont-ils? Read what the following people are doing and say in which room you think each one is.

▶ Jacques répare la voiture.   *Alors, il est dans le garage.*

1. Albert regarde la télévision.
2. Marie-Noëlle étudie.
3. Henri joue du piano.
4. La famille Martin dîne.

5. Monique téléphone.
6. Paul prépare le dîner.
7. Jean-Marc se lave *(washes up)*.
8. Suzanne prépare des sandwiches.

C. *Les adjectifs* beau, nouveau, vieux

The adjectives **beau** *(pretty, handsome, beautiful)*, **nouveau** *(new)* and **vieux** *(old)* have the following forms.

	masculine	(+ vowel sound)	feminine
singular	un **beau** costume	un **bel** homme	une **belle** robe
	un **nouveau** disque	un **nouvel** ami	une **nouvelle** jupe
	un **vieux** livre	un **vieil** ami	une **vieille** maison
plural	les **beaux** costumes	les **beaux** enfants	les **belles** robes
	les **nouveaux** disques	les **nouveaux** amis	les **nouvelles** jupes
	les **vieux** livres	les **vieux** appartements	les **vieilles** maisons

- The adjectives **beau, nouveau,** and **vieux** usually come *before* the noun they modify.

- Note the liaison before a vowel sound:

  les vieux‿amis   les nouvelles‿écoles

- **Vieil** and **vieille** are pronounced the same: /vjɛj/.

8. Janine et Albert: Janine and Albert have different life styles. Janine likes older things and Albert likes what is new. Describe them both, according to the model.

▶ habiter dans un appartement   *Janine habite dans un vieil appartement.*
                                     Albert habite dans un nouvel appartement.

1. avoir une auto
2. acheter des livres
3. écouter des disques
4. porter une chemise
5. aimer les vins *(wines)*
6. visiter les monuments

9. **Expression personnelle:** Describe your environment by modifying the underlined nouns with the appropriate forms of *beau, nouveau,* or *vieux.*

▶ Mes parents ont une <u>voiture</u>.   *Mes parents ont une vieille (belle, nouvelle) voiture.*

1. Je voudrais avoir une <u>voiture</u>.
2. Mes parents habitent dans une <u>maison</u>.
3. Dans la bibliothèque il y a des <u>livres</u>.
4. Un jour, je voudrais habiter dans un <u>appartement</u>.
5. Quand je travaille dans le jardin, je porte une <u>chemise</u>.

D. *La construction* nom + de + nom

Compare the word order in French and English for the expressions in heavy print.

Avez-vous **une voiture de sport?**	Do you have *a sports car?*
Je loue **une chambre d'étudiant.**	I am renting *a student room.*
Voici **la salle de bains.**	Here is *the bathroom*
Paul a **un camarade de chambre.**	Paul has *a roommate.*

When one noun is used to describe another noun, the French use the following construction:

> main noun + **de** + descriptive noun

- The French word order is the opposite of the English pattern:

  une **chambre** d'étudiant   a student *room*

- In constructions of this type, the second noun is not introduced by a determiner.

10. **Questions personnelles:**

1. Avez-vous une chambre d'étudiant? Avez-vous des camarades de chambre? Avez-vous des camarades de classe sympathiques?
2. Aujourd'hui *(today)*, avez-vous une classe de français? une classe d'anglais? une classe de sciences politiques? une classe de physique? une classe de maths?
3. Avez-vous une raquette de tennis? des chaussures de tennis? une voiture de sport? des lunettes de soleil?
4. À la télévision, regardez-vous les programmes de sport? les programmes de musique? À la radio, écoutez-vous les concerts de jazz? les concerts de musique classique?

NOTE LINGUISTIQUE: Mots apparentés **-ique** ↔ *-ic(s), -ical*
Many French words in **-ique** have English cognates in *-ic* and *-ical*.

-ique ↔ *-ic(s)*	la mus**ique**	mus*ic*
	la log**ique**	log*ic*
	la phys**ique**	phys*ics*
	la polit**ique**	polit*ics*
-ique ↔ *-ical*	class**ique**	class*ical*
	polit**ique**	polit*ical*

11. C'est évident: Read about the hobbies of the following people. Then say what type of things they own. Follow the model.

▶ Paul aime le tennis. (des chaussures)   *Alors, il a des chaussures de tennis.*

1. Hélène aime le ski. (des chaussures)
2. François aime le jazz. (des disques)
3. Nadine aime la musique disco. (des disques)
4. Charles aime le sport. (des magazines)
5. Isabelle aime la photo. (un laboratoire)
6. Denis aime l'histoire. (des livres)
7. Philippe aime le ping-pong. (une table)
8. Stéphanie aime la cuisine. (des livres)

Leçon 12 **113**

Phonétique

La voyelle nasale /ɔ̃/

Keep your lips rounded and tense to pronounce the nasal vowel /ɔ̃/. Be sure not to pronounce an /n/ or /m/ afterwards.

Mot-clé: m**on**
Répétez: b**on**, b**on**jour, Jap**on**, s**on**t, t**on**

       Où sont Léon et Yvon?
       Nous allons au Japon avec Edmond.
       Mon oncle Simon habite à Lyon.

Récapitulation

Substitution

Replace the underlined words with the expressions in parentheses. Make all necessary changes.

▶ Je rentre chez moi. (Nicole)   *Nicole rentre chez elle.*

1. La voiture est à <u>Paul</u>, mais la moto n'est pas à lui. (Marianne, le professeur, l'amie de Suzanne, les amies d'André)
2. La raquette est à <u>Michèle</u>, mais les skis ne sont pas à elle. (Paul, Suzanne, un ami, les cousins d'Antoine)
3. Voici l'appartement de <u>Suzanne</u>. (Antoine, Albert, les parents de Jacques, le professeur, l'amie de Monique)
4. J'aime le <u>français</u>, parce que j'ai un bon professeur de français. (les maths, l'histoire, la géographie, les sciences politiques)
5. <u>Pierre</u> n'est pas ici. Il est chez lui. (Philippe et Marc, Isabelle, mes parents, votre professeur, ses cousines)

Vous avez la parole: Le logement idéal

Write a short paragraph describing what would be the ideal housing for you. You may use the following suggestions.

Pour moi, le logement idéal est ... (une maison? un studio? un appartement?)
Il (Elle) a ... (combien de pièces?)
La salle de séjour est ... (moderne? confortable? grande? petite?)
La cuisine ... La salle à manger ... Les chambres ... Les salles de bains ...

Instantané

LE FRANÇAIS PRATIQUE

À l'agence immobilière

l'étudiant:	Je cherche° un studio au Quartier Latin.	*am looking for*
l'employée:	Un studio meublé°?	*furnished*
l'étudiant:	Oui, madame.	
l'employée:	Justement, nous avons un studio très confortable rue Bonaparte.	
l'étudiant:	Est-ce qu'il y a une salle de bains?	
l'employée:	Non, monsieur, mais il y a une douche°.	*shower*
l'étudiant:	Est-ce que la cuisine est moderne?	
l'employée:	Bien sûr. La cuisine est équipée d'°un réfrigérateur, d'une cuisinière° électrique et d'un lave-vaisselle°.	*with* *range/dishwasher*
l'étudiant:	Est-ce qu'il y a le téléphone?	
l'employée:	Non, monsieur. Il n'y a pas de téléphone.	
l'étudiant:	Quel est le loyer?	
l'employée:	900 francs par mois, monsieur, payable d'avance°, avec un dépôt de garantie° de trois mois de loyer.	*in advance* *security deposit*

Pour mieux comprendre

quelques	some	Voici **quelques** appartements à louer.
moyen(ne)	average	L'appartement **moyen** coûte 900 francs par mois.
en moyenne	on the average	**En moyenne,** un appartement a trois pièces.
même	even	Notre appartement a **même** le téléphone.
ainsi	thus, therefore	**Ainsi,** nous payons 1.200 francs par mois.
comme	as, like, for	**Comme** loyer, c'est un peu cher.
pourtant	nevertheless, however	**Pourtant,** les loyers sont toujours élevés à Paris.

MICHELIN

🏰	**Hôtel** de grand luxe
🏰	Hôtel de luxe
🏠	Hôtel très confortable
🏠	Hôtel de bon confort
🏠	Hôtel simple, assez confortable

À l'hôtel

le touriste: Je voudrais une chambre s'il vous plaît.

l'employé: Avec ou sans salle de bains?

le touriste: Avec salle de bains. C'est combien?

l'employé: 80 francs par jour.

le touriste: Est-ce que le petit déjeuner[1] est compris?

l'employé: Non, monsieur. Le petit déjeuner est en supplément.[2]

1 *breakfast* 2 *extra*

Des vacances qui commencent bien!

Un hôtel bien recommandé!

FLASH! *Informations*

Le coût de la vie[1]

Voici quelques prix pratiqués[2] à Paris en 1980.

	Francs
un journal[3]	2,00
une revue[4] (*L'Express*)	8,00
un ticket de métro	3,00
une tasse[5] de café	3,50
un coca-cola	6,00
une bière[6]	7,00
un timbre[7] pour la France	1,50
un timbre pour les États-Unis	2,80
un repas au restaurant universitaire	5,00
un billet[8] de cinéma	20,00
une paire de chaussures	300,00
une chemise	80,00
une paire de blue-jeans	150,00
un costume homme	1.200,00
une robe	300,00
une chambre d'hôtel (*confort moyen*) par jour	100,00
une chambre d'hôtel (*grand luxe*) par jour	500,00
le loyer mensuel[9] d'un studio	1.200,00
une Renault 5	23.000,00

1 *cost of living* 2 *in effect* 3 *newspaper* 4 *magazine*
5 *cup* 6 *beer* 7 *stamp* 8 *ticket* 9 *par mois*

Les Français sont-ils bien équipés?

- Les maisons françaises sont généralement bien équipées.
  96% des logements ont un réfrigérateur
  88% ont un téléviseur
  77% ont une machine à laver[1]
  24% ont un congélateur[2]
  14% ont un lave-vaisselle[3]

1 *washing machine* 2 *freezer* 3 *dishwasher*

Les Français et la mode

- Les Français dépensent 7,1% de leur budget pour l'habillement[1]: 5,7% pour les vêtements et 1,4% pour les chaussures.

- En moyenne, les Françaises achètent 1 ou 2 robes par an, et un manteau tous les trois[2] ans. Les Américaines achètent 6 fois[3] plus de vêtements que[4] les Françaises.

- Quelques grandes maisons de couture[5] française:

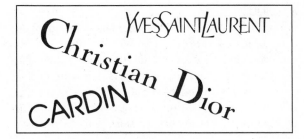

1 *dress* 2 *every three* 3 *times* 4 *than* 5 *fashion*

RENCONTRES

Faites-vous
des économies?

Voici la réponse de quatre étudiants à la question:
Faites-vous des économies? Pourquoi et comment?

ALAIN

Faire des économies? Pourquoi? C'est ridicule! L'argent est fait[1] pour être dépensé, et non pour être économisé. J'ai un budget limité, comme la majorité de mes amis. Mais même avec un budget limité, je vis[2] bien. Je vais très souvent au cinéma et au théâtre. Pourquoi pas? Avec ma carte d'étudiant, j'ai des prix réduits[3]. Et si j'amène une fille, c'est elle qui paie sa propre place[4]. Moitié[5], moitié! C'est la règle[6] chez les étudiants!

1 *made* 2 *live* 3 *reduced* 4 *own seat* 5 *half* 6 *rule*

MONIQUE

J'adore le ski. J'ai l'intention d'aller aux sports d'hiver[1] pendant les vacances de Noël. Voilà pourquoi je fais des économies. Il y a des étudiants qui économisent sur leurs livres, sur leurs transports, sur leurs loisirs. Moi, je fais des économies sur la nourriture[2]. À midi, je déjeune[3] au restaurant universitaire: cinq francs pour un repas, ce n'est pas cher. Le soir[4], je dîne chez moi, ou chez des amis, ou chez mon oncle ... ou bien, je ne dîne pas. C'est la solution idéale: je ne dépense pas d'argent et je n'ai pas à surveiller[5] ma ligne[6]!

1 *on a ski trip* 2 *food* 3 *eat lunch* 4 *in the evening*
5 *watch* 6 *figure*

NICOLE

J'ai une bourse. C'est suffisant[1] pour l'année scolaire[2]. Mais il y a aussi les vacances! Alors, je suis obligée de travailler. Je travaille comme guide touristique. Mon job consiste à accompagner les touristes à travers[3] Paris. C'est un job intéressant, mais qui ne paie pas terriblement bien. Enfin[4], j'espère économiser de 3 à 4.000 francs avant l'été[5]. C'est assez pour passer un mois en Grèce ou au Portugal ...

1 *assez* 2 *school year* 3 *around* 4 *all in all* 5 *summer*

HUBERT

Moi aussi, je travaille. J'ai même un job qui paie bien. (C'est l'exception, je suppose.) Je suis portier de nuit[1] dans un grand hôtel des Champs-Elysées. Les clients sont généreux et j'ai d'excellents pourboires[2]: 3.000 à 4.000 francs par mois. N'imaginez pourtant pas que je n'aie[3] pas de problèmes d'argent. Mon argent disparaît[4] en effet avec une rapidité étonnante[5]. Il est vrai que j'aime aller au restaurant, que j'invite souvent mes amis, et que j'ai un faible[6] pour les vêtements de qualité. Ainsi, je suis toujours sans le sou[7]. Faire des économies? À Paris, c'est impossible!

1 *night clerk* 2 *tips* 3 *have* 4 *disappears* 5 *astonishing*
6 *weakness* 7 *without a cent*

I: Le monde francophone

1

2

À travers le monde, des millions de gens s'expriment quotidiennement en français ...
1 *Abidjan.* Mais oui, nous parlons français! Et vous?
2 *Montréal.* Quel sport pratiquez-vous en hiver? Au Canada, le patinage est le sport national.   3 *Port-au-Prince.* Le plus grand centre commercial d'Haïti est le Marché Vallières. C'est là que les ménagères achètent les produits d'alimentation ... et leurs ustensiles de cuisine.
4 *Québec.* La Vieille Ville est le paradis des flâneurs.

3

4

5

6

5 *Tahiti*. La pêche est l'activité principale de l'île. Est-ce
que la pêche sera bonne aujourd'hui?   6 *Québec*. Quand
un artiste peint dans la rue, il
y a toujours quelqu'un pour
admirer ce qu'il fait ...

7 *Marrakech.* On vient au marché pour faire ses courses, et pour discuter des derniers événements de la journée. 8 *Dakar.* Dakar est à la fois une ville traditionnelle et une ville moderne.

7

8

II: À Paris et en province

9

10

11

12

13

Paris est la capitale de la France, mais ce n'est pas toute la France ... *9 Paris, sur le pont St-Michel.* Promenade en famille. *10 Paris, rue Mouffetard.* Elles sont belles, mes tomates ... et elles ne sont pas chères! *11 Avignon.* Quand on est deux, la moto est le véhicule idéal. *12 À table.* Le repas donne à toute la famille l'occasion de se réunir. *13 Aix-en-Provence.* Une rue très active. C'est le jour du marché aujourd'hui! *14 Un parc à Paris.* Les jeunes y vont pour jouer au foot. Les autres pour trouver un moment de tranquillité ... et même pour pique-niquer!

14

15

16

15 *Un petit village de l'Île-de-France.* 16 À *l'université de Lille.* De quoi discutent ces étudiantes? Des cours ou du prochain week-end?

V: De jour en jour

Leçon 13: Les problèmes de l'existence

Dans la vie° nous avons tous° nos petits problèmes: problèmes affectifs, problèmes d'argent, problèmes de santé°, etc. Bien sûr, ces problèmes ont plus ou moins d'importance selon° notre personnalité, notre âge, notre conception de l'existence ...

life/we all have
health
according to

En ce moment, avez-vous les problèmes suivants°?

following

	Oui, c'est un problème.	Non, ce n'est pas un problème.	
• Je grossis°.	☐	☐	*gain weight*
• Je maigris°.	☐	☐	*lose weight*
• Je perds mon temps° à l'université.	☐	☐	*am wasting my time*
• Je ne finis° pas ce que° je commence.	☐	☐	*finish/what*
• Je travaille trop°.	☐	☐	*too much*
• Je ne travaille pas assez.	☐	☐	
• Je n'ai pas assez d'argent.	☐	☐	
• Je dépense trop d'argent.	☐	☐	
• J'ai trop d'examens.	☐	☐	
• Je n'ai pas assez de loisirs.	☐	☐	
• Je n'ai pas assez de responsabilités.	☐	☐	
• Je n'ai pas assez de temps libre.°	☐	☐	*free time*
• Je ne suis pas assez indépendant(e).	☐	☐	
• Je suis trop pessimiste.	☐	☐	
• Je n'ai pas envie d'étudier.°	☐	☐	*don't feel like studying*

Êtes-vous heureux? Et en quoi consiste le bonheur?[1] Quelle importance attribuez-vous à l'argent? à la sécurité? au confort? Un magazine français, *L'Express*, a organisé un sondage[2] d'opinion sur ce sujet. Les résultats de ce sondage révèlent comment les Français conçoivent[3] le bonheur.

Question: Est-ce que les éléments suivants sont essentiels au bonheur?

	OUI
la santé[4]	90%
l'amour[5]	80%
la liberté	75%
la famille	74%
la justice	65%
le travail	63%
l'argent	52%
la sécurité	51%
les loisirs	50%
le confort	40%
le succès personnel	34%
la religion	33%

1 *what does happiness consist of*   2 *poll*   3 *view*   4 *health*   5 *love*

Structure et Vocabulaire

A. Les verbes réguliers en -ir

Some French verbs end in **-ir** in the infinitive. Many of these verbs are conjugated like **finir** *(to finish)*. Note the present-tense forms of **finir** in the chart below, paying special attention to the endings.

infinitive	**finir**	Je vais finir à deux heures.	endings
present	je **finis**	Je finis l'examen.	**-is**
	tu **finis**	Tu finis la leçon.	**-is**
	il/elle **finit**	Elle finit le livre.	**-it**
	nous **finissons**	Nous finissons à cinq heures	**-issons**
	vous **finissez**	Quand finissez-vous?	**-issez**
	ils/elles **finissent**	Ils finissent le match.	**-issent**

- The present tense of regular **-ir** verbs is formed by replacing the infinitive ending (**-ir**) with the above endings.

- In the singular, the forms of the present tense sound the same.

VOCABULAIRE: Verbes réguliers en -ir

choisir	to choose	Qu'est-ce que vous **choisissez?** Ce livre-ci?
finir	to finish, to end	Le programme **finit** à deux heures.
grossir	to gain weight	Quand je suis en vacances, je **grossis** toujours.
maigrir	to lose weight	Mais quand je suis à l'université, je **maigris.**

1. À la bibliothèque: Les étudiants suivants sont à la bibliothèque. Dites quel magazine ou quel journal chacun choisit. Dites aussi qu'il finit ce magazine.

▶ Paul (L'Express) *Paul choisit L'Express. Il finit le magazine.*

1. nous (Paris-Match)
2. vous (Le Point)
3. moi (Vogue)
4. toi (Elle)
5. Jacques (Réalités)
6. Suzanne et Jacqueline (Jours de France)

NOTE LINGUISTIQUE: Verbes apparentés en **-ir**

A few verbs in **-ir** are derived from adjectives and correspond to English expressions which mean *to become + adjective.*

grossir	to become fat (**gros**)	to gain weight
maigrir	to become thin (**maigre**)	to lose weight
rougir	to become red (**rouge**)	to blush
jaunir	to become yellow (**jaune**)	to turn yellow
noircir	to become black (**noir**)	to blacken
blanchir	to become white (**blanc**)	to bleach

---

2. Questions personnelles:

1. À quelle heure finit la classe de français?
2. À quelle heure finit votre dernière *(last)* classe aujourd'hui *(today)?*
3. Si vous regardez la télé aujourd'hui, quel programme allez-vous choisir?
4. Quels cours allez-vous choisir le semestre prochain *(next)?*
5. Quand vous allez au restaurant avec des amis, est-ce que vous choisissez le menu?
6. Quand vous êtes en vacances, est-ce que vous maigrissez ou est-ce que vous grossissez?
7. Quand vous êtes à l'université, est-ce que vous maigrissez?
8. Est-ce que vous maigrissez quand vous étudiez beaucoup? quand vous jouez au tennis? quand vous skiez?
9. Est-ce que vous rougissez souvent? Pourquoi?

B. Les verbes réguliers en -re

Some French verbs end in **-re** in the infinitive. Many of these verbs are conjugated like **attendre** *(to wait for)*. Note the present-tense forms of **attendre,** paying special attention to the endings.

infinitive	**attendre**	Je déteste attendre.	endings
present	j'**attends**	J'**attends** le bus.	**-s**
	tu **attends**	Tu **attends** tes amis.	**-s**
	il/elle **attend**	Paul **attend** Suzanne.	**—**
	nous **attendons**	Nous attendons le professeur.	**-ons**
	vous **attendez**	Qui est-ce que vous attendez?	**-ez**
	ils/elles **attendent**	Qu'est-ce qu'elles attendent?	**-ent**

- The present tense of regular **-re** verbs is formed by replacing the infinitive ending **(-re)** by the above endings.

- The **-d** of the stem is silent in the singular forms of the present tense. It is pronounced in the plural forms.

- In inverted questions, the final **-d** is pronounced /t/ before **il** and **elle**.
  Paul attend une amie. Attend-il Suzanne?

VOCABULAIRE: Verbes réguliers en *-re*

attendre	to wait (for)	J'**attends** un ami.
entendre	to hear	**Entendez**-vous le professeur?
perdre	to lose	Pourquoi est-ce que vous **perdez** patience?
perdre (son) temps	to waste (one's) time	Je n'aime pas **perdre mon temps.**
rendre	to give back	Je **rends** les disques à Pierre.
rendre visite (à)	to visit (someone)	Nous **rendons visite à** nos amis.
répondre (à)	to answer	Je vais **répondre à** ta lettre.
vendre	to sell	Jacques **vend** sa guitare à Antoine.

NOTES DE VOCABULAIRE
1. Note the lack of correspondence between French and English in the following constructions. Where one language uses a preposition after the verb, the other does not, and vice-versa.

J'**attends** Jacques.	I *am waiting for* Jacques.
Je **réponds au** professeur.	I *am answering* the professor.
Je **rends visite à** Paul.	I *am visiting* Paul.

2. There are two French verbs that correspond to the English verb *to visit.*

visiter + *(places)* Nous **visitons** Paris.   **rendre visite à** + *(people)* Nous **rendons visite à** M. Dumas.

3. Problèmes d'argent: Les étudiants suivants ont besoin *(need)* d'argent. Dites ce que chacun vend.

▶ Jacqueline (sa guitare)   *Jacqueline vend sa guitare.*

1. Paul (son vélo)
2. moi (mon téléviseur)
3. toi (tes disques)
4. nous (nos livres de français)
5. vous (votre moto)
6. mes cousins (leur chaîne-stéréo)
7. Sylvie (sa caméra)
8. Albert et Roger (leurs skis)

4. Questions personnelles:

1. Êtes-vous patient(e)? Aimez-vous attendre? Attendez-vous vos amis quand ils sont en retard?
2. Perdez-vous souvent patience? Perdez-vous souvent courage? Perdez-vous courage quand vous avez une mauvaise note *(grade)* à un examen?
3. Pendant les vacances, rendez-vous visite à vos amis? à vos cousins? à vos grands-parents? à vos professeurs?
4. Rendez-vous visite à vos amis quand ils sont à l'hôpital?
5. Est-ce que vous répondez immédiatement aux lettres de votre famille? aux lettres de vos amis?
6. Dans votre résidence, qui répond quand le téléphone sonne *(rings)*?
7. Est-ce que vous rendez les choses que *(that)* vous empruntez *(borrow)*?

5. Une perte de temps *(A waste of time):* Lisez ce que font les personnes suivantes. Selon vous, est-ce que ces personnes perdent leur temps? Exprimez votre opinion en utilisant la forme appropriée de l'expression *perdre (son) temps* dans des phrases affirmatives ou négatives.

▶ Nous regardons la télé de sept heures à minuit.
  Nous perdons notre temps. ou: *Nous ne perdons pas notre temps.*

1. Vous regardez des matchs de football à la télé.
2. Tu étudies la leçon de français.
3. François va au laboratoire de langues.
4. Marie et Philippe vont au théâtre.
5. Nous parlons trois heures avec nos amis.
6. J'écoute des disques de jazz.

C. Expressions de quantité

In the sentences on the left, the expressions in heavy print modify verbs or adjectives. In the sentences on the right, they introduce nouns. Compare the forms of these expressions in each pair of sentences.

Tu travailles **beaucoup.**	Tu as **beaucoup de** travail.	You have *a lot of* work.
Nous étudions **beaucoup.**	Nous avons **beaucoup d'**examens.	We have *many* exams.
Je ne suis pas **assez** riche.	Je n'ai pas **assez d'**argent.	I don't have *enough* money.

■ Adverbs of quantity, such as **beaucoup** and **assez,** modify *verbs* or *adjectives*. Note that these adverbs of quantity usually come after the verb they modify.

J'aime la musique.	J'aime **beaucoup** la musique classique.
Nous ne voyageons pas.	Nous ne voyageons pas **assez.**

■ Expressions of quantity, such as **beaucoup de** and **assez de,** introduce *nouns*. Note that there are no other determiners between these expressions and the nouns they introduce.

J'ai des amis.	J'ai **beaucoup d'**amis.
Avez-vous des vacances?	Avez-vous **assez de** vacances?

VOCABULAIRE: Expressions de quantité

peu	little, not much	Je travaille **peu.**
peu de	little (few), not much (not many)	J'ai **peu d'**argent.
assez	enough	Tu ne voyages pas **assez.**
assez de	enough	Tu n'as pas **assez de** vacances.
beaucoup	much, very much, a lot	Marc aime **beaucoup** le jazz.
beaucoup de	much (many), very much (very many), a lot of, lots of	Il a **beaucoup de** disques de jazz.
trop	too much	Vous jouez **trop.**
trop de	too much (too many)	Vous avez **trop de** loisirs.
beaucoup trop	much too much	Nous étudions **beaucoup trop.**
beaucoup trop de	much too much (many too many)	Nous avons **beaucoup trop d'**examens.

---

6. Oui ou non? Avez-vous les choses suivantes et en quelles quantités? Répondez en utilisant l'expression *beaucoup de* dans des phrases affirmatives ou négatives.

▶ les qualités   *J'ai beaucoup de qualités.* ou: *Je n'ai pas beaucoup de qualités.*

1. l'argent	5. les amis	9. les problèmes en français
2. la patience	6. les amis français	10. les difficultés avec mes parents
3. l'ambition	7. les examens	11. les difficultés avec mes amis
4. les projets	8. les vacances	12. les professeurs intéressants

7. Expression personnelle: Faites-vous les choses suivantes? Répondez dans des phrases affirmatives ou négatives. Utilisez un adverbe de quantité.

▶ Je travaille. *Je travaille peu (assez, beaucoup, trop, beaucoup trop).*
 ou: *Je ne travaille pas assez (beaucoup).*

1. J'étudie.
2. Je voyage.
3. Je parle.
4. Je pense.

5. J'aime le sport.
6. J'aime le cinéma.
7. J'aime le théâtre.
8. J'aime la musique.

9. J'aime danser.
10. J'aime aller au restaurant.
11. Je pense à mes loisirs.
12. Je pense aux vacances.

8. Opinions: Que pensez-vous du monde d'aujourd'hui? Exprimez votre opinion dans des phrases affirmatives ou négatives. Utilisez une expression de quantité de votre choix et les noms entre parenthèses.

▶ Il y a (la violence) à la télé. *Il y a trop de violence à la télé.*
 ou: *Il n'y a pas beaucoup de violence à la télé.*

1. Il y a (la violence) dans les sports professionnels.
2. Les Américains consomment *(consume)* (l'énergie).
3. Nous consommons (les produits artificiels).
4. Les étudiants ont (les examens).
5. Les étudiants ont (les vacances).
6. Les Américains dépensent (l'argent).
7. Les jeunes ont (les responsabilités).

D. *Expressions avec* avoir

The verb **avoir** is used in many idiomatic expressions where English does not use the verb *to have*. Compare the verbs in the sentences below.

Nous **avons soif.**	We *are thirsty.*
Nathalie **a 20 ans.**	Nathalie *is 20 (years old).*
Avez-vous besoin d'argent?	*Do you need* money?

VOCABULAIRE: Expressions avec *avoir*

avoir faim / soif	to be hungry / thirsty	J'**ai faim,** mais je n'**ai** pas **soif.**
avoir chaud / froid	to be hot (warm) / cold	Il n'**a** pas **froid.** Il **a chaud.**
avoir raison / tort	to be right / wrong	Paul **a tort.** Marie **a raison.**
avoir ... ans	to be ... (years old)	Pierre **a dix-neuf ans.**
avoir besoin de	to need	J'**ai besoin d**'une nouvelle robe.
	to need, to have to	J'**ai besoin d**'acheter une robe.
avoir envie de	to want,	J'**ai envie d**'un sandwich, mais ...
	to feel like	je n'**ai** pas **envie de** grossir.
avoir l'intention de	to intend, to plan	**As-tu l'intention de** vendre ton vélo?

1. To ask how old someone is, you would say **Quel âge avez-vous?** or **Quel âge as-tu?** Note that when giving someone's age, the word **ans** is *never* omitted in French: J'ai dix-huit **ans.**

2. The expressions **avoir envie de** and **avoir besoin de** may be followed by either a noun or an infinitive.

---

9. Quel âge ont-ils? Dites quel âge ont les personnes suivantes. Si vous n'êtes pas sûr(e), donnez leur âge approximatif.

1. mon père
2. ma mère
3. mon meilleur ami
4. ma meilleure amie

5. l'étudiant(e) à ma gauche *(left)*
6. l'étudiant(e) à ma droite *(right)*
7. le professeur
8. le président des États-Unis

10. L'examen: Il y a un examen demain, mais les étudiants suivants n'ont pas envie d'étudier. Exprimez cela et dites aussi ce qu'ils ont l'intention de faire, d'après le modèle.

▶ Pierre (aller au cinéma)   *Pierre a l'intention d'aller au cinéma.*
                                Il n'a pas envie d'étudier.

1. nous (regarder la télé)
2. vous (jouer aux cartes)
3. Jacqueline (aller danser)

4. moi (inviter des amis)
5. toi (organiser une surprise-partie)
6. Paul et Louis (rendre visite à leurs amies)

11. Pourquoi? Complétez les phrases suivantes. Pour cela, utilisez l'expression avec *avoir* qui convient logiquement.

▶ Paul va au restaurant parce qu'il ...   *a faim.*

1. Jacqueline achète un coca-cola parce qu'elle ...
2. Nous allons à la cafétéria parce que nous ...
3. Philippe porte un pull parce qu'il ...
4. Isabelle enlève *(takes off)* sa veste parce qu'elle ...
5. Vous pensez que Paris est la capitale de la France: vous ...
6. Albert pense que New York est la capitale des États-Unis: il ...

12. Questions personnelles:

1. Avez-vous envie de voyager? d'aller en France? de visiter Paris?
2. Avez-vous l'intention de continuer vos études de français? d'acheter une moto?
3. En ce moment avez-vous besoin d'argent? d'encouragements? de vacances?
4. Avez-vous besoin de travailler? d'étudier beaucoup?
5. Pendant les vacances, avez-vous l'intention de travailler? d'étudier? de faire un voyage? de maigrir? de grossir?
6. Pensez-vous que les économistes ont toujours raison?

Phonétique

La consonne /z/

The consonant /z/ resembles its English counterpart, although it is pronounced with more tension.

Mot-clé: cou**s**in
Répétez: vi**s**ite, Eli**s**abeth, Deni**s**e, mu**s**ée, choi**s**ir, cui**s**ine, chemi**s**e

       Le cousin d'Elisabeth visite un musée.
       Lise choisit une chemise grise.

La consonne /s/

The French sound /s/ resembles its English counterpart.

Mot-clé: **s**on
Répétez: **S**ylvie, **s**a, **s**œur, i**c**i, dépen**s**es, fini**ss**ent, chau**ss**ures, gro**ss**ir, a**ss**ez

       Sa sœur Sylvie grossit trop.
       Nous finissons la leçon.
       Je possède assez de chaussettes.

Récapitulation

Substitution

Remplacez les mots soulignés par les mots entre parenthèses. Faites tous les changements nécessaires.

1. Qu'est-ce que <u>tu</u> choisis?   (vous, nous, Philippe, tes amis, tes cousines)
2. Quand <u>j'</u>étudie trop, je maigris.   (tu, Caroline, nous, vous, les étudiants)
3. <u>Nous</u> perdons notre temps.   (vous, tu, je, Patrick, Henri et Sylvie)
4. Est-ce que <u>tu</u> entends la radio?   (vous, Jacques, tes amis)
5. Thérèse a besoin d'<u>étudier</u>.   (travailler, argent, chaussures, téléphoner)

Vous avez la parole: Critiques

Composez un bref paragraphe où vous faites la critique des choses suivantes. Si possible, utilisez des expressions de quantité comme **assez de, beaucoup de, trop de,** etc. Vous pouvez aussi utiliser les expressions entre parenthèses.

1. Mon existence actuelle: (l'argent, les problèmes, les amis, les loisirs, le travail, l'énergie)

2. La société américaine: (l'inflation, les problèmes économiques, l'injustice, la violence, l'énergie, la pollution, les centrales nucléaires)

Leçon 14: Pour garder la ligne

Qu'est-ce que vous faites pour garder° votre ligne°?　　　　*keep/waistline*
Est-ce que vous faites attention aux calories que vous consommez°?　　*consume*

MARIE-NOËLLE MARCHAND *(19 ans, étudiante):*

Je n'ai pas de problème particulier avec ma ligne ... mais c'est parce que je n'ai
pas grand appétit. Quand j'ai faim, je mange° du yaourt°. Quand j'ai soif, je　　*eat/yogurt*
bois° du thé° ou de l'eau° minérale.　　　　*drink/tea/water*

JEAN-PHILIPPE BAILLY *(35 ans, technicien):*

J'ai tendance à grossir. Aussi°, j'observe un régime° très strict. À chaque°　　*so/diet/each*
repas je prends° uniquement de la viande°, de la salade, de l'eau minérale, ou　　*have/meat*
du café. Pas de pain°, pas de sucre°, pas de vin°, pas de bière° ... C'est atroce°!　　*no bread/sugar/wine/beer/atrocious*
J'ai toujours faim!

EVELYNE IMBERT *(25 ans, vendeuse):*

Je n'ai pas de régime spécial. Aux repas, je mange modérément, mais je bois du
vin ou de la bière ... et je ne grossis pas. C'est formidable, non?

RAYMOND LUCAS *(67 ans, retraité°):*　　　　*retired person*

Je suis en excellente santé°. Mon secret? Je ne fais pas d'excès. Un paquet° de　　*health/pack*
cigarettes par jour et un petit cognac après° chaque repas ... C'est tout°!　　*after/all*
Naturellement, je mange bien: de la viande, des pommes de terre°, de la salade,　　*potatoes*
du fromage° et des fruits à chaque repas. Avec, bien sûr, du pain et du vin.　　*cheese*
C'est nécessaire si je veux garder la ligne!

Renseignements culturels: Pour «bien vivre»

Connaissez-vous[1] l'expression «bon vivant»? Cette expression est d'origine française. Ce n'est pas un hasard[2]. La France a la réputation d'être le pays du «bien vivre»[3] et les Français justifient généralement cette réputation. Ils sont en effet amateurs[4] de bonne cuisine et consacrent une part importante[5] de leur budget à la nourriture[6]. Ils sont aussi amateurs de vin[7] qu'ils consomment généralement à chaque[8] repas.

Mais les Français font aussi attention à leur ligne[9] et à leur santé[10]. Dans leur majorité[11], ils savent[12] concilier[13] les joies du «bien vivre» avec les impératifs[14] d'une certaine élégance. Leur secret est simple: manger modérément une cuisine saine[15] et équilibrée[16]. Ce secret est aussi le secret de la «Cuisine Minceur» qui est la nouvelle cuisine française.

1 *do you know*   2 *accident*   3 *good living*   4 *lovers*
5 *grande*   6 *food*   7 *wine*   8 *each*   9 *waistline*   10 *health*
11 *for the most part*   12 *know how*   13 *to reconcile*   14 *insistance*   15 *healthy*   16 *balanced*

Structure et Vocabulaire

A. *Le verbe* prendre

Prendre *(to take)* is an irregular verb. Note the present-tense forms of **prendre** in the chart below.

prendre	Qu'est-ce que tu vas prendre?
je **prends**	Je prends mes disques.
tu **prends**	Prends-tu ta bicyclette?
il/elle **prend**	Jacques ne prend pas sa voiture.
nous **prenons**	Nous prenons nos livres.
vous **prenez**	Est-ce que vous prenez votre caméra?
ils/elles **prennent**	Mes cousins prennent leur appareil-photo.

- The main meaning of **prendre** is *to take* or *to take along*.

    Jacques **prend** le bus quand il va à l'université.

- **Prendre** is also used with foods and beverages with the meaning of *to have something to eat or drink*.

    —Qu'est-ce que tu **prends**?   What are you having?
    —Je vais **prendre** un café. Et toi?   I'm going to have a coffee. And you?
    —Moi, je vais **prendre** un sandwich.   I'm going to have a sandwich.

- The following verbs are conjugated like **prendre**:

    apprendre   to learn   Nous **apprenons** l'espagnol.
    comprendre   to understand   **Comprenez**-vous la leçon?

L'art de bien vivre

1. Pique-nique: Les étudiants suivants font un pique-nique à la campagne. Dites comment ils vont à ce pique-nique. Utilisez le verbe *prendre* d'après le modèle.

▶ Philippe (son vélomoteur)   *Philippe prend son vélomoteur.*

1. moi (mon scooter)
2. Pierre et Marc (leur voiture)
3. Marie (sa bicyclette)
4. nous (notre moto)
5. toi (ton vélo)
6. vous (votre voiture)

2. Vacances à l'étranger *(Vacation abroad):* Les étudiants suivants passent leurs vacances à l'étranger pour apprendre la langue du pays. Lisez où sont ces étudiants et dites quelle langue chacun apprend. Utilisez le verbe *apprendre* et les expressions suivantes: *le français, l'espagnol, l'anglais.*

▶ Mes cousins sont à Buenos Aires.   *Ils apprennent l'espagnol.*

1. Annette est à Chicago.
2. Philippe est à Mexico City.
3. Nous sommes à Paris.
4. Je suis à Genève.
5. Tu es à Madrid.
6. Henri et Thérèse sont à Dallas.
7. Jacqueline est à San Francisco.
8. Vous êtes à Québec.

3. Questions personnelles:

1. Prenez-vous beaucoup de notes en classe de français?
2. Comprenez-vous quand le professeur parle français? Est-ce que les autres *(other)* étudiants comprennent?
3. Apprenez-vous une autre *(another)* langue? l'espagnol? le russe? le chinois? l'italien? l'allemand *(German)?*
4. Comprenez-vous l'espagnol? le russe? l'italien? l'allemand?
5. Apprenez-vous le français facilement *(easily)?*
6. Avez-vous un appareil-photo? Prenez-vous beaucoup de photos?
7. Prenez-vous le bus quand vous allez à l'université?
8. Prenez-vous le bus, le train ou l'avion quand vous voyagez?

B. L'article partitif

In the sentences below, the determiners in heavy print are *partitive articles.*
Note the forms of these determiners.

J'aime le champagne.	Voici **du** champagne.	Here is *some* champagne.
J'aime la salade.	Voici **de la** salade.	Here is *some* salad.
J'aime l'eau minérale.	Voici **de l'**eau minérale.	Here is *some* mineral water.
J'aime les carottes.	Voici **des** carottes.	Here are *some* carrots.

FORMS

The partitive articles have the following forms:

singular			
masculine	**du (de l')**	du champagne	de l'argent
feminine	**de la (de l')**	de la salade	de l'eau minérale
plural	**des**	des carottes	des œufs *(eggs)*

- The forms in parentheses are used in front of a vowel sound.

USES

■ The partitive article carries the meaning of *a certain amount of* or *a certain quantity of.*

- The partitive article frequently corresponds to the English determiners *some* and *any.* While *some* and *any* may be omitted in English, the partitive article cannot be left out in French.

- The partitive article may be used to introduce both concrete and abstract nouns.

As-tu **de l'argent?**	Do you have *(any)* money?
Avez-vous **du courage?**	Do you have *(any)* courage?

- The partitive article is generally used in the singular. The plural form **des** is the same as the plural of the indefinite article **un/une.**

VOCABULAIRE: Au menu

les hors-d'œuvre	appetizer(s)		
le jambon	ham		
le saucisson	salami, bologna		
le poisson	fish		
le thon	tuna	**la sole**	sole
la viande	meat		
le bœuf	beef		
le porc	pork		
le poulet	chicken		
le rosbif	roast beef		
le fromage	cheese	**la salade**	salad
le dessert	dessert		
le gâteau	cake	**la crème**	custard
le yaourt	yogurt	**la glace**	ice cream
		la tarte	pie

les autres produits *(other products)*

le beurre	butter	**la confiture**	jam
un œuf	egg	**la crème**	cream
le pain	bread	**la mayonnaise**	mayonnaise
le poivre	pepper	**la moutarde**	mustard
le sel	salt		
le sucre	sugar		

NOTES DE VOCABULAIRE

1. There is no liaison or elision before the **h** of **hors-d'œuvre.**
Note also that **hors-d'œuvre** is invariable: **un hors-d'œuvre / des hors-d'œuvre.**

2. The final **-f** of **œuf** and **bœuf** is pronounced in the singular. It is silent in the plural.

3. The final **-c** of **porc** is silent.

---

4. Au restaurant: Imaginez que vous êtes à Montréal. Vous allez au restaurant. Demandez au garçon *(waiter)* s'il a les plats ou les condiments suivants.

▶ le caviar   *S'il vous plaît, garçon! Avez-vous du caviar?*

1. le céleri
2. le melon
3. le saucisson
4. le rosbif
5. la crème
6. la mayonnaise
7. la moutarde
8. le ketchup
9. le poivre
10. le sucre
11. le sel
12. le pain

5. Au choix *(Your choice):* Imaginez que le restaurant où vous dînez offre tous les plats indiqués dans le menu suivant. Faites votre choix, sans dépenser plus de 50 francs. Pour cela, complétez les phrases suivantes.

▶ Comme viande, ...   *Comme viande, je prends du poulet (du rosbif ...).*

1. Comme hors-d'œuvre, ...
2. Comme viande, ...
3. Comme poisson, ...
4. Comme dessert, ...

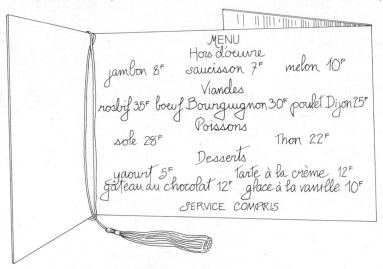

MENU

Hors d'œuvre

jambon 8ᶠ   saucisson 7ᶠ   melon 10ᶠ

Viandes

rosbif 35ᶠ bœuf Bourguignon 30ᶠ poulet Dijon 25ᶠ

Poissons

sole 28ᶠ   Thon 22ᶠ

Desserts

yaourt 5ᶠ   Tarte à la crème 12ᶠ
gâteau au chocolat 12ᶠ   glace à la vanille 10ᶠ

SERVICE COMPRIS

6. À la cuisine: Imaginez que vous êtes dans la cuisine et que vous préparez les choses suivantes. Dites quels ingrédients vous allez utiliser d'après le modèle.

▶ un sandwich au saucisson   *Je fais un sandwich au saucisson avec du pain, du saucisson et de la moutarde.*

1. un sandwich au jambon *(ham sandwich)*
2. un sandwich au fromage
3. un sandwich au thon
4. un toast
5. un croque-monsieur *(grilled ham and cheese sandwich)*
6. une omelette

C. *L'article partitif dans les phrases négatives*

Note the forms of the partitive article in the answers to the questions below.

Prenez-vous **de la** salade?   Non merci! Je ne prends **pas de** salade.
Prenez-vous **du** gâteau?   Non, je ne prends **pas de** gâteau.
As-tu **de l'**argent?   Non, je n'ai **pas d'**argent.
Prends-tu **des** carottes?   Non, je ne prends **pas de** carottes.

■ In negative sentences, the partitive article becomes **de (d')** immediately after **pas.**

7. Une végétarienne: Nicole est végétarienne. Aujourd'hui, elle dîne dans un self-service. Dites si oui ou non elle prend les plats suivants.

▶ le pain?   *Oui, elle prend du pain.*
▶ le jambon?   *Non, elle ne prend pas de jambon.*

1. la glace?	4. le poulet?	7. la crème?	10. le bœuf?
2. la salade?	5. le rosbif?	8. le pain?	11. la tarte?
3. le porc?	6. le gâteau?	9. le beurre?	12. le saucisson?

8. La cafétéria de l'université: Dites si oui ou non le restaurant de votre université sert les plats suivants. Commencez vos phrases par les expressions *il y a souvent* ou *il n'y a pas souvent*.

▶ le porc   *Il y a souvent du porc.*   ou: *Il n'y a pas souvent de porc.*

1. la salade	4. le rosbif	7. la soupe
2. la glace	5. le jambon	8. le gâteau
3. le poisson	6. le poulet	9. le thon

9. Dialogue: Demandez à vos camarades s'ils possèdent les choses suivantes.

▶ la patience   —*As-tu de la patience?*
    —*Oui, j'ai de la patience.*   ou: *Non, je n'ai pas de patience.*

1. l'appétit	3. le talent	5. l'énergie	7. l'imagination
2. l'argent	4. le courage	6. l'ambition	8. l'intuition

NOTE LINGUISTIQUE: Noms apparentés en **-tion**
There are many French-English cognates in **-tion**. In French, these nouns are always feminine.

l'imagina**tion** imagina*tion*   une ques**tion** ques*tion*

D. *Le verbe* boire

The verb boire *(to drink)* is irregular.

boire	Qu' est-ce que tu vas boire?
je **bois**	Moi, je bois du café.
tu **bois**	Tu bois de la limonade?
il/elle **boit**	Jacques boit toujours de la bière.
nous **buvons**	Nous ne buvons pas de vin.
vous **buvez**	Buvez-vous du thé?
ils/elles **boivent**	Mes parents boivent du champagne.

10. Un cocktail: Monsieur Dupont organise un cocktail pour ses amis. Dites ce que chacun boit. Utilisez l'article partitif après *boire*.

▶ Nous aimons le champagne. *Nous buvons du champagne.*

1. Monsieur Martin aime le whisky.
2. Madame Labov aime la vodka.
3. Nous aimons le bourbon.
4. Vous aimez le scotch.
5. J'aime le punch.
6. Tu aimes l'eau minérale.
7. Mes cousins aiment le cognac.
8. Ces deux actrices aiment le gin.

VOCABULAIRE: Boissons

le café	coffee	**la bière**	beer
le jus d'orange	orange juice	**la boisson**	beverage, drink
le lait	milk	**l'eau**	water
le thé	tea	**l'eau minérale**	mineral water
le vin	wine	**la limonade**	lemon soda

---

11. Dialogue: Demandez à vos camarades s'ils boivent les choses suivantes.

▶ le lait   —*Bois-tu du lait?*
  —*Oui, je bois du lait.*   ou: *Non, je ne bois pas de lait.*

1. le thé
2. le café
3. l'eau
4. l'eau minérale
5. le coca-cola
6. le vin français
7. le vin de Californie
8. la limonade
9. la bière
10. le scotch
11. le jus d'orange
12. le jus de tomate

12. Préférences: Indiquez ce que vous buvez dans les circonstances suivantes.

▶ avec un hamburger?   *Avec un hamburger, je bois de l'eau.*

1. avec du poisson?
2. avec du rosbif?
3. avec du gâteau?
4. avec une pizza?
5. quand j'ai besoin d'étudier?
6. quand j'ai envie de me reposer *(to relax)*?
7. à sept heures du matin?
8. à onze heures du soir?

Phonétique

La voyelle nasale /ɛ̃/

The nasal vowel /ɛ̃/ resembles the vowel sound of the English word *panic*, although the French vowel is shorter and the lips are spread.

Mot-clé: **vin**
Répétez: **in**vite, cous**in**, améric**ain**, canad**ien**, ital**ien**, c**in**q, p**ain**

> Alain a cinq cousins américains.
> Martin invite un cousin canadien.

La voyelle nasale /œ̃/

The nasal vowel /œ̃/ is similar to the vowel /ɛ̃/, except that the lips are rounded. (Many speakers of French do not distinguish between /œ̃/ and /ɛ̃/, and use only the form /ɛ̃/.)

Mot-clé: **un**
Répétez: br**un**, h**um**ble

> Monsieur Lebrun est un homme très humble.

Récapitulation

Substitution

Remplacez les mots soulignés par les mots entre parenthèses. Faites tous les changements nécessaires.
1. J'apprends le russe. (nous, vous, tu, Paul, Sylvie et Claire, mes amis)
2. Je voudrais du rosbif. (salade, saucisson, jambon, eau minérale, viande, fromage)
3. Avez-vous de l'argent? (la patience, le courage, l'énergie, l'ambition)
4. Dans le réfrigérateur, il y a du lait. (la crème, la bière, la glace, le beurre, le melon)
5. Il n'y a pas de pain. (moutarde, eau minérale, sucre, sel, vin, dessert)
6. Nous buvons du thé. (vous, Nathalie, Christophe et Annette, tu, je)

Vous avez la parole: Un repas de fête

Décrivez un repas de fête *(holiday meal)* chez vous.

Pour un repas de fête,

Il y a ...	Il n'y a pas ...
Nous prenons ...	Nous ne prenons pas ...
Nous buvons ...	Nous ne buvons pas ...

Leçon 15: Bon appétit!

Quand vous êtes dans un restaurant français, vous êtes un peu en France ...
Alors faites comme les Français! Voici quelques conseils° à observer: *advice*

Ne fumez° pas pendant le repas! Attendez le café!   *smoke*
Ne buvez pas d'alcool avant° le repas.   *before*
Ne commandez° pas de bière ni° de coca-cola avec votre repas.   *order/nor*
Commandez du vin ... ou de l'eau minérale!
Buvez du vin rouge avec les viandes rouges.
Buvez du vin blanc avec le porc et le poisson.
Ne mettez pas de ketchup sur votre steak.
Mangez° du pain mais ne demandez° pas de beurre au garçon.   *eat/ask for*
Faites des compliments au chef!
Soyez patients.
    (En France, le service n'est pas toujours très rapide.)
N'oubliez° pas votre portefeuille° chez vous! Prenez assez d'argent pour   *forget/wallet*
    payer l'addition°.   *bill*
    (Les restaurants français ne sont pas bon marché.)
Et maintenant, bon appétit!

Renseignements culturels: La cuisine française

Les Français ont transformé la satisfaction d'une nécessité physiologique en[1] un art. Cet art a une réputation internationale et s'appelle la cuisine française. Considérons[2] un repas français. C'est un événement[3] organisé. Il commence par l'apéritif, généralement un vin doux[4] qui stimule l'appétit. Puis viennent[5] les hors-d'œuvre, la viande, les légumes. La salade est un entr'acte[6]. Elle est suivie[7] par les fromages et le dessert.

La cuisine française est basée sur la notion d'harmonie. Harmonie des vins et de la nourriture[8], par exemple. Les vins blancs secs[9] sont généralement réservés aux hors-d'œuvre, aux poissons et aux viandes blanches. Les vins rouges sont réservés à la viande rouge et aux fromages. Les vins blancs doux sont réservés au dessert. L'harmonie culinaire interdit[10] aux Français certaines choses très communes[11] aux États-Unis[12]: par exemple, le mélange[13] des plats salés[14] et des plats sucrés[15], les épices[16] trop violentes, les cigarettes pendant le repas, et bien sûr l'alcool avant[17] le repas car[18] l'alcool détruit[19] une chose très précieuse pour le goumet: la sensibilité[20] du palais[21].

1 *into* 2 *let's consider* 3 *event* 4 *sweet* 5 *come* 6 *intermission* 7 *followed* 8 *food* 9 *dry* 10 *forbids* 11 *common* 12 *United States* 13 *mixing* 14 *salted dishes* 15 *sweet* 16 *spices* 17 *before* 18 parce que 19 *destroys* 20 *sensitivity* 21 *palate, taste*

Dans un grand restaurant

Structure et Vocabulaire

VOCABULAIRE: Les repas

noms

un petit déjeuner	breakfast	**une cantine**	school cafeteria
un déjeuner	lunch, noon meal	**la cuisine**	cooking, cuisine
un dîner	supper, dinner	**la ligne**	figure, waistline
un garçon	waiter	**une serveuse**	waitress

verbes réguliers

commander	to order	Qu'est-ce que tu vas **commander** pour le dîner?
déjeuner	to have lunch	Nous **déjeunons** à midi.
dîner	to have dinner	Nous **dînons** à huit heures.
fumer	to smoke	Je ne **fume** pas et je déteste les gens qui fument.
garder	to keep	Je veux **garder** la ligne.
manger	to eat	Ils **mangent** rapidement.
préparer	to prepare, to make (food)	Qui **prépare** les repas chez vous?

expressions

être au régime	to be on a diet	Je **suis au régime** parce que je veux maigrir.
faire les courses	to go shopping	Si tu **fais les courses,** achète du pain.
faire la cuisine	to cook, to do the cooking	Robert adore **faire la cuisine.**

NOTE DE VOCABULAIRE

Manger follows the pattern of the other verbs in **-ger:** the **nous**-form ends in **-eons:** nous **mangeons**

---

1. Questions personnelles:

1. Où déjeunez-vous? Chez vous? À la cantine de votre université? au restaurant?
2. Où dînez-vous? À quelle heure dînez-vous?
3. Où prenez-vous le petit déjeuner? À quelle heure prenez-vous le petit déjeuner?
4. Où allez-vous dîner ce soir *(tonight)?* Avec qui?
5. Allez-vous souvent au restaurant? à quels restaurants? avec qui?
6. Aimez-vous la cuisine italienne? la cuisine chinoise? la cuisine française? Quelle est votre cuisine préférée?
7. Faites-vous les courses? où? quand? avec qui? Combien d'argent dépensez-vous par semaine?
8. Êtes-vous au régime? Gardez-vous la ligne? Qu'est-ce que vous mangez? Qu'est-ce que vous ne mangez pas? Qu'est-ce que vous buvez? Qu'est-ce que vous ne buvez pas?
9. Fumez-vous? Si vous ne fumez pas, est-ce que vous tolérez les gens qui fument?
10. Aimez-vous faire la cuisine? Avez-vous des spécialités?
11. Chez vous, qui prépare le petit déjeuner? le déjeuner? le dîner? Qui fait les courses?
12. Travaillez-vous comme garçon? comme serveuse? Dans quel restaurant?

A. L'impératif

The imperative is used to give orders, hints and advice. Note the imperative forms of regular verbs in the chart below.

infinitive	étudier		finir	répondre
imperative (tu)	**Étudie!**	(Study!)	**Finis** la leçon!	**Réponds** au professeur!
(vous)	**Étudiez!**	(Study!)	**Finissez** le livre!	**Répondez** à la question!
(nous)	**Étudions!**	(Let's study!)	**Finissons** l'examen!	**Répondons** à la lettre!

■ For all regular verbs and most irregular verbs, the imperative forms are the same as the present tense, minus the subject pronoun.

• For **-er** verbs including **aller,** the final **-s** is dropped in the **tu**-form of the imperative.

• The **nous**-form of the imperative corresponds to the English construction with *let's*.

> **Allons** au restaurant.   *Let's go* to the restaurant.

■ The negative form of the imperative is obtained by putting **ne (n') ... pas** around the verb.

> **Ne** mange **pas** de pain.   Don't eat any bread.
> **Ne** fumez **pas.**   Don't smoke.
> **N'**allons **pas** en classe!   Let's not go to class!

■ The verbs **être** and **avoir** have irregular imperative forms.

être	*avoir*
Sois courageux!	**Aie** du courage!
Soyez patients.	**Ayez** de la patience.
Soyons préparés.	**Ayons** nos livres avec nous.

2. Le régime: Jacqueline observe un régime qui interdit le lait et les produits laitiers. Son amie Suzanne qui fait les courses lui demande si elle doit acheter les produits suivants. Jouez les deux rôles d'après le modèle.

▶ du pain   SUZANNE: *Est-ce que j'achète du pain?*
                JACQUELINE: *Oui, achète du pain.*

▶ du lait   SUZANNE: *Est-ce que j'achète du lait?*
                JACQUELINE: *Non, n'achète pas de lait.*

1. du rosbif   3. de la salade   5. du jambon   7. du yaourt
2. de la glace   4. de la crème   6. du fromage   8. de la viande

3. Louis: Louis adore donner des conseils. Aujourd'hui, il dit à son camarade de chambre de faire certaines choses avant les vacances. Jouez le rôle de Louis d'après le modèle.

▶ vendre ses livres.   *Vends tes livres!*

1. garder son vélo
2. inviter ses amis
3. téléphoner à ses parents
4. acheter des souvenirs
5. choisir des tee-shirts
6. finir ses examens
7. rendre les livres à la bibliothèque

8. répondre à ses amis
9. rendre visite à ses professeurs
10. payer sa chambre
11. aller à l'agence de voyage
12. aller chez le dentiste
13. faire des économies
14. être patient

4. Chez le médecin *(At the doctor's):* Imaginez que vous pratiquez la médecine en France. Un de vos patients est un homme d'affaires *(businessman)* de cinquante ans. Il est obèse et ne fait pas assez d'exercices. Dites-lui de faire ou de ne pas faire les choses suivantes.

▶ manger des fruits   *Mangez des fruits.*   ou: *Ne mangez pas de fruits.*

1. jouer au tennis
2. manger trop
3. travailler trop
4. fumer
5. maigrir

6. grossir
7. perdre cinq kilos
8. aller à la piscine
9. nager
10. garder la ligne

11. faire des promenades
12. boire de l'eau minérale
13. prendre du whisky
14. être calme
15. payer ma note *(bill)*

5. Projets de week-end: Imaginez que vous allez passer le week-end avec vos amis. C'est vous qui organisez les activités. Suggérez les choses à faire et les choses à ne pas faire.

▶ organiser une surprise-partie   *Organisons une surprise-partie!*
ou: *N'organisons pas de surprise-partie!*

1. préparer un pique-nique
2. écouter des disques
3. aller dans une discothèque
4. jouer au volley-ball
5. aller au cinéma
6. étudier ensemble *(together)*

7. prendre des photos
8. regarder la télé
9. inviter des amis
10. faire une promenade en auto
11. faire une promenade à bicyclette
12. boire de la bière

6. Bons conseils: Donnez des conseils aux personnes suivantes. Utilisez votre imagination, et la forme convenable de l'impératif.

▶ Jean a faim.   *Mange un sandwich!* ou: *Va à la cafétéria!* ou: *Sois patient!*

1. Alice a soif.
2. Paul a un examen dans une heure.
3. Marie-Louise a froid.
4. M. Duroc ne fait pas d'économies.

5. Sylvie va faire un voyage en Suisse.
6. Mademoiselle Charron a chaud.
7. Marc et Simon vont dîner au restaurant.
8. Claire et Anne n'ont pas assez d'argent.

B. L'usage de l'article partitif, de l'article défini et de l'article indéfini

NOTE LINGUISTIQUE: Les noms

Bananas, oranges, and olives are objects that you can count. The nouns that designate such objects are called *count nouns*. They may be singular or plural. In French, count nouns are often introduced by the indefinite article or by a number.

une banane, **des** bananes
une banane, **deux** oranges, **trois** olives

In English, count nouns in the singular may be introduced by *a* or *an*:

a banana, *an* orange.

Cream, mustard, and wine are things that you cannot count, but of which you can take a certain quantity. The nouns that designate such things are called *mass nouns* and are usually singular. In French, they are introduced by the partitive article when a specific quantity is not mentioned.

de la crème, **de la** moutarde, **du** vin

In English, mass nouns cannot be introduced by *a* or *an*. They are frequently used without a determiner, but may be introduced by *some* or *any*:

Do you want cream in your coffee? Have some mustard. Do you want any wine?

Certain nouns may function as either count nouns or mass nouns, depending on the way in which they are used:

Voici **du** fromage.   Here is *some* cheese (i.e., a certain quantity of cheese)
Voici **un** fromage.   Here is *a* cheese (i.e., a whole cheese)

Furthermore, it is possible to consider a noun in a specific or in a general sense:

Voici **le** fromage.   Here is *the* cheese (i.e., the specific cheese we were talking about).
J'aime **le** fromage.   I like cheese (*generally speaking*).

■ In French, nouns are almost always introduced by determiners. The choice of the appropriate article depends on the context in which a noun is used.

a) *The partitive article*

The partitive article is used to refer to a certain quantity or certain amount of a thing.

Voici **du** pain.	Here is *some* bread.
Il y a **du** pain sur la table.	There is *(some)* bread on the table.
Je n'ai pas **de** pain.	I have *no* bread. (I don't have *any* bread.)

The partitive article is often used after the following verbs and expressions:

il y a	Il n'y a pas **de** fromage aujourd'hui.
boire	Buvez-vous **du** thé ou du café?
manger	Je mange **du** jambon.
prendre	Nous allons prendre **de la** glace.
je voudrais	Je voudrais **de la** viande.

b) *The indefinite article*

The indefinite article is used to refer to a whole object or an object considered in its entirety.

Voici **un** pain.	Here is *a* (loaf of) bread.
Voici **un** excellent fromage.	Here is *an* excellent cheese.
Voici **un** vin français.	Here is *a* (bottle of) French wine.

c) *The definite article*

The definite article is used to refer to a specific object.

Regarde **le** beau gâteau	Look at *the* beautiful cake.
Passez **le** pain, s'il vous plaît.	Please pass *the* bread.
Le fromage est au réfrigérateur.	*The* cheese is in the refrigerator.

The definite article is also used to introduce a noun considered in a general sense.

J'aime **le** pain.	I like *(all kinds of)* bread.
Le pain est bon pour les enfants.	Bread *(in general)* is good for children.
Je préfère **le** vin à **la** bière.	I prefer wine *(in general)* to beer *(in general)*.

The definite article is often used after the following verbs:

aimer	J'aime **le** jambon.
détester	Je déteste **le** saucisson.
préférer	Philippe préfère **les** tomates.

Note: The distinction between the partitive, indefinite, and definite articles also applies to abstract nouns.

J'ai **de la** patience.	I have *(a certain amount of)* patience.
Le professeur a **une** patience extraordinaire.	The teacher has extraordinary patience.
La patience est une qualité.	Patience *(in general)* is a quality.

7. Expression personnelle: Dites si vous aimez les choses suivantes. Dites aussi si vous achetez souvent ces choses.

▶ la bière   *J'aime la bière. (Je n'aime pas la bière.)*
                   J'achète souvent de la bière. (Je n'achète pas souvent de bière.)

1. le pain	5. le saucisson	9. le vin français
2. le pain français	6. la confiture	10. le vin de Californie
3. le fromage	7. la limonade	11. le champagne
4. le vin	8. la moutarde	12. la glace

8. Dialogue: Demandez à vos camarades s'ils aiment les choses suivantes. Demandez-leur aussi s'ils mangent souvent ces aliments.

▶ le melon   *—Aimes-tu le melon?*
               —Oui, j'aime le melon. (Non, je n'aime pas le melon.)
               —Manges-tu souvent du melon?
               —Oui, je mange souvent du melon. (Non, je ne mange pas souvent de melon.)

1. le caviar	5. la viande	9. le camembert
2. le poisson	6. le porc	10. le roquefort
3. le thon	7. le rosbif	11. la glace
4. la sole	8. le céleri	12. la soupe

VOCABULAIRE: Fruits et légumes

les fruits *(m.)*
  une banane   **une orange**   **un pamplemousse** (grapefruit)   **une pomme** (apple)
  une poire (pear)   **des fraises** *(f.)* (strawberries)   **des cerises** (f.) (cherries)

les légumes *(m.)* (vegetables)
  des pommes de terre *(f.)* (potatoes)   **des frites** *(f.)* (French fries)   **des carottes** *(f.)*
  des haricots *(m.)* (beans)   **des petits pois** *(m.)* (peas)   **des tomates** *(f.)*

NOTE DE VOCABULAIRE
There is no liaison or elision before **haricot.**

---

9. Au régime: Imaginez que votre meilleur ami veut maigrir. Conseillez à cet ami de manger ou de ne pas manger les choses suivantes.

▶ des haricots   *Mange des haricots.*   ou: *Ne mange pas de haricots.*

1. des bananes	5. des tomates	9. des haricots verts
2. des pommes	6. des pommes de terre	10. des petits pois
3. des poires	7. des frites	11. des pamplemousses
4. des fraises	8. des carottes	12. des oranges

10. Questions personnelles:

1. Quels fruits aimez-vous?
2. Est-ce que vous mangez des fruits au petit déjeuner? Quels fruits?
3. Buvez-vous du jus de fruit? du jus d'orange? du jus de pamplemousse? du jus de pomme?
4. Quels légumes aimez-vous? Quels légumes n'aimez-vous pas?
5. Quand vous êtes au restaurant, quels légumes commandez-vous avec le steak? avec le poulet? avec le porc?
6. Au petit déjeuner est-ce que vous prenez de la confiture? Aimez-vous la confiture de fraises?

C. L'emploi idiomatique de faire

Note the determiners in the following expressions with **faire.**

Fais-tu **du** sport?	Oui, je **fais du** volleyball.	I *play* volleyball.
Fais-tu **de l'**espagnol?	Non, mais je **fais du** français.	I *study* French.
Fais-tu **des** sciences?	Oui, et je **fais des** maths aussi.	I also *study* math.
Fais-tu **de la** politique?	Non, je **ne fais pas de** politique.	I'm *not active in* politics.

■ The following construction is used in many expressions which mean *to practice or play (a sport), to study (a subject or an instrument), to be active or involved in (an activity):*

$$\text{faire} \begin{Bmatrix} \text{du} \\ \text{de la} \\ \text{des} \end{Bmatrix} + \text{noun}$$

- In negative sentences, the noun is introduced by **de.**

  Nous ne faisons **pas de** sport.   Vous ne faites **pas d'**anglais.

11. Dialogue: Nous avons tous des occupations et des passe-temps différents. Demandez à vos camarades s'ils font les choses suivantes.

▶ le tennis   —*Fais-tu du tennis?*
               —*Oui, je fais du tennis.*
          ou: *Non, je ne fais pas de tennis.*

1. le ski	6. le surfing	11. les sciences	16. la photo
2. le jogging	7. la danse	12. la biologie	17. le camping
3. le judo	8. la gymnastique	13. le piano	18. le vélo
4. le karaté	9. la voile *(sailing)*	14. la flûte	19. la moto
5. le théâtre	10. les maths	15. la politique	20. le skateboard

12. Questions personnelles:

1. Faites-vous de la politique? Travaillez-vous pour le parti démocrate ou le parti républicain? Quels sont vos candidats préférés?
2. Est-ce que les étudiants de cette université font beaucoup de sport? Quels sports font-ils?
3. Avez-vous envie de faire du théâtre? du cinéma? de la danse professionnelle? Pourquoi ou pourquoi pas?
4. L'année prochaine *(next year)*, allez-vous faire des sciences? de la psychologie? de la médecine? du droit *(law)*? des études commerciales?
5. Quelles sont les activités favorites de votre père? de votre mère? de votre camarade de chambre?

NOTE LINGUISTIQUE: Mots apparentés **-ain** ↔ *-an*

Many French adjectives and nouns in **-ain** have English cognates in *-an*.

| **-ain** ↔ *-an* | améric**ain** | American |
| | républic**ain** | republican |

D. Le temps

Note which verb is used in the following sentences about the weather.

| Quel temps **fait-il?** | How is the weather? |
| **Il fait** beau. | It's beautiful. |

■ Many expressions of weather contain the impersonal expression **il fait.**

VOCABULAIRE: Le temps

Quel temps fait-il?	How is the weather? (What's the weather?)
Il fait bon.	It is nice (out).
Il fait beau.	It is beautiful.
Il fait mauvais.	It is bad.
Il fait chaud.	It is warm, hot.
Il fait froid.	It is cold.
Il fait du vent.	It is windy.
Il fait un temps épouvantable.	The weather is awful.
Il pleut.	It is raining. (It rains.)
Il neige.	It is snowing. (It snows.)

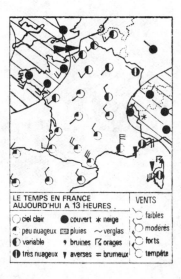

LE TEMPS EN FRANCE
AUJOURD'HUI A 13 HEURES .

		VENTS
○ ciel clair	● couvert	✳ neige	faibles
◖ peu nuageux	▨ pluies	～ verglas	modérés
◑ variable	✦ bruines	⌐ orages	forts
◉ très nuageux	▼ averses	═ brumeux	tempête

NOTE DE VOCABULAIRE

Le temps may also mean *time.*

Je n'ai pas **le temps** de téléphoner.   I don't have the *time* to phone.

13. Questions personnelles:

1. Quel temps fait-il aujourd'hui?
2. En vacances, qu'est-ce que vous faites quand il fait beau? quand il fait mauvais? quand il pleut?
3. Est-ce qu'il neige dans la région où vous habitez? Est-ce qu'il pleut souvent?
4. Est-ce que vous prenez votre voiture quand il neige?

14. Une question de temps: Complétez les phrases suivantes. Pour cela, utilisez l'expression de temps qui convient.

▶ Nous allons à la plage quand ...   *Nous allons à la plage quand il fait beau (chaud, etc.).*

1. Je fais du ski quand ...
2. Paul va acheter un pull parce qu' ...
3. Jacqueline fait du surfing quand ...
4. Je reste chez moi parce qu' ...
5. Le radiateur ne marche pas bien. Dans ma chambre, ...
6. Je ne vais pas à la piscine parce qu' ...
7. La visibilité est mauvaise quand ...
8. Quand il y a un ouragan *(hurricane)*, ... et ...

La plage de Biarritz

Phonétique

h *muet*

Most words which begin with **h** are treated like words beginning with a vowel sound. Before a *mute* **h,** elision and liaison occur.

Mot-clé: l'homme, les‿hommes
Répétez: j'habite,   nous‿habitons, l'heure, deux‿heures

h *aspiré*

Some words which begin with **h** are treated like words beginning with a consonant sound. Before an *aspirate* **h,** there is never elision or liaison.

Mot-clé: le haricot, les haricots
Répétez: ces hors-d'œuvre, la Hollande, un Hollandais, Le Havre

Note: In the end vocabulary, words beginning with an aspirate **h** are marked with an asterisk: un haricot*.

Récapitulation

Substitution

Remplacez les mots soulignés par les mots entre parenthèses. Faites tous les changements nécessaires.

▶ J'adore la soupe. (mange)   *Je mange de la soupe.*

1. Marie mange de la glace.   (aime, déteste, commande, achète)
2. Voici du jambon.   (il y a, il n'y a pas, aimez-vous, achetez)
3. N'achetez pas de fromage.   (achetez, mangez, ne commandez pas)
4. Est-ce que Pierre aime la bière?   (boit, déteste, prend, préfère)
5. Voulez-vous une orange?   (lait, thon, jambon, eau minérale)

Vous avez la parole: Les courses

Imaginez que vous préparez un bon repas avec un ami. Dites à cet ami ce qu'il doit acheter. Pour cela, utilisez l'impératif des verbes comme *acheter, choisir, prendre*, etc. Complétez les phrases avec les aliments *(foods)* et les boissons que vous voulez utiliser.

1. Pour les hors-d'œuvre, ...
2. Comme viande, ...
3. Comme légumes, ...
4. Comme fruits, ...
5. Comme boissons, ...

Instantané

LE FRANÇAIS PRATIQUE

La liste des courses

un paquet[1] de café

une boîte[2] de sardines

un sac[3] de pommes de terre

un pot[4] de moutarde

4 biftecks

une douzaine[5] d'oeufs

un litre[6] de vin

2 bouteilles[7] d'eau minérale

2 kilos d'oranges

une livre[8] de beurre

3 pains

1 *package* 2 *can* 3 *bag*
4 *jar* 5 *dozen* 6 *liter*
7 *bottles* 8 *pound*

Pour mieux comprendre

un produit	product	Voici quelques nouveaux **produits.**
chaque	each, every	**Chaque** produit est appétissant.
un choix	choice	**Quel** est votre choix?
entre	between, among	J'hésite **entre** la pizza et la lasagne.
parfois	sometimes	**Parfois** nous sommes cinq et j'achète une grande pizza.
seulement	only	Nous sommes **seulement** deux ce soir.
donc	thus, therefore	**Donc,** je vais prendre la lasagne.

FLASH! *Informations*

Les vendanges

Où dîner en France?

Cela dépend de l'argent et du temps que vous avez. Si vous n'avez pas beaucoup de temps: allez dans un snack ou dans un self-service.

Si vous avez du temps mais pas beaucoup d'argent: choisissez une petite auberge[1] (à la campagne) ou un «bistrot» (en ville).

Si vous avez du temps et beaucoup d'argent: n'hésitez pas! offrez-vous le luxe de dîner dans un «trois étoiles[2]».

La meilleure solution: faites-vous inviter[3] par un Français ou une Française qui a une réputation de «cordon bleu».

1 *inn*   2 *stars*   3 *get yourself invited*

Les Français et le vin

Aujourd'hui les Français ont le record du monde de consommation de vin. En moyenne, ils boivent 101 litres de vin par an (contre 100 litres pour les Italiens, 88 litres pour les Argentins, 65 litres pour les Espagnols ... et 7 litres pour les Américains)!

Est-ce que tous[1] les Français boivent du vin? Non! Un sondage[2] de l'IFOP (Institut Français d'Opinion Publique) a révélé que 39% des Français ne boivent pas de vin ... mais 10% sont des buveurs[4] excessifs.

1 *all*   2 *poll*   3 *revealed*   4 *drinkers*

La France des vins et des fromages

La France produit[1] une très grande variété de vins et de fromages.

Les vins français ont une réputation mondiale[2]. Voici quelques vins français:

vins blancs:	Alsace (Sylvaner, Riesling), Bordeaux, Bourgogne (Chablis), vins de la Loire (Muscadet, Vouvray)
vins rouges:	Bourgogne, Beaujolais, Bordeaux (Médoc, Saint-Émilion), Côtes du Rhône
vins rosés:	Côtes du Rhône
vins pétillants[3]:	Champagne

Pour les fromages, les Français ont le choix entre plus de 400 espèces[4] différentes. Chaque fromage a une forme et un goût[5] particuliers. Voici quelques fromages:

le brie, le camembert, le bleu[6] d'Auvergne, le roquefort, le munster, le Port-Salut, le Boursin

1 *produces*   2 *world-wide*   3 *sparkling*   4 *kinds*   5 *taste*
6 *blue cheese*

Le guide Michelin

Pour être sûrs¹ de la qualité d'un restaurant, les gourmets français utilisent un livre spécial: le *Guide Michelin*. Ce guide classe² les restaurants en plusieurs³ catégories, représentées par des étoiles.

La majorité des restaurants n'ont pas d'étoile. Ce sont des restaurants sans⁴ distinction particulière.
Une étoile signifie une très bonne table⁵.
Deux étoiles garantissent un repas excellent.
Trois étoiles signalent l'une des gloires de la cuisine française. Vingt restaurants seulement possèdent les fameuses trois étoiles.

1 certains 2 *classifies* 3 *several* 4 *without*
5 une très bonne cuisine

RENCONTRES

> *«La cuisine, Monsieur, ... est un art!»*

Conversation avec un restaurateur

Voici une interview entre un journaliste et Monsieur B., restaurateur° à C ... personne qui dirige un restaurant

J: Vous êtes restaurateur, n'est-ce pas?

M.B.: Oui, j'ai un restaurant à C ... , en Alsace.

J: C'est un grand restaurant?

M.B.: Plutôt° une entreprise familiale! C'est moi qui fais la cuisine, souvent avec l'aide de ma femme. *rather*

J: Est-ce que votre restaurant est connu°? *known*

M.B.: Il a une certaine réputation, et une étoile dans le *Guide Michelin*.

J: Pourquoi avez-vous choisi° ce commerce°? *did you choose/business*

M.B.: La cuisine, Monsieur, n'est pas un commerce. C'est un art! Ma satisfaction n'est pas de gagner de l'argent. C'est de satisfaire° mes clients. Or°, mes clients sont difficiles. Chaque repas doit° être un chef d'œuvre°. *to satisfy/*mais *must/masterpiece*

J: Est-ce que vos clients sont satisfaits°? contents

M.B.: Je pense que oui. Parfois, c'est moi qui ne suis pas satisfait de mes clients!

J: Par exemple?

M.B.: Quand ils ne respectent pas les règles° de la gastronomie. Quand un Américain réclame° du coca-cola avec son repas. Quand un Anglais commande du ketchup avec son poulet chasseur°. *rules* demande poulet avec une sauce tomate

J: Qu'est-ce que vous faites alors?

M.B.: Je refuse.

J: Vous ne perdez pas vos clients étrangers°? *foreign*

M.B.: Pas du tout. Je fais° leur éducation gastronomique et ils sont contents. *contribute to*

VI: Bonjour la France!

Leçon 16: Pourquoi la France?

Où allez-vous aller cet été°? *summer*

À l'époque° du jet et du charter, les touristes ont un grand choix: le Japon, la *era*
Grèce, l'Égypte, les Andes, ... et bien sûr, la France! Chaque année°, entre le *year*
premier juillet et le trente septembre, des millions de touristes viennent en
France. Pourquoi? Voici la réponse de cinq touristes différents.

PER ERIKSEN *(étudiant, 22 ans, danois°):* *Danish*

Pourquoi est-ce que je viens en France? Parce que ma petite amie est française.
C'est une raison° suffisante, non? *reason*

SUSAN MORRISON *(étudiante, 17 ans, américaine):*

Je visite la France avec mon école. Nous venons d'arriver à Paris. Nous allons
passer deux jours ici. Ensuite° nous allons faire le tour° de la Normandie à *then/to go around*
bicyclette.

KAREN SCHMIDT *(photographe, 25 ans, allemande):*

Je viens en France parce que les Français ont une façon° d'être heureux que *way*
nous n'avons pas en Allemagne. La France, c'est la *joie de vivre*°. C'est aussi un *happiness*
pays où les gens sont intelligents et cultivés°. *cultured*

PETER DE RUYTER *(employé de banque, 32 ans, hollandais°):* *Dutch*

Je viens en France, parce que la cuisine française n'a pas d'égale° dans le *equal*
monde°. Le Beaujolais, la bouillabaisse, le camembert, c'est fantastique![1] *world*

ANDREW MITCHELL *(étudiant, 22 ans, anglais):*

Je viens en France tous les ans! Pourquoi? Parce que pour moi, la France est
réellement le pays de la liberté ... Bien sûr, il y a les gendarmes°! Mais ce ne sont *police*
pas les gendarmes qui m'empêchent° de jouer de la guitare et de dormir° sur *prevent/sleep*
la plage!

1 Beaujolais *is a French red wine;* bouillabaisse *is a soup made from several varieties of fish;*
camembert *is a type of cheese.*

Renseignements culturels: La France, un pays touristique

Avez-vous l'intention de visiter la France cet été? Vous ne serez pas le seul[1]. Chaque année[2], un million d'Américains visitent la France. Et aussi des millions d'Allemands, d'Anglais, de Belges ... .

Pourquoi va-t-on[3] en France? Pour visiter des monuments ou pour rencontrer[4] des gens? Pour prendre contact avec la France d'aujourd'hui[5] ou la France d'hier[6]? Pour la culture, pour la langue[7], ou pour la cuisine? Chacun a ses raisons.

Chacun a aussi sa méthode de voyager. Beaucoup de touristes visitent la France avec un voyage organisé. Cette méthode a l'avantage d'être simple.

Malheureusement[8], elle ne favorise pas les contacts humains. Les jeunes, les étudiants en particulier, choisissent souvent une autre formule. Certains s'inscrivent[9] à une université pour les cours d'été. D'autres passent les vacances dans la famille d'un(e) étudiant(e) français(e) avec qui ils font échange[10]. Pour certains audacieux[11], l'unique méthode consiste à visiter la France en auto-stop[12]. Et pour les sportifs, il y a toujours le «tour de France» en vélo.

1 *won't be the only one*   2 *year*   3 *do they go*   4 *to meet*
5 *today*   6 *yesterday*   7 *language*   8 *unfortunately*   9 *register*   10 *arrange an exchange*   11 *courageux*   12 *by hitchhiking*

Tours, les vieux quartiers

Structure et Vocabulaire

A. *Le verbe* venir

The verb **venir** *(to come)* is irregular. Note the present-tense forms of this verb.

infinitive	**venir**
present	Je **viens** de France. Nous **venons** de chez un ami.
	Tu **viens** avec nous? Vous **venez** à six heures, n'est-ce pas?
	Il/Elle **vient** chez moi. Ils/Elles **viennent** au café avec nous.

The following verbs are conjugated like **venir:**

devenir	to become	Avec l'âge, les gens **deviennent** généralement plus conservateurs.
revenir	to come back	Les étudiants **reviennent** à l'université en septembre.

1. La conférence internationale: Les étudiants suivants participent à une conférence internationale. Donnez leur nationalité et leur ville d'origine d'après le modèle.

▶ Anne-Marie (française/Marseille)   *Anne-Marie est française. Elle vient de Marseille.*

1. Luis et Carlos (mexicains/Puebla)
2. nous (américains/San Francisco)
3. vous (japonais/Tokyo)
4. moi (canadien/Québec)
5. toi (anglais/Londres)
6. Boris (russe/Moscou)
7. ces étudiants (indiens/New Delhi)
8. ces étudiants (suisses/Genève)

2. Questions personnelles:

1. De quelle ville venez-vous?
2. De quelle ville vient votre père? votre mère? votre meilleur ami? votre meilleure amie?
3. Quand vous allez au cinéma, à quelle heure revenez-vous chez vous?
4. Est-ce que le français devient plus facile *(easier)* pour vous?
5. Est-ce que vous devenez plus patient(e)? plus libéral(e)? plus indépendant(e)? plus tolérant(e)? plus optimiste? plus réaliste?

B. *L'usage de l'article défini avec les noms géographiques*

Note the use of the definite article with geographical names:

La France est un pays touristique.
Paris est la capitale de **la** France.
Le Massachusetts est un état américain.
Nous allons visiter **le** Portugal en septembre.

■ The definite article is generally used to introduce all geographical names with the exception of cities.

VOCABULAIRE: Le monde

noms

un état	state	**une capitale**	capital
les gens	people	**une nationalité**	nationality
le monde	world	**une ville**	city, town
un pays	country		

pays et nationalités

le Canada	**canadien (canadienne)**	**l'Allemagne**	**allemand**	*(German)*
les États-Unis	**américain**	**l'Angleterre**	**anglais**	
le Japon	**japonais**	**la Chine**	**chinois**	
le Mexique	**mexicain**	**l'Espagne**	**espagnol**	
		la France	**français**	
		l'Italie	**italien (italienne)**	

NOTES DE VOCABULAIRE

1. Most countries that end in **-e** are feminine. Countries that do not end in **-e** are masculine. *Exception:* **le Mexique.**

2. In French, adjectives of nationality are not capitalized. However, when these words function as nouns to designate people from that country, they are capitalized.

un Français *a Frenchman* **une Anglaise** *an English woman*

---

3. Les touristes: Les personnes suivantes voyagent pendant les vacances. Les phrases suivantes indiquent dans quelles villes sont ces personnes. Utilisez ces renseignements pour dire quel pays chaque touriste visite.

▶ Paul est à Québec. *Il visite le Canada.*

1. Jacqueline est à Acapulco.
2. Albert est à Paris.
3. Suzanne est à Madrid.
4. Jean-François est à Liverpool.
5. Marc est à Tokyo.
6. Marie-Thérèse est à Rome.
7. Sylvie est à Chicago.
8. Charles est à Berlin.

NOTE LINGUISTIQUE: Mots apparentés **-ien(ne)** ↔ *-ian*

Many French adjectives of nationality in **-ien(-ienne)** have English cognates in *-ian.*

-ien(ne) ↔ *-ian*	algér**ien**	Alger*ian*
	égypt**ien**	Egypt*ian*

4. Opinions personnelles: Que pensez-vous des pays suivants et de leurs habitants? Exprimez votre opinion. Pour cela, utilisez les adjectifs suivants dans des phrases affirmatives ou négatives. (Attention: les pays en **-e** sont féminins.)

le pays: *moderne, intéressant, touristique, démocratique, fascinant*
les gens: *sympathiques, dynamiques, intelligents, industrieux, cultivés*

▶ Japon/Japonais   *Le Japon est un pays moderne. Les Japonais sont des gens industrieux.*

1. Chine/Chinois	6. France/Français
2. Égypte/Égyptiens	7. Angleterre/Anglais
3. Espagne/Espagnols	8. Grèce/Grecs
4. Brésil/Brésiliens	9. Allemagne/Allemands
5. Suisse/Suisses	10. Canada/Canadiens

C. L'usage des prépositions avec les villes et les pays

Note the prepositions used to express movement and location with cities and countries.

	city	feminine country	masculine country	plural country
	J'aime Paris.	J'aime la France.	J'aime le Canada.	J'aime les États-Unis.
to	Je vais **à** Paris.	Je vais **en** France.	Je vais **au** Canada.	Je vais **aux** États-Unis.
in	Je suis **à** Paris.	Je suis **en** France.	Je suis **au** Canada.	Je suis **aux** États-Unis.
from	J'arrive **de** Paris.	J'arrive **de** France.	J'arrive **du** Canada.	J'arrive **des** États-Unis.

• After the prepositions **de** (meaning *from*) and **en,** the definite article is omitted with names of countries. However, when **de** means *of*, the article is used.

Je viens **d'**Italie.   I come *from* Italy.
Rome est la capitale **de l'**Italie.   Rome is the capital *of* Italy.

5. Transit à Roissy: Les voyageurs suivants sont en transit à Roissy, l'aéroport international de Paris. Dites de quels pays ces voyageurs viennent et dans quels pays ils vont.

▶ Paul (le Canada/la Suisse)   *Paul vient du Canada. Il va en Suisse.*

1. Jacqueline (le Portugal/l'Angleterre)
2. François (la Suisse/les États-Unis)
3. Nous (le Sénégal/le Canada)
4. Vous (les Bermudes/le Japon)
5. Antoine et Pierre (les États-Unis/l'Allemagne)
6. Silvia (l'Italie/la Belgique)

D. *Le passé récent avec* venir de

The sentences on the left describe events that will happen in the near future. The sentences on the right describe events that have happened recently. Compare the expressions in heavy print.

future	*recent past*
Albert **va passer** une année en France.	Linda **vient de passer** une année en France.
Sylvie et marc **vont visiter** Paris.	Isabelle et Paul **viennent de visiter** Paris.
Je **vais prendre** des photos.	Je **viens d'acheter** un appareil-photo.

■ To express an action or event that has happened in the recent past, French uses the construction: **venir de** + infinitive.

> Je **viens de téléphoner** à Pierre. $\begin{cases} \text{I } \textit{have just called } \text{Pierre.} \\ \text{I } \textit{just called } \text{Pierre.} \end{cases}$

6. Sens opposés *(Opposite directions):* Linda rentre de France. Elle rencontre Paul qui va aller en France. Linda dit à Paul qu'elle vient de faire ce qu'il va faire. Jouez les deux rôles d'après le modèle.

▶ visiter Paris

> PAUL: *Je vais visiter Paris.*
> LINDA: *Moi, je viens de visiter Paris.*

1. prendre l'avion
2. aller à Marseille
3. rendre visite à mes amis
4. visiter Bordeaux
5. acheter des souvenirs
6. faire un voyage intéressant

7. D'où viennent-ils? Dites d'où viennent les personnes suivantes. Dites aussi ce qu'ils viennent de faire.

▶ Hélène (la bibliothèque/étudier)

> *Hélène revient de la bibliothèque.*
> *Elle vient d'étudier.*

1. Paul (le restaurant/déjeuner)
2. nous (la plage/nager)
3. vous (le stade/faire du sport)
4. toi (la cantine/dîner)
5. mes amis (le magasin/acheter des disques)
6. Thérèse (la discothèque/danser)
7. Antoine et Christophe (le supermarché/faire les courses)
8. moi (le café/parler avec mes amis)

E. La date

Note how dates are expressed in the sentences below.

Quelle est la date?	What is the date?
Nous sommes **le trois** décembre.	It is *December 3.*
Le douze, je vais à Paris.	On *the twelfth*, I am going to Paris.
Mon anniversaire est **le 4 mai.**	My birthday is *May 4.*
Monique est née **le premier juillet** 1965.	Monique was born on *July 1*, 1965.

■ In French, the date is expressed according to the following pattern:

> **le** + number + (month) + (year)
> **le**   5   **janvier**   **1985**

• French uses cardinal numbers, that is, regular numbers, to express dates. *Exception:* the first day of the month is **le premier.**

• Since the number indicating the day always precedes the name of the month, dates are abbreviated as follows: day/month/year.

> **7/4** = le 7 avril   **5/10** = le 5 octobre

• Years are often expressed in two parts: the hundreds and the remaining digits:

732	=	7 32	sept cent	trente-deux
1875	=	18 75	dix-huit cent	soixante-quinze

The word **cent** cannot be omitted.

VOCABULAIRE: La date

un anniversaire	birthday, anniversary	**une année**	(whole) year
un jour	day	**une date**	date
un mois	month	**une saison**	season
un week-end	weekend	**une semaine**	week

les jours de la semaine

  lundi (Monday)   **mardi** (Tuesday)   **mercredi** (Wednesday) **jeudi** (Thursday)
  vendredi (Friday)   **samedi** (Saturday)   **dimanche** (Sunday)

les mois de l'année

  janvier **février** **mars**   **avril**   **mai**   **juin**
  juillet **août**   **septembre** **octobre** **novembre** **décembre**

les saisons de l'année

  le printemps (spring)   **l'été** (summer)   **l'automne** (fall)   **l'hiver** (winter)

expressions

aujourd'hui	today	Quel jour sommes-nous **aujourd'hui?**
avant ≠ après	before ≠ after	Quel mois vient **avant** mai? **après** août?
au printemps	in spring	**Au printemps,** il fait du vent.
en été (automne, hiver)	in summer (fall, winter)	**En été,** il fait très chaud.

NOTES DE VOCABULAIRE

1. Days of the week and months of the year are not capitalized in French.
2. Days, months, and seasons are all masculine in French.

---

8. Départs: Dites quand les gens suivants reviennent à Paris.

▶ Christine (5/2)   *Christine revient à Paris le cinq février.*

1. Suzanne (5/9)
2. Monique (12/4)
3. Pierre (30/6)
4. Henri (1/10)
5. Sylvie (30/8)
6. Nicole (15/12)
7. Catherine (1/1)
8. Anne (21/3)
9. Jean-Paul (26/11)
10. Michel (27/7)
11. Alice (2/5)
12. Marcel (29/2)

9. Dates importantes: Donnez les dates des événements suivants.

▶ Noël (25/12)   *Noël, c'est le 25 décembre.*

1. la fête nationale américaine (4/7)
2. la fête nationale française (14/7)
3. La Saint-Valentin (14/2)
4. La Saint Patrick (17/3)
5. mon anniversaire
6. l'anniversaire de mon père
7. l'anniversaire de ma mère
8. le premier jour des vacances

Paris à Noël

10. Questions:

1. Où habitez-vous? Quel temps fait-il dans votre ville en été? en hiver?
2. Où habitent vos grands-parents? Quel temps fait-il dans leur ville au printemps? en automne?
3. Quelle est votre saison préférée? Pourquoi?
4. Est-ce qu'il y a une saison que vous n'aimez pas? Pourquoi n'aimez-vous pas cette saison?
5. Quel jour de la semaine préférez-vous? Pourquoi?
6. Avez-vous un mois favori? Quel mois? Pourquoi?
7. Qu'est-ce que vous aimez faire au printemps? en été? en hiver?
8. Qu'est-ce que vous allez faire cet été? travailler? voyager?

Phonétique

Le son /ɥ/

The sound /ɥ/ introduces a vowel sound. It is similar to the vowel /y/, but it is pronounced more rapidly and with greater tension. Keep your lips rounded and your tongue against your lower front teeth when pronouncing /ɥ/. Note: The sound /ɥ/ is written: **u** + vowel.

Mot-clé: l**ui**
Répétez: h**ui**t, s**ui**s, j**ui**n, j**ui**llet, min**ui**t, S**ui**sse, c**ui**sine
      Le huit juillet nous allons en Suisse.
      Je suis chez lui.

Récapitulation

Substitution

Remplacez les mots soulignés par les mots entre parenthèses. Faites tous les changements nécessaires.
1. Paul vient à trois heures.   (je, tu, nous, vous, Nicole et Béatrice)
2. Le Canada est un pays fascinant.   (France, Danemark, Japon, États-Unis, Allemagne)
3. Hélène revient d'Égypte.   (Canada, États-Unis, Angleterre, Japon, Suisse, Paris)
4. Nous sommes à Genève.   (France, Sénégal, Mexique, Chine, États-Unis)
5. Les cours finissent le deux juillet (2/7).   (3/5, 10/12, 1/6, 15/4, 23/10)

Vous avez la parole: Un voyage en Europe

Imaginez que vous allez faire un voyage en Europe cet été. Décrivez vos projets. Quels pays et quelles villes allez-vous visiter? Pourquoi? À quelles dates allez-vous à chaque endroit? Établissez l'itinéraire de votre voyage.

Leçon 17: Une semaine à Paris

Bob a passé° une semaine à Paris. Avec un voyage organisé! Une semaine à Paris, ce n'est pas beaucoup. Oui, mais en une semaine Bob a fait° beaucoup de choses.

spent
did

Il a visité° Notre-Dame. Il a visité la Tour Eiffel. Il n'a pas visité le Louvre, mais il a visité le Centre Pompidou. Il a passé une journée° à Versailles. Il a acheté° quelques° souvenirs. Et, bien sûr, il a pris° beaucoup de photos.

visited
day
bought/some/took

Est-ce qu'il a rencontré° des étudiants français? Non, il n'a pas rencontré beaucoup d'étudiants français. (En août, les étudiants sont en vacances!) Mais il a rencontré une charmante° étudiante italienne ... .

did he meet
charming

Est-ce qu'il a parlé° français au moins°? Bien sûr! Avec les commerçants°, avec les garçons de café, avec les chauffeurs de taxi.

did he speak/at least/shopkeepers

Bob a gardé° un excellent souvenir° de son voyage. Excellent, mais un peu fugitif°! Une semaine à Paris, ce n'est pas assez!

kept/memory
fleeting

Renseignements culturels: Paris

Paris, qu'est-ce que c'est? Pour les touristes, Paris est une ville-monument, une ville-musée: Notre-Dame, l'Opéra, le Louvre, la Tour Eiffel, ... le Centre Pompidou. C'est aussi une ville où l'on s'amuse[1], une ville de plaisirs: le Lido, le Quartier Latin, les Champs-Elysées ...

Pour les Français, Paris est la capitale de la France, son centre politique, économique, culturel. C'est aussi le symbole du gigantisme administratif, de la bureaucratie, de la centralisation. Tout[2] passe par Paris, tout part[3] de Paris: les trains, les autoroutes, les émissions[4] de télévision, les nouveaux films, la publicité, la mode, les décisions ministérielles qui influencent l'existence de 55 millions de Français.

Et pour les quatre millions de Parisiens? Paris est une ville où chaque jour des gens naissent[5], vivent[6], travaillent, s'amusent, meurent[7] ... Paris est une ville comme les autres[8], avec ses problèmes: problème de la pollution, problème du logement, problème des transports, problèmes de la criminalité et de la violence ... Depuis 1960, un énorme effort a été fait[9] pour transformer Paris, pour adapter la ville aux conditions d'aujourd'hui. Maintenant Paris est devenue[10] une ville du vingtième siècle[11]. Hélas! disent certains[12].

1 *one has fun*   2 *everything*   3 *leaves*   4 *programs*   5 *born*
6 *live*   7 *die*   8 *like others*   9 *has been made*   10 *has become*
11 *twentieth century*   12 *say some people*

Structure et Vocabulaire

VOCABULAIRE: Hier et aujourd'hui

noms

un après-midi	afternoon	**une nuit**	night
un matin	morning		
un soir	evening, night		

adjectifs

premier (première)	first	Lundi est le **premier** jour de la semaine.
prochain	next	Où vas-tu la semaine **prochaine**?
dernier (dernière)	last	Dimanche est le **dernier** jour de la semaine.

expressions

hier	yesterday	**aujourd'hui**	today	**demain**	tomorrow
hier matin	yesterday morning	**ce matin**	this morning	**demain matin**	tomorrow morning
hier soir	last night	**ce soir**	tonight	**demain soir**	tomorrow night

lundi	Monday, on Monday
le mardi	Tuesdays, on Tuesdays
mercredi dernier	last Wednesday
jeudi prochain	next Thursday
vendredi soir	Friday night

TOUR EIFFEL
DINER SPECTACLE
20 h - 23 h 30
160 F
VINS COMPRIS
+ SERVICE 15%
RÉSERVATIONS
550.32.70

Paris. Vue de la Tour Eiffel

NOTES DE VOCABULAIRE

1. **Premier** usually comes before the noun.

2. When **dernier** comes *before* the noun, it means the *last in a series.*

    Décembre est le **dernier** mois de l'année.   December is the *last* month of the year.

When **dernier** comes *after* the noun, it means *last,* in the sense of *recent past.*

    Il a téléphoné samedi **dernier.**   He phoned *last* Saturday.

3. The construction **le** + *day of the week* is used to express repeated occurrences. Contrast:

repeated occurrence	**Le samedi,** je vais au cinéma.	*(On) Saturdays ...*
one occurrence	**Samedi,** je vais au théâtre avec Paul.	*(On, this) Saturday ...*

---

1. Questions personnelles:

1. Quel jour sommes-nous aujourd'hui?
2. Avez-vous une classe de français le lundi? le mardi? le mercredi matin?
3. Quels sont les jours où vous allez à l'université?
4. Allez-vous aller au cinéma ce soir? demain soir? samedi soir? dimanche après-midi?
5. Généralement que faites-vous pendant le week-end? Qu'est-ce que vous allez faire le week-end prochain?
6. Ce soir, allez-vous étudier? avant ou après le dîner?
7. Qu'est-ce que vous allez faire cet après-midi?

NOTE LINGUISTIQUE: Les noms en **-ée**
The noun-ending **-ée** is used with expressions of time to indicate duration. Nouns in **-ée** are feminine.

un jour →	**une journée**	a (whole) day	**une journée** intéressante
un an →	**une année**	a (whole) year	**une année** mémorable
un soir →	**une soirée**	a (whole) evening	**une soirée** désagréable

A. *Révision: le verbe* avoir

Avoir *(to have)* is one of the most frequently used verbs in French. Review its affirmative, negative, and interrogative forms in the present tense.

affirmative	negative	interrogative
j'**ai**	je n'ai pas	est-ce que j'ai ... ?
tu **as**	tu n'as pas	as-tu ... ?
il/elle **a**	il/elle n'a pas	a-t-il/elle ... ?
nous **avons**	nous n'avons pas	avons-nous ... ?
vous **avez**	vous n'avez pas	avez-vous ... ?
ils/elles **ont**	ils/elles n'ont pas	ont-ils/elles ... ?

2. Tant mieux! *(So much the better!):* Les personnes suivantes ne possèdent pas la première chose entre parenthèses mais elles possèdent la seconde. Exprimez cela d'après le modèle.

▶ Paul (une voiture/une moto)   *Paul n'a pas de voiture, mais il a une moto.*

1. Jacqueline (un téléviseur/une radio)
2. mes cousins (une maison/un appartement)
3. moi (une chaîne-stéréo/une guitare)
4. vous (des amis riches/des amis sympathiques)
5. nous (une caméra/un appareil-photo)
6. toi (beaucoup d'argent/beaucoup d'amis)

3. Un voyage organisé *(An organized tour):* Imaginez que vous êtes le responsable d'un voyage organisé en France. Demandez aux personnes suivantes si elles ont les choses entre parenthèses. Utilisez des pronoms sujets et l'inversion.

▶ Paul (son passeport)   *A-t-il son passeport?*

1. Suzanne (son passeport)
2. Michèle et Béatrice (leurs visas)
3. Louis et Henri (leur caméra)
4. Alice (des dollars)
5. Thomas (de l'argent français)
6. toi (des traveller-chèques)
7. vous (vos cartes de crédit)
8. nous (nos billets: *tickets*)

Si vous avez moins de 21 ans

INTER RAIL

un mois de voyages
à l'étranger par le train

B. *Le passé composé avec* avoir

Read the following sentences carefully. The sentences on the left express actions occurring in the present; the verbs are in the present tense. The sentences on the right express actions that occurred in the past; the verbs are in the **passé composé.**

present	*passé composé*
Je **voyage.**	L'année dernière aussi, **j'ai voyagé.**
Tu **visites** la France.	L'été dernier, **tu as visité** l'Italie.
Les étudiants **attendent** le bus.	Hier aussi, ils **ont attendu** le bus.

FORMS

As its name indicates, the *passé composé* is a compound past tense. It is formed as follows:

> **passé composé** = present of auxiliary verb + past participle

Note the forms of the *passé composé* of the verb **visiter** in the following chart:

J'ai visité Paris.	Nous **avons visité** Marseille.
Tu **as visité** Lyon.	Vous **avez visité** Grenoble.
Il/Elle **a visité** la Normandie.	Ils/Elles **ont visité** Bordeaux.

- The *passé composé* of most verbs is formed with the present of **avoir** as the auxiliary verb.

■ For regular verbs, the past participle is formed by replacing the infinitive endings with the corresponding past participle ending.

infinitive ending	*past participle ending*		
-er	**-é**	voyag**er** → voyag**é**	Nous **avons voyagé** en France.
-ir	**-i**	chois**ir** → chois**i**	Louise **a choisi** ce pull.
-re	**-u**	vend**re** → vend**u**	Ils **ont vendu** leur auto.

USES

■ The *passé composé* is used to describe past actions and occurrences. Note the several English equivalents of the *passé composé*.

J'ai visité Paris. $\begin{cases} \textit{I visited} \text{ Paris.} \\ \textit{I have visited} \text{ Paris.} \\ \textit{I did visit} \text{ Paris.} \end{cases}$

4. À Paris: Dites quels monuments ou quels endroits les personnes suivantes ont visités hier. Utilisez le passé composé de *visiter*.

▶ Paul/le Louvre   *Hier Paul a visité le Louvre.*

1. Sylvia/le musée d'Art Moderne
2. nous/le Quartier Latin
3. vous/la Sorbonne
4. mes amis/le Centre Pompidou
5. moi/Notre-Dame
6. toi/le Musée de l'Homme
7. Charles et Louis/la Tour Eiffel
8. Hélène et Suzanne/l'UNESCO

5. Achats et ventes *(Buying and selling):* Avant les vacances, les étudiants suivants ont vendu certaines de leurs affaires. Avec l'argent, ils ont acheté d'autres objets. Exprimez cela en utilisant le passé composé de *vendre* et le passé composé de *choisir*.

▶ Charles (sa guitare/une radio)   *Charles a vendu sa guitare.*
     Il a choisi une radio.

1. tes cousins (leur auto/une moto)
2. Michèle (ses livres/des vêtements)
3. mon oncle (sa maison/un appartement)
4. moi (mon livre de français/des lunettes de soleil)
5. toi (ta caméra/une bicyclette)
6. nous (nos disques/une raquette)
7. vous (votre chaîne-stéréo/des skis nautiques: *water skis*)
8. mes amis (leur calculatrice/un appareil-photo)

6. Avant le départ: C'est la fin du trimestre. Dites que Paul a fait les choses suivantes.

▶ téléphoner à Suzanne   *Il a téléphoné à Suzanne.*

1. téléphoner à Jacques
2. acheter un pantalon
3. payer l'appartement
4. louer une voiture
5. déjeuner avec Anne-Marie
6. finir ses examens
7. choisir des cadeaux *(gifts)*
8. vendre sa moto
9. répondre à la lettre de ses parents
10. rendre visite à son professeur

7. Les nouvelles *(The news):* Imaginez que vous travaillez comme journaliste à la Télévision française. Votre assistant a préparé les notes suivantes au sujet des principaux événements de la journée. Annoncez ces événements.

▶ le président/parler/à la radio   *Le président a parlé à la radio.*

1. des bandits/attaquer/le train Paris-Nice
2. le musée du Louvre/vendre/la Mona Lisa/au Metropolitan Museum of Art
3. les sénateurs/voter/le budget
4. la femme du président/inaugurer/l'exposition *(exhibit)* Picasso
5. les Américains/lancer *(launch)*/un satellite géant
6. un chimiste russe/inventer/un nouveau textile artificiel

8. La dernière fois *(The last time):* Indiquez la dernière fois que vous avez fait les choses suivantes. Utilisez le VOCABULAIRE à la page 164.

▶ regarder la télévision   *J'ai regardé la télévision hier soir (ce matin, etc.).*

1. étudier le français
2. parler à mes parents
3. rendre visite à mes grands-parents
4. dîner dans un très bon restaurant
5. perdre mon temps

6. amener un(e) ami(e) au cinéma
7. acheter un disque
8. jouer au frisbee
9. nager
10. écouter la radio

C. *Les participes passés irréguliers*

A few verbs have irregular past participles. Note these in the chart below.

infinitive	past participle	
avoir	eu	Nous **avons eu** une bonne surprise.
être	été	Jacqueline **a été** en France en juin.
faire	fait	Mes parents **ont fait** un voyage au Canada.
prendre	pris	Tu **as pris** des photos de Québec, n'est-ce pas?
apprendre	appris	Ma mère **a appris** le français au Canada.
comprendre	compris	J'**ai compris** la question.
boire	bu	Anne et moi, nous **avons bu** du champagne.

9. En France: Dites ce que les gens suivants ont fait en France. Utilisez le passé composé des verbes entre parenthèses.

▶ Suzanne (être à Paris/visiter le Louvre)   *Suzanne a été à Paris. Elle a visité le Louvre.*

1. nous (être en Provence/faire du camping)
2. mes amis (être en Bourgogne/boire du bon vin)
3. moi (prendre le train/faire un voyage en Alsace)
4. toi (être à l'Alliance Française/apprendre le français)
5. vous (faire de l'auto-stop: *hitchhiking*/être dans les Pyrénées)
6. Jacqueline (être en Savoie/prendre des photos)
7. Paul et moi (être dans les Alpes/avoir un accident)

D. Le passé composé dans les phrases négatives

Compare the verbs in each set of sentences.

affirmative	*negative*
J'ai visité Québec.	Je **n'**ai **pas** visité Montréal.
Nous avons voyagé en bus.	Nous **n'**avons **pas** voyagé en train.
Paul a pris du café.	Il **n'**a **pas** pris de thé.

The negative form of the *passé composé* follows this pattern:

> **ne** + auxiliary verb + **pas** + past participle

10. Expression personnelle: Dites si oui ou non vous avez fait les choses suivantes au cours du mois dernier.

▶ voyager en train? *Oui, j'ai voyagé en train.*
   ou: *Non, je n'ai pas voyagé en train.*

1. jouer au hockey?
2. acheter une auto?
3. parler au président de l'université?
4. maigrir?
5. grossir?
6. perdre 20 kilos?
7. vendre mon livre de français?
8. rendre visite à mes grands-parents?
9. faire un voyage?
10. prendre l'avion?
11. boire du champagne?
12. avoir un accident de voiture?

Arrivée à Paris

11. Faute d'argent *(For lack of money):* Les personnes suivantes n'ont pas eu assez d'argent pour faire ce qu'elles désiraient *(wished)* vraiment faire. Lisez ce qu'elles ont fait et dites ce qu'elles n'ont pas fait.

▶ Jacques a visité l'Italie. (la France)   *Il n'a pas visité la France.*

1. Mes cousins ont voyagé en bus. (en avion)
2. Philippe a loué un vélo. (une auto)
3. J'ai déjeuné à la cafétéria. (au restaurant)
4. Nous avons bu de la bière. (du champagne)
5. Mes parents ont loué un appartement. (une villa)
6. Tu as dépensé peu d'argent. (beaucoup d'argent)
7. Vous avez choisi un hôtel bon marché. (un hôtel cher)
8. Pierre a mangé des pommes de terre. (de la viande)
9. Mes cousins ont pris du jambon. (du caviar)
10. Nous avons été à Montréal. (à Vancouver)

12. Dimanche: Dimanche, Janine n'a pas fait ce qu'elle fait pendant la semaine. Exprimez cela d'après le modèle.

▶ Janine étudie.   *Dimanche, elle n'a pas étudié.*

1. Elle travaille.
2. Elle téléphone à ses parents.
3. Elle déjeune à la cafétéria.
4. Elle attend le bus.
5. Elle achète le journal *(newspaper)*.
6. Elle répond aux questions du professeur.
7. Elle finit la leçon.
8. Elle rend visite à ses amis.
9. Elle apprend les verbes irréguliers.
10. Elle fait les courses.

E. Les questions au passé composé

Note how questions are formed in the *passé composé*.

statements	questions
Monique a visité Paris.	**Est-ce qu'elle a visité** Marseille aussi? **A-t-elle visité** Marseille aussi? **Elle a visité** Marseille aussi?
J'ai parlé à Philippe.	Quand **as-tu parlé** à Philippe? Pourquoi **est-ce que tu as parlé** à Philippe?

Questions in the *passé composé* follow this pattern:

interrogative form of auxiliary verb + past participle

- Remember that the interrogative form of a verb can be formed as follows:
  —by using **est-ce que**
  —by inverting the subject pronoun and the verb
  —by using a rising intonation (yes/no questions only)

13. Interview: Plusieurs étudiants français ont passé l'été dernier aux États-Unis. Demandez s'ils ont aimé les villes où ils ont été.

▶ Michèle a visité New York.   *A-t-elle aimé New York?*

1. Philippe a visité Atlanta.
2. Monique a visité San Francisco.
3. André a visité Dallas.

4. Sylvie a visité La Nouvelle-Orléans.
5. Pierre et Marc ont visité Détroit.
6. Louise et Marguerite ont visité Miami.

14. Dialogue: Demandez à vos amis s'ils ont fait les choses suivantes récemment.

▶ voyager l'été dernier   —*As-tu voyagé l'été dernier?*
　　　　　　　　　　　　—*Oui, j'ai voyagé.*
　　　　　　　　ou: *Non, je n'ai pas voyagé.*

1. visiter Paris l'année dernière
2. nager hier
3. jouer au golf le week-end dernier
4. étudier ce matin
5. avoir un accident cet hiver

6. travailler hier soir
7. parler français cette semaine
8. gagner de l'argent l'été dernier
9. grossir l'année dernière
10. faire la cuisine dimanche dernier

15. Curiosité: Marc veut avoir des détails sur les activités de ses amis. Formulez ses questions. Pour cela, commencez vos questions avec les expressions interrogatives entre parenthèses.

▶ Jacques a voyagé. (Quand?)   *Quand a-t-il voyagé?*
　　　　　　　　　　　　ou: *Quand est-ce qu'il a voyagé?*

1. Henri a invité Suzanne. (Quand?)
2. Christine a étudié. (Pourquoi?)
3. Monique a déjeuné. (À quelle heure?)
4. Jean et Eric ont acheté des disques. (Où?)
5. Robert a joué au tennis. (Avec qui?)
6. Elisabeth a travaillé. (Quand?)

16. Réactions: Imaginez que les personnes ci-dessous vous font les remarques suivantes. Utilisez votre imagination et trouvez une réplique.

▶ votre camarade de chambre: «J'ai été au cinéma hier.»
　　Est-ce que tu as aimé le film? ou: *Qu'est-ce que tu as fait après?* ou: *Alors, tu n'as pas étudié?*

1. une cousine: «J'ai fait un voyage splendide en Suisse.»
2. un camarade: «Nous avons regardé un programme intéressant à la télé.»
3. votre professeur de biologie: «Vous n'avez pas rendu votre examen hier.»
4. vos parents: «Tu as dépensé trop d'argent le mois dernier.»
5. un ami: «Tu as perdu ton temps aujourd'hui!»

Phonétique

Le son /j/

The sound /j/ is similar to the initial sound of the English word *yes*. It is shorter and more tense.

Mot-clé: Pierre
Répétez: piano, italien, canadien, hier, dernier, premier, tiens, janvier

Nous étudions l'italien.
Tiens! Hier, j'ai acheté un chemisier.

La combinaison voyelle + /j/

The combination *vowel* + /j/ occurs at the end of a word. In this position the /j/ is pronounced very distinctly.

Mot-clé: travaille
Répétez: fille, Marseille

Cette fille travaille à Marseille.

Récapitulation

Substitution

Remplacez les mots soulignés par les mots entre parenthèses. Faites tous les changements nécessaires.
1. L'été dernier, nous n'avons pas voyagé. Nous avons travaillé.   (vous, Suzanne, mes cousines, je, tu)
2. Avez-vous visité Amsterdam?   (il, elle, tu, ils, elles)
3. J'aime parler français. J'ai parlé français pendant les vacances.   (voyager, nager, faire du camping, prendre des photos, faire la cuisine)
4. Nous n'achetons pas ce disque-ci parce que nous avons acheté ce disque-là. (écoutons, vendons, choisissons, prenons)

Vous avez la parole: Hier

Composez un petit paragraphe où vous décrivez vos activités d'hier. Si vous le désirez, utilisez les suggestions suivantes.

acheter: quoi *(what)?* où?
regarder: quel programme? à quelle heure?
déjeuner: où? à quelle heure? avec qui?

manger: quoi?
dîner: où? à quelle heure?
rendre visite: à qui? pourquoi?

Leçon 18: Séjour en France

Pierre est un étudiant français qui passe une année dans une université américaine. Il a rencontré° Linda au Club International.   met

PIERRE: Tu es canadienne?

LINDA: Non, je suis américaine!

PIERRE: Tu parles français vraiment très bien. Tu as déjà° été en France?   *already*

LINDA: Oui, je suis allée à l'université de Grenoble.

PIERRE: Combien de temps° es-tu restée° là-bas?   *how long/did you stay*

LINDA: Dix mois! Je suis arrivée à Grenoble en septembre et je suis rentrée à Boston en juillet.

PIERRE: Tu as aimé ton séjour°?   *stay*

LINDA: Oui, j'ai beaucoup aimé ... mais les débuts° ont été difficiles.   *beginnings*

PIERRE: Pourquoi?

LINDA: À l'université je ne connaissais personne° ... sauf° les autres° étudiants américains. Les trois premiers mois, je n'ai pas parlé français! Heureusement, j'ai eu un accident et tout° a changé!   *did not know anyone/except/other*
everything

PIERRE: Un accident? Explique°!   *explain*

LINDA: Eh bien, à Noël°, je suis allée faire du ski. Le deuxième jour, je suis tombée° et je me suis cassé la jambe° ... Je suis restée une semaine à l'hôpital. À l'hôpital, j'ai rencontré un garçon très sympa. Il m'a présentée° à ses amis. À partir de° ce moment-là, j'ai été adoptée par tout le monde°.   *Christmas*
fell/broke my leg
introduced me/from
everyone

PIERRE: Qu'est-ce que tu as fait quand tu es rentrée à Grenoble?

LINDA: Eh bien, j'ai vraiment profité de mon séjour. Je suis beaucoup sortie°. J'ai beaucoup parlé français et j'ai un peu oublié° mes études°.   *went out*
forgot/studies

Renseignements culturels: Les étudiants étrangers en France

La France a toujours attiré[1] un très grand nombre d'étudiants étrangers[2]. Aujourd'hui, près de[3] 100.000 (cent mille) étudiants étrangers fréquentent[4] les universités françaises.

D'où viennent ces étudiants étrangers? Principalement des anciennes[5] colonies françaises d'Afrique du Nord[6] (Algérie, Tunisie, Maroc), d'Afrique Noire (Cameroun, Côte d'Ivoire[7], Sénégal) et d'Asie (Vietnam et Cambodge).

Il y a aussi beaucoup d'étudiants américains. En 1980, près de 7.000 (sept mille) étudiants américains ont passé plusieurs[8] mois dans les universités françaises. Qu'est-ce qu'ils sont venus étudier? les lettres et sciences humaines, la médecine, le droit[9] ... et bien sûr, le français!

1 *attracted*   2 *foreign*   3 *almost*   4 *attend*   5 *former*
6 *north*   7 *Ivory Coast*   8 *several*   9 *law*

apprenez
le français
à l'alliance
française

LA PLUS ANCIENNE, LA PLUS VIVANTE ET LA MOINS CHÈRE DES ÉCOLES FRANÇAISES POUR ÉTRANGERS

paris

EN RAPPORTS OFFICIELS AVEC L'UNIVERSITÉ DE PARIS

Structure et Vocabulaire

VOCABULAIRE: Vive les vacances!

noms

un endroit	place	**la campagne**	country, countryside
le journal	newspaper	**la mer**	sea
le séjour	stay	**la montagne**	mountain, mountains
le soleil	sun	**les vacances**	vacation
le voyage	trip	**une valise**	suitcase

verbes

faire de l'auto-stop	to hitchhike	Mes amis **font de l'auto-stop.**
faire les valises	to pack	As-tu **fait les valises?**
faire un séjour	to reside, to spend time	J'**ai fait un séjour** à Nice cet été.
oublier	to forget	Zut! J'**ai oublié** mon passeport!
quitter	to leave	Nous **quittons** Lausanne le 15 août.
rencontrer	to meet	J'**ai rencontré** Paul à Grenoble.

expressions

à l'étranger	abroad	Je vais passer mes vacances **à l'étranger.**
en vacances	on vacation	Quand allez-vous **en vacances?**

NOTE DE VOCABULAIRE

The plural of **le journal** is **les journaux.**

Quand nous sommes à l'étranger nous achetons **les journaux** du pays.

1. Questions personnelles:

1. Aimez-vous aller à la campagne pendant le week-end?
2. Préférez-vous aller à la mer ou à la montagne pendant les vacances?
3. Dans quel endroit passez-vous vos vacances en général? Est-ce que c'est un endroit intéressant? Pourquoi?
4. Où allez-vous passer vos vacances l'été prochain?
5. Aimez-vous le soleil? Portez-vous souvent des lunettes de soleil?
6. Avez-vous envie d'aller à l'étranger après l'université? Dans quel pays?
7. Avez-vous fait un séjour dans un pays étranger? Dans quel pays?
8. Aimez-vous voyager avec beaucoup de valises? Quand vous voyagez avec votre famille, qui fait les valises?
9. Faites-vous souvent de l'auto-stop? Pourquoi ou pourquoi pas?
10. Avez-vous une bonne mémoire ou oubliez-vous tout? Allez-vous oublier votre français après l'université?
11. Est-ce que vous rencontrez vos amis après les classes? Où? (à la cafétéria? à la bibliothèque? chez eux?)
12. Quand allez-vous quitter l'université? (l'année prochaine? dans deux ans?) Qu'est-ce que vous allez faire après?
13. Est-ce qu'il y a des étudiants étrangers à votre université? De quelles nationalités sont-ils? Avez-vous rencontré ces étudiants? Où et à quelle occasion?
14. Achetez-vous des journaux français? Regardez-vous ces journaux à la bibliothèque de l'université?

A. *Les verbes* sortir *et* partir

The verbs **sortir** *(to go out)* and **partir** *(to leave)* are irregular. Note the present-tense forms of these verbs in the chart below.

infinitive	sortir	partir
present	Je **sors** avec Marc.	Je **pars** maintenant.
	Tu **sors** maintenant.	Tu **pars** avec Linda?
	Il/Elle **sort** ce soir.	Il/Elle **part** à six heures.
	Nous **sortons** avec Anne.	Nous **partons** dans une heure.
	Vous **sortez** demain?	Vous **partez** en voiture.
	Ils/Elles **sortent** souvent.	Ils/Elles **partent** avant le dîner.

- **Sortir de** also means *to get out (of a place)* and is the opposite of **entrer**.

  Je **sors de** l'université à onze heures.

- **Partir de** means *to leave (a place)* and is the opposite of **arriver**.

  Nous **partons de** Grenoble le 3 septembre.

- **Quitter** also means *to leave*, but can only be used together with the name of a person or place. Compare:

Partons!	—	Let's leave! (Let's go!)
Je **pars** à midi.	—	I'm leaving at noon.
Je **pars** de la maison.	Je **quitte** la maison.	I'm leaving the house.
—	Je **quitte** mes amis.	I'm leaving my friends.

PROVERBE   **Partir, c'est mourir un peu.**   Leaving is like dying a little.

---

2. Sorties: Les étudiants suivants sont en France. Dites qu'ils sortent avec des gens qu'ils ont rencontrés.

▶ Linda (un Français)   *Linda sort avec un Français.*

1. nous (une Française)
2. Claire (le cousin d'un ami)
3. vous (des Parisiens)
4. Suzanne et Sylvie (des amies)
5. Paul et Denis (deux Anglaises)
6. moi (un ami)
7. toi (une étudiante)
8. Linda (des amis)

3. Questions personnelles:

1. Sortez-vous souvent? avec qui? quand? Où allez-vous?
2. Allez-vous sortir le week-end prochain? avec qui?
3. À quelle heure quittez-vous votre campus? Où allez-vous?
4. Le week-end, quittez-vous votre campus? Où allez-vous?
5. À quelle heure partez-vous de chez vous le lundi? le vendredi?

B. *Révision: Le verbe* être

Review the present tense forms of **être** *(to be).*

affirmative	*negative*	*interrogative*
je **suis**	je ne suis pas	est-ce que je suis ... ?
tu **es**	tu n'es pas	es-tu ... ?
il/elle **est**	il/elle n'est pas	est-il/elle ... ?
nous **sommes**	nous ne sommes pas	sommes-nous ... ?
vous **êtes**	vous n'êtes pas	êtes-vous ... ?
ils/elles **sont**	ils/elles ne sont pas	sont-ils/elles ... ?

Questions may also be formed with **est-ce que** + normal word order.

   Est-ce que vous êtes français?

4. Expression personnelle: Décrivez les personnes suivantes en deux phrases: l'une affirmative et l'autre négative. Utilisez le verbe *être*, et, si vous le désirez les adjectifs suivants:

> *patient, intelligent, timide, tolérant, optimiste, pessimiste, indépendant, réservé, fatigué* (tired), *discipliné*

▶ Ma meilleure amie   *Elle est intelligente. Elle n'est pas très patiente.*

1. Mon meilleur ami
2. Moi
3. Le professeur
4. En classe, nous
5. Les Américains
6. Le président

NOTE LINGUISTIQUE: Adjectifs apparentés **-(i)eux** ↔ *(i)ous*
Many French adjectives in **-(i)eux** have English cognates in *-(i)ous*. The feminine forms of these adjectives end in **-(i)euse.**

-eux ↔ *-ous*	gén**éreux** (génér**euse**)	gener*ous*
	nerv**eux** (nerv**euse**)	nerv*ous*
-ieux ↔ *-ious*	sér**ieux** (sér**ieuse**)	ser*ious*

---

5. Pourquoi? Demandez pourquoi les gens suivants sont comme ils sont. Utilisez les pronoms-sujets et l'inversion.

▶ Mélanie est contente.   *Pourquoi est-elle contente?*

1. Jacques est nerveux.
2. Tu es triste.
3. Lucie est sérieuse.
4. Vous êtes pessimiste.
5. Stéphanie est timide.
6. Philippe et Jacques sont ambitieux.
7. Mes amies sont contentes.
8. Thomas est irrité.

VOCABULAIRE: Expressions utiles *(Useful expressions)*

quelqu'un	someone, anyone	**Quelqu'un** a pris ma caméra.
tout le monde	everyone	Est-ce que **tout le monde** boit du vin en France?
quelque chose	something, anything	Vas-tu acheter **quelque chose** maintenant?
tout	everything	Chez moi, je fais toujours **tout**.

NOTES DE VOCABULAIRE

1. The above expressions are invariable. They are always modified by masculine adjectives.

2. Note the following constructions:

> **quelqu'un**
> **quelque chose** } **de** + adjective
>
> Cette fille est **quelqu'un d'exceptionnel.**
> J'ai acheté **quelque chose de spécial.**

6. Le week-end dernier: Dites ce que les gens suivants ont fait le week-end dernier. Faites des phrases au passé composé d'après les modèles.

▶ Jacques: rencontrer (sympathique)   *Jacques a rencontré quelqu'un de sympathique.*
▶ Louise: faire (amusant)   *Louise a fait quelque chose d'amusant.*

1. Jacqueline: rencontrer (remarquable)
2. Henri: apprendre (extraordinaire)
3. Ma cousine: acheter (bon marché)

4. Nathalie: parler avec (très intelligent)
5. Charles: faire (spécial)
6. Anne: dîner avec (intéressant)

7. Petit commentaire: Complétez les phrases suivantes.

1. Ici à l'université, tout le monde est très ...
2. Dans la vie *(life)* universitaire, tout est ...
3. Je n'aime pas sortir avec quelqu'un de trop ...
4. J'ai envie de faire quelque chose de ...

C. *Le passé composé avec* être

In the sentences below, the verb **aller** is used in the *passé composé*. Note the auxiliary verb and the forms of the past participle.

Robert **est allé** en France.   Paul et David **sont allés** en Provence.
Linda **est allée** en France aussi.   Martine et Lucie **sont allées** en Normandie.

■ The *passé composé* of certain verbs like **aller** is conjugated with **être** (rather than **avoir**) as the auxiliary verb.

Je **suis allé (allée)** en France.	Nous **sommes allés (allées)** à Québec.
Tu **es allé (allée)** au Canada.	Vous **êtes allé (allée, allés, allées)** à Nice.
Il **est allé** à Bordeaux.	Ils **sont allés** en Touraine.
Elle **est allée** à Montréal.	Elles **sont allées** à Marseille.

• Negative form: Il **n'est pas allé** en Alsace.

• Interrogative form: Où **est-il allé?**

■ When a verb is conjugated with **être** in the *passé composé*, the past participle agrees in gender and number with the subject of the sentence.

8. Dialogue: Demandez à vos camarades s'ils sont allés aux endroits suivants hier.

▶ à la bibliothèque?   *—Es-tu allé (allée) à la bibliothèque hier?*
   —Oui, je suis allé (allée) à la bibliothèque.
   ou: *Non, je ne suis pas allé (allée) à la bibliothèque.*

1. à la discothèque?
2. à la cantine?
3. à un concert?

4. à la piscine?
5. au stade?
6. en ville?

7. au cinéma?
8. au théâtre?
9. à l'aéroport?

9. Achats (Purchases): Dites où sont allées les personnes suivantes. Dites aussi ce qu'elles ont acheté. Utilisez le passé composé des verbes *aller* et *acheter*.

▶ Sylvie (à la pharmacie/de l'aspirine)   *Sylvie est allée à la pharmacie. Elle a acheté de l'aspirine.*

1. les étudiants (en France/du vin)
2. Thomas (au supermarché/de la glace)
3. nous (à la campagne/des fruits)
4. moi (à Paris/du parfum français)
5. toi (au Japon/une caméra)
6. ma sœur (en Espagne/une guitare)
7. mes amis (en Allemagne/une moto)
8. vous (en Suisse/une montre)

VOCABULAIRE: Verbes conjugués avec *être*

aller	to go	**Êtes**-vous **allés** en France?
venir	to come	Isabelle **est venue** en France avec nous.
arriver	to arrive, to come	Quand **est**-elle **arrivée** à Grenoble?
partir	to leave	Nous **sommes partis** d'Annecy le 5 octobre.
entrer	to enter, to come in	Je **suis entré** dans l'appartement.
sortir	to go out	Avec qui Linda **est**-elle **sortie?**
monter	to go up, to climb	**Êtes**-vous **montés** à la Tour Eiffel?
	to get on	Nous **sommes montés** dans le bus.
descendre	to go down, to get off	Nous **sommes descendus** du train à Orléans.
	to stop (at a place)	Mon père **est descendu** à cet hôtel.
tomber	to fall	Je **suis tombé** de bicyclette.
rentrer	to go back, to return	Pierre **est rentré** chez lui.
revenir	to come back	Il **est revenu** après les vacances.
rester	to stay, to remain	Ils ne **sont** pas **restés** à Marseille.
devenir	to become	Elle **est devenue** actrice.
passer	to pass, to go by	Nous **sommes passés** par Toulouse.

NOTES DE VOCABULAIRE

1. The past participles of **venir, revenir,** and **devenir** are **venu, revenu,** and **devenu.**

   Ils ne sont pas **venus** avec nous. Quel jour sont-elles **revenues?**

2. Remember: after the above verbs, names of places are always introduced by prepositions.

   J'entre **dans** l'appartement.   Paul rentre **chez** lui.

3. When **passer** means *to spend time,* it is conjugated with **avoir.**

   J'**ai passé** un mois en France.

---

10. Le voyage de Nathalie: Pendant son voyage aux États-Unis, Nathalie a fait les choses suivantes. Décrivez son voyage en utilisant le passé composé.

▶ Partir de Paris le 10 juillet.   *Elle est partie de Paris le 10 juillet.*

1. Arriver à New York le 10 juillet.
2. Rester une semaine à New York.
3. Sortir avec des amis.
4. Partir de New York le 17 juillet.
5. Passer par Philadelphie.

6. Aller à Atlanta.
7. Descendre en Floride.
8. Rester dix jours là-bas.
9. Aller à San Francisco le 27 juillet.
10. Rentrer en France le 3 août.

11. Pendant les vacances: Décrivez ce qu'ont fait les personnes suivantes pendant les vacances, en utilisant le passé composé des verbes entre parenthèses. Attention: certains verbes sont conjugués avec *avoir*, les autres sont conjugués avec *être*.

▶ Florence (aller en Egypte/admirer les Pyramides)   *Florence est allée en Egypte.*
                                                          Elle a admiré les Pyramides.

1. Charles (aller en Suisse/prendre des photos des Alpes)
2. Thérèse (aller en Espagne/visiter Séville)
4. Philippe (faire du ski/tomber)
4. Sylvie (monter à la Tour Eiffel/regarder Paris)
5. Albert (rester un mois en France/faire de l'auto-stop)
6. Mon cousin (venir chez moi/sortir avec ma sœur)
7. Isabelle (passer par Paris/visiter le Centre Pompidou)
8. Denis (inviter ma cousine/sortir avec elle)
9. Paul (avoir un accident/tomber de bicyclette/aller à l'hôpital)
10. Un cambrioleur: *burglar* (entrer dans mon appartement/prendre mon téléviseur/ partir par la fenêtre: *window*)

12. À l'hôpital: Les personnes suivantes sont à l'hôpital à la suite de *(because of)* certains accidents. Décrivez ces accidents en utilisant le passé composé.

▶ Paul: tomber dans un ravin   *Paul est tombé dans un ravin.*

1. moi: monter dans un arbre *(tree)*/tomber de l'arbre
2. toi: aller en moto/tomber de moto
3. nous: sortir de chez nous par la fenêtre *(window)*/tomber dans la rue *(street)*
4. vous: passer par une porte vitrée *(glass door)*
5. Jacques: descendre dans la cave *(cellar)*/tomber dans les escaliers *(stairs)*
6. Suzanne et Sylvie: entrer dans un magasin avec leur voiture

D. *La place de l'adverbe au passé composé*

Note the position of the following adverbs when the sentence is in the passé composé.

J'**ai beaucoup aimé** Paris.   I *liked* Paris *a lot.*
Je **suis souvent sorti** avec mes amis.   I *often went out* with my friends.

■ When the verb is in the *passé composé*, the adverb is usually placed between the auxiliary verb (**être** or **avoir**) and the past participle.

• Note the word order in the negative: Elle n'est pas **souvent** venue chez moi.

13. À Paris: Les étudiants suivants ont passé leur troisième année d'université *(Junior Year)* à Paris. Dites s'ils ont parlé français. Utilisez les adverbes entre parenthèses.

▶ Elisabeth (souvent)   *Elisabeth a souvent parlé français.*

1. Paul (beaucoup)   3. Sylvia (peu)   5. Suzanne (toujours)
2. David (très souvent)   4. Henri (bien)   6. Linda (très peu)

14. Réactions: Imaginez que les personnes ci-dessous vous font les remarques suivantes. Utilisez votre imagination et trouvez une réponse.

▶ un ami: «Nous sommes allés à un restaurant hier soir.»
   Avez-vous bien mangé? ou: *À quelle heure êtes-vous rentrés?*

1. votre camarade de chambre: «J'ai fait quelque chose d'amusant hier.»
2. votre oncle: «J'ai rencontré quelqu'un de bizarre dans le train.»
3. une camarade de classe: «Zut! J'ai oublié mon livre de français à la bibliothèque.»
4. un cousin: «Nous sommes allés à Paris et nous avons visité la Tour Eiffel.»
5. votre professeur: «Pourquoi est-ce que vous n'êtes pas venu(e) en classe vendredi dernier?»

Phonétique

Le son /ɲ/

The French sound /ɲ/ is similar to the sound of **ny** in *canyon*, but with more tension. Note: In French, the sound /ɲ/ is written **gn.**

Mot-clé: champa**gn**e

Répétez: campa**gn**e, monta**gn**e, Espa**gn**e, Allema**gn**e, espa**gn**ol, ma**gn**ifique

       Les montagnes en Espagne sont magnifiques.

       Agnès boit du champagne espagnol.

Récapitulation

Substitution

Remplacez les mots soulignés par les mots entre parenthèses. Faites les changements nécessaires.

1. <u>Nous</u> partons demain matin.   (Henri, Nicole et Monique, je, tu, vous)
2. Cet été je suis allé à San Francisco.   (nous, mes amies, les étudiants, vous, tu)
3. À quelle heure es-<u>tu</u> rentré hier soir?   (il, elle, ils, vous, nous, elles)
4. Paul est <u>resté</u> à Paris.   (allé, travaillé, arrivé, habité, étudié, rentré)

Vous avez la parole: Le week-end dernier

Décrivez vos occupations du week-end dernier en utilisant les suggestions suivantes.

aller (où? avec qui? comment?)
rester (où? avec qui? pourquoi?)
sortir (avec qui? à quelle heure?)
dîner (quand? avec qui?)
téléphoner (à qui?)
travailler? étudier?
rentrer chez vous (à quelle heure?)

Instantané

LE FRANÇAIS PRATIQUE

Lexique du voyageur

un ticket d'autobus	*bus ticket*
un ticket de métro	*subway ticket*
un billet d'avion	*plane ticket*
un billet de chemin de fer	*train ticket*
un aller simple	*one-way ticket*
un aller et retour	*round-trip ticket*
le wagon-restaurant	*diner car*
un wagon-lit	*pullman car*

La gare St-Lazare

À la gare

le touriste: Un billet Paris-Tours, s'il vous plaît.

l'employé: Aller simple ou aller et retour?

le touriste: Aller simple.

l'employé: En quelle classe?

le touriste: En deuxième classe.

l'employé: Cinquante francs, s'il vous plaît.

le touriste: Voilà. S'il vous plaît, à quelle heure part° le prochain°train pour Tours? *leaves/next*

l'employé: À 13 h 53 (treize heures cinquante-trois).

le touriste: Sur quel quai°? *platform*

l'employé: Dites-moi°, jeune homme ... je ne suis pas une agence de renseignements. Consultez le tableau d'affichage° ... Ah, excusez-moi, vous êtes étranger° ... Bon, bon. Le prochain train part du quai F. *tell me* / *schedule* / *a foreigner*

le touriste: Merci bien, monsieur

l'employé: De rien. *(en lui-même°):* Ah, ces touristes! *to himself*

Quels pays est-ce que les Français visitent?

En 1980, 22 millions de Français sont allés à l'étranger. Sur ces 22 millions, 10 millions ont visité l'Espagne, 6 millions sont allés en Italie, 1 million en Angleterre, 800.000 en Suisse et 600.000 en Allemagne fédérale. Cette année-là, plus de 200.000 touristes français sont venus aux États-Unis!

Les bureaux d'Air France à Paris

FLASH! *Informations*

Un peu d'histoire franco-américaine

Lisez les phrases suivantes. Est-ce que les informations contenues dans ces phrases sont vraies (V) ou fausses (F)?

V F 1. C'est un architecte français, Pierre L'Enfant, qui a dessiné[1] les plans de la ville de Washington.

V F 2. Georges Washington a gagné[2] la bataille[3] de Yorktown avec l'aide de troupes françaises.

V F 3. Benjamin Franklin a été le premier ambassadeur des États-Unis en France.

V F 4. À l'âge de 20 ans, Lafayette a été nommé[4] général par le Congrès américain.

V F 5. Un chimiste français, Irénée Eleuthère Dupont, a fondé[5] la firme de produits chimiques I. E. Dupont de Nemours.

V F 6. Napoléon a vendu la Louisiane aux Américains pour 15 millions de dollars.

V F 7. Un Canadien d'origine française, Prudent Beaudry, a été l'un des premiers maires[6] de Los Angeles.

V F 8. Les Français ont offert[7] la Statue de la Liberté au peuple américain.

V F 9. L'écrivain américain, Ernest Hemingway, a participé à la libération de Paris en août 1944.

V F 10. Pendant la deuxième guerre mondiale, plus de 100.000 soldats américains sont morts pour la libération de la France.

1 *designed* 2 *won* 3 *battle* 4 *named* 5 *founded* 6 *mayors* 7 *gave*

Réponse: Toutes les phrases sont vraies!

RENCONTRES

La France en auto-stop

«*Un pays où les gens semblent heureux!*»

Paul et David viennent de rentrer de France. Fatigués, mais contents! Pourtant, s'ils ont passé huit semaines là-bas, c'est par hasard[1] et un peu par malchance[2]. En effet, quand ils sont arrivés à Paris en août, ce n'était[3] pas avec l'intention de rester en France, mais d'aller en Grèce. Directement. En trois jours et en autostop. Oui, mais voilà, le stop[4] n'a pas très bien marché[5].

Est-ce que les automobilistes ont pris ces deux garçons barbus[6] pour des dangereux hippies? C'est possible! Pourtant Paul et David ne sont pas des hippies. Ce sont des étudiants, avides[7] de découvrir[8] le monde et de faire connaissance. S'ils n'ont pas eu de chance avec le stop, du moins[9] ils ont réalisé l'objectif numéro un de leur voyage: rencontrer des gens. Voilà pourquoi ils ont finalement abandonné l'idée de la Grèce et qu'ils ont décidé de rester en France.

Qui ont-ils rencontré? Des étudiants comme eux, mais aussi des paysans[10] et des ouvriers[11], des Parisiens et des gens de la province, des jeunes et des vieux, des gens riches et des gens pauvres[12], des gens ordinaires et des excentriques.

En Lozère, Paul et David ont passé deux jours dans une commune. En Bourgogne, ils ont passé une semaine dans une famille de fermiers[13]. En Auvergne, ils ont aidé une équipe[14] de jeunes gens à restaurer une vieille chapelle en ruines. Avec eux, ils ont travaillé pendant dix jours. Mais ils ont aussi mangé, bu, chanté, dansé, plaisanté[15], discuté, échangé des idées! En septembre ils ont fait les vendanges[16] en Provence!

Quel souvenir[17] ont-ils gardé[18] de la France? Le souvenir d'un pays où les gens semblent[19] heureux.

1 *chance*   2 *bad luck*   3 *was*
4 *= autostop*   5 *didn't work very well*
6 *bearded*   7 *eager*   8 *discover*
9 *at least*   10 *farmers*   11 *workers*
12 *poor*   13 *farmers*   14 *team*
15 *joked*   16 *harvested grapes*
17 *memory*   18 *kept*   19 *seem*

VII: À l'université

Leçon 19: La course aux diplômes

Quel diplôme préparez-vous? Qu'est-ce que vous pouvez° faire avec ce diplôme? Est-ce qu'il faut° avoir beaucoup de diplômes pour° avoir un travail° intéressant?

    Françoise et Brigitte, deux étudiantes françaises, discutent° de ces problèmes importants.

FRANÇOISE: Quel diplôme prépares-tu?

BRIGITTE: Je prépare une licence de chimie°.

FRANÇOISE: Qu'est-ce que tu veux faire avec cette licence?

BRIGITTE: Ta question est mal posée°. La véritable° question n'est pas: «Qu'est-ce que je veux faire?» mais «Qu'est-ce que je peux faire?» Il y a une différence!

FRANÇOISE: Bon, d'accord. Qu'est-ce qu'on peut faire avec un diplôme de chimie?

BRIGITTE: On peut enseigner° dans un lycée° ou on peut travailler dans un laboratoire. Personnellement je préfère enseigner. Bien sûr, il y a une condition.

FRANÇOISE: Quelle condition?

BRIGITTE: D'abord, je dois être reçue° à mes examens!

can
is it necessary/in order to/job

discuss

chemistry

badly phrased/true

teach/secondary school

I have to pass

Renseignements culturels:

Petit dictionnaire des diplômes français

Le système des diplômes français est différent du système américain. En France, pour obtenir[1] un diplôme, il faut en général passer[2] un examen, ou une série d'examens. Voici les principaux diplômes français et les examens correspondants.

Enseignement secondaire

le baccalauréat ou «bac»

Cet examen marque la fin[3] des études[4] secondaires. On passe le bac à l'âge de 18 ou 19 ans. Le bac est un diplôme très important; en général, il faut avoir ce diplôme si on veut aller à l'université.

Enseignement supérieur (universitaire)

le D.E.U.G. (Diplôme d'Études Universitaires Générales)

On obtient ce diplôme après deux années d'études universitaires.

la licence

On obtient[5] la licence un an après le DEUG.

la maîtrise

On obtient la maîtrise un an après la licence.

le doctorat

Il y a trois sortes de doctorats: le doctorat de troisième cycle, le doctorat d'université et le doctorat d'État. Pour être professeur d'université, il faut avoir[6] le doctorat d'État.

1 *to get*   2 *you generally have to take*   3 *end*   4 *studies*
5 *gets*   6 *one must have*

Une classe en plein air

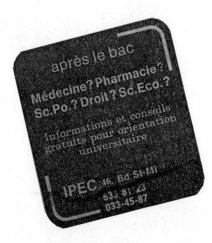

Structure et Vocabulaire

VOCABULAIRE: Les études

noms

un cahier	notebook	**une classe**	class
un cours	course, class	**des études**	studies
un devoir	(written) assignment	**une note**	grade
un diplôme (en)	diploma, degree (in)	**des notes**	(lecture) notes
un examen	exam, test		

adjectifs

facile ≠ **difficile**	easy, simple ≠ hard, difficult
utile ≠ **inutile**	useful ≠ useless

verbes

enseigner	to teach
faire des études	to study, to go to school
commencer	to begin
faire des progrès	to make progress, to improve
obtenir	to obtain, to get
réussir (à)	to succeed, to be successful (in)
préparer un examen	to prepare for an exam, to study for an exam
passer un examen	to take an exam
être reçu à un examen	to pass an exam
rater un examen	to flunk, to fail an exam

préposition

pour + *infinitive*	(in order) to	Je fais des études **pour obtenir** mon diplôme.

NOTES DE VOCABULAIRE

1. In the **nous**-form of the verb **commencer,** the final **c** of the stem becomes **ç** before the ending **-ons.**

Nous **commençons** la classe à neuf heures.

2. **Obtenir** is conjugated like **venir.** The *passé composé*, however, uses **avoir** as the auxiliary.

Est-ce que tu **obtiens** toujours de bonnes notes?   J'**ai obtenu** un «A» hier.

3. Note that **passer un examen** is a false cognate.

Hélène va **passer un examen.**   Hélène is going *to take an exam.*
Est-ce qu'elle va **être reçue**?   Is she going *to pass?*

1. Questions personnelles:

1. Quel diplôme préparez-vous?
2. Quand est-ce que vous allez obtenir votre diplôme?
3. À quelle université faites-vous vos études?
4. Avez-vous souvent des examens? Sont-ils faciles ou difficiles?
5. Avez-vous beaucoup de devoirs?
6. Est-ce que le français est une langue facile ou difficile?
   Est-ce que c'est une langue utile ou inutile? Pourquoi?
7. Étudiez-vous le français pour être professeur de français?
8. Avez-vous l'intention d'enseigner?
9. Avez-vous obtenu une bonne note ou une mauvaise note au dernier examen de français?
10. Pourquoi étudiez-vous? Pour obtenir des bonnes notes ou pour apprendre quelque chose d'intéressant?
11. Est-ce que vous avez fait beaucoup de progrès en français?

2. Étudiants modèles: Sylvestre est un étudiant modèle ... comme son frère Guy avant lui. Lisez ce que fait Sylvestre et dites que Guy a fait les mêmes choses.

▶ Sylvestre prépare un diplôme en histoire.   *Guy a préparé un diplôme en histoire.*

1. Sylvestre choisit des cours difficiles.
2. Il prépare ses devoirs consciencieusement.
3. Il passe ses examens avec bonne humeur.
4. Il est toujours reçu à ses examens.
5. Il ne rate pas ses examens.
6. Il participe activement dans les discussions de classe.
7. Il réussit à ses examens.
8. Il obtient de très bonnes notes.
9. Il fait des études pour être professeur.

A. *Le pronom* on

The subject pronoun **on** is very common in French. Note how it is used in the following sentences.

À l'université **on** passe beaucoup d'examens.   At the university *you* take many exams.
Quand **on** étudie, **on** est reçu à ses examens.   When *people* study, *they* pass their exams.
Quand **on** est étudiant, **on** est idéaliste.   When *one* is a student, *one* is an idealist.

■ The pronoun **on** is used in general statements where it corresponds to the impersonal English subjects: *one, people, you, they.*

• **On** is used with the **il/elle** form of the verb and is modified by masculine singular adjectives. The corresponding possessive adjectives are **son/sa/ses.**

Si **on** est **sérieux,** on obtient de bonnes notes.   If one is serious, one gets good grades.
On choisit **ses** cours en automne.   You choose your courses in fall.

• Sometimes the French use **on** where the equivalent English construction uses the passive.

On parle français à Québec.   *French is spoken* in Québec.

• In conversational style, **on** is often used in place of **nous.**

Qu'est-ce qu'**on** fait ce soir?   What are *we* doing tonight?

3. À l'université: Imaginez qu'un étudiant français vous a demandé des détails sur la vie estudiantine à votre université. Répondez-lui, en utilisant *on* et les expressions suivantes dans des phrases affirmatives ou négatives.

▶ étudier beaucoup   *On étudie beaucoup.*   ou: *On n'étudie pas beaucoup.*

1. passer souvent des examens
2. avoir des examens difficiles
3. avoir des cours intéressants
4. apprendre des choses utiles
5. avoir beaucoup de vacances

6. faire beaucoup de sport
7. faire de la politique
8. sortir le samedi soir
9. boire de la bière
10. obtenir facilement des bonnes notes

4. Oui ou non? Certaines actions ou situations peuvent provoquer certaines conséquences. Exprimez cela dans des phrases affirmatives ou négatives d'après le modèle. Si vous le désirez, utilisez des adverbes comme *toujours, rarement, généralement.*

▶ être étudiant/étudier beaucoup?   *Quand on est étudiant, on étudie beaucoup.*
   ou: *Quand on est étudiant, on n'étudie pas toujours beaucoup.*

1. étudier/être reçu à ses examens?
2. étudier/rater ses examens?
3. manger beaucoup/grossir?
4. faire du sport/garder la ligne?
5. être au régime/maigrir?

6. être français/boire beaucoup de lait?
7. travailler/gagner de l'argent?
8. avoir de l'argent/avoir des amis?
9. avoir des amis/être heureux?
10. être étudiant/être idéaliste?

On est comme on est.   We are what we are.

5. Annonces *(Signs):* Imaginez que vous travaillez dans une fabrique d'affiches *(sign factory)*. Préparez des annonces pour des commerçants qui veulent faire savoir *(advertise)* les choses suivantes. Commencez vos phrases par *Ici, on ...*

▶ parler anglais   *Ici on parle anglais.*

1. accepter les cartes de crédit
2. réparer les montres
3. vendre *Paris-Match*

4. louer des vélos
5. faire des photo-copies
6. parler japonais

6. Dialogue—Projets de week-end: Proposez à vos camarades de faire les choses suivantes le week-end prochain. Vos camarades vont accepter ou refuser.

▶ aller au cinéma?   *—On va au cinéma?*
                          —D'accord, allons au cinéma!
                   ou: *Non, n'allons pas au cinéma!*

1. aller au concert?
2. jouer au basket?
3. dîner au restaurant?
4. manger une pizza?

5. regarder la télé?
6. organiser un pique-nique?
7. organiser une surprise-partie?
8. sortir?

B. *Les verbes* vouloir *et* pouvoir

The verbs **vouloir** *(to want)* and **pouvoir** *(to be able to, can, may)* are irregular.
Note the forms of these verbs in the following chart.

infinitive	vouloir	pouvoir
present	Je **veux** un livre. Tu **veux** aller en France. Il/Elle **veut** gagner de l'argent. Nous **voulons** voyager. Vous **voulez** aller en ville. Ils/Elles **veulent** parler français.	Je **peux** prendre ce livre? Tu **peux** travailler pour Air France. Il/Elle **peut** travailler cet été. Nous **pouvons** aller au Canada. Vous **pouvez** prendre mon auto. Ils/Elles **peuvent** parler avec Jacques.
passé composé	J'ai **voulu** voyager.	J'ai **pu** visiter la Suisse.

VOULOIR

- **Vouloir** is usually used with a noun or an infinitive construction.

Veux-tu ce livre-ci?	Non, je veux ce livre-là.
Tu veux être professeur?	Oui, je veux être professeur.
Voulez-vous étudier ce soir?	Non, nous ne voulons pas étudier.

- In an answer, the expression **vouloir bien** is often used to mark acceptance of an invitation or request.

  Veux-tu dîner avec nous?   Oui, **je veux bien.**   (Yes, I do. Yes, I would.)

- **Je veux** expresses a strong will or wish. In a conversation, **je voudrais** is often used instead, to make a request.

  Je voudrais aller en Amérique.

  Je voudrais un livre sur les États-Unis, s'il vous plaît.

- The expression **vouloir dire** is the French equivalent of *to mean.*

  | Qu'est-ce que ce mot **veut dire**? | What does this word *mean*? |
  | Qu'est-ce que vous **voulez dire**? | What do you *mean*? |

POUVOIR

- **Pouvoir** has several English equivalents.

  Je **peux** sortir ce soir.   I $\left\{ \begin{array}{l} can \\ may \\ am\ able\ to \end{array} \right\}$ go out tonight.

  Pierre **n'a pas pu** venir.   Pierre $\left\{ \begin{array}{l} could\ not \\ was\ not\ able\ to \end{array} \right\}$ come.

PROVERBES   **Quand on veut, on peut.** $\left. \begin{array}{l} \\ \end{array} \right\}$ Where there's a will, there's a way.
                 Vouloir c'est pouvoir.

---

7. Dialogue: Demandez à vos camarades s'ils veulent faire les choses suivantes après l'université.

▶ voyager?   —*Veux-tu voyager?*
                —*Oui, je veux voyager. Non, je ne veux pas voyager.*

1. continuer tes études?
2. travailler?
3. habiter dans une grande ville?
4. acheter une auto?
5. enseigner?
6. gagner beaucoup d'argent?
7. faire de la politique?
8. avoir des responsabilités importantes?
9. travailler pour une compagnie internationale?
10. louer un appartement?

8. Changements de programme: Les personnes suivantes ont décidé de changer d'activités. Dites ce qu'elles veulent faire. Exprimez cela en utilisant la construction *vouloir* + l'infinitif.

▶ Jacques étudie les maths. (la musique)   *Mais, il veut étudier la musique.*

1. Suzanne étudie l'anglais. (la physique)
2. Vous apprenez l'espagnol. (le français)
3. J'habite à New York. (à Paris)
4. Nous dînons à la cantine. (au restaurant)
5. J'ai une auto. (une moto)
6. Tu vas en classe. (en vacances)
7. Paul prépare la licence. (le doctorat)
8. Mes amis travaillent à Boston. (à Québec)
9. M. Moreau est professeur. (journaliste)
10. Mes amis habitent à Chicago. (à la campagne)

9. Avec 1.500 dollars: Pendant les vacances, les étudiants suivants ont gagné 1.500 dollars. Lisez ce qu'ils veulent faire avec cet argent et dites si oui ou non ils peuvent réaliser leurs projets avec 1.500 dollars.

▶ Sylvie veut passer un mois à Miami.   *Elle peut passer un mois à Miami.*
ou: *Elle ne peut pas passer un mois à Miami.*

▶ Tu veux faire des études à Québec.   *Tu peux faire des études à Québec.*
ou: *Tu ne peux pas faire d'études à Québec.*

1. Tu veux aller à l'université.
2. Brigitte veut acheter une moto.
3. Anne veut passer une semaine en Europe.
4. Nous voulons passer trois mois à Paris.
5. Je veux acheter une caméra.
6. Charles veut acheter une voiture d'occasion *(used car)*.
7. Vous voulez acheter un téléviseur en couleur.
8. Mes amis veulent habiter au Japon pendant un an.

10. Alors? Complétez les phrases suivantes. Utilisez votre imagination.

1. Quand je suis chez moi, je ne peux pas ...
2. Avec cinq mille dollars, je peux ...
3. Avec mon diplôme de cette université, je vais pouvoir ...
4. Quand je vais en France, je veux ...
5. Pendant les vacances, je ne veux pas ...
6. Quand on ne veut pas étudier, on peut ...

C. *Le verbe* devoir

The verb **devoir** *(to have to, to be supposed to, must)* is irregular. Note the forms of **devoir** in the chart below.

infinitive	**devoir**
present	Je **dois** étudier. Tu **dois** préparer tes examens. Il/Elle **doit** passer un examen. Nous **devons** rentrer chez nous. Vous **devez** acheter ce livre. Ils/Elles **doivent** prendre de l'argent.
passé composé	**J'ai dû** téléphoner à mon père.

■ **Devoir** can be followed by an infinitive or a noun.

• **Devoir** + *infinitive* has several English equivalents.

Ce soir, je **dois travailler.**	Tonight, I { *must work.* *have to work.* *am supposed to work.*
Que **devez**-vous **faire** demain?	What { *must you do* *do you have to do* *are you supposed to do* } tomorrow?
Paul **a dû** partir à 8 h.	Paul { *had to leave* *must have left* } at eight o'clock.

• **Devoir** + *noun* means *to owe.*

Je **dois** de l'argent à Paul.	I *owe* Paul money.
Vous me **devez** une excuse.	You *owe* me an apology.

11. Conseils professionnels *(Professional advice):* Lisez quels sont les projets professionnels des personnes suivantes. Dites si ces personnes doivent aller à l'université pour réaliser ces projets. Étudiez les deux modèles.

▶ Paul veut être mécanicien *(mechanic).*   *Il ne doit pas aller à l'université.*
▶ Je veux être professeur.   *Je dois aller à l'université.*

1. Nous voulons être professeurs.
2. Vous voulez être ingénieurs.
3. Claire veut être modèle.
4. Tu veux être photographe.
5. Je veux être chimiste.
6. Henri veut être chauffeur de taxi *(taxi driver).*
7. Mes cousins veulent être électriciens.

12. L'examen: À cause de l'examen, les étudiants suivants n'ont pas pu réaliser certains projets. Au contraire, ils ont dû étudier. Exprimez cela en utilisant le passé composé de *pouvoir* et de *devoir* d'après le modèle.

▶ Jacqueline (aller au théâtre)   *Jacqueline n'a pas pu aller au théâtre.*
Elle a dû étudier.

1. moi (aller au concert)
2. toi (sortir)
3. François (sortir avec Annie)
4. mes amis (jouer aux cartes)

5. nous (dîner au restaurant)
6. vous (regarder la télé)
7. Hélène (aller à la piscine)
8. Paul et Henri (rester au café)

13. Questions personnelles:

1. À l'université, devez-vous beaucoup étudier? passer souvent des examens? être reçu à vos examens? faire du sport?
2. Chez vous, devez-vous travailler? aider vos parents? faire la cuisine?
3. Pour les vacances prochaines, devez-vous obtenir un job? Devez-vous travailler? Qu'est-ce que vous devez faire?
4. Avec votre meilleur(e) ami(e), devez-vous être tolérant(e)? patient(e)?
5. Avec vous, est-ce qu'on doit être patient? tolérant? calme? généreux?
6. Est-ce que vous devez de l'argent à vos amis?

D. *L'expression impersonnelle* il faut

Note the uses of the expression **il faut** in the following sentences.

À l'université, **il faut** travailler.	At the university *one has to* study.
Pour être heureux, **il faut** avoir des amis.	To be happy, *one must* have friends.
Est-ce qu'il faut passer par Paris pour aller à Nice?	*Is it necessary* to pass through Paris in order to go to Nice?
Il ne faut pas fumer ici.	*One should not* smoke here.

■ The expression **il faut** expresses a general obligation or necessary condition. It corresponds to the English expressions *it is necessary, one has to, one must, one should.*

• The negative expression **il ne faut pas** is used to forbid an action and corresponds to the English constructions *one must not, one should not.*

Il ne faut pas rater cet examen.   *One must not* fail this exam.

• The English expression *it is not necessary* is rendered by the impersonal expressions **il ne faut pas nécessairement** or **il n'est pas nécessaire de.**

Pour être heureux ...   To be happy ...

il ne faut pas nécessairement être riche.
il n'est pas nécessaire d'être riche.   *it is not necessary to be rich.*

14. **Dialogue:** Est-ce que les choses suivantes sont nécessaires si on veut réussir dans la vie *(life)?* Demandez à vos camarades ce qu'ils pensent.

▶ être riche   —*Faut-il être riche pour réussir dans la vie?*
                 —*Oui, il faut être riche.*
      ou: *Non, il ne faut pas nécessairement être riche.*

1. posséder des diplômes
2. avoir beaucoup d'amis
3. gagner beaucoup d'argent
4. être ambitieux
5. avoir du talent
6. avoir beaucoup de bon sens *(common sense)*
7. beaucoup travailler
8. avoir une profession intéressante

NOTE LINGUISTIQUE: Mots apparentés **-ant** ↔ *-ing*
Many French adjectives in **-ant** have English cognates in *-ing*.

-ant ↔ *-ing*   intéress**ant**   interest*ing*
                  charm**ant**   charm*ing*

---

15. **Dans le studio d'enregistrement** *(In the recording studio):* Imaginez que vous êtes le directeur d'un studio d'enregistrement en France. Certaines personnes n'observent pas le réglement *(the rules)* du studio. Dites à ces personnes de ne pas faire ce qu'elles font. Étudiez le modèle.

▶ Quelqu'un fume.   *Il ne faut pas fumer ici!*

1. Quelqu'un parle fort *(loud).*
2. Quelqu'un écoute la radio.
3. Un enfant joue.
4. Quelqu'un téléphone.
5. Quelqu'un arrive en retard.
6. Quelqu'un fait du bruit *(noise).*
7. Quelqu'un sort pendant l'enregistrement *(recording).*

16. **Expression personnelle:** Dites ce qu'il faut faire pour réaliser les objectifs suivants. Utilisez *il faut* et une expression infinitive de votre choix.

▶ Pour être reçu aux examens, ...   *Pour être reçu aux examens, il faut étudier (être sérieux, travailler beaucoup, apprendre les leçons, inviter le professeur au restaurant ...)*

1. Pour passer un bon week-end, ...
2. Pour passer quatre années agréables à l'université, ...
3. Pour avoir des amis, ...
4. Pour gagner de l'argent, ...
5. Pour être heureux, ...
6. Pour avoir un travail intéressant, ...
7. Pour être bien considéré, ...

17. Réactions: Imaginez ce que vous pouvez dire pour continuer la conversation avec les gens suivants.

▶ un ami: «Je n'ai pas d'argent.»   *Tu dois travailler!*

1. un camarade de classe: «Je veux obtenir un A dans ce cours de philosophie.»
2. une amie: «Je ne veux pas rater cet examen.»
3. votre père: «Il faut beaucoup travailler si on veut réussir dans l'existence.»
4. votre grand-père: «Dans l'existence, il faut faire ce qu' *(what)* on peut, parce qu'on ne fait pas souvent ce qu'on veut.»

Phonétique

Le son /wa/

The letters **oi** in French represent the sound /wa/. The /wa/ is pronounced more tensely than its English counterpart.

Mot-clé: m**oi**

Répétez: v**oi**ci, v**oi**là, t**oi**, l**oi**sirs, v**oi**ture, b**oi**re, voul**oir**, dev**oir**,

  Moi, je dois partir à trois heures.
  Voici la voiture de François.

Récapitulation

Substitution

Remplacez les mots soulignés par les mots entre parenthèses. Faites tous les changements nécessaires.

1. Quand on aime <u>danser</u>, on danse souvent. (voyager, étudier, travailler, faire du sport, aller au cinéma, être indépendant)
2. <u>Vous</u> ne voulez pas répondre parce que vous ne pouvez pas. (tu, Anne et Sylvie, je, l'étudiant, nous)
3. Je dois partir ce soir. (Jacques, mes cousins, tu, nous, vous)
4. Je <u>travaille</u> parce qu'il faut travailler. (parle français, étudie, réponds, fais des efforts, vais en classe, maigris)

Vous avez la parole: Quand on est étudiant!

Décrivez l'existence des étudiants américains: ce qu'on doit faire, ce qu'on peut faire, ce qu'on veut faire. Parlez aussi de ce qu'on ne doit pas faire. Si vous le désirez, vous pouvez compléter les phrases suivantes.

Quand on est étudiant ...

| on doit ... | on ne doit pas ... | on veut ... | on ne veut pas ... |
| on peut ... | on ne peut pas ... | il faut ... | il ne faut pas ... |

Leçon 20: Un étudiant modèle?

Pourquoi allez-vous à l'université? Pour préparer votre avenir° ou pour passer   *future*
le temps? Et quelle sorte d'étudiant(e) êtes-vous?

    Voici un questionnaire simple. Analysez chaque situation et choisissez l'op-
tion *a*, *b* ou *c* qui° reflète° votre attitude personnelle.   *which/reflects*

1. Vous avez un examen très important lundi matin.
   a. Vous le préparez dimanche soir.
   b. Vous le préparez pendant tout le° week-end et vous restez chez vous.   *the whole*
   c. Vous ne le préparez pas.

2. Ce soir, vous avez rendez-vous, mais vous avez aussi une préparation pour
   demain.
   a. Vous la faites très vite° et vous allez à votre rendez-vous.   *quickly*
   b. Vous la faites consciencieusement et vous n'allez pas au rendez-vous.
   c. Vous ne la faites pas.

3. Le professeur est en retard.
   a. Vous l'attendez cinq minutes.
   b. Vous l'attendez vingt minutes.
   c. Vous ne l'attendez pas et vous quittez la salle de classe°.   *classroom*

4. Vos camarades de classe ne comprennent pas la leçon.
   a. Vous les aidez si ce sont vos amis.
   b. Vous les aidez même si ce ne sont pas vos amis.
   c. Vous ne les aidez pas.

5. C'est la fin° de l'année. Vous n'avez plus° besoin de votre livre de français.   *end/no longer*
   a. Vous allez le vendre.
   b. Vous allez le garder. (Si vous allez en France, il peut être utile!)
   c. Vous allez le brûler°.   *to burn*

Interprétation

Marquez deux points pour chaque réponse B et un point pour chaque réponse
A. Combien de points avez-vous?

9–10 points   Oui, vous êtes un(e) étudiant(e) modèle, ... mais vous êtes beau-
                coup trop sérieux (sérieuse)!

6–8 points   Vous avez le sens des responsabilités. Vous allez réussir dans vos
                études et dans l'existence!

3–5 points   Vous êtes comme la majorité des étudiants: responsable ... quand
                c'est nécessaire!

0–2 points   Pourquoi allez-vous à l'université?

À la bibliothèque universitaire

Renseignements culturels: Les études supérieures

En France, 20% (vingt pour cent) des jeunes gens et des jeunes filles font des études supérieures. Cette proportion est moins élevée qu'[1] aux États-Unis (où elle est de 35%), mais elle est plus importante que[2] dans les autres[3] pays européens. Après le bac, c'est-à-dire[4] après les études secondaires, on a le choix entre l'université ou une grande école.

L'université: On va à l'université pour étudier les lettres[5] et les sciences humaines, le droit[6] et les sciences économiques, les sciences, la médecine et la pharmacie. Il y a 67 universités en France. Treize de ces universités sont situées à Paris ou dans la région parisienne et sont désignées par un numéro: Paris I, Paris II, Paris III, etc. Chaque université est divisée en un certain nombre d'U.E.R. (unités d'Enseignement[7] et de Recherche), qui correspondent à une specialité: lettres, sciences humaines, etc. En principe, le bac est suffisant[8] pour aller à l'université.

Les grandes écoles: Les grandes écoles sont des écoles professionnelles spécialisées pour la formation des cadres[9] de la nation. Le bac n'est pas suffisant pour entrer dans une grande école. Il faut être reçu à un examen d'entrée qui est généralement très difficile. Voici quelques-unes[10] des grandes écoles françaises:

écoles d'administration:
   Sciences-Po (Sciences Politiques)
   l'E.N.A. (École Nationale d'Administration)

écoles commerciales:
   H.E.C. (Hautes Études Commerciales)

écoles scientifiques et techniques:
   Polytechnique, Centrale

1 *lower than*   2 *greater than*   3 *other*   4 *that is to say*   5 *humanities*   6 *law*   7 *instruction*   8 *sufficient*   9 *top executives*   10 *some*

Structure et Vocabulaire

VOCABULAIRE: Les études supérieures

les études littéraires, artistiques, scientifiques

les lettres *(f.)* (humanities):	**la littérature, la philosophie, l'histoire** *(f.)*
les beaux arts (fine arts):	**la peinture, la sculpture, l'architecture** *(f.)*
les sciences sociales:	**la sociologie, la psychologie, les sciences politiques, les sciences économiques**
les sciences:	**la chimie, la biologie, la physique, les mathématiques** *(f.)*

les études professionnelles

les études d'ingénieur (engineer):	**l'électronique** *(f.)*, **l'informatique** *(f.)*, (computer science)
les études commerciales:	**la gestion** (management), **le marketing, la publicité** (advertising), **l'administration des affaires** *(f.)* (business administration)

la médecine, la pharmacie

le droit (law)

verbes

faire des études de	to specialize in	Il **fait des études de** droit.
faire des recherches	to do research	Le professeur Mayet **fait des recherches** sur le cancer.

expressions

comme	like, as	Faites **comme** moi! Étudiez le français!
même	even	Pierre travaille toujours, **même** le week-end.
même si	even if	Je vais voyager cet été, **même si** je n'ai pas beaucoup d'argent.

---

1. Expression personnelle: Complétez les phrases suivantes avec une expression qui reflète la réalité.

▶ Je fais mes études à ...   *Je fais mes études à l'Université d'Akron.*

1. Je fais des études de ...
2. Mon meilleur ami fait des études de ...
3. Les meilleurs départements de mon université sont les départements de ...
4. Aux États-Unis, les meilleures écoles d'ingénieurs sont ...
5. À la Business School de Harvard, on peut faire des études de ...
6. Pour être programmeur, il faut faire des études de ...
7. Dans le monde moderne, il faut avoir des notions de ...
8. Si on veut diriger *(to manage)* une entreprise, il faut ...
9. Si on veut avoir un bon salaire après l'université, il faut faire des études de ...
10. On a des difficultés d'emploi si on a fait des études de ...

A. *Le verbe* connaître

Note the forms of the irregular verb **connaître** *(to know)* in the chart below.

infinitive	connaître	
present	Je **connais** Marc.	Nous **connaissons** des Français.
	Tu **connais** Martine.	Vous **connaissez** un restaurant.
	Il/Elle **connaît** le professeur.	Ils/Elles **connaissent** quelqu'un d'intéressant.
passé composé	J'**ai connu** ton grand-père.	

- **Connaître** means *to know* in the sense of *to be acquainted with* people or places.

- In the *passé composé*, **connaître** also means *to meet*.

    J'**ai connu** Suzanne à Paris.   *I met Suzanne in Paris.*

■ The verb **reconnaître** *(to recognize)* is conjugated like **connaître**.

    Je **n'ai pas reconnu** Lucille à la plage.   *I didn't recognize Lucille on the beach.*

2. Qui connaît Paul? Paul est un nouvel étudiant. Dites si les personnes suivantes connaissent Paul.

▶ toi (non)   *Tu ne connais pas Paul.*

1. nous (oui)
2. vous (non)
3. moi (oui)
4. Jacqueline (non)

5. le professeur de français (oui)
6. les étudiants français (non)
7. mes amis (oui)
8. toi (non)

3. Réactions: Continuez la conversation avec les gens suivants en utilisant une forme de *connaître* ou *reconnaître*.

▶ un ami: «J'ai rencontré Marie Boucher hier soir.»
Je ne connais pas Marie, mais je connais sa sœur.
ou: *Marie Boucher? J'ai connu son père à Montréal.*

1. une camarade: «Je viens de Saint Louis. Tu connais?»
2. votre professeur: «Connaissez-vous des Français célèbres *(famous)*?»
3. votre mère: «Je viens de rencontrer Marcel Duroc.»
4. une amie de votre sœur: «J'adore Paris.»
5. un étudiant: «J'ai faim. Est-ce qu'il y a un restaurant près d'ici *(nearby)*?»
6. une étudiante française: «Je viens d'arriver sur le campus. Je suis un peu perdue ici.»

B. *Les pronoms* le, la, les

In the questions below, the nouns in heavy print directly follow the verbs. These nouns are the direct objects of the verbs. Note the forms and position of the pronouns which replace these nouns in the answers.

questions	*answers*	
Tu connais **Paul?**	Oui, je **le** connais.	Non, je ne **le** connais pas.
Tu connais **Marie-Hélène?**	Oui, je **la** connais.	Non, je ne **la** connais pas.
Tu connais **mes cousins?**	Oui, je **les** connais.	Non, je ne **les** connais pas.
Tu invites **le professeur?**	Oui, je **l'**invite.	Non, je ne **l'**invite pas.
Tu invites **tes amis?**	Oui, je **les** invite.	Non, je ne **les** invite pas.

FORMS

The direct-object pronouns have the following forms.

	singular	*plural*
masculine	**le (l')**	**les**
feminine	**la (l')**	

- **Le** and **la** become **l'** before a vowel sound.

- There is liaison after **les** when the next word begins with a vowel sound.

POSITION

The direct-object pronouns normally come immediately before the main verb:

	le	
subject (+ **ne**) +	**la**	+ main verb (+ **pas**) + rest of sentence
	les	

- Note the use and position of direct-object pronouns with **voici** and **voilà**.

Où est le professeur?	**Le** voici.
Où est Michèle?	**La** voilà.
Où sont Paul et Henri?	**Les** voici.

- In the *passé composé*, the direct-object pronouns come before the auxiliary verb.

As-tu invité Jacques?	Oui, je **l'**ai invité.
Et Paul?	Non, je ne **l'**ai pas invité.

le français,
je le parle
par coeur.

4. **Le tour de l'université:** Jacqueline visite l'université où son frère Paul fait ses études. Elle demande à Paul où se trouvent *(are located)* certains endroits. Paul indique ces endroits à sa sœur. Jouez les deux rôles d'après le modèle.

▶ le laboratoire   JACQUELINE: *Où est le laboratoire?*
                              PAUL: *Le voici.*

1. le stade   4. la cité universitaire   7. la piscine
2. le théâtre   5. les résidences   8. ton laboratoire de langues
3. la cafétéria   6. ta résidence   9. la bibliothèque

5. **Expression personnelle:** Dites si oui ou non vous connaissez personnellement les gens suivants. Utilisez le pronom qui convient.

▶ Raquel Welch?   *Oui, je la connais personnellement.*
              ou: *Non, je ne la connais pas personnellement.*

1. Frank Sinatra?   6. les parents de vos amis?
2. Jane Fonda?   7. les amis de vos parents?
3. le professeur?   8. les étudiants de la classe?
4. la (le) secrétaire du département de français?   9. les étudiantes de la classe?
5. le président (la présidente) de l'université?   10. le président des États-Unis?

VOCABULAIRE: Quelques verbes utilisés avec un complément d'object direct

aider	to help	—**Aides**-tu tes amis? —Bien sûr, je les **aide.**
aimer	to like	—**Aimes**-tu tes cours? —Non, je ne les **aime** pas.
attendre	to wait for	—**Attends**-tu le professeur? —Non, je ne l'**attends** pas.
chercher	to look for, to get	—**Cherches**-tu ton livre? —Oui, je le **cherche.**
écouter	to listen to	—**Écoutes**-tu souvent tes disques? —Oui, je les **écoute** souvent.
regarder	to look at, to watch	—**Regardes**-tu la télé? —Oui, je la **regarde.**
trouver	to find	—Comment **trouves**-tu ce livre? —Je le **trouve** assez intéressant.

---

6. Où est-ce? Paul fait ses valises. Dites qu'il cherche les choses suivantes mais qu'il ne les trouve pas. Utilisez les pronoms compléments qui conviennent.

▶ ses disques   *Il les cherche mais il ne les trouve pas.*

1. sa veste
2. son pull
3. ses lunettes de soleil
4. sa caméra

5. son appareil-photo
6. sa raquette
7. ses chaussures
8. ses tee-shirts

NOTE LINGUISTIQUE: Mots apparentés **qu** ↔ *k*

Several French words with **qu** are related to English words spelled with *k* or *ck*.

qu ↔	*k*	remar**qu**able	remar*k*able
qu ↔	*ck*	atta**qu**er	to atta*ck*
-que ↔	*-k*	dis**que**	dis*k* (record)
		mar**que**	mar*k* (brand)

---

7. Dialogue: Demandez à vos amis ce qu'ils pensent des choses suivantes. Vos camarades vont répondre en utilisant un pronom complément et l'adjectif entre parenthèses dans des phrases affirmatives ou négatives.

▶ la classe (intéressante?)   —*Comment trouves-tu la classe?*
　　　　　　　　　　　　　　　　—*Je la trouve intéressante. (Je ne la trouve pas intéressante.)*

1. le français (facile?)
2. les examens (difficiles?)
3. le campus (joli?)
4. la politique américaine (intelligente?)
5. le président (remarquable?)

6. les Américains (matérialistes?)
7. les Français (snobs?)
8. la cuisine française (délicieuse?)
9. le vin américain (excellent?)
10. la bière américaine (bonne?)

8. Questions personnelles: Répondez aux questions suivantes en utilisant des pronoms compléments.

1. Aimez-vous la musique? le théâtre? le cinéma? les examens? vos cours? votre existence à l'université?
2. Appréciez-vous la musique classique? l'art moderne? la bonne cuisine?
3. Admirez-vous les artistes? les philosophes? les gens riches? vos parents? vos professeurs?
4. Invitez-vous souvent votre meilleur ami chez vous? votre meilleure amie? vos camarades de classe?
5. Écoutez-vous vos amis? vos parents? vos professeurs?
6. Respectez-vous la discipline? les opinions adverses? la religion? les gens riches?
7. Aidez-vous vos amis? Votre meilleur ami? les étudiants de la classe?
8. Regardez-vous la télé? les films d'horreur? les matches de baseball?

9. Mais si! *(Why yes!):* Dites que vous n'êtes pas en accord avec les remarques suivantes.

▶ Les jeunes ne respectent pas les adultes.   *Mais si, ils les respectent.*

1. Les jeunes ne font pas leurs devoirs.
2. Les jeunes n'apprécient pas la musique classique.
3. Les jeunes n'aiment pas la politique.
4. Les jeunes n'aident pas leurs parents.
5. Les jeunes n'écoutent pas leurs professeurs.
6. Les jeunes ne préparent pas leurs examens.

10. Dialogue: Demandez à vos amis s'ils ont fait les choses suivantes ce matin.

▶ acheter le journal?   *—As-tu acheté le journal?*
                          —Oui, je l'ai acheté. (Non, je ne l'ai pas acheté.)

1. regarder ton horoscope?
2. écouter le bulletin d'information *(news)?*
3. écouter le bulletin de météo *(weather)?*
4. regarder le thermomètre?
5. préparer le petit déjeuner?
6. faire le café?
7. regarder ton livre de français?
8. préparer le cours de français?
9. prendre le bus?
10. rencontrer ton meilleur ami?

11. Le livre de français: Pour des raisons différentes, les étudiants suivants n'ont pas leur livre de français. Exprimez cela dans des phrases affirmatives ou négatives, d'après les modèles. Soyez logique!

▶ Pierre (trouver)   *Pierre ne l'a pas. Il ne l'a pas trouvé.*
▶ Anne et Sylvie (perdre) *Anne et Sylvie ne l'ont pas. Elles l'ont perdu.*

1. nous (chercher)
2. vous (oublier)
3. Henri et Jacques (prendre)
4. Suzanne (brûler: *to burn*)
5. moi (acheter)
6. toi (vendre)
7. Thérèse (perdre dans le bus)
8. mes amis (amener en classe)

C. *Les pronoms* le, la, les *à l'infinitif*

Note the position of the direct-object pronouns in the answers to the questions below.

questions	*answers*
Vas-tu inviter Paul?	Oui, je vais l'inviter.
Devons-nous préparer cette leçon?	Oui, nous devons **la** préparer.
Veux-tu acheter ces livres?	Non, je ne veux pas **les** acheter.

■ In an infinitive construction, the direct-object pronoun comes immediately *before* the infinitive.

12. Paul aussi: Dites que Paul va faire les mêmes choses que Sylvie.

▶ Sylvie va regarder la télé.   Paul aussi va la regarder.

1. Sylvie va écouter les informations *(news).*
2. Elle va faire les exercices.
3. Elle va acheter le nouveau disque.
4. Elle va préparer la leçon.
5. Elle va finir le livre.
6. Elle va passer l'examen.

13. Invitations: Imaginez que vous organisez une surprise-partie. Lisez la description des personnes suivantes et dites si vous voulez les inviter ou non.

▶ Pierre est un étudiant français.   *Je veux l'inviter.*
ou: *Non, je ne veux pas l'inviter.*

1. Philippe est sympathique.
2. Marianne est très intelligente.
3. Denis est snob.
4. Amélie est prétentieuse.
5. Paul et David sont amusants.
6. Nathalie et Suzanne aiment danser.
7. Jacques déteste les surprises-parties.
8. Alain a des disques de musique disco.

14. Dialogue: Demandez à vos camarades si vous devez faire les choses suivantes. Vos camarades vont utiliser des pronoms compléments dans leurs réponses.

▶ étudier l'italien?   *—Est-ce que je dois étudier l'italien?*
—Oui, tu dois l'étudier. ou: *Non, tu ne dois pas l'étudier.*

1. étudier le chinois?
2. aider mes amis?
3. visiter la France?
4. acheter le journal aujourd'hui?
5. faire mes devoirs?
6. préparer l'examen de français?
7. obtenir mon diplôme?
8. quitter l'université?

D. Passé composé: l'accord du participe passé

In the answers below, the direct-object pronouns are all of different gender and number. Note the form of the past participle in each case.

As-tu fini **cet exercice?**	Oui, je l'ai fini.
As-tu fini **la leçon?**	Oui, je l'ai fini**e.**
As tu fini **tes devoirs?**	Oui, je **les** ai fini**s.**
As-tu fini **les leçons?**	Non, je ne **les** ai pas fini**es.**

■ When a verb in the *passé composé* is conjugated with **avoir,** the past participle usually remains invariable, that is, it remains in the masculine singular form.

J'ai **perdu** mon livre.   Claire a **perdu** ses cahiers.

■ When a direct object comes *before* the verb, the past participle agrees in gender and number with this preceding direct object.

Ces **disques?**   Je **les** ai achet**és** hier.

NOTE LINGUISTIQUE: L'accord du participe passé à l'oral
Most past participles end in a vowel (**-é, -i, -u**) and therefore sound the
same in the masculine and feminine forms. For such verbs, the existence
or absence of agreement with a preceding direct object cannot be heard.

Où est le jambon?   Nous l'avons **mangé.**
Et les fraises?   Nous les avons **mangées** aussi.

However, if the past participle ends in a consonant (**-s, -t**), the feminine
form sounds different from the masculine form.

Tu as pris ton livre? Oui, je l'ai **pris.**
Et ta montre?   Je l'ai **prise** aussi.

15. Les bagages: Suzanne et Paul partent en vacances. Suzanne demande à Paul s'il a pris
les choses suivantes. Il répond affirmativement. Jouez les deux rôles.

▶ ta guitare   SUZANNE: *As-tu pris ta guitare?*
        PAUL: *Oui, je l'ai prise.*

1. ta radio
2. tes cassettes
3. ton magnétophone
4. ton short
5. ta montre
6. ta caméra
7. ton appareil-photo
8. ta raquette de tennis
9. tes chaussures de tennis

16. Inaction: Suzanne a fait beaucoup de choses cet après-midi. Paul, lui, est allé au café!
Dites qu'il n'a pas fait ce que Suzanne a fait.

▶ Suzanne a étudié la leçon. *Paul ne l'a pas étudiée.*

1. Suzanne a préparé ses exercices.
2. Elle a fini ses devoirs.
3. Elle a écouté la radio.
4. Elle a acheté le journal.
5. Elle a fait la composition.
6. Elle a fait les courses.
7. Elle a appris ses leçons.
8. Elle a regardé la télé.

17. Dialogue: Demandez à vos amis s'ils ont fait les choses suivantes.

▶ inviter tes amis hier? —*As-tu invité tes amis hier?*
         —*Oui, je les ai invités.*
      ou: *Non, je ne les ai pas invités.*

1. écouter la radio ce matin?
2. regarder la télé hier soir?
3. acheter le journal du dimanche?
4. regarder la page des sports?
5. faire les mots-croisés *(crossword puzzle)*?
6. préparer le dîner dimanche dernier?
7. aider tes parents pendant les vacances?
8. étudier cette leçon?

Phonétique

Le son /ʃ/

The French sound /ʃ/ is pronounced like the **sh** of the English word *shop*. In French there is no **t** before /ʃ/, unless there is a **t** in the written form, as in **match**.

Mot-clé: **ch**ez
Répétez: **Ch**arles, a**ch**ète, **ch**er**ch**er, **ch**oisir, **ch**emise, **ch**èque

    Charles va chez Michèle.
    Richard cherche une chemise.

Récapitulation

Substitution

Remplacez les mots soulignés par les mots entre parenthèses. Faites tous les changements nécessaires.

1. <u>Tu</u> connais Paul, n'est-ce pas?   (ton cousin, tes amis, vous, nous)
2. J'invite <u>Jacques</u> parce que je le connais bien.   (le professeur, Irène, Isabelle et Suzanne, les amis de Paul, ton cousin, Christine, l'ami de Christine)
3. Je connais <u>Sylvie</u>, mais je ne la comprends pas.   (tes amis, ta cousine, Paul, ces étudiants)
4. Où est <u>Jacqueline</u>? La voilà!   (Sylvie, le professeur, Patrick, Paul et Bruno, nos amis, ta cousine)
5. Je n'ai pas <u>le journal</u>. Je vais le chercher.   (les disques, l'appareil-photo, la guitare, ton magnétophone, tes cassettes, la calculatrice de Jacques)
6. Je n'ai pas <u>ta caméra</u>. Henri l'a prise.   (le manteau, tes livres, mes lunettes)

Vous avez la parole: Relations personnelles

Choisissez une personne que vous connaissez bien: un ami, un parent, un ami de la famille, un voisin *(neighbor)*, etc. Décrivez vos rapports *(relationship)* avec cette personne en un bref paragraphe. Utilisez des pronoms compléments d'objet direct avec des verbes comme: *connaître, comprendre, admirer, respecter, inviter, trouver, aider, écouter,* etc.

Leçon 21: Un contestataire

À la Sorbonne

Thomas est étudiant en lettres. Jacqueline est étudiante en pharmacie. Je les ai rencontrés dans un café. Nous avons discuté°. Je leur ai demandé leur opinion sur la vie° universitaire. Voilà comment ils m'ont répondu.

talked
life

THOMAS: Tu me demandes mon opinion. Eh bien, la voilà. Si je suis à l'université, c'est parce que j'ai besoin d'un diplôme. Ce n'est pas par plaisir°. Qu'est-ce que je reproche° au système? Je lui reproche d'être inhumain. Prends par exemple nos relations avec les profs. En classe, nous les écoutons, mais il n'y a pas de dialogue. Ils ne nous parlent pas et nous ne leur parlons pas. Ils nous ignorent totalement, ou bien° ils nous prennent pour° des enfants. Demande à Jacqueline si ce n'est pas vrai!

for fun
reproach, find wrong with

ou/considèrent comme

JACQUELINE: N'écoute pas Thomas et ne le prends pas au sérieux. C'est un contestataire°. Il n'est jamais satisfait°. Bien sûr, le contact avec les profs n'est pas facile, mais ce n'est pas parce qu'ils nous ignorent ou qu'ils nous prennent pour des idiots. C'est parce que° le système est comme ça. Thomas te parle de ses études, mais il ne te parle pas de sa vie d'étudiant ... Les copains°, les sorties°, le cinéma le samedi soir! Demande-lui si cela° ne compte° pas pour lui ... Et maintenant, je vais te faire une confidence°: Thomas prépare un doctorat. Il a l'intention d'enseigner un jour ... à l'université!

activist/satisfied

that
friends
dates/that/count
tell a secret

Renseignements culturels: *L'université: hier et aujourd'hui*

Traditionnellement, l'enseignement[1] universitaire français est impersonnel et théorique. Cet enseignement est symbolisé par l'institution de l'amphithéâtre. Un amphithéâtre ou «amphi» est une salle ou il y a 100, 200 ... et parfois 1.000 étudiants. Dans un cours d'amphi, le professeur parle et les étudiants l'écoutent et prennent des notes. Quand il y a 1.000 étudiants dans un cours, le dialogue entre professeur et étudiants est totalement impossible.

Il est évident que ce système archaïque ne correspond pas à l'idéal démocratique du vingtième siècle[2]. Les étudiants français ont compris la nécessité des réformes. Pour obtenir ces réformes, ils ont fait une véritable mini-révolution en mai 1968. Cette révolution a affecté l'ensemble[3] de la population française. Elle a provoqué des changements importants dans les institutions françaises, et particulièrement dans les structures universitaires. Aujourd'hui, l'enseignement est plus personnalisé et plus pratique qu'[4]avant. Les amphis existent toujours[5], mais il y a aussi des cours de travaux pratiques[6], des séminaires où les étudiants sont peu nombreux[7] et où ils ont la possibilité de dialoguer avec le professeur. L'université est aussi plus démocratique: les étudiants ont maintenant l'occasion[8] de participer à des comités où ils décident, avec les professeurs, du fonctionnement de leur université.

1 *instruction*   2 *20th century*   3 *whole*   4 *than*   5 *still*
6 *small sections*   7 *few in number*   8 *chance*

UNIVERSITÉ POPULAIRE

OUI

Structure et Vocabulaire

VOCABULAIRE: La vie de tous les jours

noms

un conseil	(piece of) advice	**une copine**	pal, friend *(female)*
un copain	pal, friend *(male)*	**les relations**	relationship
un problème	problem	**une sortie**	date
les rapports	relationship	**la vie**	life

adjectif

nombreux (nombreuses)	numerous, many	J'ai de **nombreux** copains en France.
satisfait (de)	satisfied (with)	Êtes-vous **satisfait de** votre vie?

verbe

organiser	to organize	Je dois **organiser** une réunion *(meeting)*.

expressions

cela (ça)	that	Que pensez-vous de **cela**?
plusieurs	several	J'ai **plusieurs** questions.
tous les jours	every day	Nous ne travaillons pas **tous les jours.**

NOTES DE VOCABULAIRE

1. The adjective **nombreux** precedes the noun it modifies. It must be introduced by a determiner, usually **de.**

    Cette résidence a de nombreuses chambres.

2. **Ça** is the conversational form of **cela.**

---

1. Questions personnelles:

1. Êtes-vous satisfait(e) de votre vie à l'université? Pourquoi ou pourquoi pas?
2. En général, est-ce que les étudiants américains ont de bonnes relations avec leurs professeurs?
3. Avez-vous beaucoup de nouveaux copains depuis que *(since)* vous êtes à l'université?
4. Est-ce que votre université a un journal ou plusieurs journaux? Quel journal préférez-vous? Est-ce que c'est un journal qui sort tous les jours?

A. *Les pronoms* lui, leur

In the questions below, the nouns in heavy print are preceded by the preposition **à.** They are called indirect objects. Note the forms and position of the pronouns that replace these indirect objects.

Tu parles souvent **à Thomas?**	Oui, je **lui** parle souvent.
Tu as téléphoné **au professeur?**	Oui, je **lui** ai téléphoné.
Tu parles souvent **à Marie?**	Non, je ne **lui** parle pas souvent.
Tu as téléphoné **à sa mère?**	Non, je ne **lui** ai pas téléphoné.
Tu téléphones souvent **à tes cousines?**	Oui, je **leur** téléphone souvent.
Tu as répondu **à nos camarades?**	Oui, je **leur** ai répondu.

The indirect-object pronouns **lui** and **leur** refer to people.

> **lui** *replaces* **à** + singular noun
>
> **leur** *replaces* **à** + plural noun

■ Like other object pronouns, the indirect-object pronouns usually come before the verb.

• In an infinitive construction, **lui** and **leur** come immediately before the infinitive.

    Voici Jeanne.   Nous allons **lui** parler.   Nous n'allons pas **lui** téléphoner.

• In the *passé composé*, there is no agreement with indirect-object pronouns that come before the verb.

    Anne est venue au concert. Je l'ai reconnue. Je **lui** ai parlé.

VOCABULAIRE: Quelques verbes utilisés avec un complément d'objet indirect

demander (quelque chose) **à** (quelqu'un)	to ask for	**Demande** des conseils **à** ton père.
donner (quelque chose) **à** (quelqu'un)	to give	Je **donne** un livre **à** Paul.
montrer (quelque chose) **à** (quelqu'un)	to show	J'**ai montré** mes photos **à** Albert.
parler à (quelqu'un)	to speak	Qui **parle à** Henri?
poser une question à (quelqu'un)	to ask a question	**As**-tu **posé** la question **au** professeur?
prêter (quelque chose) **à** (quelqu'un)	to loan, to lend	Je **prête** mes disques **à** Albert.
rendre visite à (quelqu'un)	to visit	Hier j'**ai rendu visite à** un ami.
répondre à (quelqu'un)	to answer	**Réponds à** Pierre.
téléphoner à (quelqu'un)	to phone	**Téléphonez à** vos amis.

NOTES DE VOCABULAIRE

1. Many French verbs (like **parler à, téléphoner à**) take indirect objects, while their English equivalents take direct objects. Conversely, many French verbs (like **chercher, écouter, regarder**) take direct objects while their English equivalents take indirect objects.

2. Note the constructions used with **demander:**

> **Demandez à** Jacqueline **si** elle va au théâtre.　　*Ask* Jacqueline *whether (if)* she is going to the theater.
> **Demandez à** Paul **de** parler à Martine.　　*Ask* Paul *to* speak to Martine.

---

2. Les amis de Monique: Monique a beaucoup d'amis qui font beaucoup de choses pour elle. Complétez les phrases suivantes avec *Monique* ou *à Monique.*

▶ Charles invite ...　　*Charles invite Monique.*

1. Paul aide ...
2. Jacques téléphone ...
3. Albert parle ...
4. Suzanne répond ...
5. Michèle écoute ...

6. Henri regarde ...
7. Marc prête sa voiture ...
8. Anne pose une question ...
9. Eric donne un disque ...
10. Robert cherche ...

11. Irène demande un livre ...
12. Alain montre ses photos ...
13. Charles rend visite ...
14. François aime ...
15. Richard attend ...

3. Dialogue: Demandez à vos camarades s'ils téléphonent souvent aux gens suivants.

▶ ton père　　—*Téléphones-tu souvent à ton père?*
　　　　　　　—*Oui, je lui téléphone souvent. (Non, je ne lui téléphone pas souvent.)*

1. ta mère
2. tes grands-parents
3. tes cousines
4. tes cousins
5. tes amis

6. ton meilleur ami
7. ta meilleure amie
8. ton (ta) camarade de chambre
9. ton oncle
10. ta tante

4. Au téléphone: Henri a besoin de plusieurs choses et il téléphone aux gens suivants. Dites à qui il téléphone et ce qu'il demande à chaque personne. Utilisez la forme appropriée du pronom complément d'objet indirect.

▶ son cousin (sa voiture)   *Il téléphone à son cousin. Il lui demande sa voiture.*

1. sa cousine (son appareil-photo)
2. son frère (son vélo)
3. Jacqueline (ses notes)
4. Paul (l'adresse de Françoise)
5. ses parents (de l'argent)
6. ses professeurs (plusieurs lettres de recommandation)

5. Expression personnelle: Parlez de vos relations avec votre meilleur ami. Pour cela, utilisez les expressions suivantes avec un pronom complément d'objet direct ou indirect suivant le cas.

▶ comprendre toujours?   *Oui, je le comprends toujours.*
       ou: *Non, je ne le comprends pas toujours.*
▶ téléphoner souvent?   *Oui, je lui téléphone souvent.*
       ou: *Non, je ne lui téléphone pas souvent.*

1. rendre visite souvent?   6. aider avec ses devoirs?
2. parler de mes problèmes?   7. aider avec ses problèmes?
3. prêter mes disques?   8. donner des conseils?

6. Oublis *(Forgetting):* Monique demande à André s'il a fait certaines choses. André, qui a oublié de faire ces choses, répond négativement. Jouez le rôle d'André.

▶ As-tu téléphoné à Jacques?   *Non, je ne lui ai pas téléphoné.*

1. As-tu téléphoné à Nathalie?   4. As-tu prêté ta guitare à Jacqueline?
2. As-tu parlé au professeur?   5. As-tu rendu visite à Pierre?
3. As-tu répondu à tes amis?   6. As-tu rendu visite à ta tante?

7. Questions personnelles: Répondez aux questions suivantes. Dans vos réponses, utilisez le pronom complément d'objet indirect qui convient.

1. Parlez-vous de vos problèmes à votre meilleur ami? à votre meilleure amie? à vos parents? à vos professeurs?
2. Demandez-vous de l'argent à votre père? à votre mère? à vos grands-parents?
3. Rendez-vous souvent visite à votre oncle? à votre tante? à votre meilleur ami? à votre meilleure amie? à vos grands-parents?
4. Prêtez-vous vos livres à vos amis?
5. Demandez-vous des conseils à vos amis? à vos parents? à vos professeurs?

B. *Les pronoms* me, te, nous, vous

Note the forms and position of the object pronouns in the following sentences.

Tu **me** trouves sympathique?	Bien sûr, je **te** trouve sympathique.
Tu **me** téléphones ce soir?	Non, je ne vais pas **te** téléphoner.
Tu **nous** invites?	Oui, je **vous** invite.
Tu vas **nous** prêter ta voiture?	D'accord, je vais **vous** prêter ma voiture.

■ The pronouns **me, te, nous, vous** are used both as direct- and indirect-object pronouns. Like all object pronouns, they usually come before the verb. In an infinitive construction, they come before the infinitive.

• Note the elision: **me → m'** and **te → t'** before a vowel sound.

Tu **m'**invites?   Oui, je **t'**invite.

• There is liaison after **nous** and **vous** before a vowel sound.

■ In the *passé composé*, the past participle agrees with **me, te, nous, vous** only when these pronouns are direct objects of the verb. Contrast:

indirect objects	*direct objects*
Je **vous** ai téléphon**é**, Monsieur, ...	et je **vous** ai invit**é**.
Je **vous** ai téléphon**é**, Madame, ...	et je **vous** ai invit**ée**.
Je **vous** ai téléphon**é**, Marc et Paul, ...	et je **vous** ai invit**és**.
Je **vous** ai téléphon**é**, Anne et Édith, ...	et je **vous** ai invit**ées**.

8. Dialogue: Demandez à vos camarades de faire les choses suivantes pour vous. Ils vont accepter ou refuser.

▶ prêter ton livre de français   —*Tu me prêtes ton livre de français?*
—*Oui, je te prête mon livre de français.*
ou: *Non, je ne te prête pas mon livre de français.*

1. prêter un dollar
2. inviter samedi chez toi
3. aider avec les devoirs
4. donner ton vélo

5. prêter tes disques
6. téléphoner ce soir
7. vendre ton électrophone
8. attendre après la classe

9. Questions personnelles:

1. Est-ce que vos amis vous invitent souvent au cinéma? Est-ce qu'ils vous trouvent sympathique? Est-ce qu'ils vous prêtent leurs disques?
2. Est-ce que vos parents vous écoutent? Est-ce qu'ils vous aident? Est-ce qu'ils vous comprennent?
3. Est-ce que vos professeurs vous aident? Est-ce qu'ils vous donnent des conseils? Est-ce qu'ils vous posent des questions difficiles en classe?
4. Est-ce que votre meilleur ami vous a téléphoné le week-end dernier? Est-ce qu'il vous a rendu visite? Est-ce qu'il vous a fait un cadeau *(gift)* pour votre anniversaire? Qu'est-ce qu'il vous a donné?

C. La place des pronoms à l'impératif

Contrast the position of the object pronouns in affirmative and negative commands.

	affirmative	*negative*
(Paul)	Invitons-**le** vendredi.	Ne **l'**invitons pas dimanche.
	Prête-**lui** tes livres.	Ne **lui** prête pas ta voiture.
(Michèle)	Attendons-**la** chez elle.	Ne **l'**attendons pas ici.
	Donne-**lui** ce disque-ci.	Ne **lui** donne pas ce disque-là.
(mes amis)	Invitez-**les** demain.	Ne **les** invitez pas aujourd'hui.
	Demande-**leur** d'aller au théâtre.	Ne **leur** demande pas d'aller au cinéma.
(moi)	Répondez-**moi** demain.	Ne **me** répondez pas maintenant.

■ In affirmative commands (but not in negative commands), direct- and indirect-object pronouns both come after the verb and are linked to it with a hyphen.

• In affirmative commands: **me → moi.**

10. S'il te plaît: Imaginez que vous passez l'année à Paris. Demandez à un ami français de vous aider.

▶ prêter ton plan *(map)* de Paris   *Prête-moi ton plan de Paris.*

1. prêter ta voiture
2. aider
3. téléphoner ce soir
4. inviter chez toi
5. parler de tes amis
6. montrer où est l'université
7. donner des conseils
8. donner l'adresse d'un dentiste
9. prêter ton magnétophone
10. attendre après la classe

NOTE LINGUISTIQUE: Mots apparentés avec consonnes simples et doubles
With some pairs of French-English cognates, one language has a single consonant where the other language has a double consonant.

une a**d**resse	a**dd**ress
un a**pp**artement	a**p**artment

UNIVERSITÉ DE TOURS
INSTITUT DE TOURAINE
POUR LES ÉTRANGERS
1, rue de la Grandière, 37000 TOURS

BULLETIN D'INSCRIPTION

Nom : M¹, Mᵐᵉ, Mˡˡᵉ

(en lettres majuscules)
Prénoms : _____
Né(e) le : _____
à _____
Nationalité : _____
Profession : _____
Adresse (dans le pays d'origine) : _____

11. Invitations: Charles demande à Nicole qui il doit inviter à la surprise-partie. Nicole lui répond. Jouez les rôles d'après les modèles.

▶ Albert (oui) CHARLES: *J'invite Albert?*
                   NICOLE: *Oui, invite-le!*
▶ Thomas (non) CHARLES: *J'invite Thomas?*
                   NICOLE: *Non, ne l'invite pas!*

1. Marie (oui)
2. mon cousin (non)
3. mes frères (oui)
4. ma cousine (non)
5. Michèle et Sophie (oui)
6. Robert et Vincent (non)
7. tes sœurs (non) .
8. ton frère (oui)

12. Au bureau de tourisme: Imaginez que vous êtes le directeur d'un bureau de tourisme en France. Demandez à vos employés de faire les choses suivantes: Pour cela, remplacez les mots soulignés par les pronoms qui conviennent.

▶ Aidez <u>ce touriste</u>. *Aidez-le!*
▶ Parlez <u>à cette étudiante</u>. *Parlez-lui!*

1. Répondez <u>à ce monsieur</u>.
2. Téléphonez <u>à ce jeune homme</u>.
3. Aidez <u>cette jeune fille</u>.
4. Cherchez <u>les touristes</u> à l'aéroport.
5. Attendez <u>cette personne</u>.
6. Prêtez le guide *(guidebook)* <u>aux touristes</u>.
7. Donnez la brochure <u>à ces Américains</u>.
8. Montrez <u>la carte</u> *(map)* à ces Anglais.
9. Parlez anglais <u>à cet Américain</u>.
10. Prêtez le journal <u>à cette personne</u>.

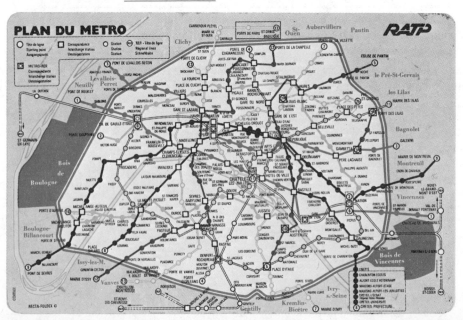

Phonétique

Le son /l/

In French, the consonant /l/ is pronounced with the tip of the tongue touching the upper front teeth.

Mot-clé: elle
Répétez: il, quel, belle, Paul, lui, leur, utile, facile

      Il s'appelle Paul Laval.
      Lucile lui téléphone lundi.

Récapitulation

Substitution

Remplacez les mots soulignés par les expressions entre parenthèses. Faites les changements nécessaires.

1. Jacques connaît ma sœur. Il lui parle tous les jours. (mon frère, tes cousins, le professeur, nos amis, les étudiants français)
2. Voici Pierre. Montre-lui tes disques. (Jacqueline, Henri et Paul, Suzanne et Hélène, tes amis, ton cousin, ta cousine)
3. Tu connais Jacques. Alors, téléphone-lui! (invite, aide, parle, réponds, attends)
4. Sylvie n'est pas sympathique. Ne lui parle pas. (téléphone, invite, réponds, aide, attends, écoute, regarde)
5. Où est Philippe? Je lui ai demandé de m'aider. (Marie, Guy et Thomas, Alice et Christine, Monsieur et Madame Lavallée)

Vous avez la parole: Les professeurs américains

Qu'est-ce que vous pensez des relations entre les professeurs et les étudiants dans les universités américaines? Exprimez votre opinion dans un paragraphe de 6 à 8 lignes. Si vous le voulez, vous pouvez utiliser les idées développées dans le texte «Un Contestataire» comme référence.

Instantané

LE FRANÇAIS PRATIQUE

Au téléphone

—Allô?
—Allô! Bonjour, Madame. Ici Jean-Pierre Dufour.
 Est-ce que je pourrais[1] parler à Sylvie?
—Une seconde! Ne quittez pas. Je vous passe Sylvie.
—Merci, Madame.

—Allô?
—Allô! Qui est à l'appareil[2]?
—C'est moi, Paul!
—Ça va?
—Oui, ça va. Est-ce que tu peux me passer ta sœur?
—Désolé[3]. Elle n'est pas là.

1 *could*   2 = téléphone   3 *sorry*

FLASH! *Informations*

Le téléphone en France

Le téléphone reste le point faible de l'équipement domestique. 45% seulement des logements ont le téléphone. (Cette proportion est de 96% aux États-Unis et de 100% en Suède[1].) Les gens qui n'ont pas le téléphone chez eux doivent utiliser une cabine publique. On trouve ces cabines téléphoniques ...
 —à la poste[2]
 —dans les cafés
 —et (moins souvent) dans la rue.

Les Français utilisent peu le téléphone: 139 fois[3] par an, contre[4] 955 fois par les Américains.

1 *Sweden*   2 *post office*   3 *times*
4 *against*

RENCONTRES

Portrait:
L'art sur le trottoir

Jean-Pierre Cassagne a 21 ans. C'est un artiste. Il a du talent. Pendant l'année, il est étudiant à l'école des Beaux Arts. En été, il vit[1] de son art ... *dans la rue*. Quelques bâtons[2] de craie[3] et un coin[4] de trottoir[5] bien propre[6] constituent son matériel. Jean-Pierre est en effet l'un de ces nombreux artistes qui décorent les trottoirs de Paris pour l'amusement des touristes.

Ses sujets? Des fleurs[7], des motifs abstraits ou symboliques, des portraits de femmes ou d'enfants, parfois[8] un nu[9] ou un sujet religieux. (Les têtes[10] de Christ à la Rouault sont particulièrement appréciées des touristes. Ils peuvent tout de suite [11] reconnaître l'original!)

Jean-Pierre a ses endroits préférés: les trottoirs de Notre Dame, les trottoirs du pont[12] des Arts, les trottoirs du boulevard Saint-Michel. Ce sont évidemment[13] les endroits les plus touristiques et Jean-Pierre a beaucoup de concurrence[14]. Seulement[15], comme[16] il a du talent, il a beaucoup d'admirateurs.

La majorité des spectateurs se contentent de[17] regarder. Quelques-uns[18] lui laissent[19] une pièce[20] d'un franc (on doit encourager les artistes, n'est-ce pas?). La recette[21] n'est pas extraordinaire. 50 ou 60 francs par jour au maximum. Et il y a des jours de pluie[22], les jours où la concurrence est trop intense, les jours où la police n'est pas d'accord. On peut être "artiste de trottoir" pour s'amuser, pas pour gagner sa vie!

Pourtant, Jean-Pierre croit en son talent. Quels sont ses projets? «La peinture académique ne m'intéresse pas. Quant à[23] la peinture 'inspirée', il faut pouvoir l'imposer au public. Ce n'est pas facile. Beaucoup de grands artistes meurent[24] de faim[25]. Regardez Van Gogh, par exemple. Bien sûr, il y a des exceptions. Picasso, Matisse, Chagall ont eu la chance d'être découverts[26] jeunes. Pas par le public, mais par des marchands de tableaux[27]. Moi, je ne vais pas avoir cette chance. Un jour je vais être obligé de commercialiser mon talent d'une façon[28] permanente ... pour une agence de publicité ou un journal de mode[29].»

1 *lives* 2 *sticks* 3 *chalk* 4 *corner* 5 *sidewalk* 6 *clean*
7 *flowers* 8 *sometimes* 9 *nude* 10 *head* 11 *immediately*
12 *bridge* 13 *of course, evidently* 14 *competition*
15 *however* 16 *since* 17 *are satisfied just* 18 *some*
19 *leave* 20 *coin* 21 *receipts* 22 *rain* 23 *as for* 24 *die*
25 *hunger* 26 *discovered* 27 *art dealers* 28 *manner*
29 *fashion*

Jacques Prévert, (1900–1977) l'auteur du poème que vous allez lire, est probablement le poète français le plus populaire des 50 dernières années. Ennemi des conventions, Prévert décrit avec tendresse, humour et fantaisie les thèmes simples de l'existence; la nature, l'amour, l'amitié, l'enfance, la réalité de tous les jours. Prévert est aussi l'auteur de nombreuses chansons et de plusieurs scénarios de films.

Page d'écriture

Deux et deux quatre
quatre et quatre huit
huit et huit font seize ...
Répétez! dit° le maître°   *says/teacher*
Deux et deux quatre
quatre et quatre huit
huit et huit font seize
Mais voilà l'oiseau-lyre°   *lyre-bird*
qui passe dans le ciel°   *sky*
l'enfant le voit°   *sees*
l'enfant l'entend
l'enfant l'appelle°.   *calls*
Sauve°-moi   *save*
joue avec moi
oiseau!
Alors l'oiseau descend
et joue avec l'enfant ...

Jacques Prévert
Paroles, © *Editions Gallimard*

VIII: Les choses de la vie

Leçon 22: Un malade qui va bien!

D'habitude Philippe n'est jamais° malade°, mais ce matin il a l'air° fatigué. Au   *never/sick/looks*
petit déjeuner, il ne mange rien°. Bernard, son camarade de chambre, est inquiet°.   *nothing/worried*

BERNARD: Pourquoi est-ce que tu n'as rien mangé? Ça ne va pas aujourd'hui?
PHILIPPE: Non, je suis malade.
BERNARD: Où as-tu mal°?   *does it hurt*
PHILIPPE: J'ai mal à la tête°, j'ai mal à la gorge°, j'ai mal à l'estomac!   *headache/sore throat*
BERNARD: Alors, tu ne vas pas à l'université ce matin?
PHILIPPE: Ah, non! Je n'y vais pas.
BERNARD: Qu'est-ce que tu vas faire aujourd'hui?
PHILIPPE: Je vais rester dans ma chambre et mettre° de la musique.   *put on*
BERNARD: Alors, ce soir tu ne vas pas aller à la discothèque avec nous?
PHILIPPE: Mais si°, je vais y aller!   *yes*
BERNARD: Mais tu es malade, non?
PHILIPPE: Écoute, Bernard! J'ai un peu mal à la tête, c'est vrai ... Mais je n'ai pas
mal aux pieds°.   *feet*

À l'hôpital: l'examen d'une radio

Renseignements culturels: *La médecine en France*

Il y a une différence fondamentale entre la médecine en France et la médecine aux États-Unis. En France, avec le système de la Sécurité Sociale, la médecine est pratiquement gratuite[1]. Quand un malade[2] rend visite à son médecin[3], ce médecin signe une «feuille[4] de Sécurité Sociale». Le malade présente cette feuille à l'administration qui lui rembourse[5] le prix de la visite et des médicaments[6].

Le système de Sécurité Sociale a des avantages considérables. Il protège[7] les Français contre[8] les conséquences économiques de la maladie[9]. Ce système n'est cependant[10] pas parfait[11]. Il a des désavantages et des détracteurs. L'administration de la Sécurité Sociale est devenue une énorme bureaucratie extrêmement coûteuse[12]. Beaucoup de médecins disent[13] qu'ils ont perdu leur indépendance. Comment continuer leurs recherches quand ils sont sous[14] le contrôle du gouvernement?

En réalité, la recherche médicale en France est en excellente santé[15]. En 1965, trois savants[16] du célèbre[17] «Institut Pasteur» ont obtenu le Prix Nobel de Médecine. En 1977, un médecin américain d'origine française, le professeur Roger Guillemin, a aussi reçu[18] ce fameux prix. Aujourd'hui, la médecine française est à la pointe[19] du progrès dans certains domaines comme la lutte[20] contre le cancer, les recherches génétiques, la transplantation d'organes et la synthèse de protéines artificielles.

1 *free*   2 *patient*   3 =docteur   4 *paper*   5 *pays back*   6 *medicine*   7 *protects*   8 *against*   9 *illness*   10 *however*   11 *perfect*   12 *costly*   13 *say*   14 *under*   15 *health*   16 *scientists*   17 *famous*   18 *received*   19 *forefront*   20 *fight*

Structure et Vocabulaire

VOCABULAIRE: La santé

noms

un hôpital	hospital	**la forme**	shape, form
un malade	patient	**la grippe**	flu
un médicament	medicine	**une maladie**	sickness, disease
un médecin	doctor	**la santé**	health
un rhume	cold		

adjectifs

fatigué	tired	J'ai nagé deux kilomètres: je suis **fatigué.**
gratuit	free	Les médicaments ne sont pas **gratuits** ici.
malade	sick	Je n'aime pas être **malade!**

expressions

avoir l'air + *adjective*	to seem, to look	Vous **avez l'air** fatigué ce matin.
être en bonne santé	to be in good health	Ma grand-mère n'**est** pas **en bonne santé.**
être en forme	to be in shape	Je ne **suis** pas **en forme** en ce moment.

NOTES DE VOCABULAIRE

1. The adjective used with the expression **avoir l'air** usually agrees with the subject: **Monique a l'air fatiguée.**

2. The plural of **un hôpital** is **des hôpitaux.**

1. Êtes-vous d'accord? Si vous êtes d'accord avec les phrases suivantes, dites «*Je suis d'accord.*» Si vous n'êtes pas d'accord, dites «*Je ne suis pas d'accord.*»

1. Dans la vie, la santé est plus importante que l'argent.
2. Les hôpitaux doivent être gratuits.
3. Quand on fume, on risque sa vie.
4. Le cancer est une maladie contagieuse.
5. La majorité des maladies sont des maladies imaginaires.
6. Quand on est fatigué, on doit téléphoner à son médecin.
7. Il faut aller en classe, même si on est malade.
8. En général, les Américains prennent beaucoup trop de médicaments.
9. La grippe est une maladie dangereuse pour les enfants.
10. Pour rester en forme, il faut faire du sport tous les jours.

A. *Le verbe* mettre

The verb **mettre** *(to put, to place)* is irregular.

infinitive	**mettre**	
present	Je **mets** ma veste.	Nous **mettons** un disque de jazz.
	Tu **mets** ton pull.	Vous **mettez** la radio.
	Il/Elle **met** un tee-shirt.	Ils/Elles **mettent** la télévision.
passé composé	J'**ai mis** la voiture au garage.	

• **Mettre** has several English equivalents:

to put, to place	**Mettez** vos livres ici.
to wear, to put on	Je **mets** un pull.
to turn on	**Mets** la radio, s'il te plaît.
to give (a grade)	Le professeur nous **a mis** des bonnes notes.
to set	Qui **a mis** la table?

■ The following verbs are conjugated like **mettre**:

permettre to permit (to give permission), Je **permets** à mon frère de prendre mes disques.
to let, to allow

promettre to promise Il **a promis** à ses amis de venir.

Note the construction used with these two verbs.

permettre
promettre } à quelqu'un **de** faire quelque chose

2. Chaque chose à sa place *(Everything in its place)*: Dites où les personnes suivantes mettent certaines choses. Utilisez le présent de *mettre*.

▶ Paul/ses livres/sur la table *Paul met ses livres sur la table.*

1. vous/votre argent/à la banque
2. je/ma moto/au garage
3. tu/la bière/au réfrigérateur
4. nous/la lettre/à la poste *(mail)*
5. mes amis/le téléviseur/dans leur chambre
6. Anne/de la crème/dans le café

3. Bonnes résolutions: Les personnes suivantes ont pris certaines résolutions. Expliquez leurs promesses. Pour cela, utilisez le passé composé de *promettre*.

▶ Jacques (aider son frère) *Jacques a promis d'aider son frère.*

1. nous (étudier tous les jours)
2. toi (être patient)
3. Henri (sortir avec Annie)
4. mes amis (téléphoner demain)
5. moi (inviter Jacqueline au cinéma)
6. vous (faire des progrès en français)

4. Questions personnelles:

1. Mettez-vous du sucre dans votre café? Mettez-vous de la crème? de la glace?
2. Mettez-vous des blue jeans quand vous allez en classe? à un rendez-vous? au cinéma?
3. Quels vêtements mettez-vous quand il fait froid? quand il fait chaud? quand vous jouez au tennis? quand vous allez à une entrevue professionnelle?
4. En général, est-ce que les professeurs de votre université mettent des bonnes notes?
5. Chez vous, qui met la table?
6. Est-ce que vous permettez à vos camarades de prendre vos notes? de copier vos devoirs? de fumer chez vous?
7. Mettez-vous la radio quand vous étudiez chez vous? Quel programme avez-vous mis hier?
8. Avez-vous pris une décision importante récemment *(recently)*? Qu'est-ce que vous avez promis de faire?

B. Le pronom y

Note the form and position of the pronoun that replaces expressions indicating location.

Vas-tu **à l'université?**	Oui, j'**y** vais.	I'm going *there.*
Dînes-tu **au restaurant universitaire?**	Oui, j'**y** dîne.	I eat *there.*
Est-ce que ta sœur est **chez elle?**	Non, elle n'**y** est pas.	She's not *there.*
Es-tu allé **en France?**	Non, je n'**y** suis pas allé.	I haven't gone *there.*
	Je vais **y** aller cet été.	I'm going to go *there* this summer.
Allons **au café.**	D'accord. allons-**y.**	Let's go *there.*

USE

■ The pronoun **y** replaces noun phrases and pronouns introduced by a preposition of place: **à, chez, en, dans, sur,** etc., but not **de** *(from).* In this use, **y** refers to a place already mentioned, and is the equivalent of the English *there.*

• While *there* is often omitted in English, **y** must be used in French.

   Vas-tu **au cinéma?**   Oui, j'**y** vais.   Yes, I'm going *(there).*

■ The pronoun **y** is also used to replace **à** + *a noun* designating a thing.

Penses-tu **à l'examen?**	Non, je n'**y** pense pas.
Joues-tu **au tennis?**	Oui, j'**y** joue.

POSITION

■ Like the other object pronouns, **y** usually comes before the verb. In an infinitive construction, it comes before the infinitive. In an affirmative command, it comes after the verb.

• In affirmative commands there is liaison between the verb and **y.** Since this liaison consonant is /z/, an **s** is added to the **tu**-form of all **-er** verbs, including **aller.**

Va au cinéma!	**Vas-y** aujourd'hui!	N'**y va** pas demain!
Allez au théâtre!	Allez-**y** maintenant!	N'**y** allez pas ce soir!

5. Dialogue: Demandez à vos camarades s'ils vont souvent aux endroits suivants.

▶ au laboratoire?   —*Vas-tu souvent au laboratoire?*
                      —*Oui, j'y vais souvent.*
             ou: *Non, je n'y vais pas souvent.*

1. au cinéma?
2. au théâtre?
3. au concert?
4. à la piscine?
5. à la bibliothèque?
6. à l'hôpital?
7. dans les magasins?
8. chez tes amis?
9. chez tes grands-parents?

musées
cafés-théâtres
théâtres
pour jeunes

6. Dialogue: Demandez à vos camarades s'ils sont allés aux endroits suivants dans les 12 derniers mois.

▶ à New York?   —*Es-tu allé(e) à New York cette année?*
                  —*Oui, j'y suis allé(e).*
          ou: *Non, je n'y suis pas allé(e).*

1. à Chicago?	5. chez tes cousins?	9. chez le médecin?
2. à Québec?	6. à la campagne?	10. chez le dentiste?
3. à la mer?	7. en vacances?	11. en France?
4. dans un musée?	8. aux Bermudes?	12. à un concert?

7. Questions personnelles: Répondez affirmativement ou négativement aux questions suivantes.

1. En été, jouez-vous au tennis? au volley? au basket? au frisbee?
2. Quand il pleut, jouez-vous au poker? aux cartes? aux échecs?
3. Pensez-vous souvent à vos examens? à votre profession future? à votre santé?
4. En général, dînez-vous à la cantine? au restaurant? chez vous? chez des amis?
5. En classe, répondez-vous aux questions du professeur? aux questions de vos amis?
6. Voulez-vous travailler à Paris? Voulez-vous habiter en France?

8. Conseils: Jean demande des conseils à Philippe qui lui répond affirmativement ou négativement. Jouez les deux rôles, d'après le modèle.

▶ aller en classe (oui)
    JEAN: *Est-ce que je vais en classe?*
    PHILIPPE: *Mais oui, vas-y!*

▶ répondre au téléphone (non)
    JEAN: *Est-ce que je réponds au téléphone?*
    PHILIPPE: *Mais non, n'y réponds pas!*

1. aller au concert (oui)	5. penser à mon entrevue demain (oui)
2. aller au match de football (non)	6. penser à mes examens (non)
3. répondre à la lettre de mes parents (non)	7. rester dans ma chambre (non)
4. répondre à leur télégramme (oui)	8. rester au café (oui)

C. *L'usage de l'article défini avec les parties du corps*

Note the words in heavy print in the sentences below.

Elle a **les** yeux bleus.	She has blue eyes. (*Her* eyes are blue.)
J'ai **les** cheveux bruns.	I have brown hair. (*My* hair is brown.)
Marc a mal à **l'**estomac.	Marc has a stomachache. (*His* stomach hurts.)
Ne mets pas **les** pieds sur la table.	Don't put *your* feet on the table.

■ In French, parts of the body are generally introduced by the *definite* article.

• French almost never uses the possessive adjective with parts of the body.

VOCABULAIRE: Les parties du corps

les cheveux *(m.)* — la tête

l'oreille *(f.)* — l'œil (les yeux) *(m.)*

le cou — le nez

la bouche

le dos — la main

le bras —

le doigt

le genou (les genoux)

la jambe —

le pied —

le cœur	heart	les dents *(f.)*	teeth
le corps	body	la figure	face
l'estomac	stomach	la gorge	throat
le ventre	abdomen		

adjectifs

court ≠ long (longue) short ≠ long As-tu les cheveux **longs** ou **courts?**

expression

avoir mal à to have a (...) ache, As-tu **mal à la tête?**
to have a sore ...

NOTES DE VOCABULAIRE

1. In French, **les cheveux** is usually used in the plural.

2. The expression **avoir mal au cœur** means *to have an upset stomach.*

---

9. Questions personnelles:

1. Avez-vous les yeux bleus, noirs, verts ou gris? Et vos parents?
2. Avez-vous les cheveux noirs, blonds ou roux? Et vos frères?
3. Avez-vous les cheveux longs ou courts?
4. Pour une fille, préférez-vous les cheveux longs ou les cheveux courts? Et pour un garçon?
5. Prenez-vous de l'aspirine quand vous avez mal à la gorge? mal aux dents? mal au ventre?
6. Où avez-vous mal quand vous avez la grippe?

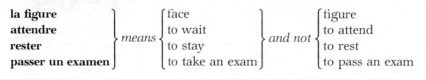

NOTE LINGUISTIQUE: Les faux amis

Faux amis are *false cognates:* words which look similar in French and English but which have different meanings. Be sure to learn these as you encounter them:

la figure		face		figure
attendre	*means*	to wait	*and not*	to attend
rester		to stay		to rest
passer un examen		to take an exam		to pass an exam

D. Les expressions négatives

Compare the following affirmative and negative sentences.

Je suis fatigué.   Je **ne** suis **pas** malade.
J'ai mal à la tête.   Je **n'**ai **pas** mal à l'estomac.

As you know, the French negative consists of two words, the weak negative word **ne (n')** which always comes before the verb, and the strong negative word **pas** which comes after the verb.

■ French has other negative constructions consisting of the weak negative word **ne** and another strong negative word which usually comes after the verb.

ne ... jamais	never, not ever	Je **ne** fume **jamais.**	I *never* smoke.
ne ... personne	nobody, no one, not anyone	Nous **ne** connaissons **personne** ici.	We know *nobody* here.
ne ... rien	nothing, not anything	Tu **ne** manges **rien.**	You eat *nothing.*
ne ... plus	no longer	Paul **ne** fume **plus.**	Paul *no longer* smokes.

- In the *passé composé*, the strong negative words **jamais, rien,** and **plus** come between the auxiliary and the past participle. **Personne** comes after the past participle.

Je **n'**ai **jamais** été malade.   I have *never* been sick.
Jacques **n'**a **rien** fait.   Jacques did *nothing.*
Nous **n'**avons parlé à **personne.**   We did *not* talk to *anybody.*

- In the above examples, **rien** and **personne** are the objects of the verb. **Rien** and **personne** can also be used as subjects. In that case, they come at the beginning of the sentence.

Personne **n'**est fatigué.   *No one* is tired.
Rien **n'**est impossible.   *Nothing* is impossible.
Personne **n'**a téléphoné.   *Nobody* called.

■ **Si** is used instead of **oui** to answer a *negative* question.

Tu **n'**as **jamais** été malade?   Mais **si,** j'ai eu la grippe cet hiver.
Tu **n'**as **rien** mangé?   Mais **si,** j'ai pris un sandwich au jambon.

10. Jamais le dimanche! Le dimanche, Jeannette ne fait jamais ce qu'elle fait pendant la semaine. Exprimez cela selon le modèle.

▶ Jeannette étudie.   *Le dimanche, elle n'étudie jamais.*

1. Jeannette va au laboratoire.
2. Elle travaille.
3. Elle déjeune à la caféteria.
4. Elle dîne chez elle.

5. Elle prépare ses leçons.
6. Elle regarde la télé.
7. Elle achète le journal.
8. Elle reste chez elle.

11. Pauvre Jacques! Jacques est très malade. Philippe lui demande s'il fait les choses suivantes. Jacques répond négativement. Jouez le rôle de Jacques. Pour cela utilisez l'expression négative *(ne ... rien* ou *ne ... personne)* qui convient.

▶ Tu invites quelqu'un ce week-end?   *Non, je n'invite personne.*
▶ Tu fais quelque chose?   *Non, je ne fais rien.*

1. Tu manges quelque chose maintenant?
2. Tu bois quelque chose?
3. Tu invites quelqu'un demain?
4. Tu sors avec quelqu'un?
5. Tu regardes quelque chose à la télé?
6. Tu téléphones à quelqu'un ce soir?

12. Expression personnelle: Dites si vous avez déjà fait les choses suivantes ou si vous n'avez jamais fait cela. Note: «*déjà*» signifie "*already.*"

▶ visiter Paris?   *Oui, j'ai déjà visité Paris.*
            ou: *Non, je n'ai jamais visité Paris.*

1. visiter Montréal?
2. téléphoner au Président?
3. manger du caviar?
4. boire du champagne?
5. piloter un hélicoptère?
6. participer à un marathon?
7. faire du ski nautique *(waterski)?*
8. gagner un million de dollars à la loterie?

Phonétique

Le son /ʒ/

The consonant /ʒ/ is similar to the sound represented by the letter **g** in the English word *mirage*. Do not pronounce a /d/ before /ʒ/, unless there is a **d** in the written form of the word, as in *budget*.

Mot-clé: **J**acques
Répétez: **j**e, **J**ean, **Gig**i, Ro**g**er, â**g**e, ar**g**ent, **g**enou, lo**g**ement

> Quel âge a Gigi?
> Jacques a le journal de Roger.

Le son /g/

The French consonant /g/ is produced with greater tension than the corresponding sound in English.

Mot-clé: re**g**arde
Répétez: **g**rand, **g**arçon, **g**arage, **g**uitare, fi**g**ure, lon**g**ue

> Regarde la guitare de Margot.
> Guy est un grand garçon.

Récapitulation

Substitution

Remplacez les mots soulignés par les expressions entre parenthèses. Faites tous les changements nécessaires.

1. <u>Je</u> mets la voiture dans le garage.   (mon père, mes parents, tu, nous, vous)
2. Jeanne aime <u>aller</u> chez mes amis. Elle y va souvent.   (dîner, déjeuner, passer, travailler)
3. Jacques va au cinéma. Et <u>toi</u>, est-ce que tu y vas?   (Hélène, vous, nous, nos amis)
4. As-tu mal à la <u>tête</u>?   (ventre, oreilles, pieds, main, dos)
5. Paul déteste <u>étudier</u>. Il n'étudie jamais.   (travailler, téléphoner, voyager, sortir, aller en ville)
6. Je vais <u>travailler</u> avec Paul. Je n'ai jamais travaillé avec lui.   (étudier, parler français, aller au cinéma, sortir)
7. Tu <u>veux</u> quelque chose? Moi, je ne veux rien.   (fais, prends, entends, manges, comprends)

Vous avez la parole: Maladie

Imaginez que vous êtes en France. Un jour vous avez la grippe ou une autre maladie. Expliquez vos symptômes au médecin.

Leçon 23: Une journée commence

Habitez-vous dans un appartement?

Les appartements modernes ont des avantages, mais aussi des inconvénients°. — *inconvenience*
Le bruit°, par exemple ... Si votre appartement n'est pas bien isolé°, vous pouvez — *noise/insulated*
entendre tous° les bruits de l'immeuble°. Ce n'est pas toujours agréable ... — *all/building*

Il est sept heures du matin.

Dans l'appartement 101, un réveil° sonne°. Mademoiselle Legrand se — *alarm clock/rings*
réveille°. Elle se lève° et va dans la cuisine. Là, elle se prépare un toast, puis elle — *wakes up/gets up*
met la radio ...

La radio de Mademoiselle Legrand réveille Monsieur Charron, le locataire° — *tenant*
du 102. Monsieur Charron se lève et va dans la salle de bains. Là, il se lave°, puis — *washes up*
il se rase° avec son rasoir° électrique. Zzzzzz ... — *shaves/razor*

Le rasoir de Monsieur Charron réveille Madame Dupont, la locataire du 103.
Madame Dupont se lève et met la télévision ...

La télévision de Madame Dupont réveille Monsieur Dumas, le locataire du
104. Monsieur Dumas se lève et va dans la salle de bains. Il se regarde dans la
glace°, puis il se rase avec son rasoir mécanique ... et il se coupe°! «Zut! C'est la — *mirror/cuts himself*
troisième fois° cette semaine que je me coupe avec ce maudit° rasoir!» crie — *time/darn*
Monsieur Dumas.

La voix° de Monsieur Dumas réveille Monsieur Imbert, le locataire du 106 ... — *voice*
Bientôt° tout l'°immeuble est réveillé ... Une nouvelle journée commence! — *soon/the whole*

Renseignements culturels: La vie en appartement

La majorité des Français qui habitent les grandes villes vivent en appartement. Ces appartements peuvent être situés dans des immeubles de grand luxe ou «résidences», ou au contraire, dans des immeubles plus modestes comme les HLM (Habitations à Loyer Modéré[1]).

Après la guerre[2], le gouvernement français a financé la construction de milliers[3] de HLM dans toutes[4] les grandes villes françaises. Le système des HLM représente une innovation sociale importante car[5] il permet aux gens de revenus modestes d'accéder[6] à la propriété[7]. Les HLM sont modernes et relativement confortables, mais ils ont aussi des inconvénients. En général ils sont situés dans des zones industrielles et leurs habitants se plaignent[8] de nombreux problèmes: la pollution, le mauvais entretien[9], l'absence d'espaces verts[10] ou de terrains de jeux[11] ... et le bruit! Ainsi les nouvelles cités de HLM sont souvent devenues les «cités-dortoirs[12]» où l'on vient uniquement pour dormir[13]!

1 *low rent* 2 *war* 3 *thousands* 4 *all* 5 =*parce que* 6 *to have access* 7 *property* 8 *complain* 9 *upkeep* 10 *open land* 11 *playground* 12 *dormitory* 13 *to sleep*

Un quartier résidentiel

Structure et Vocabulaire

VOCABULAIRE: Quelques activités

verbes

appeler	to call	Je vais t'**appeler** demain.
couper	to cut	**Coupez** le pain, s'il vous plaît.
laver	to wash	Je **lave** ma voiture assez souvent.
réveiller	to wake up (someone)	Il est huit heures. **Réveille** ton frère!

expressions

jusqu'à	until, up to	Nous travaillons **jusqu'à** midi.
tôt ≠ tard	early ≠ late	Nous partons **tôt.** Nous rentrons **tard.**

NOTE DE VOCABULAIRE

In spoken French, the verb **appeler** is similar in its conjugation to the verb **acheter**. However, in written French the forms **je, tu, il,** and **ils** of the present tense have a double **l** rather than a grave accent.

j'appelle, tu appelles, il appelle, nous appelons, vous appelez, ils appellent

1. Questions personnelles:

1. Avez-vous une voiture? Est-ce que vous la lavez souvent?
2. Est-ce que vos parents vous réveillent le matin? Qui vous réveille?
3. Allez-vous souvent chez le coiffeur *(hairdresser)?* Est-ce qu'il coupe bien les cheveux?
4. Quand vous sortez le samedi soir, est-ce que vous rentrez tôt ou tard?
5. Est-ce que vous aimez dormir *(to sleep)* tard le dimanche? Jusqu'à quelle heure?

2. Appels: Dites à quelle heure les gens suivants appellent les personnes entre parenthèses.

▶ Catherine (Olivier/8 h)　　*Catherine appelle Olivier à huit heures.*

1. Yvette (Nicole/7 h 30)
2. mes parents (moi/7 h 45)
3. nous (Martine/9 h 30)

4. vous (votre sœur/11 h 10)
5. moi (mon frère/midi)
6. toi (tes amis/1 h 50)

A. Les verbes pronominaux: formation

Compare the pronouns in heavy print in sentences A and B.

Marc lave sa voiture.	A. Il **la** lave.	He washes *it*.
	B. Puis il **se** lave.	Then he washes *himself*.
Hélène regarde Paul.	A. Elle **le** regarde.	She looks at *him*.
	B. Puis elle **se** regarde dans la glace.	Then she looks at *herself* in the mirror.
J'achète un livre à Sylvie.	A. Je **lui** achète un livre.	I buy *her* a book.
	B. Je **m'**achète un magazine.	I buy *myself* a magazine.

Note that in each sentence A, the pronoun in heavy print represents a person or object different from the subject:

Marc washes *his car*. Hélène looks at *Paul*. I buy a book for *Sylvie*.

In each sentence B, on the other hand, the subject and object of the verb represent the same person:

Marc washes *himself*. Hélène looks *at herself*. I buy *myself* a magazine.

■ The object pronouns in sentences B are called *reflexive pronouns* because the action is reflected on the subject. Verbs conjugated with reflexive pronouns are called *reflexive verbs* (**verbes pronominaux**).

Note the conjugations of the reflexive verbs **se laver** *(to wash oneself)* and **s'acheter** *(to buy for oneself)* in the present tense.

infinitive	**se laver**	**s'acheter**
present affirmative	Je **me** lave.	Je **m'achète** des disques.
	Tu **te** laves.	Tu **t'achètes** de la bière.
	Il/Elle/On **se** lave.	Il/Elle/On **s'achète** du vin.
	Nous **nous** lavons.	Nous **nous achetons** des vêtements.
	Vous **vous** lavez.	Vous **vous achetez** du champagne.
	Ils/Elles **se lavent**.	Ils/Elles **s'achètent** une voiture.
negative	Je ne **me** lave pas.	Je ne **m'achète** pas de cigarettes.

- Like other object pronouns, the reflexive pronouns usually come *before* the main verb.

> NOTE LINGUISTIQUE: Les verbes pronominaux
> Reflexive verbs are very common in French. They may be used with a strictly reflexive meaning, as well as in other ways where the equivalent English construction does not use a reflexive verb.
>   In dictionary listings, reflexive verbs are alphabetized according to the main verb, and are not found under **se (s')**.

3. Achats: Les étudiants suivants ont reçu *(received)* de l'argent pour Noël. Dites ce qu'ils s'achètent avec cet argent.

▶ Christine (des skis)   *Christine s'achète des skis.*

1. André (une chaîne-stéréo)
2. nous (un magnétophone)
3. Eliane et Aline (des vêtements)
4. vous (un vélomoteur)
5. Paul et François (des tee-shirts)
6. moi (une veste)
7. toi (un costume)
8. mes cousins (du champagne)

4. L'examen: Les étudiants suivants ont un examen d'anglais. Lisez ce qu'ils font et dites si oui ou non ils se préparent pour l'examen. Utilisez la forme appropriée du verbe *se préparer* dans des phrases affirmatives ou négatives.

▶ Jacques va au cinéma.   *Il ne se prépare pas pour l'examen.*

1. Thérèse va au laboratoire de langues.
2. Henri étudie les verbes irréguliers.
3. Mes amis étudient.
4. Mes amies n'étudient pas.
5. Nous allons à la bibliothèque.
6. Je parle anglais avec un étudiant américain.
7. Vous allez au café.
8. Tu vas au concert.

5. Dialogue: Demandez à vos camarades s'ils s'achètent les choses suivantes quand ils ont de l'argent.

▶ des livres français?   —*Est-ce que tu t'achètes des livres français?*
—*Oui, je m'achète des livres français.*
ou: *Non, je ne m'achète pas de livres français.*

1. des disques français?
2. des vêtements?
3. du chewing-gum?
4. de la bière?
5. des cigarettes?
6. du vin?
7. des chocolats?
8. des plantes?

B. Les verbes pronominaux: sens réfléchi

Compare the meanings of the verbs below in reflexive and non-reflexive constructions.

non-reflexive	reflexive	
Je **coupe** du pain.	Je **me coupe.**	I cut *myself.*
J'**achète** un disque.	Je **m'achète** un disque.	I buy *(myself)* a record.
Je **lave** la voiture.	Je **me lave.**	I am washing *(myself).*

■ Reflexive verbs in French are frequently used with a strictly reflexive meaning, that is the action of the verb is *reflected* on the subject of the sentence. In such sentences, the reflexive pronouns **me, te,** etc., correspond to the English reflexive pronouns *myself, yourself*, etc. In English, the reflexive pronouns are often not expressed.

• Note the use of the definite article with parts of the body in reflexive constructions.

Paul **se** lave **les** mains.	Paul washes *his* hands.
Hélène **se** coupe **les** cheveux.	Hélène is cutting *her* hair.

6. Propreté *(Cleanliness):* Les personnes suivantes passent l'après-midi à laver certains objets. Ensuite *(afterwards)*, elles se lavent. Pour chaque personne, faites deux phrases d'après le modèle.

▶ Nous avons une voiture.   *Nous la lavons. Ensuite, nous nous lavons.*

1. Jacqueline a une bicyclette.
2. Hubert a une moto.
3. Mes cousins ont un chien *(dog)*.
4. J'ai un pull.
5. Tu as un scooter.
6. Nous avons une auto.
7. Vous avez un vélomoteur.
8. Pierre a des blue jeans.

VOCABULAIRE: Quelques occupations de la journée

se réveiller	to wake up	À quelle heure est-ce que **tu te réveilles?**
se lever	to get up	**Je me lève** à huit heures et demie.
se laver	to wash	**Nous nous lavons** dans la salle de bains.
se raser	to shave	**Paul se rase** avec un rasoir électrique.
s'habiller	to get dressed, to dress	**Anne s'habille** toujours bien.
se peigner	to comb one's hair	**Vous vous peignez** souvent.
se promener	to go for a walk	**Je me promène** après la classe.
se coucher	to go to bed	**Je** ne **me couche** pas avant minuit.
se reposer	to rest	**Je me repose** après le dîner.

NOTES DE VOCABULAIRE

1. **Se lever** and **se promener** are conjugated like **acheter.**

Je me lève.	Nous nous levons.
Je me promène.	Nous nous promenons.

2. The listed verbs all express actions which the subject performs *on* or *for* himself. Many of these verbs may also be used non-reflexively. Compare:

Je réveille **mon camarade de chambre.**	I wake up *my roommate.*
Je **me** réveille.	I wake *(myself)* up.
Tu promènes **ton chien.**	You walk *your dog.*
Tu **te** promènes.	You go for a walk *(yourself).*

---

7. **À huit heures:** Les étudiants suivants sont dans leur résidence. Il est huit heures du matin. Dites ce que chacun fait.

▶ nous (se laver)   *Maintenant nous nous lavons.*

1. moi (se peigner)
2. Philippe (se raser)
3. nous (se réveiller)
4. vous (se lever)
5. toi (se reposer)
6. Anne-Cécile (s'habiller)
7. Marc et André (se peigner)
8. Catherine et moi (s'habiller)

8. **Questions personnelles:**

1. Est-ce que vous vous réveillez à six heures du matin?
2. Est-ce que vous vous réveillez tôt ou tard le dimanche?
3. Est-ce que vous vous levez facilement?
4. Est-ce que vous vous rasez tous les jours?
5. Est-ce que vous vous habillez bien quand vous avez un rendez-vous? quand vous allez au restaurant? au concert?
6. Est-ce que vous vous reposez pendant les classes? pendant les vacances?
7. Est-ce que vous vous promenez le soir? le week-end?
8. Est-ce que vous vous peignez souvent?
9. Est-ce que vous vous couchez tôt ou tard?

9. **Dialogue:** Posez des questions à vos amis au sujet de leurs occupations de la journée.

▶ se réveiller (à quelle heure?)   —*À quelle heure est-ce que tu te réveilles?*
                                      —*Je me réveille à sept heures.*

1. se lever (à quelle heure?)
2. se coucher (quand?)
3. se promener (où?)
4. se promener (avec qui?)
5. se reposer (quand?)
6. se réveiller le dimanche (quand?)

C. Les verbes pronominaux: sens idiomatique

Compare the meanings of the verbs in the reflexive and non-reflexive constructions below.

J'**appelle** mon frère.	I am calling my brother.
Je **m'appelle** Olivier.	My name is Olivier. (I am called Olivier.)
Vous **amusez** vos amis.	You are amusing your friends.
Vous **vous amusez**.	You are having fun. (You are having a good time.)

There is a close relationship in meaning between **laver** and **se laver,** or **réveiller** and **se réveiller.** In the above sentences, however, the relationship between the simple verb and the corresponding reflexive verb is somewhat more distant. Reflexive verbs like **s'appeler** and **s'amuser** may be considered as *idiomatic expressions*.

VOCABULAIRE: Quelques verbes pronominaux

s'amuser	to have fun	**Nous nous amusons** bien ici.
s'appeler	to be called	Comment **t'appelles-tu?**
se dépêcher	to hurry	Pourquoi est-ce que **tu te dépêches?**
s'énerver	to get nervous, upset	Pourquoi est-ce qu'**il s'énerve?**
s'impatienter	to grow impatient	**Je m'impatiente** quand mes amis sont en retard.
s'intéresser (à)	to be (to get) interested (in)	**Mes parents s'intéressent** à la politique.
se mettre en colère	to get angry	**Paul se met** souvent **en colère.**
s'occuper (de)	to take care of, to be busy (with)	**Je m'occupe de** ce problème.
se préoccuper (de)	to be concerned (about)	**Sylvie se préoccupe des** problèmes de ses amis.
se préparer	to get ready	**Henri se prépare** pour le concert.
se souvenir de	to remember	**Je** ne **me souviens** pas de la date de l'examen.

NOTE DE VOCABULAIRE

Se souvenir is conjugated like **venir.**

Est-ce que **tu te souviens** de moi?   **Nous** ne **nous souvenons** pas de votre adresse.

---

10. D'accord? Dites si vous êtes d'accord ou non avec les opinions suivantes.

1. Les étudiants américains s'amusent beaucoup à l'université.
2. Ils ne se préparent pas assez pour leur profession future.
3. Les Américains s'intéressent trop à l'argent.
4. Les hommes se préoccupent trop de leur santé.
5. Les professeurs ne s'occupent pas assez des étudiants.
6. Les pays riches ne s'intéressent pas assez aux problèmes des pays pauvres *(poor)*.

11. Sujets d'intérêt: Dites à quelle chose les étudiants suivants s'intéressent.

▶ Paul et Jacques (les sports)   *Ils s'intéressent aux sports.*

1. Frédéric (le théâtre)
2. moi (la politique)
3. vous (la psychologie)

4. mes amis (la nature)
5. toi (la philosophie orientale)
6. nous (les problèmes sociaux)

12. L'ami idéal: Dites si oui ou non l'ami(e) idéal(e) fait les choses suivantes.

▶ s'impatienter   *Non, il/elle ne s'impatiente pas.*

1. s'énerver facilement
2. se mettre en colère
3. s'occuper de moi

4. s'amuser quand je suis triste
5. se souvenir de mon anniversaire
6. s'intéresser à mes problèmes personnels

13. Dialogue: Demandez à vos camarades s'ils font les choses suivantes.

▶ s'intéresser à la politique?   *—Est-ce que tu t'intéresses à la politique?*
                                    —Oui, je m'intéresse à la politique.
                        ou: *Non, je ne m'intéresse pas à la politique.*

1. s'intéresser aux sports?
2. s'impatienter souvent?
3. s'énerver pendant les examens?
4. s'amuser à l'université?

5. s'amuser beaucoup le week-end?
6. se mettre souvent en colère?
7. se préoccuper de l'avenir *(future)*?
8. se souvenir de son premier rendez-vous?

14. Sentiments: Nous changeons souvent d'humeur. Complétez les phrases suivantes, puis expliquez vos sentiments.

1. Je m'énerve ...   (quand? pourquoi? contre qui?)
2. Je m'amuse ...   (quand? comment? avec qui? où?)
3. Je me mets en colère ...   (quand? avec qui? pourquoi?)
4. Je m'occupe de ...   (qui? quels problèmes? quelles choses?)
5. Je me préoccupe de ...   (quels problèmes personnels? quelles situations?)
6. Je me prépare pour ...   (quelles occasions?)
7. Je me dépêche ...   (à quelles occasions?)

Phonétique

La chute de la voyelle /ə/ (suite)

The mute **e**, /ə/, of the reflexive pronouns **me, te,** and **se** is dropped in rapid conversation when the preceding word ends in a vowel sound.

slow speech	rapid speech
je me lève	je m∉ lève
tu te rases	tu t∉ rases
je me réveille	je m∉ réveille
tu te promènes	tu t∉ promènes

When the preceding word ends in a consonant sound, the /ə/ is pronounced. Compare the following examples of rapid speech. In the left hand column, the reflexive pronoun is preceded by a consonant sound: the sound /ə/ is pronounced. In the right hand column, the reflexive pronoun is preceded by a vowel sound: the sound /ə/is dropped.

il se rase	Jean s∉ rase
elle se réveille	Marie s∉ réveille
Paul se promène	Louis s∉ promène

Récapitulation

Substitution

Remplacez les mots soulignés par les mots entre parenthèses. Faites tous les changements nécessaires.
1. Pierre s'achète de la bière.   (nous, je, tu, mes amies, vous)
2. Je me lève tard.   (mes parents, ma sœur, Alain, nous, tu, vous)
3. À quelle heure est-ce que tu te couches?   (Paul, tes amis, vous, on)
4. Nous ne nous amusons pas ici.   (vous, je, tu, on, Philippe, les étudiants)

Vous avez la parole: La journée

Décrivez vos activités de la journée et du week-end. Composez un paragraphe en utilisant au moins (at least) six verbes pronominaux.

▶ En général, je me lève à sept heures, mais le week-end, je ne me lève pas avant onze heures …

Leçon 24: Hésitations

Hier Paul a demandé à Nathalie de l'épouser°.   *to marry*

    Paul et Nathalie se sont rencontrés pendant les vacances et ils s'aiment. Pourtant° Nathalie hésite.   *however*

    «Bien sûr, je ne suis pas contre° le mariage. Au contraire! Et Paul est bien° le garçon avec qui je veux me marier. Mais pourquoi nous marier maintenant? J'ai vingt ans. J'ai le temps!»   *against/definitely*

    La mère de Nathalie n'est pas d'accord avec sa fille.

    —Vous vous aimez, n'est-ce pas? Alors mariez-vous! ... Moi, je me suis mariée à dix-huit ans et je ne le regrette pas!

    —Peut-être, mais tu t'es mariée en 1960. Les choses ont changé depuis° ... J'ai des amies qui se sont mariées jeunes et qui maintenant le regrettent.   *since*

    —Pourquoi?

    —Parce qu'elles n'ont pas pu faire les choses qu'elles voulaient° faire. Moi, par exemple, avant de me marier, je voudrais finir ma licence et obtenir mon diplôme d'interprète ...   *wanted*

    —Alors?

    —Alors, je ne vais pas me marier tout de suite°! Après tout, ce n'est pas un déshonneur° d'avoir vingt ans et de ne pas être mariée.   *right now*
      disgrace

Vive la mariée!

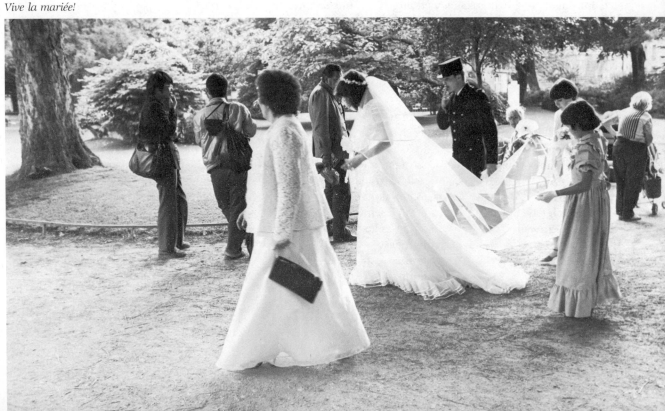

Renseignements culturels: *Les Français et le mariage*

Si pour beaucoup de jeunes Français le mariage représente la décision la plus importante de l'existence, c'est rarement la «grande aventure». En effet, les garçons et les filles qui se marient se connaissent généralement depuis longtemps[1] (souvent depuis des années). Ils ont la même religion, le même niveau[2] d'instruction. Souvent, ils appartiennent[3] au même[4] milieu social et économique.

Avant le mariage, les futurs époux doivent accomplir un certain nombre de formalités administratives (examen médical, publication des bans[5] du mariage, etc. ...). Le mariage est ensuite[6] célébré à la mairie, et une deuxième fois[7] à l'église (si les époux veulent avoir un mariage religieux). Le caractère très officiel et très sérieux du mariage explique[8] sans doute[9] la stabilité de cette institution. Si le divorce existe, il est relativement rare. (On divorce 4 fois moins en France qu'aux États-Unis.) C'est assez normal dans un pays où l'on considère toujours[10] la famille comme la base de la société.

1 *for a long time*   2 *level*   3 *belong*   4 *same*   5 =annonce officielle   6 *then*   7 *time*   8 *explains*   9 =probablement   10 *still*

Structure et Vocabulaire

VOCABULAIRE: L'amitié, l'amour et le mariage

noms

l'amour	love	**l'amitié**	friendship
le mariage	marriage, wedding	**une surprise-partie**	party
un rendez-vous	date, appointment		

adjectifs

amoureux (amoureuse) (de)	in love (with)	Georges est **amoureux de** Martine.
même	same	Marc et moi, nous avons les **mêmes** amis.

verbes

présenter	to introduce, to present	Vous me **présentez** votre ami?
aimer	to love	Tu m'**aimes?**
aimer bien	to like	Je t'**aime bien.**
donner rendez-vous (à)	to make a date (with), to arrange to meet	Je te **donne rendez-vous** à midi.
s'entendre bien (avec)	to get along (with)	Anne **s'entend bien avec** son mari.
se disputer (avec)	to quarrel, to argue (with)	Je **me dispute avec** mon frère.
se fiancer (avec)	to get engaged (to)	Henri va **se fiancer avec** Louise.
épouser	to marry	Jean va **épouser** Éliane.
se marier (avec)	to marry, to get married	Alice va **se marier avec** André.
divorcer	to divorce	Mon oncle vient de **divorcer.**

expressions

pour ≠ **contre**	for ≠ against	Êtes-vous **pour** ou **contre** le divorce?
entre	between, among	Nous sommes **entre** amis.

The constructions **épouser** and **se marier avec** are synonymous:

> Paul va **épouser** Jacqueline.
> Paul va **se marier avec** Jacqueline. } Paul is going *to marry* Jacqueline.

1. D'accord? Dites si vous êtes (complètement, partiellement) d'accord avec les opinions suivantes.

1. Quand on est amoureux, on est toujours heureux.
2. Dans le mariage, l'amitié est plus importante que l'amour.
3. On peut être amoureux de plusieurs personnes en même temps.
4. Le grand amour est éternel.
5. Dans un mariage stable, le mari et la femme doivent avoir la même religion.
6. On peut être amoureux à tout âge *(at any age)*.
7. Les Américains divorcent pour des prétextes futiles.
8. Si on veut préserver la stabilité de la famille, il faut décourager le divorce.
9. Les époux qui s'entendent bien, ne se disputent jamais.

NOTE LINGUISTIQUE: Mots apparentés é- ↔ s-, es-
Some French words that begin with é- have English cognates in s- and es-.

é- ↔ s-	un époux, une épouse	spouse
	étudier	to study
é- ↔ es-	épouser	to espouse
	un établissement	establishment

2. Questions personnelles:

1. Êtes-vous marié(e)? Si non, avez-vous l'intention de vous marier? Quand?
2. D'après vous, est-ce que le mariage est une institution importante? Pourquoi ou pourquoi pas?
3. Est-ce que vous vous entendez bien avec vos amis? avec vos parents? avec vos professeurs? avec vos frères et sœurs?
4. Est-ce que vous vous disputez avec vos parents? Souvent ou rarement?

PROVERBE   **On ne peut pas vivre d'amour et d'eau fraîche.**
You can't live on love and water.

A. *Les verbes pronominaux: sens réciproque*

Note the reflexive constructions in heavy print.

Charles aime Monique.
Monique aime Charles. } Ils **s'aiment.**   They *love each other.*

Robert rencontre Anne.
Anne rencontre Robert. } Ils **se rencontrent.**   They *meet (each other).*

Je téléphone à mes amis.
Mes amis me téléphonent. } Nous **nous téléphonons.**   We *call one another.*

■ The reflexive construction may be used to express *reciprocal actions.* Since reciprocity involves more than one person, this reflexive construction almost always occurs in the plural.

• In English, reciprocal actions are often rendered by *each other* or *one another.*

3. Les vrais amis: Décrivez les rapports idéaux entre des amis. Pour cela, utilisez la forme pronominale des verbes suivants dans des phrases affirmatives ou négatives.

▶ rencontrer souvent   *Ils se rencontrent souvent.*
▶ détester   *Ils ne se détestent pas.*

1. téléphoner souvent
2. parler de leurs problèmes
3. donner souvent rendez-vous
4. comprendre
5. aider
6. disputer
7. inviter
8. aimer bien

4. Expression personnelle: Quelles sont vos relations avec votre ami(e) préféré(e)?

1. Est-ce que vous vous donnez souvent rendez-vous?
2. Où est-ce que vous vous rencontrez?
3. Est-ce que vous vous téléphonez souvent?
4. Est-ce que vous vous entendez bien?
5. Est-ce que vous vous disputez? Pourquoi?

B. *L'impératif des verbes pronominaux*

Compare the position of the reflexive pronouns in the following affirmative and negative commands.

affirmative commands	*negative commands*
Lave-**toi** les mains avant le dîner.	Ne **te** lave pas les mains dans la cuisine.
Occupez-**vous** de vos problèmes.	Ne **vous** occupez pas de mes problèmes.
Promenons-**nous** en voiture.	Ne **nous** promenons pas à pied.

■ In affirmative commands, the reflexive pronoun follows the verb and is attached to it by a hyphen. In negative commands the pronoun comes before the verb.

• The pronoun **te** becomes **toi** when it comes after the verb.

5. En retard: Ce matin il y a un examen important. Philippe dit à Jacques, son camarade de chambre, de faire comme lui. Jouez le rôle de Philippe.

▶ Philippe se réveille.   *Réveille-toi, Jacques!*

1. Philippe se lève.
2. Il se rase.
3. Il se lave.
4. Il s'habille.
5. Il se peigne.
6. Il se dépêche.

6. Quelques conseils: Imaginez que vous êtes médecin en France. Vous avez un patient très nerveux. Dites-lui de faire certaines choses et de ne pas faire d'autres choses.

▶ se reposer (oui)   *Reposez-vous!*
▶ s'énerver (non)   *Ne vous énervez-pas!*

1. s'impatienter (non)
2. se mettre en colère (non)
3. se disputer avec ses amis (non)
4. se préoccuper inutilement (non)
5. s'acheter des cigarettes (non)
6. s'acheter une bicyclette (oui)
7. se promener dans la campagne (oui)
8. s'amuser (oui)

7. Propositions: Jean-Pierre rencontre Suzanne à une surprise-partie et tombe amoureux d'elle. Il lui suggère certaines choses. Jouez le rôle de Jean-Pierre. Pour cela, utilisez la forme *nous* de l'impératif.

▶ se rencontrer demain   *Rencontrons-nous demain!*

1. se téléphoner
2. se rencontrer au café de l'Univers
3. se fiancer
4. se marier
5. s'acheter un appartement

8. Réactions: Qu'est-ce que vous pouvez dire dans les circonstances suivantes? Utilisez un verbe pronominal à la forme impérative, négative ou affirmative. Et n'oubliez pas d'utiliser votre imagination!

▶ Un ami part en week-end.   *Amuse-toi bien!* ou: *Ne t'amuse pas trop!*

1. Il est dix heures du matin et votre frère dort *(is sleeping)*.
2. Votre sœur a les cheveux en désordre.
3. Vous avez eu un accident avec la voiture de votre père.
4. Vos amis travaillent trop.
5. Vos parents ne sont pas contents parce que vous partez en voyage.
6. Vos camarades se disputent dans votre chambre.
7. Vos amis Georges et Virginie s'aiment beaucoup.
8. Vos amis Vincent et Catherine, qui sont mariés, ne s'entendent pas en ce moment.

C. L'infinitif des verbes pronominaux

Note the position of the reflexive pronouns in the following sentences.

Je vais **me reposer.**	I am going *to rest.*
Je n'aime pas **me lever** tôt.	I do not like *to get up* early.
Paul va **se marier** avec Annie.	Paul is going *to marry* Annie.
Louise n'a pas envie de **se marier.**	Louise does not want *to get married.*
Nous allons **nous rencontrer** demain.	We are going *to get together* tomorrow.

■ When the infinitive form of a reflexive verb is used in a sentence, the reflexive pronoun comes directly *before* the infinitive, and represents the same person as the subject of the main verb.

Je vais **me** promener.   I am going for a walk.

Paul ne va pas **se** promener.   Paul is not going for a walk.

9. Expression personnelle: Dites si oui ou non vous aimez faire les choses suivantes.

▶ se promener   *Oui, j'aime me promener.*
  ou: *Non, je n'aime pas me promener.*

1. se promener à la campagne
2. se promener la nuit
3. se promener quand il pleut
4. se lever tôt
5. se laver avec de l'eau froide
6. se disputer avec ses amis
7. se reposer
8. s'acheter des vêtements chers

promenades

LES CANAUX DE PARIS ET LA SEINE. La Patache-Eautobus. Du Pont de la Concorde au bassin de la Vilette. T.l.j. sf Lun et jours fériés. Matin : de 9h à 12h30. R.V. quai Anatole-France face n° 15. Après-midi de 14h à 17h. R.V. angle quai de la Loire, av. Jean-Jaurès. Réserv. la veille à Quiztour. 874.75.30 (jusqu'au 4 novembre).

10. Vive le mariage! Les personnes suivantes ont décidé de se marier. Dites quand elles vont se marier.

▶ Isabelle (dans un an)   *Isabelle va se marier dans un an.*

1. Paul et Louise (en octobre)
2. mes amies (après l'université)
3. nous (en juin)
4. vous (dans deux ans)
5. moi (après mes études)
6. toi (dans dix ans)

11. Alors? Complétez les phrases suivantes avec un verbe pronominal.

1. Ce soir, j'ai envie de ...
2. Je n'ai pas l'intention de ...
3. Mes amis et moi, nous voulons ...
4. Nous ne devons pas ...
5. Demain, vous allez ...
6. Vous ne pouvez pas ...

D. Le passé composé des verbes pronominaux

The following sentences are in the *passé composé*. Note the auxiliary verb that is used, and the form of the past participle.

Paul **s'est habillé** pour la surprise-partie.	Paul *got dressed ...*
Jacqueline **s'est habillée** pour aller au théâtre.	Jacqueline *got dressed ...*
Albert et André **se sont habillés** pour un rendez-vous.	Albert and André *got dressed ...*
Isabelle et Anne **se sont habillées** pour aller au concert.	Isabelle and Anne *got dressed ...*

The *passé composé* of reflexive verbs is formed as follows:

> reflexive pronoun + present of **être** + past participle

Note the forms of the *passé composé* of **se laver** and **s'acheter** in the chart below.

	reflexive pronoun = direct object (agreement of past participle)	*reflexive pronoun = indirect object* (no agreement)
Affirmative form	Je me suis **lavé(e)**.	Je me suis **acheté** une veste.
	Tu t'es **lavé(e)**.	Tu t'es **acheté** un pull-over.
	Il s'est **lavé**.	Il s'est **acheté** des chaussures.
	Elle s'est **lavée**.	Elle s'est **acheté** une robe.
	Nous nous sommes **lavé(e)s**.	Nous nous sommes **acheté** des chaussettes.
	Vous vous êtes **lavé(e)(s)**.	Vous vous êtes **acheté** une chemise.
	Ils se sont **lavés**.	Ils se sont **acheté** des pantalons.
	Elles se sont **lavées**.	Elles se sont **acheté** des pyjamas.
Negative form	Je ne me suis pas **lavé(e)**.	Je ne me suis pas **acheté** de vêtements.

■ In the *passé composé* of a reflexive verb, the past participle agrees in gender and number with a preceding direct object.

• The reflexive pronoun is usually, but not always, a direct-object pronoun. Compare the following sentences:

> Jacqueline **s'**est habill**ée** rapidement.
> Jacqueline **s'**est achet**é** une robe.

In the first sentence, the reflexive pronoun **s'** is the direct object of the verb **habiller.** Since **s'** comes *before* the verb, and since it represents **Jacqueline,** a feminine singular noun, the past participle **habillée** has a feminine singular ending.

In the second sentence, **robe** is the direct object of the verb **acheter,** and **s'** is the indirect object. Since the direct object comes *after* the verb, there is no agreement.

- Some verbs are used only with indirect objects. In reflexive constructions with these verbs, the reflexive pronoun is always an indirect object and there is no agreement.

  Pierre a téléphoné **à ses parents.**   Pierre et ses parents **se** sont téléphoné.

12. À la surprise-partie: Dites qui s'est amusé et qui ne s'est pas amusé à la surprise-partie.

▶ Suzanne (oui)   *Suzanne s'est amusée.*
▶ Paul (non)   *Paul ne s'est pas amusé.*

1. Jacques (oui)
2. Philippe (non)
3. Anne (oui)
4. Michèle (non)
5. mes cousins (oui)

6. mes cousines (non)
7. moi (oui)
8. toi (oui)
9. vous (non)
10. nous (non)

13. Une histoire d'amour: Racontez au passé composé l'histoire d'amour de Pierre et d'Annette.

1. Ils se rencontrent dans une discothèque.
2. Ils se parlent.
3. Ils se téléphonent.
4. Ils se donnent rendez-vous.
5. Ils se rencontrent à nouveau *(again).*

6. Ils se trouvent des points communs.
7. Ils s'entendent bien.
8. Un jour, ils se déclarent leur amour.
9. Ils se fiancent.
10. Ils se marient.

14. À l'hôpital: Les personnes suivantes sont à l'hôpital. Expliquez la nature de leur accident. Pour cela utilisez la forme appropriée du verbe pronominal *se casser (to break)* avec la partie du corps entre parenthèses.

▶ Paul a fait du ski. (la jambe)   *Il s'est cassé la jambe.*

1. J'ai joué au football. (le pied)
2. Vous avez eu un accident de voiture. (la jambe)
3. Tu es tombé. (la main)
4. Nous nous sommes disputés avec King Kong. (les dents)
5. Hélène a eu un accident de moto. (le bras)
6. Mes amis ont fait du parachutisme. (les pieds)

15. Questions personnelles: Parlons de vos activités du week-end dernier.

1. Avez-vous été dans un magasin samedi matin? Qu'est-ce que vous vous êtes acheté?
2. Est-ce que vous vous êtes promené(e) samedi après-midi? Où? Avec qui?
3. Est-ce que vous vous êtes amusé(e) samedi soir? Comment?
4. À quelle heure est-ce que vous vous êtes levé(e) dimanche matin?
5. Est-ce que vous vous êtes reposé(e) dimanche après-midi?

Phonétique

Les lettres s, c et ç

The letter **s** represents the sound:

/z/ when it occurs between two vowels

Répétez: ro**s**e, I**s**abelle, suppo**s**e, cou**s**in, mu**s**ique, repo**s**e
        Je suppo**s**e qu'I**s**abelle est la cou**s**ine de Deni**s**e.

/s/ in other positions

Répétez: **s**a, **s**œur, **s**ouvent, univer**s**ité, **s**alle, re**s**te
        Sa **s**œur **S**ylvie re**s**te à l'univer**s**ité en **s**eptembre.

The letter **c** represents the sound:

/s/ before **e, i** and **y**

Répétez: Mauri**c**e, **C**é**c**ile, **c**e, **c**inéma
        Est-**c**e que **C**é**c**ile est au **c**inéma?

/k/ before **a, o, u,** and consonants and in final position

Répétez: **c**omment, **c**ours, **c**afé, **c**opain, **c**urieux, a**c**tion, ave**c**
        Caroline est au **c**afé ave**c** des **c**opains **c**anadiens.

The letter **ç** represents the sound /s/. Note: **ç** occurs only before **a, o,** and **u**.

Répétez: **ç**a, Fran**ç**ois, gar**ç**on
        Fran**ç**ois est un gar**ç**on fran**ç**ais.

Récapitulation

Substitution

Remplacez les mots soulignés avec les mots entre parenthèses. Faites les changements nécessaires.

1. Pierre et Marie se téléphonent souvent.   (mes amis, nous, vous, ces amis)
2. Quand est-ce que tu vas te marier?   (Charlotte, Paul, Isabelle et Jacques, nous, vous)
3. Philippe s'est acheté une voiture de sport.   (Thomas et Louis, je, nous, mes cousines, ma mère, le professeur)
4. Nous ne nous sommes pas reposés aujourd'hui.   (Henri, Caroline et Cécile, je, tu, vous, mes amies)
5. Dépêchez-vous, Monsieur!   (Paul, Madame, Anne, Georges et Luc)

Vous avez la parole: Le week-end dernier

Imaginez que vous avez passé le week-end dernier à Paris! Racontez ce que vous avez fait. Utilisez au moins six verbes pronominaux au passé composé.

Instantané

LE FRANÇAIS PRATIQUE

Un rendez-vous chez le médecin

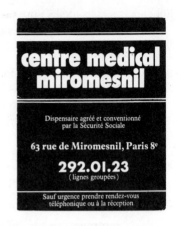

Le malade:

Je vais chez ... le dentiste.
               le médecin.
               le docteur Allard.
J'ai rendez-vous à deux heures.

Le docteur:

Avez-vous mal à la tête? au ventre?
   à la gorge? aux dents?
Avez-vous pris votre température
   ce matin?
Avez-vous de la fièvre?
J'ai 39 de fièvre.

Asseyez-vous[1]!
Ouvrez la bouche!
Tirez la langue[2].
Fermez les yeux.
Enlevez[3] votre chemise.
Déshabillez-vous.

Vous avez un rhume, la grippe,
   la mono-nucléose, une bronchite.
Je vais prendre une radio[1].
Je vais faire une analyse de sang[2].
Prenez ... de l'aspirine.
           ce médicament.
           un cachet d'aspirine
             toutes les deux heures.
Voici l'ordonnance[3].
Restez deux jours au lit.
Reposez-vous.

1 *sit down* 2 *stick out your tongue* 3 *take off*

1 *X-ray* 2 *blood* 3 *prescription*

La santé des Français

- La majorité des Français (54%) ne fument pas. Un Français sur trois ne boit pas de vin. Très peu de Français (moins d'un sur mille) prennent des drogues.

- En France, il y a un médecin pour 678 habitants. (Un pour 622 aux États-Unis.)

- En moyenne, les Français rendent visite 3 fois par an à leur médecin. 10% des Français sont hospitalisés chaque année.

«Pourquoi est-ce que vous vous mariez?»

Vive le mariage!

Autrefois on demandait aux jeunes couples «Pourquoi est-ce que vous ne vous mariez pas?» Aujourd'hui, la question est plutôt, «Pourquoi est-ce que vous vous mariez?»

Avec les progrès de la contraception, l'évolution de la moralité, les changements économiques et sociaux, le mariage a beaucoup évolué. Ce n'est plus une obligation comme avant.

Que représente le mariage pour les jeunes Français d'aujourd'hui? Pour répondre à cette question, le magazine français *L'Express* a fait une enquête. Deux mille couples de futurs jeunes mariés ont répondu à cette enquête.

1. À quel âge allez-vous vous marier? (Ou à quel âge vous êtes-vous mariés?)

	LUI	ELLE
17 ans ou moins	—	2%
18 à 23 ans	55%	75%
24 à 26 ans	29%	16%
27 ans ou plus	16%	7%

2. Depuis combien de temps vous connaissez-vous?

6 mois ou moins	3%
entre 6 mois et 2 ans	51%
entre 2 et 5 ans	40%
plus de 5 ans	6%

3. Voici certains éléments qui contribuent au succès d'un mariage. Selon vous, est-ce que ces éléments sont indispensables à ce succès?

	LUI	ELLE
la bonne entente sexuelle	72%	71%
les enfants	38%	41%
l'égalité intellectuelle	23%	26%
l'argent	16%	15%
la même origine sociale	12%	13%

4. Quand un homme et une femme veulent vivre ensemble, est-ce qu'ils doivent se marier?

	LUI	ELLE
oui	38%	42%
non	62%	58%

5. Combien d'enfants voulez-vous avoir?

	LUI	ELLE
0	10%	10%
1	14%	6%
2	48%	54%
3	22%	25%
plus	6%	5%

RENCONTRES

Pour toi mon amour

Jacques Prévert
Paroles
© Editions Gallimard

Je suis allé au marché° aux oiseaux°   *market / birds*
  Et j'ai acheté des oiseaux
    Pour toi
      mon amour
Je suis allé au marché au fleurs°   *flowers*
  Et j'ai acheté des fleurs
    Pour toi
      mon amour
Je suis allé au marché à la ferraille°   *scrap iron*
  Et j'ai acheté des chaînes
    De lourdes chaînes
     Pour toi
      mon amour
Et puis je suis allé au marché aux esclaves°   *slaves*
  Et je t'ai cherchée
  Mais je ne t'ai pas trouvée
    mon amour.

IX: Hier et aujourd'hui

Leçon 25: La vie urbaine: pour ou contre?

Habitez-vous dans une grande ville?

Aujourd'hui, la majorité des Français habitent en ville. L'urbanisation a ses avantages mais aussi ses inconvénients. Voici quelques réflexions sur la vie en ville. Certaines° sont optimistes. Les autres° sont pessimistes. *some/others*

Qu'est-ce que vous pensez de ces réflexions?

POUR

DOMINIQUE BELLAMY *(19 ans, étudiante, Strasbourg):*

Dans une grande ville il y a toujours quelque chose à faire. On peut aller au cinéma, visiter une exposition°, ou simplement aller dans un café et regarder les gens qui passent dans la rue. Personnellement, je ne perds jamais mon temps. *exhibition*

NELLY CHOLLET *(28 ans, chef du personnel, Toulouse):*

Je suis originaire° d'une petite ville mais maintenant j'habite à Toulouse. Je gagne bien ma vie°. J'ai un travail qui est intéressant, des responsabilités que je n'avais pas° avant. Je connais des quantités de gens extraordinaires. Je ne voudrais pas habiter dans une autre° ville! *native* / *earn a good living* / *I did not have* / *another*

La banlieue de Lyon

PIERRE BARTHE *(35 ans, photographe, Marseille):*

L'avantage des grandes villes, c'est l'indépendance et l'anonymat°. Personne ne   *anonymity*
vous connaît, personne ne vous épie°. Personne ne s'occupe de vous. Pour moi,   *watches*
c'est un avantage considérable!

CONTRE

CHRISTOPHE LEMAIRE *(27 ans, employé de banque, Bordeaux):*

Regardez le journal! On parle uniquement de violence et de crimes ... Et je ne
mentionne pas la pollution, le bruit, le coût de la vie ... En ville, tout est plus cher
qu'ailleurs°. Où sont les avantages de la ville? Moi, je ne sais pas!   *elsewhere*

CHRISTINE LEROI *(39 ans, employée de laboratoire, Paris):*

Je travaille en banlieue. Le matin, je me lève à six heures pour prendre le métro.
Le soir, je ne rentre jamais chez moi avant huit heures. Je dîne, je regarde la
télé et je me couche ... Le week-end, je suis trop fatiguée pour sortir. Bien sûr, il
y a le cinéma, les musées, les concerts ... Mais c'est pour les gens qui ne font rien
pendant la semaine.

SYLVIANE DUMOULIN *(45 ans, employée des postes, Lyon):*

J'habite dans une ville d'un million d'habitants ... Cela ne veut pas dire que les
contacts humains sont plus faciles que dans les petites villes. Au contraire! Ici
les gens sont froids et distants. Tenez! J'habite dans un immeuble moderne et
confortable. J'ai des centaines° de voisins ... mais je ne connais personne. Dans   *hundreds*
les grandes villes, le problème numéro un, c'est la solitude!

Renseignements culturels: L'urbanisation de la France

En 1900, la France était[1] un pays essentiellement
rural; 65% des Français habitaient à la campagne ou
dans des petites villes de moins de 2.000 habitants.
Cette situation a radicalement changé après la
guerre[2]. De très grandes zones urbaines se sont
développées autour[3] de villes plus anciennes,
comme Marseille ou Lyon. Aujourd'hui 80% des
Français vivent[4] dans des agglomérations urbaines.

Voici quelques grands centres urbains:

PARIS   Avec 10 millions d'habitants, la région parisienne est la plus grande agglomération d'Europe.

LYON   Lyon était la capitale de la Gaule romaine.
Aujourd'hui, Lyon est un centre industriel très important[5].

MARSEILLE   Fondée[6] au sixième siècle[7] avant Jésus-
Christ par des marins[8] grecs, Marseille est la plus
ancienne ville française. Située sur la Méditerranée,
c'est le premier port de France et le centre de l'industrie pétrolière française.

BORDEAUX   Bordeaux doit son expansion économique au commerce des vins au Moyen Âge[9]. Aujourd'hui, Bordeaux est un centre industriel et commercial important.

TOULOUSE   Très actif centre culturel au Moyen Âge,
Toulouse est aujourd'hui le centre de l'industrie
aéronautique française.

STRASBOURG   Située sur le Rhin, Strasbourg est une
ville-frontière[10] entre la France et l'Allemagne.
Siège[11] de plusieurs institutions européennes, Strasbourg est devenue «la capitale de l'Europe».

1 *was*   2 *war*   3 *around*   4 *live*   5 = *grand*   6 *founded*
7 *century*   8 *sailors*   9 *Middle Ages*   10 *border*   11 *seat*

Structure et Vocabulaire

VOCABULAIRE: La ville

noms

les habitants	inhabitants		
un voisin	neighbor (male)	**une voisine**	neighbor (female)
la ville	city, town		
un bâtiment	building	**une avenue**	avenue
un boulevard	boulevard	**la banlieue**	suburbs
un bureau (des bureaux)	office	**une rue**	street
le centre	center	**une usine**	factory
un immeuble	apartment building		
un parc	park		
un quartier	district, area, neighborhood		
les problèmes			
le bruit	noise	**la circulation**	traffic
le crime	crime	**la pollution**	pollution

adjectifs

agréable ≠ **désagréable** — pleasant, nice ≠ unpleasant
ancien (ancienne) ≠ **moderne** — old ≠ modern, new
propre ≠ **sale** — clean ≠ dirty

expressions

à la campagne	in the country	Nous habitons **à la campagne.**
en ville	in the city, downtown	Je préfère habiter **en ville.**

---

1. D'accord? Dites si oui ou non vous êtes d'accord avec les opinions suivantes.

1. Le bruit est une forme de pollution.
2. Pour résoudre *(solve)* le problème de la circulation, il faut augmenter *(increase)* le prix de l'essence *(gas)*.
3. Les habitants des villes sont généralement froids et distants.
4. Quand on habite dans une grande ville, on a beaucoup de voisins mais on n'a pas beaucoup d'amis.
5. Les immeubles modernes sont confortables, mais ils n'ont pas de personnalité.
6. Il faut interdire *(forbid)* la construction de centrales nucléaires près des grandes villes.
7. Les usines sont la principale cause de la pollution atmosphérique.
8. Il est plus agréable d'habiter dans le centre d'une grande ville que dans la banlieue.

2. Questions personnelles:

1. Comment s'appelle la ville où vous habitez? Est-ce que c'est une grande ville ou une petite ville? Combien d'habitants est-ce qu'il y a? Est-ce que c'est une ville agréable? Pourquoi ou pourquoi pas?
2. Habitez-vous dans le centre ou dans la banlieue? Est-ce qu'il y a des bâtiments modernes dans le centre? Est-ce qu'il y a un parc?
3. Est-ce que vos parents habitent dans un immeuble ou dans une maison individuelle?
4. Comment s'appelle le bâtiment où vous avez votre classe de français? Est-ce qu'il est ancien ou moderne? Est-ce qu'il est propre?
5. Connaissez-vous bien vos voisins? Comment s'appellent-ils?
6. Est-ce qu'il y a beaucoup de pollution dans votre ville? beaucoup de circulation? beaucoup de bruit? beaucoup de crimes?
7. Préférez-vous habiter en ville ou à la campagne? Pourquoi?
8. D'après vous, quels sont les avantages et les désavantages d'habiter dans un quartier ancien? d'habiter dans un quartier moderne?

NOTE LINGUISTIQUE: Mots apparentés consonne + **-re** ↔ consonne + *-er*
Many French nouns which end in consonant + **-re** have English cognates in consonant + *-er*.

consonant + **-re** ↔ consonant + *-er*		
	le cen**tre**	cen*ter*
	le théâ**tre**	thea*ter*

A. *Le verbe* savoir; *la construction* savoir + infinitif

Note the forms of **savoir** *(to know, to know how to)* in the sentences below.

infinitive	savoir
present	Je **sais** parler français.
	Tu **sais** parler espagnol.
	Il/elle/on **sait** jouer au tennis.
	Nous **savons** jouer de la guitare.
	Vous **savez** faire du ski.
	Ils/elles **savent** piloter un avion.
passé composé	J'**ai su** la réponse à cette question.

- The main meaning of **savoir** is *to know.* When **savoir** is followed by an infinitive, it means *to know how to.*

Sais-tu nager? { *Do you know how to* swim?
Can you swim? }

3. Où est le restaurant? Un groupe d'amis ont décidé d'aller dans un restaurant vietnamien. Certains savent où est le restaurant. Les autres ne savent pas. Exprimez cela.

▶ Paul (non)   *Paul ne sait pas.*

1. Charles (oui)
2. Elizabeth et Claire (non)
3. toi (oui)
4. moi (non)

5. vous (oui)
6. mes cousins (non)
7. ma cousine (oui)
8. nous (non)

4. Dialogue: Demandez à vos camarades s'ils savent faire les choses suivantes.

▶ nager?   *—Sais-tu nager?*
              —Oui, je sais nager.
         ou: *Non, je ne sais pas nager.*

1. parler espagnol?
2. parler russe?
3. faire du ski?
4. faire la cuisine?
5. piloter un avion?
6. jouer de la guitare?
7. danser le rock?
8. danser le tango?

Comédie Française
MOLIÈRE
LES FEMMES SAVANTES
Mise en scène Jean-Paul ROUSILLON
Mardi 10 à 20 h 30 et
Mercredi 11 à 14 h 30

Les Femmes savantes, de Molière. Mise en scène Jean-Paul Roussillon. Avec François Chaumette, Si- mon Eine, Jean-Luc Boutté, Patrice Kerbrat, Jacques Sereys, Louis Arbessier, Yves Pignot, Yvonne Gau- deau, Françoise Seigner, Dominique Constanza, Ca- therine Ferran, Christine Murillo (Mar 10, 20h30)

B. Connaître *ou* savoir?

In French there are two verbs that correspond to the English verb *to know:* **connaître** *(to be acquainted with)* and **savoir** *(to know as a fact).* Compare the uses of these verbs in the sentences below.

Je **connais** André.
Connaissez-vous Québec?
Nous **connaissons** ce restaurant.
Tu **connais** quelqu'un ici?

Je **sais** où il habite.
Savez-vous si c'est une belle ville?
Nous **savons** qu'on y mange bien.
Tu **sais** la leçon?

—**Sais**-tu à quelle heure est le bus?
—Moi, je **sais.** (Non, je ne **sais** pas.)

Although **connaître** and **savoir** both mean *to know*, they cannot be substituted for one another. Their uses are summarized in the following chart.

verb used ...	connaître	savoir
alone	——	Oui, je **sais.** Non, je ne **sais** pas.
with a direct object noun or pronoun:		
people	Tu **connais** Jean.	——
places	Je **connais** Paris.	——
facts, things learned	Il **connaît** mon adresse.	Il **sait** mon adresse.
with a clause	——	Nous **savons** { pourquoi / comment / avec qui / quand } il va à Paris.
with an infinitive	——	Vous **savez** nager.

- Note the following constructions:

Je sais que ...	I know that	**Je sais que** vous n'aimez pas le bruit.
Je ne sais pas si ...	I do not know if ...	**Je ne sais pas si** vous aimez Paris.
Sais-tu si ... ?	Do you know if ... ?	**Sais-tu si** tu vas venir avec nous?

5. Questions personnelles:

1. Connaissez-vous New York? Atlanta? la Nouvelle Orléans? le Canada? le Mexique?
2. Connaissez-vous bien votre ville? Savez-vous quand elle a été fondée? Savez-vous combien d'habitants il y a? Savez-vous qui est le maire *(mayor)*?
3. Connaissez-vous bien vos voisins? Savez-vous où ils travaillent? Savez-vous s'ils parlent français?
4. Connaissez-vous les bons restaurants de votre ville? Savez-vous s'il y a des restaurants français? Savez-vous s'ils sont chers?

6. Françoise:
Jacques demande des renseignements sur Françoise. Jouez le rôle de Jacques. Commencez vos phrases par *Sais-tu* ou *Connais-tu.*

▶ où elle travaille?   *Sais-tu où elle travaille?*

1. ses parents?
2. sa sœur?
3. sa cousine?
4. où elle habite?
5. avec qui elle sort?
6. la maison de son oncle?
7. ses amis?
8. si elle voyage souvent?
9. si elle aime danser?

C. Le pronom relatif qui

In the sentences on the right, the pronoun in heavy print is used to join the pairs
of sentences on the left. It replaces the *subject* of the second sentence in each
pair. This pronoun is called a *relative pronoun*.

J'ai une amie.
Cette amie habite à la campagne. } J'ai une amie **qui** habite à la campagne.

Paris est une ville.
Cette ville est agréable. } Paris est une ville **qui** est agréable.

J'ai écouté un journaliste.
Ce journaliste a parlé des problèmes
urbains. } J'ai écouté un journaliste **qui** a parlé des problèmes
urbains.

Dans ma ville il y a des immeubles.
Ces immeubles sont très modernes. } Dans ma ville, il y a des immeubles **qui** sont très modernes.

The word to which the relative pronoun refers is called its *antecedent*. In the
above sentences, the nouns **une amie, une ville, un journaliste,** and **des
immeubles** are the antecedents of the relative pronoun **qui.**

■ The relative pronoun **qui** is a *subject pronoun*. It replaces nouns that designate people, things, or abstract ideas.

• **Qui** corresponds to the English relative pronouns *who, which, that.*

7. Préférences personnelles: Dites si vous aimez les personnes ou les choses suivantes,
d'après le modèle.

▶ les maisons anciennes   *J'aime les maisons qui sont anciennes.*
                    ou: *Je n'aime pas les maisons qui sont anciennes.*

1. les immeubles modernes   4. les personnes riches
2. les villes très grandes   5. les gens ambitieux
3. les garçons intellectuels   6. les magazines sérieux

8. Expression personnelle: Faites des phrases suivant le modèle.

▶ J'habite dans une ville. Elle est ancienne?   *J'habite dans une ville qui est ancienne.*
                    ou: *J'habite dans une ville qui n'est pas
                          ancienne.*

1. New York est une ville. Elle est agréable?
2. Mes parents ont une voiture. Elle consomme beaucoup d'essence *(gas)*?
3. La pollution est un problème. Il a une solution?
4. J'ai des voisins. Ils font beaucoup de bruit?
5. Le français est une langue *(language).* Elle est facile?
6. Dans ma ville, il y a un parc. Il est très grand?

9. Expression personnelle: Complétez les phrases suivantes avec une expression de votre choix.

1. J'ai un ami qui ...
2. J'habite dans une maison qui ...
3. J'aime les gens qui ...

4. Je connais quelqu'un qui ...
5. J'ai des voisins qui ...

D. *Le pronom relatif* que

In the sentences on the right, the relative pronoun in heavy print is used to join the pairs of sentences on the left. It replaces the *direct object* of the second sentence in each pair.

Paul est un garçon.
Je trouve *ce garçon* sympathique. } Paul est un garçon **que** je trouve sympathique.

Paris est une ville.
Les touristes admirent *cette ville.* } Paris est une ville **que** les touristes admirent.

Voici des filles.
Nous invitons souvent *ces filles.* } Voici des filles **que** nous invitons souvent.

Alice a des idées.
Je trouve *ces idées* intéressantes. } Alice a des idées **que** je trouve intéressantes.

■ The relative pronoun **que** is a *direct-object pronoun.* It replaces nouns or pronouns that designate people, things or abstract ideas.

• **Que** corresponds to the English relative pronouns *whom, which, that.*

• Although the direct-object relative pronoun is often omitted in English, the pronoun **que** must always be expressed in French.

Voici un livre **que**
Voici une personne **que** } je trouve intéressant(e)(s).
Voici des idées **que**

Here is a book *(which)*
Here is a person *(whom)* } I find interesting.
Here are some ideas *(that)*

10. Curiosité: Quand Denise fait certaines choses, Jacques veut obtenir des précisions. Jouez le rôle de Jacques d'après le modèle. Commencez vos phrases par *Comment s'appelle* ou *Comment s'appellent.*

▶ Denise achète un livre.   *Comment s'appelle le livre que tu achètes?*

1. Denise achète un journal.
2. Elle regarde un magazine.
3. Elle écoute un disque.
4. Elle invite un ami.
5. Elle écoute une fille.

6. Elle regarde un garçon.
7. Elle invite des amis.
8. Elle achète des disques.
9. Elle regarde un programme de télé.
10. Elle invite des amies.

11. Expression personnelle: Faites des phrases d'après le modèle.

▶ Chicago est une ville. (aimer?)   *Chicago est une ville que j'aime.*
                                ou: *Chicago est une ville que je n'aime pas.*

1. Paris est une ville. (vouloir visiter?)
2. Les Français sont des gens. (trouver sympathiques?)
3. Le français est une langue. (parler bien?)
4. Le tennis est un sport. (pratiquer?)
5. Le football est un sport. (regarder à la télé?)
6. Marlon Brando est un acteur. (admirer?)
7. Le bruit est une chose. (trouver agréable?)
8. La violence est une chose. (tolérer?)

Chinon est une ville que j'aime.

VOCABULAIRE: Expressions indéfinies de quantité

autre	other	
l'autre	the other	**L'autre** jour je suis allée au parc.
les autres	the others	**Les autres** étudiants ne sont pas venus.
un(e) autre	another	Je cherche **un autre** appartement.
d'autres	other	Voulez-vous visiter **d'autres** appartements?
certain	certain	
un(e) certain(e)	a certain	J'ai besoin d'**un certain** livre.
certain(e)s	certain, some	**Certains** problèmes n'ont pas de solution.
chaque	each, every	**Chaque** jour est différent.
plusieurs	several	Notre ville a **plusieurs** parcs.
quelques	some, a few	Marc a **quelques** magazines français chez lui.
tout	all	
tout le (toute la)	all the, the whole	Est-ce que **toute la** classe comprend la leçon?
tous les (toutes les)	all the, every	**Tous les** hommes sont égaux *(equal).*

NOTES DE VOCABULAIRE

1. The expression **autre** is always introduced by an article or another determiner.

2. **Tout le** (**toute la,** etc.) agrees with the noun it introduces.

3. In the expression **tout le,** the definite article may be replaced by **ce** or a possessive adjective.

> Que font **tous ces** gens?   What are *all those* people doing?
> J'ai perdu **tout mon** argent.   I lost *all my* money.

---

12. **Questions personnelles:**

1. Allez-vous aller à une autre classe après cette classe? Quelle classe?
2. Avez-vous d'autres cours aujourd'hui? Quel cours?
3. Est-ce qu'il y a d'autres universités dans la région? Comment s'appellent ces autres universités?
4. Est-ce que vous préparez bien chaque examen de français?
5. Est-ce que vous connaissez tous les garçons dans la classe? et toutes les filles?
6. Est-ce que vous allez à l'université tous les jours?
7. Est-ce que vous sortez tous les week-ends?
8. Est-ce que vous avez plusieurs camarades de chambre?
9. Chez vous est-ce qu'il y a plusieurs téléviseurs? plusieurs radios?
10. De temps en temps *(from time to time)*, avez-vous quelques difficultés avec vos amis? avec vos parents? avec vos études? avec le français?

13. Généralisations: Acceptez ou refusez les généralisations suivantes. Utilisez *tous* ou *toutes* dans vos réponses.

▶ Les femmes veulent être indépendantes?
   C'est vrai! Toutes les femmes veulent être indépendantes.
   C'est faux! Toutes les femmes ne veulent pas être indépendantes.

1. Les hommes sont égaux *(equal)*?
2. Les gens aiment la liberté?
3. Les professeurs sont intelligents?
4. Les étudiants sont idéalistes?
5. Les étudiantes de cette classe sont brillantes?
6. Les personnes optimistes sont heureuses?
7. Les voitures consomment de l'énergie?
8. Les généralisations *(f.)* sont absurdes?

Phonétique

Les lettres qu

The letters **qu** almost always represent the consonant /k/. Remember that the sound /k/ in French is produced without a puff of air.

Mot-clé: **qui**
Répétez: **Q**uébec, **qu**estion, **qu**itter, **qu**and, **qu**'est-ce **qu**e

   Quand as-tu quitté Québec?
   Quelqu'un a répondu à la question.

Récapitulation

Substitution

Remplacez les mots soulignés par les mots entre parenthèses. Faites tous les changements nécessaires.

1. Je connais Jacques, mais je ne sais pas où il habite.   (nous, mes frères, ma voisine, tu, vous)
2. Connaissez-vous Georges?   (avec qui il travaille, Paris, ce quartier, où j'habite, mes amis, pourquoi Sylvie est furieuse)
3. Voici un garçon qui est très intéressant.   (une ville, un magazine, des livres, un professeur)
4. Voici une fille que je connais.   (un quartier, des immeubles, une personne, des étudiants, un voisin)

Vous avez la parole: La vie urbaine

Décrivez la ville où vous habitez. Parlez aussi de ses avantages et de ses inconvénients. Si vous voulez, vous pouvez vous inspirer du texte «*La vie urbaine: pour ou contre?*».

Leçon 26: La télévision: un bien ou un mal?

Avez-vous la télévision?

    Aujourd'hui, la télévision fait partie de° notre existence. Mais la télévision n'a pas toujours existé. Deux habitants d'un petit village se souviennent du temps où la télévision n'existait pas.

                                                    is part of

MAURICE PÉCOUL *(45 ans, instituteur°):*   *teacher*

Avant la télévision, nous vivions° dans l'isolement° absolu. Notre univers était   *lived/isolation*
limité au village. Notre existence était monotone. Les gens travaillaient dur°,   *hard*
mais ils n'avaient pas de distractions°. Le cinéma le plus proche° était à trente   *amusements/nearest*
kilomètres. Nous n'y allions jamais. La télévision nous a apporté° les loisirs à   *brought*
domicile. Elle a transformé notre existence.

LOUIS JUÉRY *(55 ans, agriculteur°):*   *farmer*

Avant le village formait une communauté où tout le monde se connaissait. On
travaillait dur, c'est vrai, mais on savait aussi s'amuser ... Le soir, on allait au
café. On jouait aux cartes et on buvait ensemble le vin du pays° ... La conversa-   *local wine*
tion était toujours animée° ... Le samedi, tout le monde allait au bal ... Main-   *lively*
tenant, c'est fini! Les gens s'enferment° chez eux pour regarder la télévision. Ils   *shut themselves up*
ne se parlent plus. C'est vrai, la télévision a changé notre existence. Hélas!

Renseignements culturels: La télévision en France

Il y a¹ cinquante ans, la télévision n'existait pas. Il y a trente ans, c'était un luxe. La popularité de la télévision en France a commencé avec la transmission des cérémonies du couronnement² de la reine³ d'Angleterre en 1953. Aujourd'hui, tout le monde «a la télé».

Il y a une différence fondamentale entre le système de télévision français et le système américain. En France, la télévision n'est pas une industrie privée⁴, mais un service public. C'est le gouvernement qui contrôle plus ou moins directement la SFP (Société Française de Production).

Cette situation pose la question capitale⁵ de la liberté d'expression et de l'indépendance de l'information. Est-ce que les journalistes de la télévision sont des journalistes indépendants? Ou bien, est-ce que ce sont des fonctionnaires⁶ chargés de présenter le point de vue officiel?

Les téléspectateurs ont le choix entre trois chaînes⁷ de télévision: TF 1 (Télévision Française 1),

A2 (Antenne 2), FR3 (France Régions 3). Pour la majorité des Français, la télévision est avant tout⁸ une forme de récréation à domicile⁹. Leurs émissions favorites sont les sports, les films, le théâtre, les variétés, et surtout les jeux télévisés. Certains de ces programmes sont transmis en «Eurovision», c'est-à-dire¹⁰ simultanément dans les autres pays européens.

Pour beaucoup de Français, la télé est devenue une habitude, un rite, presque une drogue¹¹: on regarde la télé en famille avant, pendant et après le dîner.

1 *ago* 2 *crowning* 3 *queen* 4 *private* 5 =essentielle
6 *civil servants* 7 *channels* 8 *above all* 9 =à la maison
10 *that is to say* 11 *drug*

Structure et Vocabulaire

VOCABULAIRE: La télévision

noms

un dessin animé	cartoon	**une chaîne**	channel
un documentaire	documentary	**une émission**	show, program
un film	movie	**les informations**	news
des jeux télévisés	TV game show	**les nouvelles**	news
un programme	program	**la publicité**	commercials
un spectacle	show	**les variétés**	variety show

adjectifs

favori (favorite)	favorite	Quelles sont vos émissions **favorites?**
préféré	favorite	Quelles sont tes émissions **préférées?**

expression

à la télé	on TV	Il y a un bon programme **à la télé** ce soir.

DIMANCHE 6 janvier

1 20.50 CINÉMA
LA CHATTE SUR UN TOIT BRULANT
de Richard Brooks avec
Paul Newman, Liz Taylor Orages conjugaux.

2 20.35 DOCUMENT
A LA DÉCOUVERTE DES FRANÇAIS
Le Partage.
La vie d'une famille paysanne bressanne
22.25 CINE-CLUB
ROMANCE AMÉRICAINE
de King Vidor
avec Rufan Donlevy

3 20.45 REPRISE
LA TUILE A LOUPS
d'après Jean-Marc Soyez
avec Paul Le Person

1. D'accord? Dites si vous êtes d'accord avec les opinions suivantes.

1. La télévision est une drogue *(drug)*.
2. Il y a trop de violence à la télé.
3. Il est impossible de présenter les informations objectivement.
4. À la télé, la publicité est souvent plus intéressante que le programme lui-même *(itself)*.
5. La publicité incite à la consommation inutile. Il faut limiter la publicité à la télé.
6. À la télévision américaine il y a trop de programmes de variétés et pas assez de programmes culturels.
7. La télévision a tué *(killed)* l'art de la conversation.
8. Parce qu'elle peut influencer l'opinion, la télévision joue un rôle considérable dans la vie politique.

2. Questions personnelles:

1. Avez-vous un téléviseur? Est-ce un téléviseur couleur ou un téléviseur en noir et blanc?
2. Regardez-vous souvent la télévision? Combien d'heures par jour?
3. Regardez-vous les informations à la télé? Sur quelle chaîne?
4. D'après vous, quelle est la chaîne qui a les meilleurs films? les meilleurs émissions sportives?
5. Regardez-vous les jeux télévisés? Quels sont vos jeux préférés? Quels sont les jeux que vous trouvez idiots?
6. Regardez-vous les émissions de variétés? Quelle est votre émission favorite?
7. Qui est votre comédien préféré? Dans quelle émission est-ce qu'il joue?

A. *Le verbe* vivre

The verb **vivre** *(to live)* is irregular. Note especially the past participle.

infinitive	**vivre**	
present	Je **vis** en France.	Nous **vivons** bien.
	Tu **vis** à Paris.	Vous **vivez** mal.
	Il/Elle **vit** en Italie.	Ils/Elles **vivent** confortablement.
passé composé	J'**ai vécu** trois ans en France.	

- **Habiter** and **vivre** both mean *to live*. **Habiter** means *to live* or *to dwell in a place*. **Vivre** means *to live* in a general sense.

  J'**habite** à Paris.   I *live* in Paris.
  Je **vis** d'une manière simple.   I *live* in a simple style.

NOTE LINGUISTIQUE: Étude de mots

Many common French words have no direct cognates in English. However, the stems of these words appear in many less-common English words. A knowledge of French, therefore, is useful in expanding one's English vocabulary.

vivre = *to live*   *viv*acious = lively
                          *viv*acity = liveliness
                          *viv*id = full of life, bright
                          *viv*ify = to give life to

3. Questions personnelles:

1. Vivez-vous bien ou mal? Vivez-vous confortablement?
2. Est-ce qu'on vit bien aux États-Unis?
3. Selon *(according to)* vous, est-ce que les Américains vivent mieux *(better)* que les Français?
4. Selon vous, est-ce qu'on vit mieux dans une grand ville ou à la campagne?
5. Selon vous, dans quelle ville américaine est-ce qu'on vit le mieux *(best)*?
6. Dans quelle ville habitent vos parents? Est-ce qu'ils ont toujours vécu dans cette ville?
7. Avez-vous vécu à l'étranger? en Europe? en Asie? en Afrique? en Amérique Latine?

Qui s'habille bien vit bien

TED LAPIDUS
PARIS   DIFFUSION

B. L'imparfait: *formation*

In UNIT 6 you learned how to describe past events using the *passé composé.* French does, however, have other past tenses. One of these is the *imperfect* (**l'imparfait).** Note the verb forms in the sentences below.

present	*imperfect*	
Aujourd'hui, j'**habite** à Paris.	Avant, j'**habitais** dans un village.	I *used to live* in a village.
Nous **allons** à l'université.	Nous **allions** à l'école secondaire.	We *went* to high school.
Mes amis **jouent** au tennis.	Ils **jouaient** au football.	They *were playing* soccer.

■ The imperfect has several English equivalents:

Mes cousins **habitaient** à Paris. ⎰ My cousins *lived* in Paris.
⎱ My cousins *used to live* in Paris.
  My cousins *were living* in Paris.

Note the forms of the imperfect of three regular verbs (in -er, -ir, -re) and an irregular verb **faire**.

infinitive	parler	finir	vendre	faire
present (**nous**-form)	nous **parl**ons	nous **finiss**ons	nous **vend**ons	nous **fais**ons
imperfect	je parl**ais**	je finiss**ais**	je vend**ais**	je fais**ais**
	tu parl**ais**	tu finiss**ais**	tu vend**ais**	tu fais**ais**
	il/elle parl**ait**	il finiss**ait**	il vend**ait**	il fais**ait**
	nous parl**ions**	nous finiss**ions**	nous vend**ions**	nous fais**ions**
	vous parl**iez**	vous finiss**iez**	vous vend**iez**	vous fais**iez**
	ils/elles parl**aient**	ils finiss**aient**	ils vend**aient**	ils fais**aient**

■ The imperfect, like the present, is a *simple* tense consisting of *one* word.

• For all verbs, except **être**, *the stem* of the imperfect is derived as follows:

> imperfect stem = **nous**-form of present *minus* -ons

boire:	nous **buv**ons	→ je **buv**ais	manger:	nous **mange**ons	→ je	**mange**ais
prendre:	nous **pren**ons	→ je **pren**ais	commencer:	nous **commenç**ons	→ je	**commenç**ais
acheter:	nous **achet**ons	→ j' **achet**ais	se laver	nous nous **lav**ons	→ je	me **lav**ais

• For all verbs, regular and irregular, the *endings* of the imperfect are the same:

-ais, -ais, -ait, -ions, -iez, -aient.

■ **Être** has an irregular imperfect stem: **ét-**. The endings are regular.

j'**étais**, tu **étais**, il **était**, nous **étions**, vous **étiez**, ils **étaient**

■ In the imperfect, questions and negative sentences are formed according to the same pattern which is used in the present:

Est-ce que tu regardais souvent la télé? }
Regardais-tu souvent la télé? } *Did you* often *watch* TV?

Non, **je ne regardais pas** souvent la télé. No, *I did not* often *watch* TV.

4. Avant l'université: Un groupe d'étudiants disent où ils habitaient avant d'aller à l'université. Donnez la résidence de chacun.

▶ Paul (à Nice) *Paul habitait à Nice.*

1. Philippe (à Lyon)
2. Béatrice (à Lille)
3. Michel et Antoine (à Marseille)
4. Alice et Suzanne (à Tours)
5. nous (dans un village)
6. vous (dans une petite ville)
7. moi (en Normandie)
8. toi (en province)

5. Aujourd'hui et autrefois *(In the past):* Jacques explique ce qu'il fait à l'université. Monsieur Moreau dit qu'à son époque *(in his time)* il faisait (ou il ne faisait pas) les mêmes choses.

▶ Nous avons des examens.   *Nous aussi, nous avions des examens.*
▶ Nous n'avons pas beaucoup de vacances.   *Nous non plus, nous n'avions pas beaucoup de vacances.*

1. Nous allons souvent au cinéma.
2. Nous n'allons pas toujours en classe.
3. Nous travaillons.
4. Nous faisons du sport.
5. Nous sortons le samedi.
6. Nous buvons de la bière.

7. Nous ne gagnons pas beaucoup d'argent.
8. Nous jouons au tennis.
9. Nous sommes idéalistes.
10. Nous ne sommes pas toujours patients.
11. Nous nous intéressons à la politique.
12. Nous ne nous intéressons pas à l'argent.

6. Souvenirs: Des amis discutent de l'époque où ils étaient «teenagers». Dites que chacun faisait ce qu'il aimait faire.

▶ Paul aimait jouer au tennis.   *Il jouait au tennis.*

1. Jacqueline aimait jouer au volley.
2. Louis et Henri aimaient jouer au foot.
3. Suzanne aimait aller à la piscine.
4. Anne et Charles aimaient aller au cinéma.
5. Marc aimait faire du camping.
6. Lise et Sophie aimaient faire du ski.
7. Albert aimait sortir avec ses amis.
8. Ma cousine aimait prendre des photos.
9. Mes frères aimaient jouer au Monopoly.
10. Nicole aimait se promener à la campagne.
11. Robert aimait se disputer avec ses frères.
12. Mes amis aimaient regarder les jeux télévisés.

TENNIS-CLUB DES PINS 3 minutes de Versailles
R. DORME 78 Fontenay-le-Fleury - 460.45.65
11 COURTS DE TENNIS - DONT 2 COUVERTS
Toutes inscriptions

7. Dialogue: Demandez à vos camarades s'ils faisaient les choses suivantes quand ils étaient à l'école secondaire.

▶ parler français?   *—Est-ce que tu parlais français?*
                        —Oui, je parlais français.
                ou: *Non, je ne parlais pas français.*

1. avoir un vélo?
2. avoir des animaux domestiques *(pets)?*
3. jouer au tennis?
4. regarder souvent la télé?
5. danser?
6. aller dans les discothèques?

7. boire de la bière?
8. apprendre le français?
9. sortir le samedi soir?
10. connaître des gens intéressants?
11. être timide?
12. être amoureux (amoureuse)?

C. L'imparfait et le passé composé: événements habituels, événements spécifiques

The sentences below all describe events that took place in the past. Compare the verbs in the sentences on the left (describing habitual events) with those in the sentences on the right (describing specific events).

Habituellement ...	*Un jour ...*
... je **regardais** les programmes de sports.	... j'**ai regardé** un excellent match de football.
... on **jouait** au volley.	... on **a joué** au tennis.
... mes amis **allaient** au cinéma.	... ils **sont allés** au théâtre.

The *passé composé* and the *imperfect* cannot be substituted for one another. The choice between the two tenses depends on *how* the speaker *wants* to describe past events and facts.

USES

> The **imperfect** is used to describe *habitual actions of the past,* that is, actions which repeated themselves.

- The *imperfect* is used in sentences which imply repetition. Often such sentences contain expressions like **le week-end** *(on weekends)*, **d'habitude** *(usually)*, **tous les jours** *(every day)*, etc., which indicate that events recurred on a regular basis.

- In English, an habitual past action is often expressed by the form *used to +* verb. Such constructions are rendered in French by the *imperfect.*

  Autrefois les gens **travaillaient** dur.   In the past, people *used to work* hard.

> The **passé composé** is used to describe *past actions which are unique or specific.*

- The *passé composé* is used with expressions like **un week-end, un jour,** which refer to a specific occurrence and do not imply repetition.

8. Le week-end: Un groupe d'étudiants français vient de passer une année aux États-Unis. Dites ce qu'ils avaient l'habitude de faire le week-end.

▶ Charlotte (faire du sport)   *Le week-end, Charlotte faisait du sport.*

1. Françoise (aller à la piscine)
2. Isabelle (jouer au tennis)
3. Maurice (aller dans une discothèque)
4. Jean-Michel (boire de la bière)
5. Antoine (rendre visite à des amis)
6. Paul (rester chez lui)
7. Philippe (sortir avec des amis)
8. Marc (étudier)

9. **Vive le progrès!** Dites si oui ou non on faisait les choses suivantes en 1900.

▶ on/regarder la télé?   *Non, on ne regardait pas la télé.*

1. on/travailler beaucoup?
2. les enfants/travailler dans les usines?
3. les gens/gagner beaucoup d'argent?
4. on/avoir beaucoup de loisirs?
5. les femmes/être indépendantes?
6. on/voyager en voiture?
7. les Américains/consommer beaucoup d'énergie?
8. on/vivre mieux *(better)* qu'aujourd'hui?
9. les gens/payer beaucoup d'impôts *(taxes)?*
10. on/être plus heureux qu'aujourd'hui?

VOCABULAIRE: Expressions de temps

le lundi	(on) Mondays	**Le lundi,** j'invitais mes amis.
un lundi	(on, a, one) Monday	**Un lundi,** je suis allé chez eux.
une fois	once	Je suis sortie **une fois** avec Pierre.
deux fois	twice	Je suis sortie **deux fois** avec Paul.
plusieurs fois	several times	Nous avons été **plusieurs fois** au cinéma.
quelquefois	sometimes, a few times	Avez-vous **quelquefois** écouté du jazz?
autrefois	in the past, formerly	**Autrefois,** il y avait un café ici.
parfois	sometimes	**Parfois,** je me suis disputé avec mes amis.
tout le temps	all the time	Je suis **tout le temps** chez moi.
longtemps	(for) a long time	Allez-vous regarder la télévision **longtemps?**
de temps en temps	from time to time, once in a while	**De temps en temps** nous regardons des dessins animés.
souvent	often	**Souvent,** je regarde des films d'aventure.
d'habitude	usually	**D'habitude** je vais au concert le lundi.
habituellement	usually	**Habituellement,** mon frère n'y va pas.

NOTE DE VOCABULAIRE

Both **temps** and **fois** correspond to the English word *time.*

Temps refers to the *span of time* during which an action occurs.

Combien de temps faut-il pour aller   *How much time* does it take to go
de New York à Paris?   from New York to Paris?

Fois refers to the *number of times* an action or event occurs.

Combien de fois as-tu été à Paris   *How many times* have you been in Paris?

*Quand j'avais
quatre ans ...*

10. Questions personnelles: Décrivez votre vie quand vous aviez quinze ans. Pour cela, répondez aux questions suivantes.

1. Où habitiez-vous?
2. À quelle école alliez-vous?
3. Où alliez-vous pendant les vacances?
4. Quels programmes regardiez-vous à la télé?
5. Qui était votre acteur favori? votre actrice favorite?
6. Qu'est-ce que vous faisiez le week-end?
7. Est-ce que vous vouliez aller à l'université? À quelle université?
8. Quels sports pratiquiez-vous?
9. Qu'est-ce que vous achetiez avec votre argent?

11. Les vacances de Suzanne: Suzanne dit ce qu'elle faisait d'habitude, et ce qu'elle a fait un certain jour. Jouez le rôle de Suzanne d'après le modèle.

▶ dîner (chez moi/au restaurant)
  *D'habitude, je dînais chez moi.
  Un jour, j'ai dîné au restaurant.*

1. jouer (au tennis/au golf)
2. aller (à la plage/à la piscine)
3. sortir (avec Paul/avec Pierre)
4. rentrer (à 9 heures/à minuit)
5. regarder (les westerns/une comédie musicale)
6. inviter (des amis/une amie de l'université)
7. déjeuner (en ville/avec une amie)
8. se promener (en ville/à la campagne)

DICTONS
(Sayings)

Une fois n'est pas coutume.
Doing something once is not establishing a habit.

Une fois passe. Deux fois lassent. Trois fois cassent.
Once is all right. Twice is boring. Three times is too much.

---

12. Pendant les vacances: Des camarades parlent de leurs vacances. Dites ce que chacun faisait ou a fait. Pour cela, complétez les phrases avec *allait* ou *est allé(e)* suivant le cas.

▶ Le jeudi, Paul ... (au cinéma) *Le jeudi, Paul allait au cinéma.*
▶ Un jeudi, il ... (au théâtre) *Un jeudi, il est allé au théâtre.*

1. Une fois, Marc ... (faire du ski nautique)
2. Deux fois, Philippe ... (au casino)
3. Le soir, Hélène ... (au café)
4. Un soir, Monique ... (à Nice)
5. Le week-end, Henri ... (se promener)
6. L'après-midi, Brigitte ... (à la plage)
7. Le samedi, Sylvie ... (dans une discothèque)
8. Un samedi, Pierre ... (au concert)
9. Habituellement, Louis ... (à la piscine)
10. Le 15 août, Max ... (à Cannes)
11. Le 30 juillet, Robert ... (en Italie)
12. Isabelle ... deux fois (en Espagne)
13. Un certain jour, Pierre ... (chez un ami)
14. Michel ... tout le temps (chez ses amis)
15. De temps en temps, il ... (au café)
16. Charles ... souvent (au restaurant)

13. Les phases de la vie: Complétez les phrases suivantes en décrivant une situation habituelle et un événement particulier. Utilisez les ressources de votre mémoire ... et de votre imagination!

▶ Quand j'avais cinq ans, ... *Quand j'avais cinq ans, j'avais une bicyclette.*
  Un jour, j'ai eu un accident.

1. Quand j'avais huit ans, ...
2. Quand j'avais dix ans, ...
3. Quand j'avais douze ans, ...
4. Quand j'avais quinze ans, ...

Phonétique

Les terminaisons -tion et -sion

Many French words end in **-tion** or **-sion.** These endings are usually pronounced /sjɔ̃/ and /zjɔ̃/. The ending **-stion,** as in **question,** is pronounced /stjɔ̃/. In practicing these endings, pronounce the /j/ rapidly, with great tension. Avoid the **sh** or **zh** sounds that characterize the corresponding English endings.

Mots-clés: na**tion,**   télévi**sion**

Répétez: /sjɔ̃/   atten**tion,** no**tion,** émis**sion,** émo**tion,** excep**tion**

           /zjɔ̃/   déci**sion,** occa**sion,** provi**sions**

           À la télévision, j'aimais les émissions sportives.

           Attention aux exceptions!

Récapitulation

Substitution

Remplacez les mots soulignés par les mots entre parenthèses. Faites tous les changements nécessaires.

1. Quand j'étais petit, je regardais toujours la télé.   (tu, Paul, mes cousins, nous, vous)
2. Tu aimais danser. Tu dansais souvent.   (jouer au tennis, te promener, boire de la bière, sortir, aller au cinéma, étudier, faire du camping, prendre des photos)
3. L'après-midi, j'allais au cinéma.   (le samedi soir, hier, le matin, le dimanche, quand j'étais étudiant)
4. Nous vivons bien maintenant.   (je, vous, mes amis, ma sœur, tu)

Vous avez la parole: Aujourd'hui et autrefois

Comparez la vie aux États-Unis aujourd'hui et la vie en 1900. Qu'est-ce qu'on faisait autrefois qu'on ne fait plus aujourd'hui? Qu'est-ce qu'on fait aujourd'hui qu'on ne faisait pas autrefois?

Leçon 27: Le jour le plus long

Août 1944: défilé des troupes américaines sur les Champs-Elysées

Aujourd'hui, Jacques Aubert a presque° soixante ans. Il habite un petit village   *almost*
de Normandie. Il est fermier°, comme son père, et son grand-père avant lui. Les   *farmer*
principaux événements° de son existence sont des événements familiaux: son   *main events*
mariage, la naissance° de ses enfants, le mariage de ses enfants.   *birth*

   Un autre événement, plus dramatique, reste inscrit° dans sa mémoire. Cet   *inscribed*
événement a eu lieu° en juin 1944.   *took place*

—C'était quel jour exactement?

—C'était dans la nuit du 5 au 6 juin 1944.

—Quel âge aviez-vous?

—J'avais dix-huit ans.

—Où habitiez-vous?

—J'habitais la ferme° que j'habite aujourd'hui.   *farm*

—Pouvez-vous me raconter° les événements de cette nuit-là?   *tell*

—Bien sûr! Je me souviens de tous les détails ... Cette nuit-là, j'étais sorti°.   *had gone out*
J'avais passé la soirée avec des copains. Nous avions joué aux cartes. J'avais
perdu et j'étais furieux ... À deux heures du matin, je suis rentré chez moi et je
me suis couché ... Mais impossible de dormir°.   *sleep*

—Pourquoi?

—Parce qu'il faisait trop chaud! Dans ma chambre, l'atmosphère était suffo-
cante. Je me suis levé ... Il était maintenant trois heures. Je suis allé à la fenêtre
... C'est alors que j'ai vu quelque chose d'extraordinaire.

—Quoi°?   *what?*

—Le ciel° était couvert° de centaines° de taches° blanches. Ces taches des-   *sky/covered/hundreds/spots*
cendaient lentement vers le sol°.   *slowly toward the ground*

—Saviez-vous ce que° c'était?

—Pas exactement ... J'ai d'abord° pensé que c'était des parachutistes allemands. À cette époque°-là, en effet, des rumeurs extraordinaires et contradictoires circulaient au village. On avait signalé des mouvements importants de troupes allemandes dans la région.

—Qu'est-ce que vous avez fait alors?

—J'avais très peur°... J'ai réveillé mon père. Lui, il savait. Il avait un ami dans la Résistance. «Ce sont les Américains» a-t-il dit°.

—Qu'est-ce qui s'est passé ensuite°.

—Nous nous sommes habillés et nous sommes sortis de la ferme. Dans notre champ°, il y avait cinq parachutistes: un officier et quatre soldats°. L'officier parlait un peu français. Il a demandé à mon père la direction du village ... Puis, il a parlé à ses soldats et à d'autres soldats qui arrivaient vers la ferme ...

—Combien étaient-ils alors?

—Entre 50 et 100.

—Est-ce qu'ils sont restés longtemps chez vous?

—Non! Peut-être dix minutes. Puis ils sont partis vers le village qu'ils allaient libérer après quatre ans d'occupation allemande ... Le «jour le plus long» venait de° commencer. Et aussi la libération de la France.

what
first
période

I was scared
he said
happened then

field/soldiers

had just

Renseignements culturels: *Un peu d'histoire franco-américaine*

Les événements du 6 juin 1944, le fameux «jour le plus long», représentent un épisode de la longue amitié franco-américaine. Voici d'autres épisodes.

1777　Des Français s'engagent *(enlist)* dans l'armée continentale américaine. La Fayette est nommé général par le Congrès américain.

1778　La France signe un traité d'alliance avec les États-Unis. Benjamin Franklin devient l'ambassadeur des États-Unis à Paris.

1780　Des troupes françaises débarquent à Newport, dans le Rhode Island.

1781　Washington gagne la bataille de Yorktown avec l'aide de l'armée française (commandée par Rochambeau) et de la marine française (commandée par l'amiral de Grasse).

1917　Les troupes américaines du général Pershing débarquent en France.

1944　Les troupes alliées débarquent en Normandie et en Provence. Ces troupes vont libérer la France de l'occupation allemande.

Structure et Vocabulaire

VOCABULAIRE: L'histoire

noms

un accident	accident	**une époque**	period, epoch, time
un événement	event	**la guerre**	war
un fait	fact, act	**l'histoire**	history; story
un siècle	century	**la paix**	peace

verbes

arriver	to happen	Qu'est-ce qui *(What)* **est arrivé** le 6 juin 1944?
avoir lieu	to take place	Quand **a eu** lieu le «jour le plus long»?
expliquer	to explain	Peux-tu m'**expliquer** cette histoire?
se passer	to happen	Qu'est-ce qui **s'est passé** ce jour-là?
raconter	to tell	Aimez-vous **raconter** des histoires de guerre?

expressions

d'abord	first, at first	**D'abord,** nous sommes allés au cinéma.
puis	then	**Puis** nous sommes allés au café.
ensuite	after, then	**Ensuite,** nous avons joué aux cartes.
enfin	finally, at last	**Enfin** nous sommes rentrés chez nous.
encore	still	Mes amis sont **encore** ici.
	yet	Ils ne sont pas **encore** partis.
	once more	Tu as **encore** perdu?
pendant	during, for	Nous avons raconté des histoires **pendant** deux heures.
pendant que	while	**Pendant que** tu parlais, Paul a pris une photo.

---

1. Êtes-vous d'accord? Dites si oui ou non vous êtes d'accord avec les opinions suivantes.

1. Personne ne peut changer le cours de l'histoire.
2. Aujourd'hui, il y a encore beaucoup de faits que la science n'explique pas.
3. Nous vivons dans une époque très rationnelle.
4. Au dix-neuvième siècle, les gens étaient plus heureux qu'aujourd'hui.
5. La conquête de l'espace est l'événement le plus important du vingtième siècle.
6. Les faits ne se répètent jamais mais l'histoire se répète toujours.
7. Dans la vie, il faut penser d'abord aux autres et ensuite à soi *(oneself)*.
8. Les accidents arrivent toujours aux mêmes personnes.
9. La majorité des Américains ne connaissent pas l'histoire de leur pays.
10. Les personnes qui aiment raconter leur vie sont généralement peu sûres d'elles-mêmes *(themselves)*.

A. *L'imparfait et le passé composé: actions progressives, actions précises*

Each sentence below relates two past events: one event occurred at a specific point in time, while the other event was in progress. In each sentence, contrast the tenses used to describe the two events.

Quand je **suis sorti,** des hommes **entraient** dans notre champ (*field*).

Ils **sont arrivés** pendant que mon père **se reposait.**

In each of the sentences above, the time relationship between the two events can be depicted graphically.

specific point in time   Quand je **suis sorti,**   Ils **sont arrivés**

ongoing action   des hommes **entraient**   pendant que mon père

                      dans notre champ.   **se reposait.**

The **passé composé** is used to relate an action or event that happened at *a precise moment.*

The **imperfect** is used to describe an action that was *in progress* for an unspecified length of time when another action took place.

- In English, an ongoing past action is often expressed by the progressive form: *was happening.* Such constructions are rendered in French by the *imperfect.*

   J'ai parlé à des hommes qui **jouaient** aux cartes.   I talked to some men who *were playing* cards.

   Quand vous êtes arrivé, je **téléphonais.**   When you arrived, I *was phoning.*

- The choice between the *imperfect* and the *passé composé* reflects the narrator's view of the actions he is describing.

   Hier, je **suis allé** au cinéma.   I *went* to the movies. *(main action)*

   Hier, j'**allais** au cinéma ...   I *was going* to the movies ... *(ongoing action)*

      quand j'**ai rencontré** Paul.   when I *met* Paul. *(main action)*

2. La question: Quand le professeur a posé la question, certains élèves écoutaient, d'autres n'écoutaient pas. Dites qui écoutait and qui n'écoutait pas à ce moment-là.

▶ Charles (oui)   *À ce moment-là, Charles écoutait.*

1. Nathalie (non)
2. Isabelle et Marie (non)
3. nous (oui)

4. vous (non)
5. moi (oui)
6. toi (non)

3. Le cambriolage *(Burglary):* Un cambriolage a eu lieu hier à neuf heures à l'hôtel du Lion d'Or. L'inspecteur de police interroge les gens de l'hôtel. Il leur demande ce qu'ils faisaient à neuf heures. Jouez le rôle de l'inspecteur et des personnes qu'il interroge.

▶ Françoise (dîner)   L'INSPECTEUR:—*Qu'est-ce que vous faisiez à neuf heures?*
FRANÇOISE:—*Je dînais.*

1. Jacques (étudier)
2. Monsieur Duroc (regarder la télé)
3. Madame Roumois (écouter la radio)
4. Mademoiselle Blanc (se promener)

5. Madame Descroix (téléphoner)
6. Monsieur Albert (jouer aux échecs)
7. Isabelle (se reposer)
8. Georges (jouer aux cartes)

4. Au café: Des amis ont passé l'après-midi dans un café. Chacun a remarqué des personnes qui faisaient des choses différentes. Expliquez cela en utilisant le passé composé de *remarquer (to notice).*

▶ moi (des gens se promènent)   *J'ai remarqué des gens qui se promenaient.*

1. François (quelqu'un joue de la guitare)
2. nous (des étudiants préparent leurs cours)
3. vous (d'autres étudiants écoutent leur transistor)
4. toi (des garçons jouent aux dames)
5. Annie (des filles parlent de politique)
6. Paul (un professeur regarde le journal)
7. mes amis (des touristes prennent des photos)
8. Jacques (des étudiants vont à l'université)

5. Dialogue: Demandez à vos camarades ce qu'ils faisaient aux moments suivants.

▶ hier à midi   —*Qu'est-ce que tu faisais hier à midi?*
—*J'étais en classe.*
ou: *Je déjeunais.*   ou: *J'attendais un ami.*

1. hier à neuf heures du matin
2. hier à une heure de l'après-midi
3. hier à quatre heures et demie
4. hier à huit heures moins le quart
5. hier à minuit

B. Le passé composé et l'imparfait: événement principal et circonstances de l'événement

In the sentences on the left, a certain event is described. In the sentences on the right, the circumstances of this event are given. Compare the tenses of the verbs in these sentences.

Je **suis allé** en vacances.	C'**était** au mois de juin. Il **faisait** très chaud.
J'**ai rencontré** des Américains.	C'**était** des étudiants. Ils **étaient** jeunes. Ils **parlaient** assez bien le français.
Je **me suis marié.**	J'**avais** vingt ans. J'**étais** très amoureux de la fille avec qui je **sortais.**
À l'âge de 18 ans, je **suis allé** à l'université.	Je **voulais** apprendre l'anglais. Je **pensais** que c'était facile.

The **passé composé** is used to describe past actions that occurred at *a specific time.*

Je **suis arrivé** à l'université en 1980.

The **imperfect** is used to describe the *circumstances* or *conditions* of this past action, such as:

time and weather:	C'**était** en septembre. Ce jour-là, il **faisait** beau. Il **était** quatre heures.
age, physical appearance:	J'**étais** en bonne santé. J'**avais** vingt ans.
feelings, attitudes, beliefs:	À cette époque-là, j'**étais** timide. J'**étais** aussi très idéaliste. Je **voulais** réformer la société.

6. Excuses: Hier certains étudiants ne sont pas allés en classe. Donnez l'excuse de chacun.

▶ Paul (il est fatigué)   *Paul n'est pas allé en classe parce qu'il était fatigué.*

1. Henri (il a mal à la tête)
2. Nathalie (il fait froid)
3. Jacques (le bus est en retard)
4. Brigitte (elle a mal à la gorge)
5. François (il pense que c'est dimanche)
6. Sylvie (elle veut préparer l'examen)

7. Pourquoi? Dites où les personnes suivantes sont allées et pourquoi.

▶ Paul (au café/il a soif) *Paul est allé au café parce qu'il avait soif.*

1. Nous (au restaurant/nous avons faim)
2. Philippe (chez le dentiste/il a mal aux dents)
3. ma sœur (à l'université/elle veut être ingénieur)
4. moi (en France/je veux apprendre le français)
5. mes amis (chez le docteur/ils sont malades)
6. toi (chez toi/tu es fatigué)

8. La bagarre *(The fight):* Imaginez que vous êtes dans un café français. Il y a une bagarre entre deux clients. Vous racontez les faits à la police. Pour cela, mettez les phrases suivantes au passé. Attention: certains verbes doivent être *à l'imparfait,* et d'autres *au passé composé.*

1. C'est le 20 juin.
2. Il est neuf heures du soir.
3. Il fait chaud.
4. Je suis au café avec un ami.
5. Nous parlons de sport.
6. Un homme entre.
7. Il est jeune.
8. Il porte un costume bleu.
9. Il a une moustache noire.
10. Il insulte un client.
11. Le client n'est pas content.
12. Les deux hommes se disputent.
13. Le client tombe.
14. Les autres clients s'énervent.
15. Le garçon téléphone à la police.
16. La police arrive.

Voilà la police!

C. Le plus-que-parfait

The sentences below all describe past actions. Note that the actions described in the sentences on the right precede chronologically the actions described in the sentences on the left.

In the sentences on the left, the verbs are in the *passé composé*. In the sentences on the right, the verbs are in the *pluperfect* (**plus-que-parfait**). Compare the tenses of the auxiliary verbs used in each pair of sentences.

Vendredi, j'**ai joué** avec Paul.	Jeudi, j'**avais joué** avec Marc.	(... *I had played* ...)
Cet été, je **suis allé** en Normandie.	L'année dernière, j'**étais allé** en Provence.	(... *I had gone* ...)
Hier, je **me suis levé** à 8 heures.	Avant-hier, je **m'étais levé** à 7 heures.	(... *I had gotten up* ...)

FORMS

The pluperfect tense is a compound tense. It is formed as follows:

> imperfect of auxiliary verb + past participle

Note the forms of the pluperfect for the three major types of verbs.

verb conjugated with *avoir*	verb conjugated with *être*	reflexive verb
étudier	**sortir**	**s'amuser**
j'**avais** étudié	j'**étais** sorti(e)	je m'**étais** amusé(e)
tu **avais** étudié	tu **étais** sorti(e)	tu t'**étais** amusé(e)
il/elle **avait** étudié	il/elle **était** sorti(e)	il/elle s'**était** amusé(e)
nous **avions** étudié	nous **étions** sorti(e)s	nous nous **étions** amusé(e)s
vous **aviez** étudié	vous **étiez** sorti(e)(s)	vous vous **étiez** amusé(e)(s)
ils/elles **avaient** étudié	ils/elles **étaient** sorti(e)s	ils/elles s'**étaient** amusé(e)s

■ Except for the tense of the auxiliary verb, constructions in the *pluperfect* are similar to those in the *passé composé*.

• Compare the formation of questions and negative sentences:

passé composé	*plus-que-parfait*
As-tu visité la Normandie?	**Avais-tu visité** la Provence?
Non, je **n'ai pas visité** la Normandie.	Non, je **n'avais pas visité** la Provence.

• In verbs conjugated with **être**, the past participle agrees with the *subject*.

Marc est **sorti** avec Marie.	Hier, il était **sorti** avec Sophie.
Monique est **sortie** avec Paul.	Elle était déjà *(already)* **sortie** avec lui.

- In reflexive verbs and verbs conjugated with **avoir**, the past participle agrees
  with a *preceding direct object*.

  Nicole s'est **couchée** à minuit.   Lundi, elle s'était **couchée** à dix heures.

  Voici les livres que Paul a **achetés** ce matin.   Voici les livres qu'il avait **achetés** hier.

USES

■ Like the English pluperfect, the French pluperfect is used to describe a past
action or event that occurred *before* another past action or event.

  Il était furieux parce qu'il **avait perdu** aux cartes.   He was furious because he *had lost* at cards.

  Il a dit à son père qu'il **était rentré** à minuit.   He told his father he *had come home* at midnight.

9. Voyages: Cet été Pierre et ses amis ont visité le Canada. Dites quels pays ils avaient visités l'année d'avant.

▶ Pierre (l'Irlande)   *L'année d'avant, Pierre avait visité l'Irlande.*

1. Paul (l'Italie)
2. Marc (le Portugal)
3. Michèle (la Grèce)
4. Sylvie (Israël)
5. Henri et Éric (la Hollande)
6. Monique et Claire (la Suisse)
7. nous (l'Angleterre)
8. vous (la Yougoslavie)
9. moi (le Maroc)
10. toi (la Tunisie)

10. La première fois: Cet été, les personnes suivantes ont fait certaines choses pour la première fois. Dites qu'elles n'avaient jamais fait ces choses avant.

▶ Jacques a voyagé.   *Il n'avait jamais voyagé avant.*

1. Marc est allé en France.
2. Monique est allée en Italie.
3. Vous êtes allés au Portugal.
4. Nous avons fait du camping.
5. Mes cousins ont fait du ski nautique *(water skiing)*.
6. J'ai travaillé dans un restaurant.
7. Jean-Pierre a travaillé dans un garage.
8. Vous vous êtes intéressés à la musique.
9. Tu t'es intéressé à la politique.
10. Je me suis amusé avec mes cousins.

Du 7 au 15 Août, à 21 H. 30
DANS LES JARDINS DE LA FONTAINE
SEMAINE INTERNATIONALE DU FOLKLORE

DIMANCHE 7 — L'Italie
LUNDI 8 — La Grèce
MARDI 9 — La France : groupe Basque "Lagunt eta Maita"
— La Roumanie : groupe de l'Université de Cluj
MERCREDI 10 — L'Espagne
JEUDI 11 — La France : Avignon
VENDREDI 12 — Le Portugal
SAMEDI 13 — La France : Chambery
DIMANCHE 14 — Le Canada
LUNDI 15

Phonétique

Les lettres ai

Usually, the letters **ai** represent the vowel sound:

/ɛ/ when followed by one or more pronounced final consonants
j'**ai**me, f**ai**re, franç**ai**se

/e/ in other positions
j'**ai**, il f**ai**t, ils ven**ai**ent, franç**ai**s

Répétez: Je n'ai jamais aidé René.
J'aime faire de la cuisine française.

Récapitulation

Substitution

Remplacez les mots soulignés par les mots entre parenthèses. Faites tous les changements nécessaires.

1. <u>Je</u> me suis couché parce que j'avais mal à la tête   (Suzanne, tu, nous, vous, mes parents)
2. <u>J'</u>avais vingt ans quand je me suis marié.   (Philippe, mes cousines, Sylvie, tu, vous, nous)
3. Quand <u>je</u> suis arrivé, <u>François</u> travaillait.   (tu ... je, le professeur ... les étudiants, nous ... vous, Henri ... tu)
4. Avant la surprise-partie, <u>j'</u>avais téléphoné à Janine   (Paul, mes cousins, nous, vous, tu)

Vous avez la parole: Événements

1. Racontez un événement mémorable de votre existence. (Quel âge aviez-vous alors? Quel jour était-ce? Quel temps faisait-il ce jour-là? Où habitiez-vous? Qu'est-ce qui est arrivé?)

2. Racontez votre dernière surprise-partie. (Quand était-ce? Où était-ce? Avec qui étiez-vous? Qui étaient les invités? Y avait-il un buffet? Y avait-il de la musique? Qu'est-ce que vous avez fait?)

Instantané

LE FRANÇAIS PRATIQUE

À *la station-service*

S'il vous plaît, pouvez-vous ... faire le plein?
vérifier les pneus?
changer l'huile?
mettre de l'eau dans le radiateur?
réparer l'essuie-glace?

parkings

1ᵉʳ et 2ᵉ

SAINT-HONORE, 58, place du Marché-Saint-Honoré, 261.50.60.
BOURSE, place de la Bourse (face rue de la Bourse). 236.47.04.
HALLES GARAGE, 10 bis, rue Bailleul. 260.36.24.
PARIS PARKING, entrée place du Louvre, face à la Mairie. 260.19.14.

L'auto

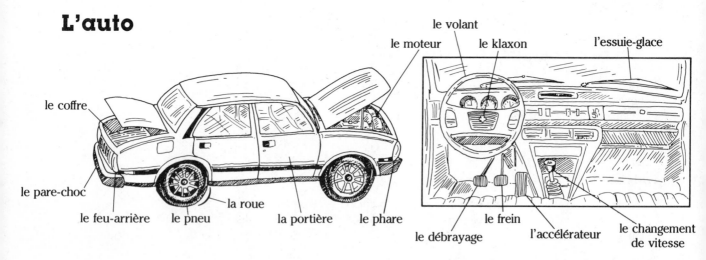

le volant
le moteur   le klaxon   l'essuie-glace
le coffre
le pare-choc
le feu-arrière   le pneu   la roue   la portière   le phare
le débrayage   le frein   l'accélérateur   le changement de vitesse

Sur la route

Si un jour vous allez en France, vous voyagerez° probablement en voiture. Si vous voyagez en voiture, vous verrez° les panneaux de signalisation° suivants.

will travel
will see/traffic signs

Connaissez-vous la signification de ces panneaux? Faites correspondre chaque panneau (colonne A) à ce qu'il signifie (colonne B). Vérifiez vos réponses à la fin° du test.

end

A

1. —

2. —

3. —

4. —

5. —

6. —

7. —

8. —

B

a. vitesse° limitée à 50 kilomètres à l'heure   *speed*

b. fin de limite de vitesse

c. défense° de klaxonner°   *forbidden/to honk*

d. interdiction° de tourner à gauche   *prohibition*

e. interdiction de tourner à droite

f. interdiction de stationner°   *to park*

g. interdiction de doubler°   *to pass*

h. sens interdit°   *do not enter*

Réponses: 1-h, 2-d, 3-e, 4-a, 5-g, 6-c, 7-b, 8-f

FLASH! *Informations*

Le Pont Neuf un jour de fête

Inventaire d'une ville

À Paris, il y a ...
1 métro
2 cirques
16 piscines
20 cimetières
21 discothèques
22 music-halls
35 ponts
66 théâtres
122 supermarchés
333 monuments et statues
465 cinémas
1.255 hôtels
6.900 bancs publics
10.000 restaurants et cafés
433.790 arbres

Regardons la télé!

- En 1950, il y avait 297 postes de télévision en France. En 1960, il y en avait 1 million. Aujourd'hui, il y en a plus de 16 millions (un poste pour 3 habitants).

- Les Français regardent la télévision en moyenne 174 minutes par jour. Les films, les émissions sur les animaux et les variétés constituent leurs émissions préférées.

- 2 Français sur 3 ne font jamais de sport, mais 41% regardent régulièrement le sport à la télévision.

- Quelques taux[1] d'écoute pour certaines émissions spéciales (en pourcentage de la population).
  Finale de la Coupe d'Europe de football: 54,7%
  Jeux Olympiques de Montréal: 18,1%
  Neuvième symphonie de Beethoven: 14,3%

- La publicité à la télévision est strictement réglementée. La publicité pour les boissons alcoolisées et le tabac est interdite. La publicité pour les automobiles doit insister sur la sécurité[2] et non pas sur la vitesse.

1 rate 2 safety

Il y a cent ans ...

Imaginez la France et le monde français il y a cent ans. Est-ce que les phrases suivantes correspondent à la réalité d'alors? Lisez chaque phrase attentivement et dites si elle est vraie (V) ou fausse (F). Vérifiez vos réponses à la fin du test.

V F   1. La France était une monarchie.
V F   2. Avec une population de 2 millions d'habitants, Paris était la plus grande ville du monde.
V F   3. 75% des Français vivaient dans des villages de moins de 2.000 habitants.
V F   4. Le Canada était une colonie française.
V F   5. L'Algérie, l'Indochine et Madagascar étaient sous la domination française.
V F   6. L'Alsace était une province française.
V F   7. La France, l'Allemagne, et l'Angleterre étaient des alliés.
V F   8. Un savant français, Louis Daguerre avait inventé la photographie.
V F   9. Un ingénieur français, Ferdinand de Lesseps, commençait la construction du canal de Panama.
V F 10. Les peintres impressionnistes, Monet, Degas et Renoir, étaient les peintres les plus populaires en France.

Réponses: 1. **F** (Napoléon III, le dernier monarque français, a abdiqué en 1871.) 2. **F** (Londres avait une population de plus de 5 millions d'habitants, mais Paris était plus grand que New York.) 3. **V** 4. **F** (C'était une colonie anglaise.) 5. **V** 6. **F** (C'était une province allemande.) 7. **F** (C'étaient des nations ennemies.) 8. **V** (Daguerre avait inventé la photo en 1827.) 9. **V** 10. **F** (À cette époque ces peintres étaient ridiculisés par le public et leurs tableaux ne se vendaient pas.)

X: Masculin/Féminin

Leçon 28: Qui êtes-vous?

Savez-vous qui vous êtes? Avez-vous de la personnalité? Et quelle sorte de personnalité avez-vous? Faites votre analyse personnelle. Pour cela, répondez franchement° aux questions suivantes.

candidly

(les garçons)	(les filles)	OUI	NON	
1. Êtes-vous persévérant?	Êtes-vous persévérante?	☐	☐	
2. Êtes-vous idéaliste?	Êtes-vous idéaliste?	☐	☐	
3. Êtes-vous ambitieux?	Êtes-vous ambitieuse?	☐	☐	
4. Êtes-vous prétentieux?	Êtes-vous prétentieuse?	☐	☐	
5. Êtes-vous capricieux?	Êtes-vous capricieuse?	☐	☐	
6. Êtes-vous jaloux°?	Êtes-vous jalouse°?	☐	☐	*jealous*
7. Êtes-vous impulsif?	Êtes-vous impulsive?	☐	☐	
8. Êtes-vous individualiste?	Êtes-vous individualiste?	☐	☐	
9. Êtes-vous sociable?	Êtes-vous sociable?	☐	☐	
10. Êtes-vous agressif?	Êtes-vous agressive?	☐	☐	
11. Êtes-vous le premier à admettre vos erreurs?	Êtes-vous la première à admettre vos erreurs?	☐	☐	
12. Êtes-vous le premier à critiquer° les autres?	Êtes-vous la première à critiquer les autres?	☐	☐	*to criticize*

Interprétation

Marquez un point par réponse positive.

Faites le total de vos points pour les questions 1, 2, 3, 8, 9, 11.
  Si vous avez 4 points ou plus, oui, vous avez de la personnalité.

Faites le total de vos points pour les questions 4, 5, 6, 7, 10, 12.
  Si vous avez 4 points ou plus, vous avez de la personnalité, mais vous avez aussi un caractère difficile. Avez-vous beaucoup d'amis?

L'art du mime: trois expressions de Marcel Marceau

Renseignements culturels: La personnalité française

Avoir de la personnalité, c'est avoir une individualité marquée. Les Français attachent beaucoup d'importance au développement de la personnalité, qui est le but[1] de l'éducation. On respecte, en effet, les personnes originales[2], même si elles sont excentriques, égoïstes ou asociales. On oublie les personnes sans personnalité, même si elles ont bon caractère.

Y a-t-il une personnalité française distincte, un caractère national typiquement français? À ce sujet, les opinions sont nombreuses et différentes. Selon certains[3], les Français sont des gens distants, chauvins[4], matérialistes, logiques et calculateurs. Selon d'autres, les Français sont des êtres[5] sociables, ouverts[6], idéalistes, généreux et romantiques.

La vérité[7] est ambiguë. S'il y a une personnalité française, cette personnalité est faite de paradoxes et de contradictions. Les défauts des Français sont à l'opposé[8] de leurs qualités. Ainsi, un Français peut être chauvin, mais aussi totalement irrespectueux[9] de l'autorité. Quelqu'un a dit avec ironie que «La France est un pays divisé en 50 millions de Français». Cette remarque insiste sur le caractère individualiste des Français. Si les Français sont des individus, il est impossible de généraliser. L'essentiel est donc qu'il n'y a pas de Français typique, pas plus qu'il n'y a d'Américain typique.

1 *goals*   2 =qui ont des idées originales   3 =certaines personnes   4 =très nationalistes   5 =gens   6 *open*   7 *truth*   8 *opposite*   9 *disrespectful*

Structure et Vocabulaire

A. Révision: les adjectifs réguliers

Note the forms of the adjectives in the sentences below.

J'ai un ami **calme** et **patient.**   J'ai une amie **calme** et **patiente.**
J'ai des amis **calmes** et **patients.**   J'ai des amies **calmes** et **patientes.**

The endings of regular adjectives are as follows:

	masculine	feminine
singular	-ʼ	-e
plural	-s	-es

- If the masculine form ends in unaccented **-e,** the masculine and feminine forms are the same.

- If the masculine form ends in a silent consonant, this consonant is pronounced in the feminine.

- If the masculine singular form ends in **-s** or **-x,** the masculine singular and plural forms are the same.

Paul est **français.**   Jacques et Antoine sont **français.**

1. Votre meilleure amie: Décrivez votre meilleure amie. Pour cela, utilisez les adjectifs suivants dans des phrases affirmatives ou négatives. Vous pouvez aussi utiliser des adverbes comme *assez, très, souvent, trop, beaucoup trop.*

▶ patient   *Ma meilleure amie est assez patiente.*
       ou: *Ma meilleure amie n'est pas souvent patiente.*

1. impatient
2. intelligent
3. réservé
4. timide
5. élégant

6. optimiste
7. organisé
8. idéaliste
9. amusant
10. indépendant

VOCABULAIRE: Quelques adjectifs de personnalité

en **-e:**	**calme**	**diplomate**	**drôle** (funny)	**honnête**	**sincère**
	inflexible	**timide**	**sensible** (sensitive)	**triste** (sad)	

en **-iste:**	**idéaliste**	**réaliste**	**pessimiste**	**optimiste**	**égoïste** (selfish)

| en -ique: | dynamique | énergique | logique | méthodique |

en **-ique:** **dynamique** **énergique** **logique** **méthodique**

en **-é:** **compliqué** **affecté** **âgé** (old) **organisé** **bien informé**
obstiné (stubborn) **réservé** **spontané** (spontaneous)

en **-ant:** **amusant** **fascinant** (fascinating) **persévérant** (persevering, steadfast)
indépendant **tolérant** **brillant** **intéressant**

en **-ent:** **patient** **impatient** **compétent** **intelligent** **violent**
prudent (careful) **imprudent** (careless) **content**

---

2. Expression personnelle: Quelles qualités doivent avoir les personnes suivantes? Exprimez votre opinion personnelle. Pour cela, complétez les phrases suivantes avec deux adjectifs de votre choix.

▶ L'ami idéal doit être ...   *L'ami idéal doit être honnête et optimiste.*

1. L'amie idéale doit être ...
2. Un bon professeur doit être ...
3. Une bonne secrétaire doit être ...
4. Les journalistes doivent être ...
5. Les femmes d'aujourd'hui doivent être ...
6. Un bon président doit être ...
7. Un bon père de famille doit être ...
8. Une bonne mère de famille doit être ...

B. Adjectifs irréguliers

Many irregular adjectives have predictable feminine forms. Note the correspondence between the masculine and feminine singular endings in the chart below.

masculine	feminine		
-eux	-euse	Jacques est **sérieux**.	Suzanne est **sérieuse** aussi.
-if	-ive	Philippe est **actif**.	Claire est **active** aussi.
-on	-onne	Robert est **bon**.	Renée est **bonne** aussi.
-(i)en	-(i)enne	François est **canadien**.	Louise est **canadienne**.
-el	-elle	Mon oncle est **ponctuel**.	Ma tante est **ponctuelle**.
-et	-ète	Paul n'est pas **discret**.	Thérèse est très **discrète**.
-eur	-euse	Jean est **travailleur**.	Sylvie n'est pas **travailleuse**.
-teur	-trice	Mon père est **conservateur**.	Ma mère n'est pas **conservatrice**.

• The above adjectives have standard plural forms.

Mes cousins sont **discrets** et **sérieux**.   Mes cousines sont **actives** et **travailleuses**.

3. Le chef du personnel: Vous êtes le chef du personnel d'une entreprise française. Cette entreprise cherche des étudiants pour l'été. Les étudiants suivants se présentent. Demandez s'ils ont les qualités nécessaires.

▶ Nathalie (ambitieux?)   *Êtes-vous ambitieuse?*

1. Charles (ambitieux?)
2. Paul et Thomas (consciencieux?)
3. Jacqueline et Suzanne (sérieux?)
4. Sylvie (actif?)
5. Isabelle et Caroline (ponctuel?)
6. Jean (impulsif?)
7. Monique et Nicole (perceptif?)
8. Hélène et Françoise (discret?)
9. Véronique et Nathalie (travailleur?)
10. Jean-Paul et Alain (actif?)

VOCABULAIRE: D'autres adjectifs de personnalité

en **-eux:** **ambitieux   consciencieux   courageux   curieux
généreux   nerveux   sérieux   paresseux** (lazy)   **superstitieux
heureux   malheureux** (unhappy)   **ennuyeux** (boring)

en **-if:** **actif   intuitif   naïf   perceptif   impulsif   agressif
compréhensif** (understanding)   **sportif** (athletic)   **imaginatif**

en **-et:** **secret** (secretive)   **discret   indiscret**

en **-el:** **intellectuel   ponctuel   cruel   naturel   superficiel**

en **-eur:** **travailleur** (hard-working)

en **-teur:** **conservateur** (conservative)

NOTE LINGUISTIQUE: Le préfixe **mal-**
The French negative prefix **mal-** often corresponds to the English prefixes *un-* and *dis-*.

honnête ≠ **mal**honnête   honest ≠ *dis*honest
heureux ≠ **mal**heureux   happy ≠ *un*happy

---

4. Préférences: Voici quelques adjectifs de personnalité. Dites si vous aimez ou non les personnes qui ont ces qualités ou ces défauts. Attention: le mot *personne* est féminin.

▶ imaginatif   *J'aime les personnes imaginatives.*
           ou: *Je n'aime pas les personnes imaginatives.*

1. impulsif
2. généreux
3. nerveux
4. naïf
5. secret
6. indiscret
7. travailleur
8. intellectuel
9. paresseux
10. conservateur
11. cruel
12. superficiel

5. D'accord? Dites si vous êtes d'accord (partiellement, totalement) ou si vous n'êtes pas d'accord avec les opinions suivantes.

1. Les étudiants américains sont très travailleurs.
2. Les gens superstitieux sont en général très intuitifs.
3. Les gens très sensibles sont souvent malheureux.
4. Quand on est jeune, on est libéral. Quand on est âgé, on devient conservateur.
5. Aujourd'hui les filles sont plus sportives qu'autrefois.

6. Une question de personnalité: Lisez ce que font les personnes suivantes. Puis décrivez leur personnalité en utilisant un adjectif de votre choix.

▶ Jacqueline ne sort jamais le vendredi 13.　　*Elle est superstitieuse.*

1. Madame Lamblet veut être la présidente de sa compagnie.
2. Pierre et Paul ne travaillent jamais.
3. Sylvie répète les secrets de ses amis.
4. Ce week-end-ci, mes cousines vont préparer leur examen.
5. En hiver, Thérèse fait du ski. En été, elle nage et elle joue au volleyball.
6. Ma sœur ne parle de ses problèmes à personne.
7. Alice ne se repose jamais.
8. Françoise aime discuter des grands problèmes philosophiques.

7. Expression personnelle: Complétez les phrases suivantes avec un ou plusieurs adjectifs des VOCABULAIRES de cette leçon.

1. Mes amis pensent que je suis ...
2. Mes parents pensent que je suis ...
3. Je n'aime pas les gens qui sont trop ...
4. À une surprise-partie, j'aime parler avec des gens ...
5. Je ne respecte pas les personnes ...
6. J'aime sortir avec des personnes ...
7. Je suis à l'aise *(at ease)* avec les personnes ...
8. Je ne suis pas à l'aise avec des personnes ...
9. Aujourd'hui, les femmes sont ...
10. J'espère me marier avec une personne ...

être heureux, c'est...

la santé.

la chance.

et peut-être la fortune.

loterie nationale

C. Les adverbes en -ment

In the sentences below, compare the adjectives on the left with the adverbs on the right.

Paulette est **sérieuse.**   Elle fait ses études **sérieusement.**
Claire est **triste.**   Elle rentre chez elle **tristement.**

In French, many adverbs are derived from descriptive adjectives as follows:

> feminine form of adjective + -ment

- When a feminine adjective ends in *vowel* + **-e,** this final **-e** drops when an adverb is formed.

  vrai(e) → **vraiment**   spontané(e) → **spontanément**

- Adjectives in **-ent** and **-ant** have corresponding adverbs in **-emment** and **-amment.**

  prud**ent** → prud**emment**   const**ant** → const**amment**

  The endings **-emment** and **-amment** are pronounced like **-amant.**

8. Le travail et la personnalité: Les personnes suivantes travaillent d'une façon qui reflète leur personnalité. Exprimez cela en utilisant l'adverbe en *-ment* qui convient.

▶ Jacques est sérieux.   *Il travaille sérieusement.*

1. Isabelle est sérieuse.
2. Nicolas est consciencieux.
3. Philippe est impulsif.

4. Charles est discret.
5. Jacqueline est courageuse.
6. Monique est énergique.

D. Le pluriel en -aux

Note the plural forms of the words in heavy print.

La Presse est un **journal** canadien.   *Le Monde* et *Le Figaro* sont des **journaux** français.
Paul est très **libéral.**   Il a des amis **libéraux.**

- Most nouns in **-al** form their plural in **-aux.** These nouns are masculine.

  un journ**al** → des journ**aux**   un hôpit**al** → des hôpit**aux**

- Most adjectives in **-al** form their masculine plural in **-aux.** The feminine forms are regular.

  un garçon origin**al** → des garçons origin**aux**
  une fille origin**ale** → des filles origin**ales**

VOCABULAIRE: Quelques adjectifs en -al

libéral   **loyal**   **original**   **sentimental**   **génial** (bright)

---

9. Expression personnelle: Décrivez les personnes suivantes en utilisant les adjectifs entre parenthèses.

▶ mes amis (original?)   *Mes amis sont originaux.*
   ou: *Mes amis ne sont pas originaux.*

1. mes amis (loyal?)
2. mes amies (loyal?)
3. mes parents (libéral?)
4. les Américains (sentimental?)
5. les Américaines (sentimental?)
6. mes professeurs (génial?)

E. Les nombres ordinaux

Ordinal numbers *(first, second, ... tenth)* are used for ranking. Note the forms of these numbers in French.

$1^{er(ère)}$	**premier (première)**	6^e	**sixième**	11^e	**onzième**
2^e	**deuxième**	7^e	**septième**	20^e	**vingtième**
3^e	**troisième**	8^e	**huitième**	21^e	**vingt et unième**
4^e	**quatrième**	9^e	**neuvième**	22^e	**vingt-deuxième**
5^e	**cinquième**	10^e	**dixième**	100^e	**centième**

In French, ordinal numbers are derived from regular numbers according to the following pattern:

> number (*minus* final **-e**, if any) **+ -ième**

- Exception: **un → premier, première**   *but:* **le vingt et unième, le trente et unième,** etc.
- Before the ending **-ième,** cardinal numbers are pronounced as they are in front of a word beginning with a vowel sound.

  The **"x"** of **deuxième, sixième,** and **dixième** is pronounced /z/.
- Note the spelling modifications: cinq → cin**qu**ième   neuf → neu**v**ième.
- Ordinal numbers are adjectives and agree with the nouns they modify. Only **premier** has a different feminine form.

  Le lundi mon **premier** cours est à neuf heures.
  Le vendredi ma **première** classe est à dix heures.
- Ordinal numbers come *before* the noun they modify. There is no liaison or elision before 8e and 11e.

  Quel est **le** huitième mois de l'année? **le** onzième mois?

10. Vrai ou faux? Est-ce que les informations contenues dans les phrases suivantes sont exactes? Exprimez votre opinion en disant «*C'est vrai*» ou «*C'est faux*». Rectifiez les informations fausses.

▶ Mars est le deuxième mois de l'année.   *C'est faux. Mars est le troisième mois.*

1. Juin est le septième mois.
2. George Washington est le premier président.
3. James Madison est le cinquième président.
4. La pénicilline a été découverte au vingtième siècle.
5. L'avion a été inventé au dix-neuvième siècle.
6. Einstein a vécu au seizième siècle.
7. L'Alaska est le quarante-neuvième état.

11. Le concours de photo (*The photo contest*): Vous êtes le juge d'un concours de photo. Donnez aux étudiants suivants leur classement (*ranking*).

▶ Henri (8e)   *Henri, tu es huitième.*

1. Anne (1ère)
2. Philippe (2e)
3. Nathalie (3e)
4. Charles et Louis (4e)

5. Suzanne et Louise (6e)
6. Jacques (10e)
7. Jacqueline (11e)
8. Michèle (15e)

9. Jean-Marc (17e)
10. Antoine (20e)
11. Alice (21e)
12. Émilie (22e)

Qui sera le premier?

Phonétique

Consonnes finales

In French, when the last syllable of a word or group of words ends in a consonant sound, that consonant is strongly released, that is, it is very distinctly pronounced. In English, on the other hand, final consonants are often not released, or they are pronounced with little tension. In practicing the following words, pronounce the final consonants very clearly.

/k/ Ja**c**ques, artisti**qu**e, romanti**qu**e, typi**qu**e, Mar**c**, ave**c**, dis**qu**e, ban**qu**e

/t/ humanis**te**, idéalis**te**, importan**te**, individualis**te**, tar**te**, sor**t**ent, por**t**ent, peti**te**, bicycle**tte**

/l/ intellectue**l**, fina**l**, Nico**l**e, par**l**e, loya**l**, libéra**l**

/d/ mon**de**, gran**de**, ai**de**, moutar**de**, sala**de**, limona**de**

Récapitulation

Substitution

Remplacez les mots soulignés par les mots entre parenthèses. Faites tous les changements nécessaires.

1. Jacques est compétent mais il n'est pas sérieux.   (Jacqueline, mes cousins, Anne et Suzanne, vos amies)
2. Sylvie est sportive et très travailleuse.   (ce garçon, mes cousines, Henri, tes frères)
3. Louise n'est pas libérale. Elle est très conservatrice.   (mes parents, mon père, Jacques et Antoine, Isabelle)
4. Quand on est sérieux, on fait tout très sérieusement.   (spontané, prudent, consciencieux, discret)

Vous avez la parole: Portraits féminins

Composez un petit paragraphe où vous faites le portrait d'une des personnes suivantes.

1. une femme que je connais bien
2. la femme idéale
3. les Américaines d'aujourd'hui
4. les femmes d'autrefois
5. les étudiants et les étudiantes du campus

Leçon 29: La condition féminine

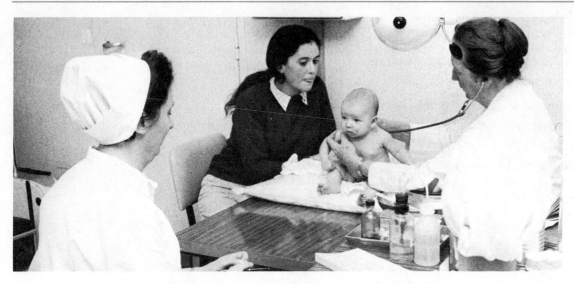

Aujourd'hui, la condition de la femme fait des progrès considérables dans le monde. Des femmes occupent des fonctions importantes dans tous les domaines et dans presque tous les pays ... L'Angleterre, l'Inde, Israël ont ou ont eu des femmes premiers ministres. En France et aux États-Unis, des femmes font partie° des cabinets ministériels. Est-ce que cela signifie que la femme est l'égale° de l'homme?

are members
equal

Quelle est donc la condition de la femme française aujourd'hui? Est-elle comparable à la condition de la femme américaine ou est-elle différente? À ce sujet, voilà huit questions. À votre avis, quelles sont les réponses?

1. En France, les femmes sont-elles plus ou moins nombreuses que les hommes?
2. En France, les filles sont-elles plus ou moins intelligentes que les garçons?
3. En France, les salaires féminins sont-ils aussi élevés que les salaires masculins?
4. Y a-t-il plus ou moins de femmes-professeurs en France qu'aux États-Unis?
5. En France, les femmes-professeurs ont-elles plus ou moins de diplômes que les hommes?
6. En France, les femmes-ingénieurs sont-elles mieux ou moins bien qualifiées que les hommes?
7. Y a-t-il plus ou moins de femmes-avocats en France qu'aux États-Unis?
8. Est-ce en France que la proportion de femmes-médecins est la plus élevée?

Vous trouverez les réponses à ces questions dans les Renseignements Culturels.

Oui pour l'égalité!

Renseignements culturels: Les femmes en France

Voici les réponses aux questions de la page précédente.

1. Elles sont plus nombreuses. La majorité des Français (52%) sont en fait des Françaises.
2. Elles sont peut-être plus studieuses. Le fait est que les filles obtiennent leurs diplômes avant les garçons.
3. Non. Les femmes sont désavantagées. Une employée gagne 25% de moins qu'un employé. Une ouvrière gagne 30% de moins qu'un ouvrier. Un cadre supérieur féminin gagne 35% de moins qu'un cadre supérieur masculin.
4. La proportion est pratiquement identique en France et aux États-Unis: 20% contre 22%.
5. Elles ont plus de diplômes. Dans l'enseignement secondaire, 40% des femmes ont la licence. Cette proportion est seulement de 30% pour les hommes.
6. Elles sont mieux[1] qualifiées. 63% des femmes-ingénieurs ont un diplôme supérieur contre [2] 56% pour les hommes.
7. Sur[3] 100 avocats, il y a 19 femmes en France et 3 aux États-Unis.
8. Non, c'est en Union Soviétique où 75% des médecins sont des femmes. Cette proportion est de 14% en France et de 6% aux États-Unis.

1 *better*   2 *as opposed to*   3 *out of*

Structure et Vocabulaire

A. Le comparatif

In the following sentences, comparisons are expressed. Note the words which come before and after the adjectives.

Anne est **plus intelligente que** Paul.	Anne is *more intelligent than* Paul.
Elle est **plus jeune que** lui.	She is *younger than* he is (*than* him).
Je suis **aussi sérieux que** toi.	I am *as serious as* you.
Mes amis sont **moins patients que** vous.	My friends are *less patient than* you.

Comparisons with *adjectives* follow the pattern:

[+] **plus**		*plus timide* (**que ...**)
[=] **aussi**	+ adjective (+ **que ...**)	*aussi timide* (**que ...**)
[−] **moins**		*moins timide* (**que ...**)

- The adjective in a comparison agrees in gender and number with the noun or pronoun *it modifies.*

    Ces manteaux sont plus joli**s**.   **Ces robes** sont moins joli**es**.

- There is liaison after **plus** and **moins** before a vowel sound.

    Ce livre est plus‿intéressant.   Ces personnes sont moins‿ambitieuses.

- Stress pronouns are used after **que.** Note: **que** → **qu'** before a vowel sound.

    Elle est plus compétente **que moi.**   Nous sommes aussi tolérants **qu'eux.**

- Note the following irregular comparative *adjective:*

    plus + bon(ne) → **meilleur(e)** *(better)*   Paul est **bon** en français, mais Anne est **meilleure.**

■ Comparisons with *adverbs* follow the same pattern as adjectives.

J'étudie **plus sérieusement que** mes amis.	I study *more seriously than* my friends.
Tu étudies **moins sérieusement que** nous.	You study *less seriously than* we do.

- Note the following irregular comparative *adverb:*

    plus + bien → **mieux** *(better)*   Paul danse **bien,** mais Anne danse **mieux** que lui.

> **1. Aujourd'hui et autrefois.** Comparez la vie d'aujourd'hui avec la vie d'autrefois (en 1930, par exemple).
>
> ▶ les femmes (indépendantes)   *Aujourd'hui les femmes sont plus (moins, aussi)*
>   *indépendantes.*
>
> 1. les maisons (confortables)   4. la société (juste)   7. l'existence (intéressante)
> 2. les voitures (grandes)   5. l'université (difficile) 8. les gens (heureux)
> 3. le président (populaire)   6. la vie (facile)   9. les salaires (bons)

VOCABULAIRE: Comment exprimer son opinion

à mon avis	in my opinion	**À mon avis,** les femmes d'aujourd'hui sont très indépendantes.
selon ... **d'après ...** }	according to ...	**Selon** Paul, **D'après** Paul, } les Françaises sont plus indépendantes que les Americaines.
à ce sujet	on this topic	**À ce sujet,** les opinions varient.
donc	therefore, thus	**Donc,** vous avez peut-être raison.

NOTE DE VOCABULAIRE

Stress pronouns are used after **selon** and **d'après**.

Selon moi,
 D'après moi, } les Américaines sont très indépendantes.

2. Expression personnelle: Utilisez la forme appropriée des adjectifs entre parenthèses pour emparer les personnes ou les choses suivantes.

▶ les femmes/les hommes (énergique)
À mon avis, les femmes sont plus (moins, aussi) énergiques que les hommes.

1. les garçons/les filles (timide)
2. les femmes/les hommes (intelligent)
3. l'argent/la santé (important)
4. l'amour/l'amitié (important)
5. mes amis/ma famille (important)
6. ma mère/mon père (généreux)
7. le français/l'espagnol (facile)
8. les jeunes/les adultes (libéral)
9. les Français/les Américains (intellectuel)
10. les cigarettes/l'alcool (dangereux)
11. le vin/la bière (bon)
12. le vin français/le vin de Californie (bon)

3. Un vantard *(A boaster):* Philippe se considère supérieur à ses amis. Jouez le rôle de Philippe. Utilisez le pronom accentué qui convient.

▶ Jacques est sportif.   *Je suis plus sportif que lui.*

1. Paul est intelligent.
2. Annie est dynamique.
3. Louis et Jean sont sérieux.
4. Hélène et Béatrice sont riches.
5. Raphaël est bon en anglais.
6. Isabelle est bonne en maths.
7. Albert joue bien au tennis.
8. Catherine parle bien espagnol.

4. Questions personnelles:

1. Avez-vous un frère? Êtes-vous plus jeune que lui? plus riche? plus sportif (sportive)? plus grand(e)? plus sérieux (sérieuse)? plus ambitieux (ambitieuse)?
2. Avez-vous une sœur? Êtes-vous plus jeune qu'elle? plus grand(e)? plus riche? plus sportif (sportive)? plus généreux (généreuse)? plus indépendant(e)? plus dynamique? plus ambitieux (ambitieuse)?
3. Êtes-vous plus libéral(e) ou plus conservateur (conservatrice) que vos parents? Êtes-vous plus tolérant(e) qu'eux? plus sincère? moins égoïste? mieux éduqué(e)?
4. Êtes-vous plus jeune que votre meilleur(e) ami(e)? plus réaliste? plus sérieux (sérieuse)?
5. Maintenant, étudiez-vous plus sérieusement qu'avant? plus rapidement?
6. Maintenant, êtes-vous mieux organisé(e) qu'avant? Parlez-vous mieux français? Jouez-vous mieux au tennis?

NOTE LINGUISTIQUE: Verbes apparentés **-quer** ↔ *-cate*
Many French verbs in **-quer** have English cognates in *-cate*.

-quer ↔ *cate*		
	édu**quer**	to edu*cate*
	indi**quer**	to indi*cate*
	compli**quer**	to compli*cate*

B. Le superlatif

In superlative constructions, one or several persons or things are compared to others in a group. Note the superlative constructions in heavy print in the following sentences.

Robert est le garçon **le plus sportif** de la classe. Robert is *the most athletic* boy in the class.
Anne est la fille **la plus drôle** de la classe. Anne is *the funniest* girl in the class.
Quels sont les livres **les moins chers?** Which are *the least expensive* books?

Superlative constructions with *adjectives* follow the pattern:

[+] [−]	le, la, les { plus / moins } + adjective	le (la) plus calme, les plus calmes le (la) moins calme, les moins calmes

• In a superlative construction, the position of the adjective is the same as in a simple construction. If the adjective normally follows the noun, the superlative construction likewise follows the noun. Similarly, if the adjective normally precedes the noun, the superlative construction does also.

une **grande** ville Montréal est **la plus grande** ville du Canada.
une ville **ancienne** Montréal n'est pas la ville **la plus ancienne.**

- The preposition **de** is used after a superlative construction to introduce the reference group. Here **de** corresponds to the English preposition *in*.

  Pierre est l'étudiant le plus brillant **de notre classe.**   *... in our class.*

- Note the following irregular superlative *adjective*:

  le (la) plus + bon(ne) ↔ **le (la) meilleur(e)** *(the best)*   C'est **le meilleur** restaurant.

With *adverbs*, the superlative construction is:

$$\begin{matrix}[+]\\[-]\end{matrix} \quad \text{le} \left\{\begin{matrix}\textbf{plus}\\\textbf{moins}\end{matrix}\right\} + \text{adverb} \qquad \begin{matrix}\textit{le plus souvent}\\\textit{le moins souvent}\end{matrix}$$

- Note the following irregular superlative *adverb*:

  le plus + bien → **le mieux** *(the best)*   C'est Claire qui joue **le mieux** au tennis.

5. À l'université en France: Vous avez été accepté(e) par une université française. Demandez certains renseignements à un ami français. Commencez vos phrases par le mot interrogatif indiqué et utilisez le verbe *être*.

▶ Qui/le professeur (+ intéressant)   *Qui est le professeur le plus intéressant?*
▶ Quels/les cours (− difficiles)   *Quels sont les cours les moins difficiles?*

1. Qui/les professeurs (− intéressants)
2. Quelle/la classe (+ facile)
3. Qui/l'étudiant (+ intelligent)
4. Qui/l'étudiante (− sympathique)

5. Qui/les étudiants (+ paresseux)
6. Qui/les étudiants (− sérieux)
7. Où/le restaurant (− cher)
8. Où/les magasins (− chers)

6. Choix personnel: Exprimez votre choix dans les catégories suivantes.

▶ le comédien (drôle)   *À mon avis, le comédien le plus drôle est Woody Allen.*

1. la comédienne (drôle)
2. l'acteur (dynamique)
3. l'actrice (intelligente)
4. le disque (populaire)
5. le cours (intéressant)
6. l'homme (génial)
7. la femme (remarquable)
8. le programme de télé (bon)

C. Les comparaisons avec les noms

Note the comparative constructions in the sentences below.

J'ai **plus de patience que** mon frère.   I have *more patience than* my brother.
J'ai **autant d'amis que** lui.   I have *as many friends as* he does.
J'ai **moins d'argent que** lui.   I have *less money than* he does.
J'ai **moins de problèmes.**   I have *fewer problems.*

Comparisons with nouns follow the pattern:

[+]	**plus de**	⎫	*plus de problèmes*
[=]	**autant de**	⎬ + noun (+ **que** ...)	*autant de problèmes*
[−]	**moins de**	⎭	*moins de problèmes*

- Stress pronouns are used after **que.**

    J'ai autant de problèmes **que toi.**

Superlative constructions with nouns follow the pattern:

[+]	**le plus de**	⎫ + noun	*C'est Jacques qui a le plus d'argent.*
[−]	**le moins de**	⎭	*C'est Georges qui a le moins d'idées.*

7. Vrai ou faux? Analysez les phrases suivantes et déterminez si elles sont vraies ou fausses. Si elles sont fausses, rectifiez-les.

▶ Les femmes ont plus de patience que les hommes.
C'est vrai! ou: *C'est faux! Elles ont moins de (autant de) patience qu'eux.*

1. J'ai plus d'argent que mes amis.
2. Les filles font moins de sport que les garçons.
3. Les Américains ont plus de vacances que les Français.
4. Les Américains consomment plus d'énergie que les Français.
5. Les Américains boivent plus de vin que les Français.
6. Il y a plus de violence en France qu'aux États-Unis.
7. Il y a plus de pollution à New York qu'à Los Angeles.
8. Aujourd'hui, les femmes ont moins de responsabilités qu'avant.

AIR FRANCE
Le meilleur de la France vers le monde.

D. Les verbes lire et écrire

The verbs **lire** *(to read)* and **écrire** *(to write)* are irregular. Note the forms of these verbs in the chart below.

infinitive	lire	écrire
present	Je **lis** un livre.	J'**écris** une lettre.
	Tu **lis** le journal.	Tu **écris** à un ami.
	Il/Elle **lit** un roman.	Il/Elle **écrit** à une amie.
	Nous **lisons** un magazine.	Nous **écrivons** un poème.
	Vous **lisez** une annonce.	Vous **écrivez** un roman.
	Ils/Elles **lisent** une lettre.	Ils/Elles **écrivent** à leur oncle.
passé composé	J'**ai lu** ce journal.	J'**ai écrit** à mon ami.

• The verb **décrire** *(to describe)* is conjugated like **écrire**.

   Décrivez la ville où vous habitez.

VOCABULAIRE: La lecture

un écrivain	writer		
un mensonge	lie	**la vérité**	truth
la lecture	reading		
un article	article	**une (petite) annonce**	(classified) ad
un journal	newspaper	**une bande dessinée**	comic strip
un magazine	magazine	**une carte (postale)**	card (postcard)
un poème	poem	**une lettre**	letter
un roman	novel	**une nouvelle**	(piece of) news, news item
un roman policier	detective novel	**une revue**	(illustrated) magazine

---

8. À la bibliothèque: Les étudiants suivants sont à la bibliothèque. Dites ce qu'ils lisent et à qui ils écrivent.

▶ Henri (un journal français/à sa petite amie)
   Henri lit un journal français. Ensuite, il écrit à sa petite amie.

1. vous (*Le Monde*/à vos parents)
2. moi (*l'Express*/à un ami)
3. Nathalie (une revue féminine/à Paul)
4. nous (les nouvelles sportives/à nos cousins)
5. Pierre et François (les bandes dessinées/à leurs parents)
6. toi (l'horoscope/à ta sœur)

9. Questions personnelles:

1. Lisez-vous beaucoup? Qui est votre écrivain préféré? Qu'est-ce qu'il/elle a écrit?
2. Quand vous achetez un journal, est-ce que vous lisez l'horoscope? les bandes dessinées? la page des sports? les petites annonces? les nouvelles?
3. Selon vous, quel est le meilleur journal? la meilleure revue? Quelle revue a les meilleures informations? les meilleures bandes dessinées? Quelle est votre bande dessinée préférée?
4. Quel journal lisent vos parents?
5. Est-ce que votre université a un journal? Comment s'appelle ce journal?
6. Est-ce qu'il y a des revues et des journaux français à la bibliothèque de votre université? Quelles revues? Quels journaux?
7. Avez-vous lu un livre récemment? Quel livre?
8. Aimez-vous écrire? Voulez-vous être écrivain? Avez-vous écrit des poèmes? un roman? un roman policier?
9. Pendant les vacances, écrivez-vous à vos amis? à vos grands-parents? à vos professeurs?
10. Écrivez-vous beaucoup de cartes de Noël? À qui?

revue
critique
de
l'année
littéraire

LIVRES ET AUTEURS QUEBECOIS

Les Presses de l'université Laval

CLUB DES POÈTES
JEAN-PIERRE ROSNAY
POÈMES DITS, POÈMES CHANTÉS
DÎNERS à partir de 20 h, SPECT. 22 h 15
30, rue de BOURGOGNE ● 705.06.03
Fermé dimanche et lundi

Phonétique

Les consonnes /p/, /t/, /k/

The French consonants /p/, /t/ and /k/ are pronounced somewhat differently from their English counterparts. To understand this difference more clearly, perform the following experiment. Hold a piece of paper in front of your mouth as you say the English words: *pot*, *top*, and *cot*. The paper will move somewhat, because you release a puff of air when you pronounce the initial English consonants **p, t** and **k.** Now try the same experiment with the English words: *spot*, *stop*, and *Scot*. The paper hardly moves because the consonants **p, t** and **k** are pronounced without a puff of air when they follow an **s.** In French, the consonants /p/, /t/, and /k/ in initial position are also pronounced without a puff of air.

Mots-clés: **p**ain, **t**arte, **c**oca
Répétez: **P**aul, **P**apa, **p**ain, **Th**omas, **th**on, **t**omate, **c**afé, **q**ui, **c**opain

Papa est plus pessimiste que Paul
Catherine est au café avec Kiki.
Tout le monde est triste de temps en temps.

Récapitulation

Substitution

Remplacez les mots soulignés par les mots entre parenthèses. Faites tous les changements nécessaires.

1. <u>Suzanne</u> est optimiste mais je suis plus optimiste qu'elle.   (Albert, tu, votre frère, tes cousins, Louise et Claire)
2. <u>Thomas</u> est le garçon le plus intelligent de la classe.   (Thomas et Charles, Hélène, Béatrice et Marie-Noëlle, je)
3. Ce livre est <u>intéressant</u>, mais cette revue est plus intéressante.   (amusant, libéral, drôle, bon)
4. <u>Jacques</u> lit un roman.   (vous, nous, Mélanie, mes cousins, tu, je)
5. <u>J'écris</u> une lettre.   (vous, mon père, mes parents, tu, nous, Alain)

Vous avez la parole: Opinions

1. Est-ce qu'il y a une discrimination contre les femmes aux États-Unis? Expliquez comment.

2. Imaginez que vous avez la possibilité d'habiter en France ou aux États-Unis. Expliquez votre choix. Pour cela, comparez les conditions de vie dans les deux pays.

Leçon 30: Vive l'indépendance!

Dans les dix dernières années, les femmes françaises ont pris conscience° de leur existence et de leur personnalité. Des mouvements féministes comme le M.L.F. (Mouvement de Libération des Femmes) réclament° une plus grande liberté, une plus grande justice pour la femme. Et pourtant, est-ce que les femmes d'aujourd'hui sont vraiments indépendantes?

become aware

demand

HÉLÈNE CAZELLES *(19 ans, étudiante):*
J'ai des parents compréhensifs et généreux. Nous habitons une maison très confortable. Mes parents me donnent de l'argent et depuis° un an, j'ai une voiture. Mes amies disent que j'ai tout pour être heureuse ... Bien sûr. Mais quand je veux sortir le soir, je dois encore demander la permission ... D'accord, je ne suis pas malheureuse. Je dis simplement que je ne suis pas indépendante.

since

MONIQUE DUPUIS *(37 ans, chef du personnel):*
Je suis mariée depuis quinze ans et je travaille depuis sept ans ... À la maison, je me sentais° un peu inutile. Nous n'avons pas d'enfants. Un jour mon mari m'a dit «Pourquoi est-ce que tu ne cherches pas du travail?» Aujourd'hui, j'ai un travail intéressant. J'ai des responsabilités. J'ai des collègues sympathiques ... et je gagne plus d'argent que mon mari! Oui, depuis que je travaille, je me sens° vraiment indépendante.

felt

feel

COLETTE MALLET *(25 ans, ouvrière):*
Moi aussi, je suis mariée et moi aussi je travaille. Je n'ai pas le choix. Le salaire de mon mari n'est pas suffisant ... À l'usine, mon travail est épuisant° ... Quand je rentre le soir, je dois préparer le dîner et m'occuper des enfants ... On dit que le travail libère l'individu. Peut-être, mais certainement pas moi!

exhausting

MARIE-THÉRÈSE DUVAL *(53 ans, antiquaire):*

Je suis divorcée depuis 10 ans. Après mon divorce, j'ai ouvert° un magasin
d'antiquités. J'adore mon travail et je gagne beaucoup d'argent ... Et pourtant,
je me sens seule° quand je rentre chez moi. Économiquement, je suis indépendante ... Mais psychologiquement?

opened

lonely

MARTINE VALLÉE *(28 ans, secrétaire):*

De quelle indépendance parlez-vous? De l'indépendance économique? De
l'indépendance affective° De l'indépendance intellectuelle? Aujourd'hui, la majorité des femmes travaillent, mais dans leur travail, elles dépendent d'un chef
qui est souvent un homme. Que signifie l'indépendance de la femme dans ces
conditions?

emotional

BRIGITTE SIMON *(31 ans, mère de famille):*

Aujourd'hui toutes les femmes veulent être indépendantes! C'est pour cette
raison que toutes mes amies travaillent. Moi, je ne travaille plus depuis que j'ai
des enfants. C'est un choix personnel ... J'ai décidé de m'occuper de l'éducation
de mes enfants et du bonheur de ma famille ... D'accord, je ne suis pas
totalement indépendante, mais je suis heureuse ... C'est plus important que
l'indépendance, non?

Renseignements culturels: La longue marche de la femme française

Pendant longtemps la femme française est restée
sous la domination économique, sociale et juridique[1] de l'homme. Le responsable[2] de cette situation est Napoléon (1769–1821) qui avait fait du
mariage une institution où le mari était le chef et la
femme la servante. L'inégalité de la femme était
évidente dans tous les domaines.

Il y a[3] cent vingt ans, les femmes n'allaient pas à
l'université et elles ne pouvaient être ni médecins ni[4]
avocates. Il y a quarante ans, les femmes ne votaient
pas. Il y a vingt-cinq ans, elles ne pouvaient signer
un chèque sans l'autorisation de leur mari. Il y a dix
ans, elles ne pouvaient se présenter aux concours
des grandes écoles et par conséquent ne pouvaient
accéder aux postes-clés[5] de l'industrie.

Cette situation a changé peu à peu, mais les
progrès ont été lents. Voici quelques dates qui ont
marqué la conquête de l'égalité.

- 1868 Première femme médecin
- 1869 Première pharmacienne
- 1900 Première avocate
- 1930 Première femme chef d'orchestre
- 1946 Les femmes votent pour la première fois
- 1959 Première femme professeur à la Faculté de
  Médecine de Paris
- 1967 Première femme pilote de ligne
- 1972 Première femme reçue à l'École Polytechnique
- 1978 Première femme reçue à l'École Militaire de
  Saint-Cyr
- 1980 Première femme élue[6] à l'Académie
  française

Aujourd'hui la femme française est théorique-
ment l'égale de l'homme. Mais en pratique?

1 *legal*   2 = la personne responsable   3 *ago*   4 *neither ... nor*
5 *key positions*   6 *elected*

Structure et Vocabulaire

VOCABULAIRE: Le monde du travail

noms

un chef	boss, head	**l'égalité**	equality
un choix	choice	**une entreprise**	business, firm
un domaine	area, field	**l'indépendance**	independence
le progrès	progress	**la majorité**	majority
un salaire	salary	**une raison**	reason
le travail (les travaux)	work, job	**une responsabilité**	responsibility

adjectifs

égal ≠ inégal	equal ≠ unequal
élevé ≠ bas (basse)	high ≠ low
lent ≠ rapide	slow ≠ fast, rapid
seul	alone, lonely

expressions

ensemble	together	Paul et Jeanne travaillent **ensemble**.
presque	almost	Tu travailles **presque** aussi lentement que moi.
vite	quickly	Mais non, je travaille plus **vite** que toi.

NOTE DE VOCABULAIRE

Remember that adjectives in **-al** form the masculine plural in **-aux**.

Tous les hommes sont **égaux.**   Les salaires ici sont **inégaux.**

NOTE LINGUISTIQUE: Noms apparentés **-ix** ↔ *-ice*

Often French nouns in **-ix** have English cognates in *-ice*

-ix ↔ *-ice*	le cho**ix**	cho*ice*
	le pr**ix**	pr*ice*
	la vo**ix**	vo*ice*

1. D'accord? Lisez les opinions suivantes et dites si vous êtes d'accord (totalement, partiellement) ou pas d'accord. Expliquez votre position si possible.

1. Dans le choix d'une profession, les responsabilités sont plus importantes que le salaire.
2. Aux États-Unis, la condition de la femme a fait des progrès considérables dans les dix dernières années.
3. Dans le domaine des salaires, les femmes américaines ont presque obtenu l'égalité avec les hommes.
4. Si elles veulent obtenir leur indépendance économique, les femmes doivent travailler.
5. Les femmes qui sont chefs d'entreprise sont moins capables que les hommes parce qu'elles sont moins agressives.
6. Si les femmes veulent l'égalité avec les hommes, elles doivent faire leur service militaire comme eux.
7. La raison pour laquelle *(which)* les femmes ont des salaires moins élevés que les hommes, c'est qu'elles ont moins de responsabilités qu'eux.
8. La raison pour laquelle les femmes vivent plus longtemps que les hommes est qu'elles sont biologiquement plus résistantes à la maladie.
9. Biologiquement et psychologiquement, l'égalité entre l'homme et la femme est un mythe.
10. La majorité des gens qui vivent seuls sont malheureux.
11. Les femmes qui vivent seules sont plus indépendantes et plus heureuses que les femmes mariées.

A. La conjonction que

Note the use of the conjunction **que** in the sentences below.

Mon frère pense **que** les femmes ont obtenu leur indépendance économique.	My brother thinks *(that)* women have obtained economic independence.
Je suppose **qu'**il a raison.	I suppose *(that)* he's right.
Mes amis trouvent **qu'**il a tort.	My friends think *(that)* he's wrong.

■ The conjunction **que** connects two clauses. It must be used in French, although corresponding English sentences often omit the conjunction *that*.

• Note the elision: **que → qu'** before a vowel sound.

2. Une femme-président? Est-ce que le prochain président des États-Unis peut être une femme? Des amis discutent de cette question. Exprimez leurs opinions.

▶ Hélène/penser/c'est probable   *Hélène pense que c'est probable.*

1. Jacques/supposer/c'est possible
2. Anne-Marie/penser/c'est sûr
3. Jean-Claude/répondre/c'est ridicule
4. Vincent/répéter/c'est absurde
5. Catherine/déclarer/c'est une bonne idée
6. Olivier/trouver/Catherine a raison

3. Expression personnelle: Qu'est-ce que vous pensez des choses suivantes? Exprimez votre opinion en commençant vos phrases par *Je pense que ...*

▶ les femmes/indépendantes?   *Je pense que les femmes sont indépendantes.*
    ou: *Je pense que les femmes ne sont pas indépendantes.*

1. l'égalité des sexes/possible?
2. les diplômes/nécessaires?
3. l'argent/indispensable?

4. l'amour/une illusion?
5. l'amitié/une nécessité absolue?
6. le mariage/une chose du passé?

B. *Le verbe* dire

The verb **dire** *(to say, to tell)* is irregular. Note the forms in the chart below.

infinitive	**dire**	
present	Je **dis** que j'ai raison.	Nous **disons** que c'est faux.
	Tu **dis** que j'ai tort.	Vous **dites** des choses stupides.
	Il/Elle **dit** que c'est vrai.	Ils/Elles **disent** des mensonges.
passé composé	J'**ai dit** la vérité.	

• Note the construction:

dire à quelqu'un de + *infinitive*   Le chef **dit à** ses employés **de** *travailler* plus rapidement.

• Note the expressions:

vouloir dire   to mean   Je ne te comprends pas. Qu'est-ce que tu **veux dire?**
c'est-à-dire   that is to say   Téléphonez-moi après l'examen, **c'est-à-dire** après deux heures.

4. Oui ou non? Est-ce que les filles sont plus intelligentes que les garçons? Sur cette question, les opinions sont différentes. Exprimez l'opinion des personnes suivantes en utilisant le verbe *dire.*

▶ Annette (c'est vrai)   *Annette dit que c'est vrai.*

1. Paul (c'est faux)
2. Charles (c'est possible)
3. Michèle et Denise (c'est certain)
4. André et Jacques (c'est probable)

5. nous (c'est vrai)
6. vous (c'est faux)
7. moi (c'est absurde)
8. toi (c'est évident)

5. Questions personnelles:

1. Est-ce que vous dites toujours la vérité?
2. Est-ce que vos amis vous disent toujours la vérité?
3. Est-ce que vos professeurs vous disent d'étudier?
4. Est-ce que vos parents vous ont dit d'avoir de bonnes notes à l'université?
5. Qu'est-ce que vous dites à vos amis quand vous n'êtes pas à l'heure à un rendez-vous?
6. Disiez-vous des mensonges à vos parents quand vous étiez jeune?

C. Les verbes comme dormir

A few verbs which end in **-ir** are conjugated like **dormir** *(to sleep)*.

infinitive	dormir	
present	Je **dors** peu.	Nous **dormons** mal.
	Tu **dors** beaucoup.	Vous **dormez** bien.
	Il/Elle **dort** trop.	Ils/Elles **dorment** maintenant.
passé composé	J'ai **dormi** trois heures.	

- Note that in verbs of this type, the last consonant of the stem is dropped in the singular forms of the present tense.

VOCABULAIRE: Verbes conjugués comme **dormir**

dormir	to sleep	**As**-tu bien **dormi** hier soir?
s'endormir	to fall asleep	**Marc s'est endormi** à dix heures.
mentir	to lie	Dis la vérité! Ne **mens** pas!
sentir	to feel, to sense, to smell	Je **sens** que je vais m'endormir.
se sentir	to feel	Je **me sens** malade.
servir	to serve	**Servez** le dessert!
se servir de	to use	**Nous nous servons de** ce livre.

NOTE DE VOCABULAIRE

Sentir means *to feel* in the sense of *to touch* or *to have a feeling.* **Se sentir** is used with an adjective that describes *how* the subject feels.

6. Problèmes: Dites par quoi les personnes suivantes se sentent concernées.

▶ Jacqueline (la politique)   *Jacqueline se sent concernée par la politique.*

1. nous (nos examens)
2. vous (le problème de l'énergie)
3. toi (la justice)
4. moi (les réformes)
5. Paul (les études)
6. Sylvie (la libération de la femme)
7. mes parents (l'inflation)
8. mes cousins (leur travail)

7. Questions personnelles: Répondez aux questions suivantes.

1. Dormez-vous bien ou mal? Est-ce que vous vous servez de somnifères *(sleeping pills)?*
2. Combien d'heures dormez-vous en semaine? le week-end?
3. Est-ce que vous vous endormez facilement?
4. Est-ce que vous vous sentez malade aujourd'hui? fatigué(e)? en bonne forme?
5. De quels livres est-ce que vous vous servez en classe de français? d'anglais?
6. Est-ce que vous vous sentez concerné(e) par la politique? la justice? les grandes causes?

D. L'usage du présent avec depuis

The following sentences express activities which began in the past and are still continuing in the present. Compare the use of tenses in French and English.

Anne **habite** à Lyon **depuis avril.**   Anne *has been living* in Lyon *since April.*

Nous **étudions** le français **depuis six mois.**   We *have been studying* French *for six months.*

To describe an action or condition which began in the past and is still going on, the French use the following construction:

$$\text{verb in the } present\ tense\ +\ \textbf{depuis}\ +\ \left\{ \begin{array}{l} \text{starting point} \\ \text{length of time} \end{array} \right.$$

- **Depuis que** replaces **depuis** when the starting point is expressed with a subject and verb. Compare:

    Je travaille beaucoup **depuis septembre.**

    Je travaille beaucoup **depuis que je suis** à cette université.

- To ask when an on-going condition began, the following interrogative expressions are used:

    Depuis quand ... ?   Since when ... ?   —**Depuis quand** êtes-vous à l'université?
    —Depuis septembre.

    Depuis combien de temps ... ?   For how long ... ?   —**Depuis combien de temps** habitez-vous ici?
    —Depuis deux ans.

8. En France: Ces étudiants américains font leurs études en France. Dites où ils habitent et depuis quand.

▶ Robert/Grenoble/septembre   *Robert habite à Grenoble depuis septembre.*

1. Lynne/Annecy/mai
2. Paul/Toulouse/le 3 avril
3. David/Lille/deux mois

4. moi/Paris/l'automne
5. mes amis/Nice/Noël
6. nous/Tours/six semaines

9. Une entrevue professionnelle: Madame Salat est chef du personnel dans une entreprise française qui recrute des étudiants américains. Un jour John Harris, un étudiant en physique, se présente à l'entrevue. Jouez les deux rôles suivant le modèle.

▶ Vous êtes en France/2 ans   MADAME SALAT: *Depuis combien de temps êtes-vous en France?*

JOHN HARRIS: *Je suis en France depuis deux ans.*

1. Vous êtes étudiant/5 ans
2. Vous étudiez la physique/4 ans
3. Vous parlez français/6 ans
4. Vous avez votre diplôme de high school/5 ans
5. Vous cherchez du travail/une semaine

10. Expression personnelle: Dites depuis quand ou depuis combien de temps vous faites les choses suivantes.

▶ être à l'université   *Je suis à l'université depuis deux ans (depuis septembre ...).*

1. habiter dans cette ville
2. étudier le français
3. jouer au baseball
4. savoir nager

5. connaître votre camarade de chambre
6. avoir un vélo
7. boire de la bière
8. avoir l'âge de voter

E. *L'usage du passé avec* il y a

Note the use of **il y a** in the following sentences.

Il y a 100 ans, les femmes ne votaient pas.   *One hundred years ago,* women did not vote.
Il y a 5 ans, j'étais à l'école secondaire.   *Five years ago,* I was in high school.
Nicole est allée à Paris **il y a une semaine.**   Nicole went to Paris *a week ago.*

To express how much time elapsed since a certain action or condition occurred, the French use the following construction:

> **il y a + elapsed time**

- Note that with such constructions, the verb is in a past tense: either the *passé composé* or the *imperfect.*

11. Expression personnelle: Dites où vous étiez aux moments suivants et ce que vous faisiez.

▶ il y a une heure   *Il y a une heure, j'étais chez moi. J'étudiais.*

1. il y a deux heures
2. il y a deux jours
3. il y a une semaine
4. il y a un mois

5. il y a six mois
6. il y a un an
7. il y a deux ans
8. il y a dix ans

12. Événements historiques: Voici certains événements historiques. Dites à peu près *(about)* depuis combien de temps ces événements ont eu lieu. Utilisez l'expression *il y a.*

▶ Les États-Unis sont devenus indépendants en 1776.
   Les États Unis sont devenus indépendants il y a à peu près 200 ans.

1. Lindbergh a traversé *(crossed)* l'Atlantique en 1927.
2. Le premier astronaute a marché sur la lune *(moon)* en 1969.
3. Les Américains ont libéré la France en 1944.
4. Les Français ont pris la Bastille en 1789.
5. Les frères Lumière ont inventé le cinéma en 1895.
6. Martin Luther King a été assassiné en 1968.

Phonétique

Syllabation

Speakers of French tend to make every syllable end on a vowel sound. In liaison, therefore, the liaison consonant is pronounced as if it were the first sound of the following word. When two consonant sounds come together in a word, there is a tendency to end the first syllable on the vowel sound and begin the next syllable with two consonant sounds.

Practice French syllabification by pronouncing the following words and sentences according to the divisions indicated.

il a visité	i-la-vi-si-té	/i la vi zi te/
les États-Unis	le-sÉ-tat-sU-nis	/le ze ta zy ni/
nous avons acheté	nou-sa-von-sa-ch¢té	/nu za vɔ̃ za ʃte/
il a passé une semaine	i-la-pa-ssé-une-se-maine	/i la pa se yn sə mɛn/
c'est plus important	c'est-plu-sim-por-tant	/sɛ ply zɛ̃ pɔr tã/

Récapitulation

Substitution

Remplacez les mots soulignés par les mots entre parenthèses. Faites tous les changements nécessaires.

1. Marie ne dit pas toujours la vérité.   (je, mes amis, Sylvie, Henri et Charles, tu, vous, nous)
2. Paul se sent malade.   (Thérèse, Jacqueline et Suzanne, je, tu, nous, vous)
3. Nathalie aime danser. Elle danse depuis une heure.   (nous/téléphoner, vous/jouer au tennis, je/regarder la télévision, mon cousin/dormir, mes amis/dire des choses absurdes)

Vous avez la parole: Souvenirs personnels

Composez un paragraphe sur l'un des thèmes suivants.

1. Vos résidences: Dites où vous avez habité dans votre vie et pendant combien de temps.
2. Autobiographie: Quelles sont vos activités principales? vos loisirs? vos études? Depuis combien de temps participez-vous à ces activités?

Instantané

LE FRANÇAIS PRATIQUE

À la poste

Je voudrais ... un aérogramme
un timbre à 1 franc 50
envoyer une lettre aux États-Unis par avion
envoyer un télégramme
téléphoner à Denver

pour votre argent: pratique et sûre...la poste.

À la poste restante

—Pardon Mademoiselle, est-ce qu'il y a du courrier pour moi? Je m'appelle Davis.
—Vous avez une pièce d'indentité?
—Oui, j'ai un passeport. Tenez, le voilà!
—Bon, une seconde. Je vais voir s'il y a quelque chose pour vous ...
Oui, il y a une lettre et deux cartes postales. Ça fait 3 Francs 60.

Langage et personnalité

En français, on dit:

être heureux ... comme un poisson dans l'eau

être malheureux ... comme les pierres

être paresseux ... comme un lézard

être sérieux ... comme un pape

être riche ... comme Crésus

être pauvre ... comme Job

être têtu ... comme une mule

être bête ... comme ses pieds

L'art des insultes et ... l'art de la politesse

Imbécile!	Excusez-moi!
Idiot!	Veuillez m'excuser!
Crétin!	Prête-moi dix francs.
Abruti!	Peux-tu me prêter dix francs?
Sale type!	Pourrais-tu me prêter dix francs?
Voyou!	Passez-moi la moutarde.
Brute!	Hector, ayez l'obligeance de me
Espèce d'imbécile (d'idiot)	passer la moutarde.
Laisse-moi tranquille!	Hector, ayez la bonté de me
Fiche-moi la paix!	passer la moutarde.

(Remarquez que ces insultes concernent uniquement les hommes. En principe, on n'insulte jamais les femmes en France.)

FLASH! *Informations*

Jeanne d'Arc

Marie Curie

Edith Piaf

Quelques Françaises célèbres

Voici une liste de dix Françaises célèbres[1]. Est-ce que vous connaissez ces Françaises? Savez-vous pourquoi elles sont célèbres? Faites correspondre le nom de ces personnes avec ce qu'elles ont réalisé[2] dans leur vie. Vérifiez vos réponses à la fin du texte.

1. Jeanne d'Arc (1412–1431) ____
2. Joséphine de Beauharnais (1763–1814) ____
3. Georges Sand (1804–1876) ____
4. Sarah Bernhardt (1844–1923) ____
5. Marie Curie (1867–1934) ____
6. Coco Chanel (1883–1971) ____
7. Irène Joliot-Curie (1897–1956) ____
8. Simone de Beauvoir (1908–   ) ____
9. Simone Weil (1927–   ) ____
10. Brigitte Bardot (1937–   ) ____

a. Cette actrice a été la plus grande tragédienne de son temps.
b. Femme de lettres, elle a été l'inspiratrice du compositeur Frédéric Chopin.
c. Elle a épousé Napoléon.
d. Elle a obtenu deux prix Nobel: en physique (1903) et en chimie (1911)
e. Elle a été élue présidente du Parlement européen.
f. Elle a joué dans de nombreux films.
g. Auteur d'un livre intitulé «Le Deuxième Sexe», elle a inspiré les mouvements féministes en France.
h. Elle a révolutionné le monde de la mode.
i. Comme sa mère, elle a reçu le Prix Nobel de Physique (en 1935)
j. Nommée chef de l'armée française, elle a libéré la France de l'occupation anglaise.

Réponses: 1-j, 2-c, 3-b, 4-a, 5-d, 6-h, 7-i, 8-g, 9-e, 10-f. 1 *famous* 2 =fait

Refrains enfantins

... Il pleut Il pleut
Il fait beau
Il fait du soleil
Il est tôt
Il se fait tard
Il
Il
Il
Il
Toujours Il
Toujours Il qui pleut et qui neige
Toujours Il qui fait du soleil
Toujours Il
Pourquoi pas Elle
Jamais Elle
Pourtant Elle aussi
Souvent se fait belle!

Jacques Prévert
Spectacle
© *Editions Gallimard*

XI: Perspectives d'avenir

Leçon 31: L'an 2000

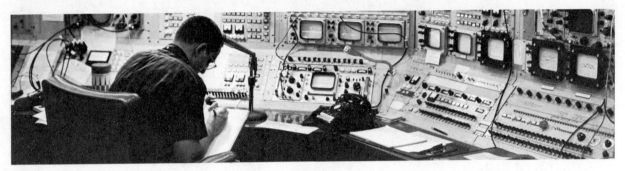

Croyez-vous au° progrès technique? Croyez-vous au progrès humain? Croyez-vous en l'avenir°?

    Voici certaines prédictions assez optimistes. Croyez-vous que ces prédictions se réaliseront° bientôt? Comment voyez-vous° l'an 2000? Pour chaque prédiction, indiquez votre point de vue avec l'échelle° suivante:

do you believe in
future

will come true/do you see
scale

certain	très probable	assez probable	peu probable	impossible

1. On travaillera moins qu'aujourd'hui. Les gens auront plus de loisirs.
2. Le problème de l'énergie n'existera plus car° nous utiliserons l'énergie solaire.

   because
3. Il n'y aura plus de pollution car toutes les voitures seront équipées de moteurs électriques.
4. Les gens vivront plus longtemps car les médecins découvriront une cure contre le cancer et les maladies cardio-vasculaires.
5. Les médecins administreront des drogues qui calmeront les gens instables et violents. Donc les prisons n'existeront plus car il n'y aura plus de criminels.
6. Chaque famille disposera d'un ordinateur°.

   computer
7. Pour communiquer avec ses amis, on n'utilisera plus le téléphone, mais un système de télévision qui permettra de voir° la personne avec qui on parle.

   to see
8. Les nations vivront dans la paix et l'harmonie.
9. Nous établirons° d'excellentes relations avec les habitants des autres planètes.

   will establish
10. Le climat sera toujours beau car les météorologistes contrôleront les conditions atmosphériques.
11. Le Sahara n'existera plus. À sa place, il y aura de vastes champs° de céréales qui serviront à l'alimentation° de l'humanité. Il n'y aura plus de famine dans le monde.

    fields
    feeding
12. Je serai millionnaire.

Renseignements culturels: Pour ou contre le progrès?

Comment concevez[1]-vous l'avenir? Croyez-vous à votre succès personnel? Pensez-vous que votre vie sera plus intéressante qu'aujourd'hui? Pensez-vous que les gens vivront mieux? Pensez-vous que le monde sera meilleur? En général, les Américains ont une vision optimiste et idéaliste de l'avenir. Ils croient au progrès technologique, au progrès économique, au progrès humain.

Les Français, eux, ont une attitude plus réservée vis à vis de l'avenir et du progrès. Oui, les choses peuvent changer mais pas nécessairement pour le mieux. Bien sûr, la science nous a donné l'automobile et l'avion, mais avec eux, elle nous a donné aussi la pollution et le bruit. Et si notre succès dépend de[2] nos qualités personnelles, il dépend aussi en grande partie du hasard[3]. Sans être[4] blasés, les Français ont tendance à ne pas avoir une confiance absolue dans le progrès et la science, à se méfier des[5] innovations, et à faire confiance au[6] hasard et à la chance autant qu'à la logique.

Cette attitude un peu sceptique s'exprime dans un grand nombre d'expressions ou de proverbes comme «Le hasard fait bien les choses», «Qui vivra verra», ou plus simplement «On verra ...». Est-ce du pessimisme ou du bon sens?

1 = imaginez   2 *on*   3 *chance*   4 *without being*   5 *to distrust*   6 *to trust in*

Un four solaire dans les Pyrénées

Structure et Vocabulaire

VOCABULAIRE: L'avenir

noms

l'avenir	future	**la chance**	luck
le hasard	chance	**la fin**	end
un ordinateur	computer	**l'occasion**	opportunity, chance

verbes

avoir de la chance	to be lucky	Paul va passer les vacances à Paris. Il **a de la chance!**
avoir l'occasion (de)	to have the chance (to)	**As**-tu **eu l'occasion** de lire ce livre?
prédire	to predict, foretell	On ne peut pas **prédire** l'avenir.
réaliser	to carry out	Je voulais aller au Japon cet été, mais je n'**ai** pas **réalisé** ce projet.

expressions

car	because	Marc a gagné mille dollars **car** il a toujours de la chance.
cependant	however	J'ai raté mon examen. **Cependant,** j'ai beaucoup travaillé.
par hasard	by chance, accidentally	Ce matin, j'ai rencontré Jacques **par hasard.**
pourtant	nevertheless, yet	Anne réussit toujours à ses examens. **Pourtant** elle ne travaille pas beaucoup.
seulement	only	En classe, nous parlons **seulement** français.

NOTE DE VOCABULAIRE

Prédire is conjugated like **dire**. Note, however: **vous prédisez.**

---

1. D'accord? Dites si vous êtes d'accord (totalement, partiellement) ou pas d'accord avec les opinions suivantes. Si possible, expliquez votre opinion et donnez un exemple personnel.

1. C'est notre horoscope qui détermine notre avenir.
2. Certains extra-lucides *(psychics)* peuvent prédire l'avenir.
3. Il est inutile de faire des projets parce qu'il est impossible de prédire l'avenir.
4. Ce sont toujours les mêmes personnes qui ont de la chance.
5. Le hasard est une excuse facile pour les gens qui n'ont pas d'ambition.
6. Dans la vie, tout le monde a son heure de chance.
7. Nous allons connaître la fin du monde avant l'an 2000.
8. On n'a jamais l'occasion de faire toutes les choses qu'on veut faire.

A. *Les verbes* voir *et* croire

The verbs **voir** *(to see)* and **croire** *(to believe, to think)* are irregular. Their conjugations follow similar patterns.

infinitive	voir	croire
present	Je **vois** un garçon.	Je **crois** que c'est Paul.
	Tu **vois** une fille.	Tu **crois** que c'est Sylvie.
	Il/Elle **voit** un homme.	Il/Elle **croit** que c'est M. Dumas.
	Nous **voyons** une dame.	Nous **croyons** que c'est notre professeur.
	Vous **voyez** une voiture.	Vous **croyez** que c'est ma voiture.
	Ils/Elles **voient** une autre voiture.	Ils/Elles **croient** que c'est une Renault.
passé composé	J'**ai vu** quelqu'un.	J'**ai cru** que c'était toi.

2. Qui est-ce? Des étudiants sont dans un café. Ils voient quelqu'un dans la rue. Chacun croit que c'est une personne différente. Exprimez cela en deux phrases. Utilisez *voir* et *croire* d'après le modèle.

▶ Henri (C'est Paul.)   *Henri voit quelqu'un. Il croit que c'est Paul.*

1. Jacqueline (C'est Alain.)
2. Georges (C'est le professeur de français.)
3. Hélène et Thérèse (C'est le professeur d'histoire.)
4. Michel et Marc (C'est un ami.)
5. nous (C'est notre cousin.)
6. vous (C'est un Américain.)
7. toi (C'est un Anglais.)
8. moi (C'est Jacques.)

3. Questions personnelles:

1. Voyez-vous souvent votre famille? vos amis? vos grands-parents?
2. Ce week-end, allez-vous voir un film? un match de football?
3. Avez-vous vu le dernier film de Woody Allen?
4. Avez-vous jamais *(ever)* vu un O.V.N.I. *(UFO)*? Où et quand?
5. Croyez-vous au progrès? à votre succès personnel? en votre horoscope? aux fantômes *(ghosts)*? à l'existence des extra-terrestres *(beings from outer space)*?

PROVERBE   **Voir c'est croire.**

B. Le futur: formation régulière

Contrast the sentences on the left, which are in the present tense, with those on the right, which are in the future tense. Note the forms of the verbs.

J'**habite** aux États-Unis. L'année prochaine, j'**habiterai** en France.
Chantal **finit** son travail à 5 heures. Demain, elle **finira** à 4 heures.

■ The future tense has several English equivalents:

J'**habiterai** à Nice l'année prochaine. $\begin{cases} \text{I } \textit{will (shall) live} \text{ in Nice next year.} \\ \text{I } \textit{will (shall) be living} \text{ in Nice next year.} \end{cases}$

Note the following forms of the future tense of regular verbs in **-er, -ir, -re,** and of **dire,** an irregular verb.

infinitive	habiter	finir	vendre	dire	future endings
future	j'**habiterai**	**finirai**	**vendrai**	**dirai**	-ai
	tu **habiteras**	**finiras**	**vendras**	**diras**	-as
	il/elle **habitera**	**finira**	**vendra**	**dira**	-a
	nous **habiterons**	**finirons**	**vendrons**	**dirons**	-ons
	vous **habiterez**	**finirez**	**vendrez**	**direz**	-ez
	ils/elles **habiteront**	**finiront**	**vendront**	**diront**	-ont

■ The future, like the present, is a *simple* tense consisting of *one* word.

• The *stem* of the future always ends in **-r.** For most regular verbs and many irregular verbs, the stem of the future is derived as follows:

future stem = infinitive (*minus* final **-e,** if any)

• Note, however, the stem changes of verbs like **acheter, appeler** and **payer.**

infinitive	future stem	
acheter	achèter-	Nous **achèterons** une voiture de sport.
appeler	appeller-	Je t'**appellerai** ce soir.
payer	paier-	Alain **paiera** pour moi.

• For all verbs, regular and irregular, the *endings* of the future tense are the same: **-ai, -as, -a, -ons, -ez, -ont**

■ In the future tense, negative and interrogative sentences are formed according to the same pattern which is used in the present.

Est-ce que tu travailleras cet été? $\Big\}$ *Will you work* this summer?
Travailleras-tu cet été?

Non, je **ne travaillerai pas.** No, I *will not (won't)* work.

• Word order in reflexive constructions also follows the same pattern as in the present. Pierre **se promènera** avec Sylvie. Il **ne se promènera pas** avec nous.

4. Les vacances: Dites quelles villes les étudiants suivants visiteront cet été et quelle langue ils parleront: *français, anglais* ou *espagnol?*

▶ Jacques (Lima)   *Jacques visitera Lima. Il parlera espagnol.*

1. moi (Québec)
2. nous (New York)
3. Elizabeth (Dakar)
4. vous (San Francisco)

5. toi (Paris)
6. Pierre et André (Mexico)
7. ma sœur (Marseille)
8. mes amis (Chicago)

5. Prédictions: Prédisez certaines choses aux personnes suivantes.

▶ Paul (rencontrer une Française/se marier avec elle)
Paul rencontrera une Française. Il se mariera avec elle.

1. Janine (vivre à Paris/trouver un travail intéressant)
2. mes parents (vendre leur maison/acheter un appartement)
3. vous (manger moins/maigrir)
4. toi (jouer au poker/perdre ton argent)
5. nous (voyager/connaître des aventures extraordinaires)
6. moi (écrire un grand roman/gagner le prix Nobel de littérature)

6. Dialogue: Demandez à vos amis s'ils vont faire les choses suivantes après l'université.

▶ travailler?   —*Est-ce que tu travailleras?*
         —*Oui, je travaillerai.* ou: *Non, je ne travaillerai pas.*

1. voyager en Europe
2. gagner de l'argent
3. acheter une voiture de sport
4. vivre à la campagne
5. écrire un roman

6. se reposer
7. s'amuser
8. se marier
9. apprendre une autre langue

7. Futurologie: Comment voyez-vous l'avenir dans 20 ans? Exprimez votre opinion en commençant vos phrases par *À mon avis ...*

▶ on/parler une langue universelle   *À mon avis, on parlera (on ne parlera pas) une langue universelle.*

1. les gens/vivre plus de cent ans
2. les astronautes/explorer Mars
3. nous/passer les vacances sur la lune *(moon)*
4. tout le monde/se servir d'ordinateurs
5. les État-Unis/déclarer la guerre à la Russie
6. la Chine/dominer le reste du monde
7. les extra-terrestres/visiter notre planète
8. on/utiliser l'énergie solaire dans les maisons
9. les voitures/marcher à l'énergie électrique

Une manifestation ouvrière

C. Le futur d'être et d'avoir

The future stems of **être** and **avoir** are irregular.

infinitive	future stem	
être	ser-	je **serai**, tu **seras**, il **sera**, nous **serons**, vous **serez**, ils **seront**
avoir	aur-	j'**aurai**, tu **auras**, il **aura**, nous **aurons**, vous **aurez**, ils **auront**

• The future of **il y a** is **il y aura.**

Est-ce qu'**il y aura** une révolution en l'an 2000?

8. Dans cinq ans: Quelle sorte de personne serez-vous dans cinq ans? Faites des phrases selon le modèle.

avoir: plus de? moins de? autant de?   être: plus? moins? aussi?

▶ amis   *J'aurai autant d'amis.*   ▶ riche   *Je serai plus riche.*

1. argent   5. ambitieux/ambitieuse
2. patience   6. sportif/sportive
3. problèmes   7. paresseux/paresseuse
4. illusions   8. conservateur/conservatrice

VOCABULAIRE: Métiers *(trades)* et professions

un/une architecte	architect	Les **architectes** dessinent *(draw)* les plans des maisons.
un avocat/une avocate	lawyer	Les **avocats** défendent leurs clients.
un cadre	executive	Les **cadres** d'une firme dirigent *(manage)* les employés.
un employé/une employée	employee	Les **employés** exécutent les ordres des cadres.
un/une fonctionnaire	civil servant	Les **fonctionnaires** travaillent pour le gouvernement.
un infirmier/une infirmière	nurse	Les **infirmières** travaillent dans les hôpitaux.
un ingénieur	engineer	Les **ingénieurs** dessinent les plans de machines.
un/une journaliste	journalist	Les **journalistes** écrivent des articles dans les journaux.
un médecin	doctor	Les **médecins** s'occupent des malades.
un ouvrier/une ouvrière	worker	Les **ouvriers** travaillent dans les usines.
un patron/une patronne	boss	Le **patron** est le chef d'une entreprise.
un/une secrétaire	secretary	Les **secrétaires** écrivent des lettres.
un vendeur/une vendeuse	salesperson	Dans un magasin, les **vendeurs** servent les clients.

NOTES DE VOCABULAIRE

1. The names of certain professions are always masculine, even though they are used to refer to both men and women. If the reference to women must be made explicit, the prefix **femme-** is used.

   Cette **femme-ingénieur** est remarquable.

2. After **être**, nouns designating professions are generally used without the indefinite article **(un, une, des)**, except when these nouns are modified by an *adjective* or after **c'est (ce sont)**.

Je suis **étudiant**.	I am *a student*.
Charles veut être **ingénieur**.	Charles wants to be *an engineer*.
but: Le docteur Caron est **un bon médecin**.	Doctor Caron is *a good doctor*.

---

9. D'accord? Dites si vous êtes (absolument, partiellement ou pas du tout) d'accord avec les opinions suivantes.

1. Les médecins sont trop bien payés.
2. Un journaliste doit toujours dire la vérité.
3. Si le gouvernement n'est pas très efficace *(efficient)*, c'est parce qu'il y a trop de fonctionnaires.
4. Les infirmières sont souvent plus qualifiées que les médecins.
5. Un bon patron doit placer l'intérêt de ses ouvriers avant l'intérêt de son entreprise.
6. Les femmes sont aussi qualifiées que les hommes pour diriger une entreprise.
7. Dans un procès *(law suit)*, il est plus important d'avoir un bon avocat qu'une cause juste.
8. Il y a beaucoup plus de femmes-cadres aujourd'hui qu'en 1950.
9. Avant l'an 2000, il y aura une femme-président aux États-Unis.

10. Quelle sera leur profession? Dites quelle sera la profession des personnes suivantes en fonction de ce qu'elles font ou de ce qu'elles veulent faire. Utilisez le futur d'*être* et les professions du VOCABULAIRE.

▶ Jacqueline fait des études de biologie. *Elle sera médecin.*

1. J'écris des articles pour le journal de l'université.
2. Hélène et Sylvie s'intéressent à la technologie moderne.
3. Caroline aime dessiner des plans de maisons.
4. Tu veux travailler dans un hôpital.
5. Nous voulons avoir des responsabilités importantes dans l'entreprise où nous travaillerons.
6. Pierre ne veut pas aller à l'université. Il préfère le travail manuel.
7. Vous ne voulez pas travailler pour une entreprise privée *(private)*. Vous préférez travailler pour le gouvernement.
8. Albert veut travailler dans un grand magasin.

Phonétique

La consonne /r/ (révision)

The French /r/ is a fricative sound produced at the back of the throat. In the middle or at the end of a word, it is softer than in initial position. (Note: never substitute an English -r- for the French equivalent.)

Mot-clé: **R**obert

Répétez: **R**ita, **r**egarde, **r**encont**r**er, **r**eg**r**etter, pa**r**ents, hie**r**, ga**r**çon, se ma**r**ier, pa**r**ler, p**r**édi**r**e

Marie est d'accord pour se marier avec Pierre.
Robert rencontrera Roger à Paris en octobre.
Rita arrive rarement à l'heure à l'université.

Récapitulation

Substitution

Remplacez les mots soulignés par les mots entre parenthèses. Faites tous les changements nécessaires.

1. Je ne crois pas à la révolution.   (nous, mon professeur, tu, vous, les gens intelligents)
2. Quand est-ce que vous arriverez à Paris?   (vos amis, Paul, tu, nous, Catherine et Cécile)
3. J'aime voyager. Je voyagerai cet été.   (travailler, sortir, boire de la bière, me reposer, être avec mes amis, prendre des photos, avoir une voiture)
4. Je déteste travailler. Je ne travaillerai pas.   (tu/sortir, vous/étudier, Jacques/écrire à ses amis, nous/être sérieux)

Vous avez la parole: La boule de cristal

Pouvez-vous prédire l'avenir? Pour chacune des périodes suivantes, composez un petit paragraphe où vous parlerez de l'avenir. Comment vivront les gens? Quels seront les développements technologiques et sociaux? Quels seront les avantages et les inconvénients de vivre à cette époque?

a. dans cinq ans
b. dans vingt ans
c. dans cinquante ans

Leçon 32: Dans dix ans

*Deux filles et deux garçons parlent de l'avenir ... Aujourd'hui ils ont vingt ans ...
Comment considèrent-ils leur existence dans dix ans?*

MICHÈLE *(étudiante):*
Je suis étudiante en médecine. Si tout va bien, dans dix ans ma vie sera certainement plus facile qu'aujourd'hui. Je serai médecin. Quand je serai médecin,
j'aurai plus de responsabilités et plus d'argent ... mais est-ce que je serai plus
heureuse?

ANNE-MARIE *(secrétaire):*
J'habite à Paris et je travaille pour une compagnie d'assurances°. Où est-ce que
je serai dans dix ans et qu'est-ce que je ferai°? Vraiment, je ne sais pas! Je sais   *will I do*
seulement que je ne serai plus secrétaire! Je sais aussi que je ne serai pas
millionnaire et que je ne serai pas mariée, à moins que° ...   *unless*

JACQUES *(employé de banque):*
J'ai un travail monotone et je ne suis pas très bien payé. Voilà pourquoi je suis°   *take*
des cours de programmation°. Quand je serai programmeur, je travaillerai   *computer programming*
dans de meilleures conditions avec des gens plus intéressants ... et je gagnerai
plus d'argent qu'aujourd'hui ... Dans dix ans, j'espère que je serai marié ...

MARTIN *(étudiant):*
Aujourd'hui, je suis étudiant en sociologie. Je suis relativement indépendant,
plutôt° anti-conformiste, un peu rebelle ... comme tous les garçons de mon âge   *rather*
... Eh bien, quand j'aurai trente ans, je serai comme les autres hommes de
trente ans. J'aurai une bonne situation°. Je serai marié. J'aurai deux enfants.   *job*
En été, nous ferons des voyages ... Nous irons° en Grèce ou en Égypte ... En   *will go*
somme, je serai un affreux° bourgeois°!   *awful/member of the middle class*

Renseignements culturels: *Stabilité et mobilité*

Pendant longtemps, la France est restée le pays de la stabilité. Stabilité politique: les gouvernements se succédaient[1] et se ressemblaient. Stabilité économique et professionnelle: les enfants héritaient[2] de leurs parents non seulement la fortune mais aussi la profession. Stabilité géographique: on naissait[3], on se mariait et on mourait[4] dans la même ville.

Cette situation a beaucoup changé. Aujourd'hui, les Français se déplacent[5]. Ils quittent leur ville ou leur village pour faire leurs études, pour se marier, pour travailler. Pourtant, la société française est beaucoup moins mobile que la société américaine. Il est rare, par exemple, qu'on change de profession et d'activité économique. On peut généralement prévoir[6] son avenir avec une assez grande certitude. Si on ne sait pas où l'on sera dans dix ans, on sait cependant ce que[7] l'on fera!

1 *followed*   2 *inherited*   3 *was born*   4 *died*   5 *move around*
6 *forsee*   7 *what*

Un mariage traditionnel

Structure et Vocabulaire

VOCABULAIRE: Expressions de temps

bientôt	soon	Je vous inviterai **bientôt.**
alors	then, at that moment	**Alors,** nous sortirons ensemble.
dans un moment		
dans un instant	in a while	Je téléphonerai à Suzanne **dans un moment, (dans un instant,**
dans une minute		**dans une minute).**
de nouveau	again	Ma sœur travaille **de nouveau.**
déjà	already	Elle a **déjà** ses diplômes.
ne ... pas encore	not yet	Je n'ai pas **encore** travaillé.

NOTES DE VOCABULAIRE

1. In the *passé composé*, **déjà** comes between the auxiliary verb **être** or **avoir** and the past participle. Note the meaning of **déjà** in questions:

   Nous sommes **déjà** allés en France.   We have *already* gone to France.
   As-tu **déjà** visité Paris?   Have you *ever* visited Paris?

2. Note that **pas encore** is the negative equivalent of **déjà.**

   As-tu **déjà** vu ce film?   Non, **pas encore.**

1. Dialogue: Demandez à vos camarades s'ils ont déjà fait les choses suivantes.

▶ travailler?   *Est-ce que tu as déjà travaillé?*
   ou: *Oui, j'ai déjà travaillé.*
       Non, je n'ai pas encore travaillé.

1. trouver du travail pour cet été?
2. choisir une profession?
3. faire des projets pour les vacances?
4. voyager en avion?
5. acheter une voiture?
6. choisir tes cours pour le semestre prochain?

A. *Le verbe* suivre

The verb **suivre** *(to follow)* is an irregular verb.

infinitive	suivre	Je vais suivre un cours d'histoire.
present	Je **suis** un cours d'anglais. Tu **suis** un cours de maths. Il/Elle **suit** un cours de chimie.	Nous **suivons** un régime. Vous **suivez** la politique. Ils/Elles **suivent** la mode.
passé composé	J'ai **suivi** un cours de français.	

Although **suivre** generally means *to follow*, this verb is used in many expressions.

suivre un cours	to take a class, to be enrolled in a class	Quels cours **suis**-tu?
suivre un régime	to be on a diet	Je **suis** un régime parce que je veux maigrir.
suivre (un sujet)	to keep abreast of (a topic)	**Suivez**-vous la politique internationale?

2. Questions personnelles:

1. Est-ce que vous suivez les conseils de vos amis? de vos parents? de vos professeurs?
2. Quels cours suivez-vous ce semestre?
3. Quels cours avez-vous suivis le semestre dernier?
4. Allez-vous suivre un cours de français le semestre prochain? Pourquoi? Pourquoi pas?
5. Suivez-vous un régime? Qu'est-ce que vous mangez? Qu'est-ce que vous ne mangez pas?
6. Suivez-vous la politique? la politique internationale? l'évolution de l'économie? la mode (*fashion*)?
7. L'année dernière avez-vous suivi les progrès de votre équipe de baseball favorite? Suivez-vous les progrès d'une équipe de football? De quelle équipe?

B. Futurs irréguliers

The following verbs, and the verbs derived from these verbs, have irregular future stems. Their endings, however, are regular.

infinitive	future stem	
aller	**ir-**	J'**irai** à Paris la semaine prochaine.
devoir	**devr-**	Tu **devras** prendre ton passeport.
faire	**fer-**	Est-ce qu'il **fera** beau?
il faut	**il faudra**	Il **faudra** prendre des photos.
obtenir	**obtiendr-**	Anne **obtiendra** son passeport demain.
pouvoir	**pourr-**	Vous **pourrez** visiter le Louvre.
savoir	**saur-**	Je ne **saurai** jamais bien jouer au tennis.
venir	**viendr-**	**Viendrez**-vous avec nous?
voir	**verr-**	Nous **verrons** mes amies.
vouloir	**voudr-**	Mes cousins ne **voudront** pas venir avec nous.

3. La bourse «Fulbright»: Des étudiants américains ont obtenu une bourse «Fulbright» pour étudier en Europe. Dites où chacun ira. Utilisez le futur du verbe *aller.*

▶ Jacqueline (Berlin)   *Jacqueline ira à Berlin.*

1. Paul et David (Paris)
2. Sarah (Bordeaux)
3. Linda et Betty (Amsterdam)
4. Henry (Rome)
5. nous (Madrid)
6. vous (Hambourg)
7. moi (Vienne)
8. toi (Heidelberg)

4. Science-fiction: Voici certaines prédictions. Lisez chaque prédiction attentivement et dites «*C'est certain!*», «*C'est possible!*», ou «*C'est impossible!*».

1. On pourra contrôler le climat. Il fera chaud en Alaska et froid en Floride.
2. Les étudiants n'iront plus à l'université car ils pourront étudier chez eux avec des ordinateurs.
3. Il faudra seulement une heure pour aller de San Francisco à New York.
4. Les habitants des autres planètes viendront nous rendre visite et nous irons passer les vacances chez eux.
5. Personne ne devra plus travailler car il y aura des machines qui feront notre travail.
6. On ne verra plus de violence à la télévision. On verra seulement des programmes de musique.
7. Avec des caméras spéciales, nous pourrons filmer nos rêves *(dreams).*
8. Tous les étudiants américains sauront parler français parfaitement.
9. Les linguistes inventeront une langue universelle. Tout le monde saura parler cette langue.
10. Personne ne voudra travailler. Tout le monde voudra avoir des robots.

5. Dialogue: Demandez à vos camarades s'ils feront les choses suivantes ce week-end.

▶ aller au cinéma?   —*Est-ce que tu iras au cinéma?*
                      —*Oui, j'irai au cinéma.* ou: *Non, je n'irai pas au cinéma.*

1. aller à un concert?
2. aller à une surprise-partie?
3. faire du sport?
4. faire du jogging?
5. devoir travailler?
6. venir en classe?

7. pouvoir te reposer?
8. voir mes parents?
9. voir un film à la télé?
10. faire une promenade à la campagne?
11. devoir préparer la leçon de français?
12. pouvoir sortir avec tes amis?

C. La construction si + présent

Note the verb tenses used in the following sentences:

Si j'ai de l'argent, **j'irai** en France.   *If I have* money, *I will go* to France.
Si nous allons en France, **nous visiterons** Paris.   *If we go* to France, *we will visit* Paris.

The sentences above consist of two clauses: the **si**-*clause*, introduced by **si** *(if)*, which expresses a certain condition, and the *result clause* which expresses the result of the condition.

■ When the verb of the **si**- clause is in the *present*, the verb of the result clause is usually in the *future*.

• **Si** becomes **s'** before **il/ils** but not before **elle/elles**.

6. Une question de temps: Les personnes suivantes sont occupées pour le moment. Dites ce qu'elles feront si elles ont le temps.

▶ Paul (sortir)   *Si Paul a le temps, il sortira.*

1. Hélène (sortir avec Jacques)
2. nous (regarder la télé)
3. moi (lire le journal)
4. toi (écrire à tes amis)
5. vous (aller en ville)

6. les étudiants (aller au cinéma)
7. François (téléphoner à ses parents)
8. Philippe (faire une promenade)
9. mes amis (venir chez moi)

7. Expression personnelle: Complétez les phrases suivantes en exprimant une réflexion personnelle. Utilisez votre imagination! (Si vous voulez, vous pouvez aussi utiliser l'un des verbes entre parenthèses.)

1. Si je vais en France cet été, je ...   (visiter, aller, rencontrer)
2. Si j'ai mon diplôme, je ...   (travailler, voyager, pouvoir)
3. Si je n'ai pas mon diplôme, je ...   (travailler, faire, pouvoir)
4. Si un jour je gagne beaucoup d'argent, je ...   (donner, acheter, s'intéresser à)
5. Si j'ai besoin d'argent cet été, je ...   (travailler, vendre, chercher)
6. Si je me marie, je ...   (acheter, être, avoir)
7. Si je ne trouve pas de travail après l'université, je ...   (voyager, aller, touver)

D. L'usage des temps après quand

Compare the tenses of the verbs in heavy print in the following sentences:

Quand **j'ai** de l'argent, **je vais** au cinéma.   When *I have* money, *I go* to the movies.
Quand **j'aurai** assez d'argent, **j'irai** à Paris.   When *I have* enough money, *I will go* to Paris.

In sentences containing **quand** *(when)*, the following sequence of tenses is used:

to describe:	**quand**-*clause* →		*main clause*
a general situation	present	→	present
a future situation	future	→	future

- In French, the *future* is used after **quand** when the action of the *main* verb takes place in the future. (In English the present tense is used.)

8. Avec de l'argent: Des amis discutent de leurs projets pour l'époque où ils auront de l'argent. Exprimez les intentions de chacun, d'après le modèle.

▶ Sylvie voyagera.   *Quand elle aura de l'argent, Sylvie voyagera.*

1. Paul prendra des vacances.
2. Brigitte continuera ses études.
3. Charles changera de profession.
4. J'achèterai une voiture.

5. Pierre et André ne travailleront plus.
6. Nous achèterons une maison.
7. Vous habiterez à Paris.
8. Tu te marieras.

9. Avec un peu de patience ... Dites que les personnes suivantes réaliseront leurs projets. Utilisez le futur des verbes soulignés. Étudiez le modèle attentivement.

▶ Denise veut <u>être</u> cadre pour <u>avoir</u> des responsabilités importantes.
Quand Denise sera cadre, elle aura des responsabilités importantes.

1. Jacques veut <u>travailler</u> pour <u>gagner</u> de l'argent.
2. Hélène veut <u>avoir</u> de l'argent pour <u>acheter</u> une voiture de sport.
3. Je veux <u>être</u> riche pour <u>être</u> indépendant.
4. Nous voulons <u>travailler</u> en France pour <u>apprendre</u> le français.
5. Tu veux être journaliste pour <u>voyager</u>.
6. Henri veut <u>être</u> pianiste pour <u>donner</u> des concerts.
7. Mes parents veulent <u>avoir</u> une nouvelle voiture pour <u>faire</u> un voyage.
8. Marc veut <u>être</u> président pour <u>réformer</u> la société.

10. Expression personnelle: Complétez les phrases suivantes avec une réflexion personnelle. Utilisez votre imagination!

1. Quand je suis avec mes amis, ...
2. Quand je serai président de la General Motors, ...
3. Quand j'ai un peu d'argent, ...
4. Quand je serai millionnaire, ...
5. Quand j'ai besoin d'argent, ...
6. Quand j'aurai mon avion personnel, ...
7. Quand je suis de mauvaise humeur, ...
8. Quand j'aurai quarante ans, ...

NOTE LINGUISTIQUE: Adjectifs apparentés **-el(le)** ↔ *-al*
Many French adjectives in **-el(le)** have English cognates in *-al*.

-el(le) ↔ *-al*	personn**el(le)** *personal*
	artifici**el(le)** *artificial*

Phonétique

Les lettres an (ou am)

The group of letters **an** (or **am**) represents the nasal vowel /ã/ unless it is followed by a vowel or another **n** (or **m**). Be careful not to pronounce an /n/, /m/ after /ã/.

Contrast: *nasal* /ã/   *non-nasal* /an/, /am/

nasal /ã/	non-nasal /an/, /am/
an	**an**née
	Anne
pays**an**	pays**an**ne
Je**an**	Je**an**ne
Ad**am**	M**ad**ame
f**an**tastique	f**am**eux

Répétez: Jean est en vacances en France.
Cette année Anne ira au Canada.

Récapitulation

Substitution

Remplacez les mots soulignés par les mots entre parenthèses. Faites tous les changements nécessaires.

1. Marc <u>suit</u> un cours de russe. (je, nous, vous, les étudiants)
2. Je ne peux pas <u>sortir</u> ce soir. Je sortirai demain. (venir, aller au cinéma, faire ce travail, voir mes amis)
3. Si <u>j'</u>ai 50 francs, je t'inviterai au concert. (Paul, Nathalie, mes amis, nous)
4. Quand <u>nous</u> serons à Paris, nous irons au Louvre. (je, ma cousine, mes parents, tu, vous, André et Cécile)

Vous avez la parole: Dans dix ans

Décrivez votre existence dans dix ans. Où serez-vous? Qu'est-ce que vous ferez? Qu'est-ce que vous ferez quand vous gagnerez votre vie? Qu'est-ce que vous ferez si vous avez beaucoup d'argent?

Leçon 33: Si vous aviez plus d'argent ... ?

Une résidence secondaire en Normandie

Quatre Français d'origines diverses répondent à la question: «Que feriez-vous si vous aviez plus d'argent?»

PAUL *(32 ans):*

Je m'achèterais une voiture de sport. J'achèterais aussi une résidence secondaire, une villa en Normandie, par exemple, où je passerais mes week-ends.

JACQUELINE *(22 ans):*

Je viens de me marier. Si j'avais plus d'argent, je n'aurais aucun° problème à le dépenser. Nous commencerions à payer nos dettes°. Ensuite, nous équiperions notre appartement. Nous achèterions une télé en couleur, une machine à laver° ... Notre existence ne changerait pas tellement°, mais elle serait plus confortable.

pas de
debts
washing machine
that much

ROBERT *(23 ans):*

Je travaille dans un laboratoire. Je préférerais faire autre chose°. Si j'avais plus   *something else*
d'argent, je crois que je changerais totalement d'existence. Je ne travaillerais
plus. Je prendrais des vacances éternelles. Je commencerais par quitter Paris. Je
voyagerais beaucoup. Un jour, peut-être, je m'installerais à Tahiti … parce que
c'est au bout° du monde.   *end*

MARIE-FRANCE *(35 ans):*

Mon mari est architecte. Il gagne bien sa vie. Nous ne sommes pas malheureux.
Que ferions-nous avec plus d'argent? Je ne sais pas. Ce serait un problème.
Nous ferions probablement des dépenses inutiles. Nous achèterions un plus
grand appartement. Nous aurions une plus grosse° voiture. Nous consomme-   *grand*
rions davantage … et, bien sûr, nous paierions plus d'impôts°! Non, vraiment,   *taxes*
je ne crois pas que nous serions plus heureux qu'aujourd'hui.

Renseignements culturels: *Vive les vacances!*

En principe, les Français ont quatre semaines de
vacances ou «congés payés»[1] par an. En réalité,
beaucoup de Français prennent cinq semaines de
vacances en été et une semaine en hiver.

Pour la majorité des Français, cependant, le terme
de «vacances» est synonyme d'évasion[2]. En été, 55%
(cinquante-cinq pour cent) des Français quittent
leur domicile. Les «grands départs» ont lieu au premier juillet et au premier août. Ces jours-là, des
millions de Français partent en vacances. Où vont-
ils? Vers[3] le soleil, vers la montagne, et surtout vers
les plages de l'Atlantique et de la Méditerranée.
Beaucoup vont à l'étranger, principalement en
Espagne, en Italie, mais aussi au Portugal, en Grèce,
en Yougoslavie …

La période de vacances dure[4] deux mois. Pendant
cette période, la France vit au ralenti[5], car un grand
nombre d'entreprises sont fermées[6].

Pour beaucoup de Français, les vacances constituent l'élément capital[7] de l'existence. Cette obsession
des vacances est encouragée par la radio, la télévision, la presse, la publicité qui rappellent[8] continuellement l'importance de cette époque de l'année.
Quelqu'un a remarqué avec humour que le calendrier français était divisé en trois parties inégales:
un mois, août, pendant lequel[9] les Français sont en
vacances; deux mois, septembre et octobre, pendant

lesquels ils parlent des vacances passées; et neuf
mois pendant lesquels ils préparent les vacances
suivantes. Pour les Français, «les vacances sont
sacrées». Et pour vous?

1 *paid vacation*   2 *escape, getting away*   3 *toward*   4 *lasts*
5 *at a slow pace*   6 *closed*   7 *principal*   8 *recall*   9 *which*

Structure et Vocabulaire

A. La construction si + imparfait

In the sentences on the left, a fact is expressed. In the sentences on the right, a wish or suggestion is made. Note the tense used in the expressions in heavy print.

Mon frère a une voiture de sport.   **Si j'avais** aussi une voiture de sport!
Vous achetez des romans policiers.   **Si vous achetiez** des livres plus sérieux!
Nous n'allons jamais au cinéma.   **Si nous allions** au cinéma ce soir!

■ In short sentences introduced by **si,** the imperfect is used to express a *wish* or a *suggestion.*

Si j'étais riche!   *If I were rich!*
Si nous sortions ce soir!   *What about going out tonight?*

• Remember that for all verbs (except **être**), the stem of the imperfect is the **nous**-form of the present minus **-ons.** The stem of **être** is **ét-.** For all verbs, the endings of the imperfect are:

-ais, -ais, -ait, -ions, -iez, -aient

1. Week-end: Madame Moreau se plaint *(complains)* qu'elle ne fait jamais les choses suivantes. Monsieur Moreau propose de les faire ce week-end. Jouez les deux rôles.

▶ aller à la campagne

   MADAME MOREAU: *Nous n'allons jamais à la campagne.*
   MONSIEUR MOREAU: *Si nous allions à la campagne ce week-end!*

1. sortir
2. dîner au restaurant
3. aller au théâtre
4. se promener

5. inviter nos amis
6. jouer au bridge
7. jouer au tennis
8. rendre visite à mes parents

PROVERBE   **Si jeunesse savait, si vieillesse pouvait!**

B. Le conditionnel: formation

The sentences below express what *would happen* if a certain condition were met. The verbs in heavy print are in the *conditional*.

Si c'était les vacances, ...	If it were vacation time, ...
... je **voyagerais**.	... I *would travel*.
... nous **visiterions** Paris.	... we *would visit* Paris.
... mes amis **partiraient** à la Guadeloupe.	... my friends *would leave* for Guadeloupe.

■ The conditional is a *simple* tense, consisting of *one* word. Its forms are derived as follows:

> future stem + imperfect endings

The following chart presents the conditional of **voyager** and **rester** (which have regular future stems) and **aller** (which has an irregular future stem).

infinitive	voyager	rester	aller
conditional	Je **voyagerais**.	Je ne **resterais** pas ici.	Où est-ce que j'**irais**?
	Tu **voyagerais**.	Tu ne **resterais** pas ici.	Où **irais**-tu?
	Il/Elle **voyagerait**.	Il/Elle ne **resterait** pas ici.	Où **irait**-il/elle?
	Nous **voyagerions**.	Nous ne **resterions** pas ici.	Où **irions**-nous?
	Vous **voyageriez**.	Vous ne **resteriez** pas ici.	Où **iriez**-vous?
	Ils/Elles **voyageraient**.	Ils/Elles ne **resteraient** pas ici.	Où **iraient**-ils/elles?

• Remember that for most verbs, the future (and conditional) stem is the infinitive up to and including the last **r**.

• A few verbs have irregular future (and conditional) stems:

aller	**ir-**	... j'**irais** à Paris.
avoir	**aur-**	... tu **aurais** du temps.
devoir	**devr-**	... vous **devriez** voyager.
être	**ser-**	... je **serais** de bonne humeur.
faire	**fer-**	... nous **ferions** du tennis.
il faut	**il faudra**	... il **faudrait** prendre des photos.
obtenir	**obtiendr-**	... tu **obtiendrais** de meilleures notes.
pouvoir	**pourr-**	... vous **pourriez** venir avec nous.
savoir	**saur-**	... nos amis **sauraient** la date.
venir	**viendr-**	... ils **viendraient** avec nous.
voir	**verr-**	... vous **verriez** Paris.
vouloir	**voudr-**	... je **voudrais** sortir.

■ In the conditional, the pattern of interrogative and negative sentences is the same as in the present.

Est-ce que tu irais à Paris?   *Would you go to Paris?*
Non, **je n'irais pas** à Paris.   *No, I would not go to Paris.*

• Similarly, the reflexive constructions follow the same pattern as in the present.

À ta place, **je m'amuserais.**   *If I were you (In your place), I would have fun.*
Je ne m'énerverais pas.   *I wouldn't get upset.*

2. Souhaits *(Wishes):* Un groupe de jeunes disent ce qu'ils aimeraient faire dans la vie. Exprimez le souhait de chacun en utilisant le conditionnel d'*aimer.*

▶ Paul (être journaliste)   *Paul aimerait être journaliste.*

1. Christine (être architecte)
2. Jeannette (faire du théâtre)
3. moi (être un grand artiste)
4. toi (gagner le prix Nobel)
5. ma sœur (donner un concert à Carnegie Hall)
6. vous (habiter à Tahiti)
7. mes cousins (se reposer)
8. mon frère (être un champion de ski)

3. Bons conseils *(Good advice):* Jeannette Bonconseil aime donner des conseils à ses amis. Jouez le rôle de Jeannette Bonconseil. Étudiez le modèle.

▶ Charles est égoïste.   *À ta place, je ne serais pas égoïste.*

1. Alain mange trop.
2. Philippe boit trop de bière.
3. Henri grossit.
4. Caroline se dispute avec ses amis.
5. Isabelle s'impatiente.
6. Robert se met en colère.
7. Thomas perd son temps.
8. Christine dort pendant la classe de français.

C. Le conditionnel: usage

The uses of the conditional are generally similar in French and English.

■ The conditional is used to express what *would happen* if a condition were met. Often (but not always) this condition is expressed by the construction: **si** + imperfect.

Si j'étais riche, j'**achèterais** une voiture.   If I were rich, I **would buy** a car.
À ta place, je **serais** plus sérieux.   In your place, I **would be** more serious.

■ The conditional is used to express a *future action in relation to a past action.* Compare the use of tenses in the following sentences:

Il **dit** qu' ... il **voyagera** cet été.   He *says* that he *will travel* this summer.
Il **a dit** qu' ... il **voyagerait** cet été.   He *said* that he *would travel* this summer.

Note the pattern of tenses in the chart:

to describe a future action ...		
in the present	present	→ future
in the past	past	→ conditional

■ The conditional is used instead of the present to make a wish or a request sound more *polite*. Compare:

Je **veux** de l'argent.	I *want* some money.
Je **voudrais** de l'argent.	I *would like* some money.
Pouvez-vous me prêter 100 francs?	*Can* you lend me 100 francs?
Pourriez-vous me prêter 100 francs?	*Could* you lend me 100 francs?
Vous **devez** travailler.	You *must* work.
Vous **devriez** travailler.	You *should* work.

4. Suppositions: Des étudiants et des étudiantes discutent de ce qu'ils feraient s'ils n'étaient pas étudiants (ou étudiantes). Exprimez le choix de chacun en utilisant le conditionnel du verbe *être*.

▶ Renée (photographe)   *Si elle n'était pas étudiante, Renée serait photographe.*

1. Paul (journaliste)
2. Philippe (électricien)
3. Nathalie (artiste)
4. Brigitte (pianiste)
5. François et Marc (acteurs)

6. nous (reporters)
7. vous (secrétaire)
8. moi (pilote)
9. toi (interprète)

NOTE LINGUISTIQUE: Mots apparentés **-aire** ↔ -*ary*
Many French nouns in **-aire** have English cognates in -*ary*.

-aire ↔ -*ary*	un(e) secré**taire**	secret*ary*
	un sal**aire**	sal*ary*

---

5. On n'est jamais content ... On n'est pas toujours content de sa situation. Dites ce que feraient les personnes suivantes si elles ne faisaient pas ce qu'elles font.

▶ Paul travaille. (voyager)   *Si Paul ne travaillait pas, il voyagerait.*

1. Michèle travaille. (aller à la plage)
2. Philippe est marié. (être acteur)
3. Nathalie est étudiante. (faire de la politique)
4. Charles suit un régime. (manger des spaghetti)
5. Thomas étudie. (sortir avec Annie)
6. Yvonne sort avec Albert. (sortir avec Roger)

6. Dialogue: Demandez à vos amis de choisir entre les alternatives suivantes.

▶ être professeur ou médecin?

       —*Si tu avais le choix, serais-tu professeur ou médecin?*
       —*Je serais professeur. (Je serais médecin.)*

1. être riche ou heureux (heureuse)?
2. être astronaute ou écrivain?
3. avoir une Mercédès ou une Alfa-Roméo?
4. avoir de l'argent ou du talent?
5. faire du théâtre ou du cinéma?
6. faire du russe ou du chinois?
7. aller à Tahiti ou en Floride?
8. aller au Japon ou en Égypte?
9. voir un film d'horreur ou une comédie musicale?
10. voir un match de tennis ou une corrida *(bullfight)?*

7. Expression personnelle: Dites ce que vous feriez dans les conditions suivantes. Pour cela, complétez les phrases suivantes. Utilisez votre imagination!

1. Si je n'étais pas étudiant(e), ...
2. Si je gagnais 1.000 dollars à la loterie, ...
3. Si j'étais millionnaire, ...
4. Si j'étais invisible, ...
5. Si j'étais Superman/Superwoman, ...
6. Si le président m'invitait à la Maison Blanche, ...
7. Si je voyais un fantôme *(ghost)*, ...
8. Si je vivais au 18ème siècle, ...
9. Si on annonçait la fin du monde pour demain, ...

8. Le pique-nique: Suzanne et Paul ont organisé un pique-nique avec des amis. Suzanne vérifie certains renseignements avec Paul. Jouez les deux rôles, d'après le modèle.

▶ Jacques viendra?

      SUZANNE: *Est-ce que Jacques viendra?*
      PAUL: *Oui, il a dit qu'il viendrait.*

1. Henri et François viendront?
2. Isabelle fera les sandwiches?
3. Albert achètera du coca-cola?
4. Martine amènera sa voiture?
5. Robert prendra des photos?
6. Antoine amènera sa sœur?
7. Sylvie viendra avec son banjo?
8. Marc aura sa mini-cassette?

9. Le savoir-vivre *(Good manners)*: Le savoir-vivre consiste à être poli *(polite)* avec tout le monde. Montrez votre savoir-vivre. Pour cela, transformez les phrases suivantes en utilisant le conditionnel.

▶ Je veux vous parler.   *Je voudrais vous parler.*

1. Je veux aller au cinéma avec vous.
2. Nous voulons vous inviter.
3. Peux-tu m'aider?
4. Peux-tu me téléphoner demain?
5. Pouvez-vous venir à trois heures?
6. Tu dois être plus patient.
7. Tu dois aider tes amis.
8. Vous devez être plus généreux.

VOCABULAIRE: Le mobilier *(furniture)* et l'équipement

noms

un bureau	desk	**une chaise**	chair		
un fauteuil	arm-chair	**une fenêtre**	window		
un lit	bed	**une lampe**	lamp		
un mur	wall	**une machine à écrire**	typewriter		
un réfrigérateur	refrigerator	**une machine à laver**	washing machine		
un sofa	sofa	**une porte**	door		

prépositions

dans	in	Ma guitare est **dans** ma chambre.
sur	on, on top of	Les livres sont **sur** la table.
sous	under	Qu'est-ce qu'il y a **sous** le sofa?
devant	in front of	La voiture est **devant** la maison.
derrière	behind	La chaise est **derrière** le bureau.
à côté de	next to	Qui est **à côté de** Pauline?
près de	near	Jacques habite **près de** l'université.
loin de	far from	Nous sommes **loin du** centre.

---

10. Achats: Lisez ce que font les personnes suivantes. Dites quel meuble ou quelle machine elles voudraient acheter si elles avaient plus d'argent.

▶ Paul est étudiant.   *Il voudrait acheter un bureau (une machine à écrire, etc.)*

1. Charlotte écrit un roman.
2. Philippe lave ses chemises à la main.
3. Martin va passer un an dans un pays tropical.
4. Henri aime dormir.
5. Sylvie invite souvent ses amis à dîner.

11. Où? Dites à un/une camarade où mettre les choses suivantes. Pour cela, utilisez une préposition du VOCABULAIRE et le mot entre parenthèses. Soyez logique!

▶ la voiture (le garage)   *Mets la voiture dans le garage.*

1. les livres (la table)
2. la bière (le réfrigérateur)
3. le téléviseur (le sofa)
4. la machine à écrire (le bureau)

5. le poster (le mur)
6. la lampe (le piano)
7. le sofa (la fenêtre)
8. le bureau (la porte)

12. Expression personnelle: Complétez les phrases suivantes avec une expression de votre choix.

1. Je voudrais vivre près de ...
2. J'aimerais travailler à côté de ...
3. Je serais triste si j'étais loin de ...
4. Je ne voudrais pas habiter derrière ...
5. Si j'avais mille dollars, je les mettrais dans/sur/sous ...

D. Résumé: L'usage des temps après si

The sentences below express certain conditions and their consequences. Compare the verbs used in each set of sentences.

Si je **travaille** cet été, je **gagnerai** de l'argent.

If I *work* this summer, I *will earn* money.

Si je **travaillais** (maintenant), je **gagnerais** ma vie.

If I *were working* (now), I *would earn* my living.

Si nous **n'allons pas** au cinéma samedi, nous **irons** au concert.

If we *do not go* to the movies Saturday, we *will go* to the concert.

Si nous **n'allions pas** en classe (aujourd'hui), nous **irions** au café.

If we *were not going* to class (today), we *would go* to the café.

In sentences containing **si,** the following sequence of tenses is used:

to describe:	si-clause	→ result clause
possibility concerning the future	present	→ future
hypothesis contrary to reality	imperfect	→ conditional

• The **si**-clause may either precede or follow the result clause.

Si je travaillais plus, j'obtiendrais de bonnes notes.
J'obtiendrais de bonnes notes, **si** je travaillais plus.

13. Conditions: Les personnes suivantes espèrent aller en France si certaines conditions sont réalisées. Pour exprimer cela, complétez les phrases par *ira en France* ou *irait en France*.

1. Si elle a de l'argent, Hélène ...
2. S'il va en Europe, Albert ...
3. Si elle avait du temps, Renée ...
4. S'il parlait français, Paul ...
5. S'il avait des amis à Paris, Gérard ...
6. S'il gagne de l'argent cet été, André ...
7. Si sa mère lui donne de l'argent, Anne ...
8. Si elle est reçue à ses examens, Suzanne ...

E. *Le verbe* ouvrir

The verbe **ouvrir** *(to open)* is irregular in the present and passé composé, but is regular in the other tenses.

infinitive	**ouvrir**	
present	J'**ouvre** la porte.	Nous **ouvrons** la fenêtre.
	Tu **ouvres** le cahier.	Vous **ouvrez** le magazine.
	Il/Elle **ouvre** le livre	Ils/Elles **ouvrent** le journal.
passé composé	J'**ai ouvert** votre lettre.	

• In the present, **ouvrir** is conjugated like a regular **-er** verb.

VOCABULAIRE: Verbes conjugués comme *ouvrir*

découvrir	to discover	Les médecins **découvriront** une cure contre le cancer.
offrir	to give, to offer	Mes parents m'**ont offert** une nouvelle voiture.
ouvrir	to open	**Ouvrez** la fenêtre, s'il vous plaît.
souffrir	to suffer	J'ai **souffert** quand je suis allé chez le dentiste.

14. Questions personnelles:

1. Est-ce que votre université offre beaucoup de cours intéressants?
2. Qu'est-ce que vous avez offert à votre père pour son anniversaire? à votre mère? à votre meilleur ami?
3. Est-ce que vous ouvrez les fenêtres quand il fait très chaud?
4. Dans quelle banque avez-vous ouvert un compte de chèque *(checking account)*?
5. Souffrez-vous beaucoup quand vous allez chez le dentiste? quand vous avez un examen? quand vous êtes en classe de français?
6. À l'université, avez-vous découvert l'amitié? la tranquillité? la stabilité? le bonheur *(happiness)*?

Phonétique

Les lettres in (*ou* im), ain (*ou* aim)

The groups of letters **in** (or **im**), **ain** (or **aim**) represent the nasal vowel /ɛ̃/, except when followed by a vowel or by another **n** (or **m**). Be careful not to pronounce an /n/ or /m/ after /ɛ̃/.

Contrast: *nasal* /ɛ̃/ *non-nasal* /in/, /im/
   mascul**in** mascul**ine**
   fémin**in**   fémin**ine**
   méde**cin**   méde**cine**
   important **imm**édiat

   nasal /ɛ̃/   *non-nasal* /ɛn/
   améric**ain** améric**aine**
   Sylv**ain**   Sylv**aine**

Répétez: Alain est un médecin canadien.
    Sylvaine a une cousine américaine.

Récapitulation

Substitution

Remplacez les mots soulignés par les mots entre parenthèses. Faites tous les changements nécessaires.
1. J'aimerais aller à Québec. (Jacques, mes amis, nous, tu, vous)
2. Nous voudrions prendre une photo. (Paul, Thérèse, je, tu, mes cousins)
3. Si j'habitais en France, j'habiterais à Paris. (mes parents, le professeur, tu, nous, vous)
4. Je ne sais pas si je dois acheter ce livre. Achèteriez-vous ce livre à ma place? (partir en vacances, travailler cet été, aller en vacances, être optimiste, avoir une auto, faire de l'espagnol)
5. Qu'est-ce que tu offres à Papa pour son anniversaire? (vous, Anne, les enfants, je)

Vous avez la parole: Si ...

Imaginez que vous êtes l'une des personnes suivantes. Décrivez votre existence. Quel serait votre style de vie? Qu'est-ce que vous feriez? Qu'est-ce que vous ne feriez pas?

le professeur
le/la président/e de cette université
le/la président/e des États-Unis
un acteur/une actrice célèbre (*famous*)

Instantané

LE FRANÇAIS PRATIQUE

À la recherche d'un emploi[1]

1. Je cherche ... du travail.
                  un job d'été.
                  un emploi à mi-temps[2].
                  un emploi à plein[3] temps.

2. Voici ... mon adresse.
           mon numéro de téléphone.
           mon numéro de sécurité sociale.
           mes diplômes.
           mon curriculum vitae.
           ma demande d'emploi[4].

3. Je sais ... parler anglais, français, russe, arabe.
              taper[5] à la machine.
              programmer un ordinateur.

4. J'ai ... de l'expérience.
          le goût[6] des responsabilités.
          le sens des relations humaines.

5. J'ai déjà travaillé ... dans un hôpital,
      une usine, un hôtel, un restaurant,
      une banque.
    pour un laboratoire de recherches,
      un laboratoire d'analyses médicales.
    pour une agence de voyages,
      une agence de publicité.
    pour une compagnie d'assurances.
    pour une firme multi-nationale.

6. Je voudrais travailler pour ...
      le service comptable[7].
      le service informatique[8].
      le service du personnel.
      le service des relations publiques.
      le service import-export.
      le service d'analyses financières:
      le service ventes[9].

1 *job* 2 *half-time* 3 *full* 4 *application* 5 *type* 6 *taste, love* 7 *accounting* 8 *computer* 9 *sales*

FLASH! *Informations*

Combien gagnent-ils?

Combien gagnent les jeunes diplômés en France? Cela dépend bien sûr du diplôme qu'ils possèdent et du secteur économique dans lequel ils veulent travailler. Voici le salaire annuel de certains cadres débutants:

diplôme d'ingénieurs	60 à 85.000 francs
diplôme d'écoles commerciales	50 à 80.000 francs
licence en sciences économiques	45 à 65.000 francs
licence en droit	40 à 55.000 francs

Le diplôme, c'est la sécurité de l'emploi

Les revenus en France

Les revenus les plus élevés:
  notaires
  cadres supérieurs
  médecins
  pharmaciens
  gros[1] commerçants

Les revenus les moins élevés:
  apprentis
  ouvriers agricoles[2]
  employés de maison[3]

1 *big*   2 *farm workers*   3 *servants*

RENCONTRES

Votre horoscope

On peut être rationnel, mais aussi superstitieux. On peut croire à la logique et croire à l'astrologie. Chaque jour, des millions de Français, parfaitement° normaux et équilibrés°, consultent leur horoscope dans leur journal préféré.

Voici votre horoscope pour l'année prochaine.

absolument
mentally sound

Verseau (21 janvier–19 février)
Vous aurez une année sans° grand problème, mais aussi sans surprise. Vous vous libérerez de certaines contraintes qui ont paralysé votre vie sociale. Sur le plan professionnel°, vous travaillerez beaucoup, et vous améliorerez° votre situation financière.

without

in the professional sphere / will improve

Poissons (20 février–21 mars)
L'année ne commencera pas très bien, surtout professionnellement. En mai, les choses s'arrangeront° pour vous. Vous ferez la connaissance d'une personne riche qui vous aidera. Votre vie sentimentale ne sera pas très excitante cette année. Vous rencontrerez une personne plus âgée qui pourra avoir une influence sur vous. Un long voyage n'est pas impossible.

will get better

Bélier (22 mars–20 avril)
Pendant la première partie de l'année, vous serez absorbé par vos occupations professionnelles et vous négligerez° vos amis. En mai, et probablement ensuite, vos relations familiales auront tendance à se détériorer. Cette situation cessera° en novembre. Vous résoudrez° alors vos problèmes et vos relations avec vos amis prendront une signification nouvelle.

will neglect

will end / will resolve

Taureau (21 avril–21 mai)
Vous aurez des problèmes d'argent au début° de l'année. Cette situation s'arrangera ensuite, surtout si vous manifestez votre courage et votre ténacité habituels. Vous aurez une surprise en février. À partir de° mars, vous sortirez beaucoup. Vous rencontrerez des personnes qui vous seront utiles. Faites attention à vos relations avec vos associés° qui pourront se détériorer à la fin° de l'année.

beginning

beginning in

collègues et amis
end

Gémeaux (22 mai–21 juin)
L'année sera généralement bonne. Vous aurez une vie sentimentale intéressante. Des changements dans vos conditions de travail vous donneront une plus grande indépendance. Vous ferez un achat° important au milieu° de l'année.

purchase
in the middle

Cancer (22 juin–23 juillet)

Le commencement° de l'année sera marqué par la résolution d'un problème qui vous a longtemps troublé. Vous ferez un voyage, probablement en juin. Ce voyage sera peut-être un voyage intellectuel. Vous rencontrerez en effet des gens qui encourageront votre imagination et votre créativité.

beginning

Lion (24 juillet–23 août)

Un problème mineur continuera à vous préoccuper au début de l'année. N'y faites pas attention car ce problème n'aura pas de conséquences. Financièrement, l'année sera bonne, surtout après mai. À la fin de l'année, un important événement d'ordre° familial ou sentimental provoquera un changement dans vos habitudes.

in the area

Vierge (24 août–23 septembre)

L'année vous sera généralement favorable. Un problème professionnel persistant disparaîtra° en avril. Attendez-vous° ensuite à un changement important. Vos relations familiales et sentimentales seront calmes et sereines. Votre situation financière s'améliorera en février ou en octobre.

will disappear/expect

Balance (24 septembre–23 octobre)

Vous aurez une vie sentimentale très active, surtout après avril. Vous ferez la connaissance d'une personne exceptionnelle. Vos conditions de travail s'amélioreront. En mai, un événement important affectera vos projets professionnels et augmentera° vos responsabilités.

will increase

Scorpion (24 octobre–22 novembre)

Votre philosophie de l'existence changera considérablement pendant cette année. Vous deviendrez plus sérieux et vous prendrez des responsabilités nouvelles. Votre vie sentimentale s'améliorera en juin. Il y aura un grand changement dans votre vie en novembre, peut-être une rupture avec une personne qui vous est chère°

dear

Sagittaire (23 novembre–22 décembre)

Financièrement l'année ne sera pas spécialement bonne. Vous aurez en effet certains problèmes d'argent en mai. Ne faites pas d'investissements inutiles. Ces problèmes financiers seront compensés par une amélioration dans vos relations avec vos amis.

Capricorne (23 décembre–20 janvier)

Sur le plan financier et professionnel, l'année sera calme, sauf° de mai à août où vous aurez peut-être une mauvaise surprise. Le début de l'année sera marqué par une certaine tension dans vos relations avec vos amis. Cette tension disparaîtra en avril. Sur le plan familial, l'année sera très bonne.

excepté

III: Vive les loisirs!

Les loisirs jouent un rôle important dans l'existence de chaque Français ...   *17 Nice.* Sur la plage on peut rencontrer des gens de toutes les nationalités.   *18 Paris.* Non, la Place de la Concorde n'est pas réservée aux cyclistes ... sauf pour l'arrivée du Tour de France!

17

18

19

20

19 Dans les Alpes. Située à plus de 2.000 mètres d'altitude, Tignes est l'une des stations de ski françaises les plus populaires et les mieux équipées. *20 En Corse.* Si vous aimez la solitude, le camping n'est peut-être pas pour vous ... *21 Marseille.* Quelques habitués se livrent à leur sport favori, la pétanque. *22 Au Bois de Boulogne.* Un plaisir simple: celui du canotage un dimanche après-midi.

21

22

23 *Nice.* Le Carnaval est l'occasion de se déguiser.
24, 25 *Le 14 juillet.* Le matin, on assiste au défilé. Le soir, on regarde les feux d'artifice.

23

24

25

IV: L'héritage culturel

26

27

L'héritage culturel et artistique de la France est deux fois millénaire ...
26 Paris. Du haut des tours de Notre-Dame, ces monstres surveillent Paris depuis 700 ans.   *27 Paris.* Ces étudiants participent à un festival de danses médiévales sur le Pont Neuf.

28 *Chartres.* La «grande rose de France» est un très bel exemple de vitrail gothique. C'est Saint Louis, roi de France (1214–1270) qui a offert ce vitrail à la cathédrale de Chartres.   29 *En Bretagne.* La poterie est un art très ancien. Quel objet va-t-il sortir des mains de ce potier breton? 30 *Paris.* Où sommes-nous? Dans une raffinerie de pétrole? Non, nous sommes à Beaubourg, le nouveau musée de Paris. Aujourd'hui Beaubourg est le monument de Paris qui reçoit le plus de visiteurs.   31 *Paris.* Une représentation de *Don Juan* de Molière, à la Comédie française.   32 *Chenonceaux.* Chenonceaux est le type même du château Renaissance. À cette époque-là, les châteaux s'ornent de vastes jardins «à la française».   33 *En Normandie.* Le Mont-Saint-Michel se reflète dans la mer.

28

29

30

XII: Notre individualité

Leçon 34: Êtes-vous calme?

Les gens ne sont pas parfaits°. Même nos meilleurs amis sont parfois la source   *perfect*
de problèmes, de déceptions° ou de vexations. Comment réagissez°-vous alors?   *disappointments/react*
Avec calme et indifférence ... ou avec beaucoup de mauvaise humeur?

   Analysez les huit situations suivantes et exprimez votre réaction personnelle
devant ces situations. Pour cela, choisissez l'une des options A, B ou C.

   A = Cela me laisse° indifférent(e).   *leaves*
   B = Cela m'irrite un peu, mais je ne fais rien.
   C = Cela me rend° absolument furieux (furieuse).   *makes*

A B C

☐ ☐ ☐ 1. Vous racontez une histoire drôle. Quelqu'un vous interrompt°   *interrupts*
         continuellement avec des questions idiotes.

☐ ☐ ☐ 2. Vous avez rendez-vous avec un ami. Il vous téléphone et vous
         dit qu'il ne peut pas venir. Une heure après, vous le rencontrez
         dans la rue avec sa petite amie.

☐ ☐ ☐ 3. Un étudiant a des difficultés avec ses devoirs de français. Vous
         l'aidez. Vous lui prêtez vos notes. Vous lui expliquez la gram-
         maire. Vous lui donnez des conseils. Il vous dit merci et le jour
         de l'examen, il reçoit° une meilleure note que vous.   *gets*

☐ ☐ ☐ 4. Un ami vous invite au restaurant. Quand le garçon lui apporte
         l'addition°, il s'aperçoit° qu'il a oublié son portefeuille°. C'est   *check/notices/wallet*
         vous qui êtes obligé de lui payer son repas.

☐ ☐ ☐ 5. Il y a un nouvel étudiant dans la classe. Vous lui montrez le
         campus. Vous le présentez à vos amis. Vous l'invitez à vos
         surprises-parties ... Mais le jour où il organise sa première sur-
         prise-partie, il ne vous invite pas.

☐ ☐ ☐ 6. Votre meilleure amie a un problème avec sa famille. Elle vous
         demande votre opinion. Vous la lui donnez. Votre amie vous
         écoute attentivement ... et fait le contraire de ce que° vous lui   *what*
         avez dit.

☐ ☐ ☐ 7. Vous avez reçu° un disque pour votre anniversaire. Un ca-   *received*
         marade veut vous l'emprunter°. Vous hésitez un peu parce que   *borrow*
         c'est votre disque favori, mais finalement vous le prêtez à votre
         camarade. Une semaine après, votre camarade vous le rend ...
         rayé°!   *scratched*

☐ ☐ ☐ 8. Un étudiant vous a demandé dix dollars. Vous les lui avez prêtés
         parce qu'il vous a promis de vous les rendre avant le week-end.
         Vendredi soir, cet étudiant vous dit: «Tiens, prête-moi encore
         dix dollars. Cela fera vingt dollars que je te dois.»

Le parc du château de Sceaux: calme et tranquillité

Interprétation

Additionnez° vos réponses par colonne.   *add*

* Si vous avez plus de 6 réponses A ...
  Vous êtes un monument de calme ... et d'indifférence. Êtes-vous réellement
  insensible° au monde et aux gens autour de° vous?   *insensitive/around*

* Si vous avez plus de 6 réponses B ...
  Vous êtes sensible, mais réservé(e). Vous avez des opinions mais vous
  n'aimez pas les exprimer.

* Si vous avez plus de 6 réponses C ...
  Vous avez une nature passionnée ... et explosive. Calmez-vous si vous voulez
  éviter° la crise cardiaque°!   *avoid/heart attack*

* Si vous n'appartenez° pas à ces catégories ...   *belong*
  Vous êtes comme tout le monde. En général, vous savez vous contrôler, mais
  vous savez aussi manifester votre opinion (et votre mauvaise humeur!)
  quand c'est nécessaire.

Renseignements culturels: Individualisme, amitié et sociabilité

Pour la majorité des Français l'existence est une affaire essentiellement personnelle. Ceci[1] explique pourquoi les groupes constitués[2] n'ont pas le succès qu'ils connaissent aux États-Unis. Peu d'étudiants, par exemple, appartiennent à un club sportif, à une association religieuse, politique, culturelle ... L'équivalent de la "fraternity" ou de la "sorority" n'existe pas.

Si le Français reste un individualiste, cela ne signifie pas qu'il soit un solitaire[3]. Au contraire! Il a une très haute[4] conception de l'amitié et préfère la compagnie des gens qu'il choisit à celle des gens qui lui sont imposés par son milieu social ou professionnel. L'amitié est en effet un lien[5] profond et durable, jamais une association passagère[6] et superficielle.

Le Français est aussi un être[7] sociable qui attache une grande importance à la politesse, à l'étiquette, au savoir-vivre ... Il aime parler, discuter, argumenter, débattre. Pour lui, la conversation est un art, art qui consiste souvent à parler de tout et de rien, mais avec virtuosité.

1 ce fait   2 organisés   3 une personne qui cherche la solitude
4 *lofty*   5 une attache   6 temporaire   7 une personne

Structure et Vocabulaire

VOCABULAIRE: Relations personnelles

noms

| **un camarade** | classmate (male) | **une camarade** | classmate (female) |
| **un sentiment** | feeling | **une difficulté** | difficulty, problem |

verbes en -er

apporter	to bring (something)	Je vais **apporter** mes disques ce soir.
emprunter (à)	to borrow (from)	Je n'aime pas **emprunter** de l'argent **à** mes amis.
exprimer	to express	Je peux **exprimer** mon opinion.
s'exprimer	to express oneself	Guy **s'exprime** mal en public.
laisser	to leave	**Laisse** tes livres sur la table.
sembler	to seem	Tes problèmes ne **semblent** pas très sérieux.
ressembler à	to resemble	Vous **ressemblez** à mon frère.

verbes en -ir

| **agir** | to act | **Agissez** logiquement! |
| **réagir** | to react | Pourquoi **réagissez-vous** de cette manière? |

expressions

| **de bonne (mauvaise) humeur** | in a good (bad) mood | Je suis toujours **de bonne humeur.** |
| **tout de suite** | immediately, right away | Quand mes amis m'écrivent, je réponds **tout de suite.** |

1. Est-ce vous? Lisez attentivement les phrases suivantes. Si elles correspondent à votre personnalité, dites «*C'est moi.*» Si elles ne correspondent pas à votre personnalité, dites «*Ce n'est pas moi.*»

1. De temps en temps, j'ai des difficultés à exprimer mes sentiments.
2. Je suis assez réservé(e). Je n'aime pas exprimer mes idées avec les gens que je ne connais pas bien.
3. Quand quelqu'un m'invite à dîner chez lui, en général j'apporte quelque chose.
4. Je n'aime pas m'exprimer en public.
5. J'emprunte souvent de l'argent à mes camarades.
6. Je suis une personne très organisé(e). Je ne laisse jamais mon bureau en désordre.
7. Quand j'ai des problèmes, en général j'agis logiquement.
8. Dans un accident, je ne crois pas que je réagirais calmement.
9. En général, je suis d'assez bonne humeur.
10. Il y a des jours où je suis de mauvaise humeur sans *(without)* savoir pourquoi.
11. Je ressemble beaucoup à mon père/à ma mère.
12. Quand j'ai des difficultés avec mes cours, je me sens vite déprimé(e) *(depressed).*

NOTE LINGUISTIQUE: Verbes apparentés **-primer** ↔ *-press*
Most French verbs in **-primer** have English cognates in *-press.*

-primer ↔ *-press*	ex**primer**	to ex*press*
	op**primer**	to op*press*

A. *Le verbe* recevoir

Note the forms of the irregular verb **recevoir** *(to receive, to get)* in the chart below.

infinitive	**recevoir**	
present	Je **reçois** une lettre.	Nous **recevons** cette revue.
	Tu **reçois** un télégramme.	Vous **recevez** un bon salaire.
	Il **reçoit** son diplôme.	Ils **reçoivent** de l'argent de leurs parents.
future	Je **recevrai** une nouvelle machine à écrire.	
passé composé	**J'ai reçu** une bonne note à l'examen.	

- **Recevoir** may also mean *to entertain.*   Je **reçois** mes amis chez moi.
- The following verbs are conjugated like **recevoir:**

décevoir	to disappoint	Ne **décevez** pas vos amis.
apercevoir	to see, to catch a glimpse of	**Avez-vous aperçu** votre cousin ce matin?
s'apercevoir (de)	to realize	Je **me suis aperçu** de mon erreur.

2. De la Tour Eiffel: Un groupe de touristes observe Paris du sommet de la Tour Eiffel. Dites ce que chacun aperçoit.

▶ Jacques (un monument)   *Jacques aperçoit un monument.*

1. Paul (une église)
2. Suzanne (Notre-Dame)
3. Michèle et Anne (l'Arc de Triomphe)
4. Marc et Philippe (un bus)
5. nous (le Centre Pompidou)
6. vous (le Musée d'Art Moderne)
7. moi (les Invalides)
8. toi (le Louvre)

3. Questions personnelles:

1. Recevez-vous souvent des lettres? des paquets *(packages)*? De qui?
2. Quand avez-vous reçu votre diplôme de high school?
3. Quand recevrez-vous votre diplôme de l'université?
4. Décevez-vous parfois vos parents? vos professeurs? vos amis? vos amies?
5. Aimez-vous recevoir des cadeaux *(presents)*? Quels cadeaux avez-vous reçus pour votre anniversaire?
6. Allez-vous recevoir des amis chez vous ce week-end?

B. *Révision: les pronoms compléments d'objet direct et indirect*

Review the direct- and indirect-object pronouns in the chart below.

	subject	direct object	indirect object		
singular	je	me (m')	me (m')	Tu m'aides?	Tu me téléphones?
	tu	te (t')	te (t')	Je te connais.	Je te parle souvent.
	il	le (l')	lui	Je le connais.	Je lui prête mes notes.
	elle	la (l')	lui	Tu la connais?	Tu lui téléphones?
plural	nous	nous	nous	Henri nous aide.	Il nous téléphone.
	vous	vous	vous	Je vous invite.	Je vous téléphonerai.
	ils	les	leur	Je les vois souvent.	Je leur rends visite.
	elles	les	leur	Je les invite.	Je leur parle.

• The forms in parentheses are used in front of words beginning with a vowel sound.

■ Object pronouns usually come immediately *before* the verb.

Tu vois souvent Hélène?	Marc **la** voit souvent.	Je ne **la** vois jamais.
As-tu téléphoné à tes cousins?	Je **leur** ai téléphoné hier.	Je ne leur ai pas parlé aujourd'hui.

• In an infinitive construction, the object pronoun comes immediately before the infinitive.

—Je vais voir Charles. Et toi?
—Je ne vais pas **le** voir, mais je vais **lui** écrire.

• In an affirmative command, object pronouns come after the verb and are attached to the verb by a hyphen.

Voici Jacques. Invite-**le**. Invite-**moi** aussi.

Note: **me** becomes **moi** after the verb.

VOCABULAIRE: Réactions personnelles

amuser	to amuse	Cette histoire ne m'**amuse** pas.
embarrasser	to embarrass	Votre attitude **embarrasse** vos amis.
embêter	to annoy	**N'embêtez** pas vos camarades.
gêner	to bother	Le bruit me **gêne.**
inquiéter	to worry	L'avenir m'**inquiète** un peu.
intéresser	to interest	Est-ce que ce livre t'**intéresse?**
laisser + *adjective*	to leave	Vos problèmes me **laissent** indifférent.
rendre + *adjective*	to make	Les vacances **rendent** les étudiants heureux.

NOTE DE VOCABULAIRE
The meaning of **rendre** depends on the construction in which it is used.

rendre (quelque chose à quelqu'un)	to give back	**Rendez** ce livre à Pierre.
rendre (quelqu'un + *adjective*)	to make	La fumée *(smoke)* **me rend** malade.

---

4. Réactions personnelles: Dites comment vous réagissez aux choses suivantes. Pour cela, utilisez les verbes entre parenthèses dans des phrases affirmatives ou négatives.

▶ ma vie sentimentale (décevoir)   *Ma vie sentimentale me déçoit.*
　　　　　　　　　　　　　　　ou: *Ma vie sentimentale ne me déçoit pas.*

1. mes camarades (décevoir)
2. l'avenir (inquiéter)
3. le bruit dans les résidences (gêner)
4. les histoires drôles (amuser)
5. la politique (intéresser)
6. le problème de l'inflation (laisser indifférent(e))
7. les questions indiscrètes (embarrasser)
8. les gens snobs (embêter)

5. Les réactions des autres: Lisez ce que les personnes suivantes aiment ou n'aiment pas faire. Expliquez leurs réactions à ces choses en utilisant l'adjectif entre parenthèses dans la construction *rendre* + *adjectif*. Commencez chaque phrase par *cela* et utilisez le pronom complément d'objet direct qui convient.

▶ Janine n'aime pas voyager en avion. (malade)   *Cela la rend malade.*
▶ Les étudiants aiment boire de la bière. (malades)   *Cela ne les rend pas malades.*

1. Philippe n'aime pas aller chez le dentiste. (nerveux)
2. Les acteurs aiment donner des interviews. (nerveux)
3. Ma cousine aime recevoir des lettres. (heureuse)
4. Annie et Claire n'aiment pas attendre. (furieuses)
5. Je n'aime pas parler en public. (nerveux)
6. Tu aimes écouter de la musique classique. (calme)
7. Vous aimez boire du vin. (malades)
8. Nous aimons recevoir des compliments. (optimistes)
9. Nous n'aimons pas recevoir des insultes. (furieux)

6. Pourquoi? Demandez le pourquoi des actions suivantes. Utilisez uniquement des pronoms.

▶ Paul attend Françoise.   *Pourquoi est-ce qu'il l'attend?*
▶ Jacques écrit à Suzanne.   *Pourquoi est-ce qu'il lui écrit?*

1. Jean-Claude achète le journal.
2. Henri invite Sylvie.
3. Alain téléphone à mes cousins.
4. Thérèse parle au professeur.
5. Les étudiants respectent le professeur.
6. Isabelle rend visite à ses parents.
7. Thomas vend ses livres.
8. Marie-Louise voit ses amis.

7. Relations personnelles: Décrivez les relations entre les personnes ci-dessous sur la base des phrases suivantes. Pour cela, faites de nouvelles phrases selon le modèle. Utilisez le pronom d'objet direct ou indirect qui convient.

▶ Les étudiants admirent le professeur. (parler souvent, critiquer)
Ils lui parlent souvent. Ils ne le critiquent pas.

1. Jacques aime Nathalie. (téléphoner, inviter, voir souvent)
2. Hélène connaît bien mes cousins. (rendre visite, écrire, inviter)
3. Paul admire Isabelle. (trouver intelligente, écouter, poser des questions)
4. Charles trouve Antoine stupide. (critiquer, parler, respecter)
5. Anne n'aime pas Thomas. (aider, prêter ses disques, téléphoner)
6. Le professeur aide les étudiants. (donner des encouragements, prêter des livres, écouter)

8. Dialogue: Demandez à vos camarades de faire les choses suivantes pour vous. Vos camarades vont accepter ou refuser. Étudiez le modèle.

▶ donner ton adresse

—*Donne-moi ton adresse!*
—*D'accord, je vais te donner mon adresse!*
ou: *Non, je ne vais pas te donner mon adresse!*

1. inviter ce week-end
2. parler de tes problèmes
3. montrer tes photos
4. téléphoner ce soir
5. inviter à dîner demain
6. apporter une pizza
7. donner ton numéro de téléphone
8. montrer tes notes de français
9. écrire pendant les vacances

C. *L'ordre des pronoms compléments*

The sentences on the left below contain both a direct and an indirect object. In the sentences on the right, these objects have been replaced by pronouns. Note the sequence of these object pronouns.

Je prête **ma moto à Richard.**	Je **la lui** prête.
Alice donne **le journal à Jacques.**	Alice **le lui** donne.
Anne ne montre pas **ses photos à ses parents.**	Anne ne **les leur** montre pas.
Vous ne dites pas **la vérité aux étudiants.**	Vous ne **la leur** dites pas.

Note also the sequence of the pronouns in the following sentences.

Je **te** donne **mon numéro de téléphone.**	Je **te le** donne.
Charles ne **nous** prête pas **sa voiture.**	Il ne **nous la** prête pas.

In sentences containing a direct- *and* an indirect-object pronoun, the sequence is:

$$
\text{ne} + \left\{ \begin{array}{c} \text{le} \\ \text{la} \\ \text{les} \end{array} \right\} + \left\{ \begin{array}{c} \text{lui} \\ \text{leur} \end{array} \right\} + \text{verb} + \text{pas} \quad \text{OR} \quad \text{ne} + \left\{ \begin{array}{c} \text{me} \\ \text{te} \\ \text{nous} \\ \text{vous} \end{array} \right\} + \left\{ \begin{array}{c} \text{le (l')} \\ \text{la (l')} \\ \text{les} \end{array} \right\} + \text{verb} + \text{pas}
$$

9. Êtes-vous généreux (généreuse)? Imaginez que vous avez une nouvelle voiture de sport. Dites si oui ou non vous la prêtez aux personnes suivantes.

▶ à votre meilleur ami?   *Mais oui, je la lui prête.*
                         ou: *Mais non, je ne la lui prête pas.*

1. à votre meilleure amie?
2. à vos amis?
3. à vos parents?
4. à votre sœur?
5. à Jacqueline, une fille très sympathique.
6. à Jean-Louis, un garçon assez égoïste?
7. à Paul et à Claude, deux étudiants français?
8. à Henri, un garçon qui conduit *(drives)* mal?

10. Et vous? Lisez ce que Anne-Marie fait. Puis dites si oui ou non vous faites les mêmes choses.

▶ Anne-Marie montre ses photos à ses amis.   *Moi aussi, je les leur montre.*
                                           ou: *Moi, je ne les leur montre pas.*

1. Elle prête ses disques à ses amis.
2. Elle prête son appareil-photo à sa sœur.
3. Elle prête ses notes aux autres étudiants.
4. Elle donne son numéro de téléphone à ses amis.
5. Elle montre les photos de ses amis à ses parents.
6. Elle donne son opinion aux professeurs.
7. Elle vend ses vieux livres à ses amis.
8. Elle donne ses vieux magazines à ses petits cousins.

Passez-moi le sel, s'il vous plaît!

11. Dialogue: Demandez à vos camarades de faire les choses suivantes pour vous. Ils vont accepter ou refuser en utilisant deux pronoms.

▶ prêter (ta voiture) —*Tu me prêtes ta voiture?*
   —*D'accord, je te la prête.* ou: *Pas question! Je ne te la prête pas!*

1. prêter (10 dollars/100 dollars)
2. acheter (mon livre de français/mes notes de français)
3. donner (tes lunettes de soleil/ta raquette de tennis)
4. montrer (tes posters/ton album de photos)
5. laisser (ta nouvelle adresse/ton numéro de téléphone)
6. vendre (ton vélo/ta chaîne-stéréo)
7. présenter (ta sœur/ton cousin)
8. expliquer (la leçon de grammaire/les exercices)

D. L'ordre des pronoms à la forme affirmative de l'impératif

In the sentences below, the verbs are in the affirmative imperative. Note the sequence of the object pronouns in the sentences on the right.

Donne **ta guitare à Jacques!**	Donne-**la-lui!**
Prête **tes notes à tes camarades!**	Prête-**les-leur!**
Vends-**moi tes disques!**	Vends-**les-moi!**
Donnez-**nous votre adresse!**	Donnez-**la-nous!**

In affirmative commands, the direct-object pronoun comes *before* the indirect-object pronoun:

$$\text{verb} + \begin{Bmatrix} \textbf{le} \\ \textbf{la} \\ \textbf{les} \end{Bmatrix} + \begin{Bmatrix} \textbf{moi} \\ \textbf{nous} \\ \textbf{lui} \\ \textbf{leur} \end{Bmatrix}$$

12. S'il te plaît ... : Imaginez qu'un ami vous parle des choses qu'il a. Demandez-les-lui, en utilisant les verbes entre parenthèses.

▶ J'ai une nouvelle moto. (prêter)   *Prête-la-moi, s'il te plaît!*

1. J'ai des magazines français. (prêter)
2. J'ai un vélomoteur. (prêter)
3. J'ai des camarades sympathiques. (présenter)
4. J'ai une cousine fascinante. (présenter)
5. J'ai un journal intéressant. (montrer)
6. J'ai des belles photos. (montrer)
7. J'ai un vieux vélo. (donner)
8. J'ai mes notes de l'année dernière. (donner)
9. J'ai des cassettes de musique pop. (vendre)
10. J'ai une guitare. (vendre)

Phonétique

La liaison sujet-verbe

Many words in French end in a silent final consonant. In some instances this consonant is pronounced when the next word begins with a vowel sound. The two words are then connected by **liaison.** Liaison occurs only between words that are grammatically linked. Liaison is required, for instance, in the sequence: subject pronoun + verb.

nous Nous apportons notre électrophone.
vous Vous agissez calmement.
ils Ils aperçoivent leurs amis qui attendent.
elles Elles expriment leurs sentiments.
on On est comme on est.

Liaison also occurs in inverted questions where the subject pronoun follows the verb.

Sont-ils de bonne humeur?   Sont-elles de mauvaise humeur?
Pourquoi me rend-il furieux?   Comment réagit-elle?

Note: In liaison, the letter **d** represents the sound /t/.

Récapitulation

Substitution

Remplacez les mots soulignés par les mots entre parenthèses. Faites tous les changements nécessaires.
1. Où est Anne? Moi, je la cherche partout.   (Jacques, la cousine de Jacques, les amis de Victor, Suzanne et Paulette)
2. Mes cousins habitent à Paris. Je leur écris souvent.   (mes cousines, Henri, Sylvie, tu, vous)
3. Paul aime bien ma sœur. Il lui parle souvent.   (téléphone, voit, écrit, invite, aide)
4. Quand mon frère a besoin de ma voiture, je la lui prête.   (mes notes, mon vélo, ma guitare, ma raquette de tennis, mon électrophone)
5. Jacqueline te demande tes disques. Donne-les-lui.   (Paul, Françoise, tes amis, tes cousines, je, nous)
6. Vous ne connaissez pas Anne-Marie. Je vais vous la présenter.   (Albert, ma sœur, mes amis, mes cousines, ce garçon)

Vous avez la parole: Relations personnelles

Décrivez vos relations avec vos amis. Vous pouvez parler de ce que vous faites et de ce que vous ne faites pas pour eux. Vous pouvez parler aussi de ce qu'ils font et de ce qu'ils ne font pas pour vous.

Leçon 35. Vive les loisirs!

Voici comment quatre Français, âgés de moins de trente ans, ont répondu à la question: «Avez-vous assez de loisirs?»

JEAN-FRANÇOIS *(27 ans, ingénieur):*

Oui, j'en ai assez. Il y a le sport, par exemple. J'en fais regulièrement le week-end pour garder la forme. J'en fais aussi pendant les vacances. En hiver, je fais du ski et en été, je fais de la voile°. L'été prochain, j'ai décidé d'acheter un bateau° ...

go sailing

boat

MONIQUE *(25 ans, journaliste):*

Vous me demandez si j'ai assez de loisirs? On n'en a jamais assez! Il y a beaucoup de choses que je voudrais faire. Du théâtre, par exemple. J'en faisais quand j'étais étudiante. Maintenant, je n'en fais plus° parce que je n'ai pas le temps. Quand j'ai un peu de temps, je fais du tennis. J'en fais une heure ou deux par semaine ... Ce n'est pas beaucoup.

don't anymore

HENRI *(19 ans, étudiant):*

Les loisirs? Il en faut si on ne veut pas devenir fou°. Mes loisirs dépendent de° l'état de mes finances. Quand j'ai de l'argent, je vais au cinéma. Quand je n'en ai pas, je reste chez moi. J'aime la lecture et la musique. Pendant les vacances, j'ai appris à jouer de la guitare. Maintenant j'en joue souvent. Pour mes amis ou pour moi seul°.

crazy/on

myself

JOSIANE *(29 ans, ouvière):*

En semaine je travaille dans une usine. Le week-end, il y a les enfants. Nous en avons quatre. Il y a aussi les travaux domestiques°, les courses°, etc ... Les loisirs? Ne m'en parlez pas! Mon mari en a quand il va au café avec ses copains. Moi, je n'en ai pas, parce que je ne cesse° jamais de travailler.

housework/shopping

stop

Renseignements culturels: La civilisation des loisirs

«Si vous aviez le choix entre plus de temps libre[1] ou plus d'argent, que choisiriez-vous?» 72% des jeunes Français à qui un institut d'opinion publique avait posé la question n'ont pas hésité. Ils ont choisi le temps libre. La réponse de ces jeunes Français souligne[2] l'importance de la «civilisation des loisirs.» Dans le monde mécanisé d'aujourd'hui, les loisirs réhumanisent notre existence. Pour la majorité des Français, les loisirs ne sont pas seulement une nécessité. Ils sont un droit[3].

En quoi consistent ces loisirs? Cela dépend des préférences et des finances de chacun. Les habitants des villes prendront leur voiture et iront passer le week-end à la campagne. Les habitants de la campagne, eux, viendront en ville. Le cinéma, la musique, la télévision, les spectacles sportifs constituent des distractions importantes. La pratique du sport, elle, est moins généralisée ...

Le gouvernement français a compris l'importance des loisirs dans la société contemporaine. Il a financé la construction de «Maisons des Jeunes» et de «Maisons de la Culture» dans les principales villes. Il a aussi créé un «Ministère de la Jeunesse, des Sports et des Loisirs» et un «Ministère de la Culture et des Communications.» En France, les loisirs ne sont pas seulement l'affaire des individus. Ils représentent aussi la politique officielle du pays.

1 *free*   2 *underlines*   3 *right*

Une répétition théâtrale à la Maison des Jeunes et de la Culture

Les championnats internationaux de France à Roland-Garros

Structure et Vocabulaire

VOCABULAIRE: Sports et loisirs

quelques sports

l'alpinisme	mountain climbing	**la gymnastique**	gymnastics
l'athlétisme	track and field	**la marche à pied**	walking
le patinage	skating	**la natation**	swimming
le ski	skiing	**la planche à voile**	wind surfing
le ski nautique	water skiing	**la voile**	sailing

quelques loisirs (leisure-time activities)

le camping	camping	**la lecture**	reading

NOTE DE VOCABULAIRE

French uses various verbs to talk about sports activities:

pratiquer (un sport): *to be active in sports*, is used to refer to athletic activity in general.

> Quels sports **pratiquez**-vous?

jouer à (un sport): *to play*, is used mainly with team and competitive sports.

> **Jouez**-vous au football ou au volley?

faire du/de la/des (un sport): *to do, to participate actively in a sport*, is used with most sports, and many other leisure activities.

> **Faites**-vous du jogging aujourd'hui?
> Cet été, je vais **faire du** camping avec mes amis.

1. Questions personnelles: Répondez aux questions suivantes.

1. Quels sports regardez-vous à la télé?
2. Est-ce que vous faites du sport régulièrement?
3. Quels sports pratiquez-vous en été? en automne? en hiver? au printemps?
4. Quels sports d'hiver peut-on pratiquer dans la région où vous habitez? Quels sports d'été?
5. Selon vous, quel est le sport le plus dangereux? le plus difficile? le plus spectaculaire? le meilleur pour la santé?
6. Selon vous, les loisirs sont-ils nécessaires? Pourquoi ou pourquoi pas?
7. Quels sont vos loisirs préférés? Que faites-vous pendant vos heures de loisirs?
8. Faites-vous du camping? Où et quand avez-vous fait du camping?
9. Faites-vous du jogging? Pourquoi ou pourquoi pas?

A. Le pronom en

In reading the answers below, note the pronoun that replaces the nouns in heavy print.

Avez-vous **des loisirs?**	Oui, j'**en** ai.
Faites-vous **du sport?**	Oui, j'**en** fais.
Faites-vous **de la gymnastique?**	Non, je n'**en** fais pas.
Avez-vous acheté **des skis?**	Oui, j'**en** ai acheté.

■ The pronoun **en** replaces a direct object introduced by the partitive articles **du, de la, des,** and the negative **de.**

• In sentences of the above type, **en** is the equivalent of the English pronouns *some* and *any* (or *none*, in negative sentences). While these pronouns may sometimes be omitted in English, **en** must always be expressed in French.

Est-ce que Paul a des loisirs?	Does Paul have *(any)* leisure activities?
Oui, il **en** a.	Yes, he does (have *some*).
Non, il n'**en** a pas.	No, he doesn't (have *any*).

■ Like other object pronouns, **en** comes before the verb, except in affirmative commands.

Vous mangez du pain?	N'**en** mangez pas.
Vous ne faites pas de sport?	Faites-**en.**

• There is always liaison after **en** when the next word begins with a vowel sound.

Du vin? Je n'**en** ai pas.   Je vais **en** acheter.

■ **En** also replaces a noun or noun phrase introduced by the preposition **de** *(of, from, about).*

Est-ce que Janine vient **de Paris?**	
Oui, elle **en** vient.	She comes *from there.*
Parles-tu souvent **de tes projets professionnels?**	
Non, je n'**en** parle jamais.	I never talk *about them.*
As-tu besoin **de ce livre?**	
Oui, j'**en** ai besoin pour mon cours.	I need it (=have need *of it*) for my class.

2. Dialogue: Demandez à vos camarades s'ils font les choses suivantes. Ils vous répondront, en utilisant des expressions comme *souvent, tous les jours, de temps en temps, rarement.*

▶ du sport?   *—Fais-tu du sport?*
          —Oui, j'en fais tous les jours. ou: *Non, je n'en fais pas.*

1. de la marche à pied?	4. du yoga?	7. de la gymnastique?
2. du ski nautique?	5. du judo?	8. du camping?
3. de la planche à voile?	6. des exercices?	9. du théâtre?

3. Dialogue: Maintenant demandez à vos camarades s'ils font les choses suivantes.

▶ manger des spaghetti? —*Manges-tu des spaghetti?*
—*Oui, j'en mange.* ou: *Non, je n'en mange pas.*

1. manger du caviar?
2. boire de la bière?
3. boire du champagne?
4. acheter des disques?
5. lire des journaux français?
6. faire des voyages?

7. gagner de l'argent?
8. prendre des photos?
9. parler de tes projets?
10. avoir de l'ambition?
11. avoir des amis français?
12. organiser des surprises-parties?

4. Chez le médecin: Monsieur Pesant, un homme de quarante ans assez obèse, vient consulter son médecin, le docteur Lavie. Il lui demande s'il peut faire certaines choses. Le docteur Lavie lui répond affirmativement ou négativement selon le cas, en utilisant l'impératif. Jouez les deux rôles.

▶ faire des exercises? M. PESANT: *Docteur, est-ce que je peux faire des exercices?*
DR. LAVIE: *Bien sûr, faites-en!* ou: *Non, n'en faites pas!*

1. faire du sport?
2. boire du vin?
3. boire de l'eau minérale?
4. manger des fruits?

5. manger du pain?
6. fumer des cigares?
7. prendre des vacances?
8. manger de la glace?

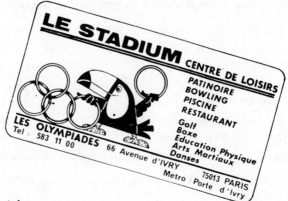

B. L'ordre des pronoms avec en

Note the pronoun sequence in the sentences on the right.

Tu donnes **des conseils à ta sœur?**	Oui, je **lui en** donne.
Vous prêtez **de l'argent à vos amis?**	Non, je ne **leur en** prête jamais.
Donne **du pain à François.**	Donne-**lui-en.**
Donnez-**moi des oranges.**	Donnez-**m'en** un kilo.
Est-ce qu'il **y** a **de la glace?**	Oui, il **y en** a.

■ When **en** is used with another object pronoun, it always comes in second position.

• Note that **me (moi)** and **te (toi)** become **m'** and **t'** before **en**.

5. Vrai ou faux? Lisez les phrases suivantes et dites si oui ou non elles correspondent à ce que vous faites. Utilisez deux pronoms dans vos phrases.

▶ Je donne des conseils à mon meilleur ami. *C'est vrai, je lui en donne.*
  ou: C'est faux, je ne lui en donne pas.

1. Je donne des conseils à ma meilleure amie.
2. Je demande des conseils à mes professeurs.
3. Je demande des conseils à mes parents.
4. J'écris des lettres à mes amis pendant les vacances.
5. J'écris des cartes de Noël à mes amis.
6. Mes parents me donnent souvent de l'argent.
7. Le professeur nous donne des bonnes notes.
8. Le professeur nous donne des examens très difficiles.
9. Il y a des étudiants paresseux dans cette classe.
10. Il y a des étudiants libéraux à cette université.

C. *Le pronom* en *avec les expressions de quantité*

Note the use of the pronoun **en** in the answers on the right.

Avez-vous **une auto?**	Oui, j'**en** ai **une.**
Avez-vous **un vélo?**	Oui, j'**en** ai **un.**
Combien de mois de vacances prenez-vous?	J'**en** prends **quatre.**
Combien de frères avez-vous?	J'**en** ai **trois.**
Avez-vous **beaucoup de loisirs?**	Non, je n'**en** ai pas **beaucoup.**
Avez-vous **trop d'examens?**	Oui, nous **en** avons **trop.**
Est-ce qu'il y a **une piscine** à l'université?	Non, il n'y **en** a pas, mais il y **en** a **une** en ville.

■ The pronoun **en** replaces a direct object introduced by **un, une,** *a number,* or *an expression of quantity.*

• In sentences of the above type, **en** corresponds to the English *of it, of them.* Although these expressions are rarely used in English, **en** must be expressed in French.

Avez-vous beaucoup de patience?	Oui, j'**en** ai **beaucoup.**	Yes, I have *a lot (of it).*
Avez-vous des sœurs?	Oui, j'**en** ai **trois.**	Yes, I have *three (of them).*

• In affirmative sentences, the number **un/une** must be used with **en** if a single object is referred to.

As-tu une guitare?	Oui, j'**en** ai **une.**	Yes, I have *(one).*
but:	Non, je n'**en** ai pas.	No, I don't *(have one).*

6. Dialogue: Demandez à vos camarades s'ils ont les objets suivants.

▶ une guitare?　　—*As-tu une guitare?*
　　　　　　　　　—*Oui, j'en ai une.*　ou: *Non, je n'en ai pas.*

1. une auto?
2. un vélo?
3. une caméra?
4. un téléviseur?

5. un appareil-photo?
6. une chaîne-stéréo?
7. une raquette de tennis?
8. un ordinateur?

7. D'accord? Lisez les phrases suivantes et dites si vous êtes d'accord ou non. Si vous n'êtes pas d'accord, exprimez votre opinion en rectifiant la phrase.

▶ Nous avons beaucoup d'examens.　　*Je suis d'accord! Nous en avons beaucoup.*
　　　　　　　　　　　　　　　　ou: *Je ne suis pas d'accord! Nous n'en avons pas beaucoup.*

1. Les étudiants américains boivent beaucoup de bière.
2. Les jeunes n'ont pas assez de responsabilités.
3. Les Américains consomment trop d'énergie.
4. Nous n'avons pas assez de loisirs.
5. Les athlètes professionnels gagnent trop d'argent.
6. J'ai beaucoup d'argent.
7. Je n'ai pas assez de temps libre *(free time)*.
8. Nos professeurs donnent trop de conseils.

8. Questions personnelles: Répondez aux questions suivantes, en utilisant le pronom *en.*

▶ Combien de frères avez-vous?　　*J'en ai un (deux, trois ...).*
　　　　　　　　　　　　　　ou: *Je n'en ai pas.*

1. Combien de sœurs avez-vous?
2. Combien de disques avez-vous?
3. Combien de voitures ont vos parents?
4. Combien d'étudiants est-ce qu'il y a dans la classe?
5. Combien de garçons est-ce qu'il y a?
6. Combien de filles est-ce qu'il y a?

la Soirée
du hockey
les Canadiens
sont là.

Les mercredis et samedis,
à la Soirée du hockey,
la télévision de Radio-Canada
vous invite à voir à l'étranger,
au Forum et à l'étranger,
les Canadiens de Montréal.
Commentaires: René Lecavalier,
Gilles Tremblay, Richard Garneau
et Lionel Duval.

9. À l'épicerie *(At the grocery):* Imaginez que vous organisez un pique-nique. Vous passez
à l'épicerie pour acheter certaines choses. Demandez ces choses, suivant le modèle.

▶ des oranges (10)   *Donnez-moi des oranges. Donnez-m'en dix, s'il vous plaît.*

1. des camemberts (3)
2. des bananes (2 kilos)
3. du jambon (1 kilo)
4. de la bière (3 litres)
5. du vin (2 litres)
6. du Coca-Cola (5 bouteilles: *bottles*)

D. *La construction* verbe + infinitif

Note how the main verb is used together with an infinitive in the sentences
below.

J'**aime jouer** au tennis ...	I *like to play (playing)* tennis ...
... mais je **déteste perdre.**	... but I *hate to lose (losing).*
J'**apprends à jouer** de la guitare.	I *am learning how to play* the guitar.
Avez-vous **commencé à prendre** des leçons?	Did you *begin to take* lessons?
Paul ne **cesse** jamais **de travailler.**	Paul never *stops working.*
Acceptez-vous **de participer** à son projet?	Do you *agree to participate* in his project?

■ When one verb follows another, the second verb is in the infinitive.
Depending on the main verb, one of the following patterns is used:

main verb + infinitive	*Nous devons partir.*
main verb + **à** + infinitive	*Nous hésitons à partir.*
main verb + **de** + infinitive	*Nous refusons de partir.*

• In similar English constructions, the second verb is an *infinitive* or a verbal
form in *-ing*: I like *to play* tennis./I like *playing* tennis. In French, the second
verb must be in the infinitive.

VOCABULAIRE: Verbes suivis de l'infinitif

verbes suivis immédiatement de l'infinitif

aimer	to like, to love	**espérer**	to hope
aller	to go	**pouvoir**	can, to be able
détester	to hate, to detest	**préférer**	to prefer
devoir	must, to have to	**vouloir**	to wish, to want

verbes suivis de **à** + l'infinitif

apprendre à	to learn	Mélanie **apprend à** jouer de la guitare.
commencer à	to begin	Elle **commence à** jouer assez bien.
hésiter à	to hesitate	Pourquoi **hésitez**-vous **à** venir avec nous?

verbes suivis de **de** + infinitif

cesser de	to stop, to quit	J'ai **cessé de** fumer.
décider de	to decide	Nous avons **décidé de** faire plus de sport.
essayer de	to try	**Essayez de** jouer mieux!
finir de	to finish	J'ai **fini d**'étudier.
oublier de	to forget	As-tu **oublié de** prendre ta raquette?
refuser de	to refuse	Nous **refusons de** travailler.
regretter de	to regret	Je ne **regrette** pas **d**'apprendre le français.
rêver de	to dream	Jacqueline **rêve d**'acheter une voiture.

verbes suivis de **de** + l'infinitif *et qui utilisent un complément d'objet indirect*

demander à quelqu'un **de**	to ask someone	J'ai **demandé à** mon frère **de** m'aider.
dire à quelqu'un **de**	to tell someone	J'ai **dit à** Paul **de** partir.
promettre à quelqu'un **de**	to promise someone	J'ai **promis à** mes parents **de** travailler.

NOTE DE VOCABULAIRE

Essayer is conjugated like **payer.**

> *present:* j'essaie, tu essaies, il essaie, nous essayons, vous essayez, ils essaient
> *passé composé:* j'ai essayé
> *future:* j'essaierai

---

10. Bons conseils: Imaginez qu'un de vos amis fait ou ne fait pas les choses entre parenthèses. Donnez-lui des conseils. Pour cela, complétez les phrases avec *à* ou *de* + *l'infinitif.*

▶ (Il fume.) Cesse ...   *Cesse de fumer!*

1. (Il mange trop.) Cesse ...
2. (Il parle continuellement.) Finis ...
3. (Il ne nage pas.) Apprends ...
4. (Il n'est pas patient.) Essaye ...
5. (Il ne prend pas de risques.) N'hésite pas ...
6. (Il ne prépare pas l'examen.) N'oublie pas ...
7. (Il ne joue pas au tennis.) Apprends ...
8. (Il n'aide pas ses amis.) Ne refuse pas ...

11. Questions personnelles:

1. Apprenez-vous à faire du ski? à faire du ski nautique? à faire du patinage?
2. Avez-vous appris à jouer de la guitare? à jouer du piano?
3. Hésitez-vous parfois à parler en public? à prendre des décisions? à prendre des risques?
4. Oubliez-vous parfois de préparer vos examens? d'être à l'heure? de téléphoner à vos parents?
5. Regrettez-vous d'être à l'université? d'étudier le français?
6. Essayez-vous d'être tolérant(e)? de respecter les opinions des autres? d'être une meilleure personne?
7. Rêvez-vous d'être millionnaire? d'être quelqu'un d'important? d'avoir une profession très intéressante?
8. Avez-vous décidé de visiter la France? de faire de la politique? de vous marier?
9. Commencez-vous à comprendre le français plus facilement? à le parler avec vos camarades?
10. Demandez-vous souvent à vos amis de vous prêter de l'argent? de vous acheter de la bière?

12. Expression personnelle: Complétez les phrases suivantes avec une expression personnelle où vous décrivez ce que vous faites ou ce que vous pensez. Utilisez une construction infinitive.

▶ Depuis que je suis à l'université, j'ai cessé ...
Depuis que je suis à l'université, j'ai cessé de fumer (d'habiter chez mes parents, de voir mes amis de high school, etc.).

1. En ce moment, j'apprends ...
2. Je n'hésite jamais ...
3. Parfois j'oublie ...
4. J'aime ... mais je préfère ...
5. Je ne refuse jamais ...
6. J'ai décidé ...
7. Je rêve ...
8. Je vais essayer ...
9. Je ne finirai jamais ...
10. Maintenant je commence ...
11. Mes parents me disent toujours ...
12. Je leur ai promis ...

Phonétique

La liaison déterminatif + nom

Liaison is required in the following sequences:
—determiner + noun
—determiner + adjective + noun

un	un ami	un bon étudiant
mon, ton, son	mon ami, ton idée	mon excellent ami
les, mes, tes, ses, ces	les étudiants, mes amis, ces idées	mes meilleurs amis
nos, vos	nos amis, vos amies	nos chers amis
quels, quelles	quels étudiants? quelles étudiantes?	quelles bonnes idées
cet	cet homme, cet étudiant	cet excellent ami
aux	aux étudiants	aux autres étudiants

La liaison sujet + objet + verbe

Liaison is required in the following sequence:
—subject pronoun + object pronoun + verb

en	On en a parlé.
	Nous en avons discuté.
les	Je les ai vus.

Récapitulation

Substitution

Remplacez les mots soulignés par les expressions entre parenthèses. Faites tous les changements nécessaires.

1. J'aime faire du ski. Et toi, est-ce que tu en fais? (faire du camping, faire des voyages, boire du vin, manger du caviar, acheter des vêtements, raconter des histoires drôles, avoir des bonnes notes, recevoir des lettres)
2. Patrick a un vélo. Moi, j'en ai un aussi. (une auto, une calculatrice, un appareil-photo, beaucoup d'amis, peu d'argent)
3. Mon frère m'a demandé de l'argent. Je lui en ai prêté. (ma sœur, mes cousins, cette étudiante, tes amis)
4. J'apprends à faire du ski. (déteste, commence, essaie, refuse, hésite, aime, rêve)

Vous avez la parole: Mes loisirs

Décrivez vos loisirs. Décrivez en particulier les sports que vous pratiquez. (Quand? Où? Pourquoi? Avec qui?) Si vous voulez, vous pouvez vous inspirer de l'un des paragraphes du texte «*Vive les loisirs!*»

Leçon 36: Un citoyen du monde

Gary Davis est né américain. C'est là son problème. Gary Davis en effet refuse l'idée° d'être le citoyen° d'un pays particulier. Pour lui, l'idée de nation provoque° le nationalisme et le nationalisme provoque la guerre. Pourquoi être américain? Pourquoi être français? ou allemand? ou japonais? ou russe? Pourquoi ne pas être «citoyen du monde»? *idea/citizen* *causes*

Un jour, donc, Gary Davis s'est déclaré citoyen du monde. Puis, il a décidé de propager son message de paix et de fraternité universelle ... en° organisant des meetings, en faisant des conférences°, en voyageant, et bien sûr en refusant sa nationalité américaine. *by* *lectures*

Avant de quitter° les États-Unis, Gary Davis a brûlé° son passeport. Après la guerre, il est allé en France. À Paris il a planté° sa tente sur la Place de la Concorde pour protester contre la bombe atomique et pour proclamer la nécessité d'un gouvernement mondial°. Pour cette offense, Gary Davis a été arrêté°. Au total, il est allé seize fois en prison pour vagabondage. Comment peut-on prouver son identité quand on n'a pas de passeport? *before leaving/burned* *pitched* *worldwide* *arrested*

Aujourd'hui, Gary Davis a soixante ans. Après avoir voyagé° à travers° le monde pendant trente ans, il s'est finalement installé en Alsace. Cet idéaliste continue sa croisade° en imprimant° et en vendant pour un prix très modeste des «passeports de citoyens du monde». Vingt pays ont reconnu la validité de ces passeports comme document d'identité. *having travelled/about* *crusade/printing*

La justice française, elle a décidé de poursuivre° Gary Davis pour escroquerie°. Pour se défendre, Gary Davis a un argument massif: l'article 13 de la *Déclaration des droits de l'homme:* «Toute personne a le droit de circuler librement° et de choisir sa résidence à l'intérieur° d'un État.» Où est la véritable° justice? *to prosecute* *fraud* *freely/within* *true*

LIBERTE   EGALITE   FRATERNITE

La devise de la France est inscrite sur les monuments publics.

Renseignements culturels: Les droits de l'homme

Aujourd'hui le monde civilisé accepte, reconnaît et soutient[1] le principe de la dignité humaine. Ce principe est garanti par la reconnaissance[2] de certaines libertés et droits[3] fondamentaux: libertés d'expression et d'opinion, libertés de conscience et de religion, égalité de tous les citoyens devant[4] la loi[5], droits de se marier et de fonder[6] une famille, tout[7] simplement droit de vivre …

Il y a deux cents ans, ces libertés et ces droits n'existaient pas même dans les nations les plus civilisées. Au contraire, le despotisme, l'oppression, la discrimination, l'inégalité et l'injustice étaient la règle[8] générale.

Ce sont des philosophes français—Montesquieu (1689–1755), Voltaire (1694–1778) et Rousseau (1712–1778)—qui les premiers ont proposé l'idée, alors[9] révolutionnaire, que tous les hommes sont égaux et que la liberté est un droit inaliénable. Ces idées sont à l'origine de la Révolution américaine (1775–1783), puis de la Révolution française (1789–1799). Les révolutionnaires français abolissent la monarchie et fondent une république sur les principes nouveaux de «Liberté, Égalité, Fraternité» qui forment la devise[10] de la France. En 1789, ils votent la «Déclaration des Droits de l'homme et du citoyen». L'article I de cette Déclaration stipule que «les hommes naissent[11] et demeurent[12] libres et égaux en droits».

La libération de l'homme, et la reconnaissance de ses droits ont été longues. C'est seulement en 1948 que les Nations Unies votent la «Déclaration universelle des Droits de l'homme». Aujourd'hui cette égalité des hommes est un principe universel. Mais est-elle un fait?

1 *supports*   2 *recognition*   3 *rights*   4 *before*   5 *law*   6 *to found*   7 *quite*   8 *rule*   9 en ce temps   10 *motto*   11 *are born*   12 *remain*

Structure et Vocabulaire

VOCABULAIRE: Relations internationales

noms

un citoyen	citizen (male)	**une citoyenne**	citizen (female)
un devoir	duty	**une démocratie**	democracy
un droit	right	**une idée**	idea
un gouvernement	government	**la liberté**	freedom, liberty

verbes

défendre	to defend, protect	Il faut **défendre** nos libertés.
défendre de + *infinitif*	to prohibit	Je vous **défends de** faire cela.
élire	to elect	Qui va être **élu** président?
prendre une décision	to make a decision	Nous **avons pris une** grande **décision.**
voter	to vote	Pour qui allez-vous **voter?**

adjectif

libre	free	Est-ce que les hommes sont **libres** dans le monde d'aujourd'hui?

expression

envers	toward	Il faut être généreux **envers** les autres.

NOTE DE VOCABULAIRE
Élire is conjugated like **lire.**

---

1. Êtes-vous d'accord? Lisez les opinions suivantes et dites si vous êtes d'accord ou non.

1. Dans une démocratie tous les citoyens ont le devoir de voter.
2. Les citoyens d'un pays ont le devoir d'accepter les décisions de leur gouvernement.
3. Dans les pays communistes, les citoyens n'ont pas le droit d'exprimer leurs opinions.
4. Les États-Unis ont le devoir de défendre la liberté des autres pays.
5. La liberté est le droit de faire ce que *(what)* l'on veut.
6. Quand on n'est pas d'accord avec la politique internationale de son pays, il faut quitter son pays.
7. Les gens qui protestent contre leur gouvernement sont de mauvais citoyens.
8. Aujourd'hui, les actions du gouvernement menacent *(threaten)* les libertés individuelles.
9. Un bon président est un président qui sait prendre des décisions impopulaires.

NOTE LINGUISTIQUE: Mots apparentés: la voyelle **e** entre consonnes
Contrary to English, French does not like to pronounce three or more consonant sounds together. In cognates with consonant clusters, French tends to insert an **e.**

le gouvern**e**ment   *government*   un appart**e**ment   *apartment*

— PRISE DE LA BASTILLE —
14 JUILLET 1789

A. L'infinitif

Note the use of the infinitive in the following sentences.

Voter est un droit.	*To vote (voting) is a right.*
Ne pas voter est absurde.	*Not to vote (not voting) is absurd.*
J'aime **jouer** au tennis.	I like *to play (playing)* tennis.
Aujourd'hui, je préfère **ne pas jouer.**	Today, I prefer *not to play.*

■ In French, the infinitive is often used as a subject or an object.

■ When the infinitive is used in the negative, the construction is:
ne pas + infinitive

2. Opinions personnelles: Lisez ce que font les personnes suivantes et exprimez votre opinion sur leurs activités en utilisant l'expression entre parenthèses.

▶ Sylvie voyage. (une chose utile)   *Pour moi, voyager est une chose utile.*
                                        ou: *Pour moi, voyager n'est pas une chose utile.*

1. Robert étudie. (une nécessité)
2. Philippe fume. (une chose dangereuse)
3. Anne parle en public. (une chose difficile)
4. Nathalie maigrit. (une chose facile)
5. Henri fait la cuisine. (un passe-temps amusant)
6. Thérèse aide ses amis. (un devoir)
7. Isabelle écrit un poème. (une chose facile)
8. Jean regarde la télé. (une perte: *waste* de temps)
9. Thomas va à l'université. (une perte d'argent)
10. André va en France. (un projet pour les vacances)
11. Nicolas est patient. (une chose impossible)
12. Monique dit la vérité. (un problème)

CITATION   **Être ou ne pas être, voilà la question!**   —Shakespeare

3. Préférences personnelles: Dites si vous préférez faire les choses entre parenthèses, ou faire leur contraire.

▶ le week-end (étudier?)   *Le week-end, je préfère étudier.*
                        ou: *Le week-end, je préfère ne pas étudier.*

1. le samedi soir (rester chez moi?)
2. pendant les vacances (travailler?)
3. pendant un examen (m'impatienter?)
4. en avion (être malade?)
5. en voiture (prendre des risques?)
6. dans la vie (avoir des problèmes d'argent?)

MERCI de ne pas fumer

L'ASSOCIATION DU TIMBRE DE NOËL

B. *La construction* adjectif + de + infinitif

Note the use of the infinitive in the following sentences.

Je suis **heureux de voyager.**	I am *happy to travel.*
Êtes-vous **triste de partir?**	Are you *sad about leaving (to leave)?*
Il est **utile de voyager.**	It is *useful to travel.*
Est-il **nécessaire d'avoir** un visa?	Is it *necessary to have* a visa?

Adjectives are often followed by infinitives. The most common pattern is:

adjective + **de** + infinitive

• The above construction is used after impersonal expressions introduced by **il est:**

Il est important **de voter.** { *It is* important *to vote.*
                             Voting is important.

4. Expression personnelle: Exprimez votre opinion envers les activités suivantes. Pour cela, utilisez les adjectifs entre parenthèses dans des phrases affirmatives ou négatives.

▶ (nécessaire) avoir beaucoup d'argent   *Il est nécessaire d'avoir beaucoup d'argent.*
                                ou: *Il n'est pas nécessaire d'avoir beaucoup d'argent.*

1. (important) avoir des diplômes
2. (normal) aider ses parents
3. (indispensable) être honnête
4. (essentiel) avoir beaucoup de loisirs
5. (naturel) être pessimiste

6. (difficile) quitter ses parents
7. (facile) dire la vérité
8. (stupide) s'intéresser à la politique
9. (dangereux) boire du vin
10. (amusant) rater ses examens

5. Week-end: Lisez ce que les étudiants suivants font ce week-end et expliquez leurs réactions en utilisant les adjectifs entre parenthèses.

▶ Anne sort avec son fiancé. (heureuse)   *Elle est heureuse de sortir avec son fiancé.*

1. Paul a un rendez-vous avec Carole. (heureux)
2. Jacques reste chez lui. (triste)
3. Mes amis vont au cinéma. (contents)
4. Je prépare un examen. (obligé)
5. Vous travaillez. (obligés)
6. Nous étudions. (fatigués)

6. Et vous? Complétez les phrases suivantes avec *de* + un verbe à l'infinitif. Exprimez des idées personnelles.

▶ Je suis sûr(e) ...   *de réussir à l'examen (de m'amuser ce week-end, de voyager cet été).*

1. Je ne suis pas sûr(e) ...
2. Je suis content(e) ...
3. Je suis triste ...
4. À l'université, je suis obligé(e) ...
5. Chez moi, je suis obligé(e) ...
6. Je suis capable ...
7. Je ne suis pas capable ...
8. Je suis fatigué(e) ...

C. *La construction* préposition + infinitif

Note the use of the infinitive after the prepositions in heavy type:

Quel âge faut-il avoir **pour** voter?   What age do you have to be *(in order)* to vote?
Téléphone-moi **avant de** partir.   Call me *before* leaving.
Il est parti **sans** dire au revoir.   He left *without* saying good-bye.

■ All French prepositions (with the exception of **en**) are followed by the *infinitive*. (In English, most prepositions are followed by a verbal form in -*ing*)

Étudiez { **avant de sortir.** **au lieu de sortir.**   Study { *before going out.* *instead of going out.*

VOCABULAIRE: Prépositions suivies de l'infinitif

pour	(in order) to	J'apprends le français **pour aller** en France.
sans	without	**Sans étudier,** vous ne réussirez pas à l'examen.
avant de	before	Nous avons dîné **avant de partir.**
au lieu de	instead of	**Au lieu d'étudier,** Jacques est sorti.

NOTE DE VOCABULAIRE
While the expression *in order* is often omitted in English, the preposition **pour** must be expressed in French.

Pour voter, il faut avoir 18 ans.   *(In order)* to vote, one must be 18.

---

7. Chacun a ses raisons: Des étudiants expliquent qu'ils vont à l'université pour faire ce qu'ils veulent faire. Donnez la raison de chacun.

▶ Paul veut faire du sport.   *Paul va à l'université pour faire du sport.*

1. Jacques veut étudier la biologie.
2. Henri veut faire de la politique.
3. Charles veut s'amuser.
4. Jacqueline veut être indépendante.
5. Françoise veut apprendre l'anglais.
6. Monique veut avoir un diplôme.
7. Marc veut rencontrer des filles.
8. Isabelle veut être ingénieur.

8. Le professeur: Un professeur a des élèves qui ne sont pas très studieux. Il leur demande d'étudier au lieu de faire ce qu'ils font. Jouez le rôle du professeur.

▶ Charles joue au tennis.   *Étudiez au lieu de jouer au tennis!*

1. Jacqueline regarde la télé.
2. Michèle écoute des disques.
3. Thérèse pense aux vacances.
4. Françoise lit le journal.
5. Henri organise une surprise-partie.
6. Paul raconte des histoires drôles.
7. Georges sort.
8. Isabelle va au cinéma.

CITATION   **Il ne faut pas vivre pour manger, mais manger pour vivre.**   —Molière

---

9. L'ordre chronologique: Expliquez l'ordre dans lequel les personnes suivantes font certaines choses. Suivez le modèle.

▶ Paul prend ses livres et il va à l'université.
  Paul prend ses livres avant d'aller à l'université.

1. Je me lave les mains et je mange.
2. Nous étudions et nous regardons la télé.
3. Tu mets un short et tu joues au tennis.
4. Ma mère cherche son passeport et elle part en voyage.
5. Mes amis téléphonent et ils viennent.
6. Je parle à mes parents et je prends des décisions importantes.

10. Expression personnelle: Complétez les phrases avec une expression de votre choix.

1. Je vais à l'université pour ...
2. J'apprends le français pour ...
3. Je voudrais avoir de l'argent pour ...
4. Parfois je m'amuse au lieu de ...
5. Avant de quitter l'université, j'espère ...
6. Avant de travailler, je veux ...
7. Je ne veux pas me marier avant de ...
8. Je ne prends jamais de décisions importantes sans ...

D. Le participe présent

The sentences on the left describe two actions that occur simultaneously, or that are related through cause and effect. Note how the relationship between these two actions is expressed in the sentences on the right through the use of **en** + *present participle.*

Je travaille et j'écoute la radio.

Je travaille **en écoutant** la radio.
(I work *while listening* to the radio.)

Nous votons et nous exprimons nos opinions.

En votant, nous exprimons nos opinions.
(*By voting*, we express our opinions.)

Quand il est arrivé, Paul m'a parlé.

En arrivant, Paul m'a parlé.
(*Upon arriving*, Paul talked to me.)

FORMS

■ The present participle of all regular and most irregular verbs is derived as follows:

> **nous**-form of the present tense *minus* **-ons** + **-ant**

Note the examples in the chart below:

regular verbs		*irregular verbs*	
(écouter)	nous écoutons → **écoutant**	(faire)	nous faisons → **faisant**
(finir)	nous finissons → **finissant**	(lire)	nous lisons → **lisant**
(vendre)	nous vendons → **vendant**	(voir)	nous voyons → **voyant**

• The ending **-ant** corresponds to the English ending *-ing.*

• There are three irregular present participles:

avoir → **ayant**	**En ayant** de l'ambition, vous réussirez dans vos projets.
être → **étant**	**En étant** riche, vous ne serez pas nécessairement heureux.
savoir → **sachant**	**En sachant** parler français, vous aimerez votre visite à Paris.

USES

The present participle is used to express a relationship of cause and effect or a (near) simultaneity between actions. It is frequently, but not always, introduced by **en.**

• In this usage, **en** has several English equivalents: *by, while, upon, immediately after.*

- The French present participle in **-ant** is used much less frequently than its English counterpart in *-ing*.

a) It is never used as a verbal noun. The infinitive is used instead.

Voter est un droit.   *Voting* is a right.
J'aime **parler** français.   I like *speaking* French.

b) It is never used after a preposition, other than **en.** The infinitive is used instead.

J'ai fait cela **sans penser** aux conséquences.   I did that *without thinking* about the consequences.

c) It is not used to express a progressive action.

J'**étudie.**   I *am studying.*   J'**étudiais.**   I *was studying.*

11. Questions d'argent: Expliquez comment chacun gagne son argent d'après le modèle.

▶ Marc (dans un café)   *Marc gagne de l'argent en travaillant dans un café.*

1. Isabelle (dans une banque)
2. Paul (dans un hôpital)
3. toi (chez un médecin)
4. vous (chez un dentiste)
5. Françoise et André (dans un laboratoire)
6. nous (dans un supermarché)
7. Monique et Michèle (dans une discothèque)
8. moi (dans une station-service)

12. Chacun à sa manière: Dites quand ou comment les personnes suivantes font certaines choses.

▶ Vous écoutez la radio quand vous étudiez.   *Vous écoutez la radio en étudiant.*

1. Je rencontre mes amis quand je vais au café.
2. Nous achetons le journal quand nous allons à l'université.
3. Philippe amuse ses amis quand il raconte des histoires drôles.
4. Nous nous amusons quand nous lisons les bandes dessinées.
5. Albert prépare l'avenir quand il lit l'horoscope.
6. Mon grand-père s'endort quand il regarde la télé.
7. Les citoyens expriment leurs opinions quand ils votent.
8. Le gouvernement peut transformer la société quand il fait des réformes.

13. Proverbes: Faites des proverbes d'après le modèle.

▶ On étudie et on réussit à ses examens. *C'est en étudiant qu'on réussit à ses examens.*

1. On travaille et on gagne sa vie.
2. On vote et on exprime son opinion.
3. On regarde et on voit.
4. On a de bons amis et on est heureux.
5. On est tolérant et on est respecté.
6. On mange moins et on maigrit.
7. On fait du sport et on reste en forme.
8. On sait ses leçons et on a de bonnes notes.

PROVERBE   **C'est en forgeant qu'on devient forgeron.**
Practice makes perfect.

14. **Expression personnelle:** Complétez les phrases suivantes avec une expression personnelle.

1. Je regarde souvent la télé en ...
2. J'écoute des disques en ...
3. Je reste en forme en ...
4. Je m'amuse en ...
5. Je me repose en ...
6. Je gagne de l'argent en ...
7. Je prépare mon avenir en ...
8. Je pense réussir dans la vie en ...
9. On peut être heureux en ...
10. On peut transformer la société en ...

Phonétique

Autres liaisons

Liaison is required after certain short words.

en	J'ai appris l'espagnol en allant en Espagne.
dans	Il vient dans une minute, dans un moment.
très	Pierre est très intelligent mais très impatient.
chez	Antoinette reste chez elle.
plus	André est plus ambitieux que moi.

Liaison is also required in certain fixed phrases.

Les États-Unis   de temps en temps   Comment allez-vous?

Récapitulation

Substitution

Remplacez les mots soulignés par les expressions entre parenthèses. Faites tous les changements nécessaires.

1. Le samedi, j'étudie. Je préférerais ne pas étudier. (Paul travaille, nous restons chez nous, Isabelle va à la bibliothèque, les étudiants font leurs devoirs)
2. Marc travaille, mais il n'est pas obligé de travailler. (étudie, attend, part, fait du sport, maigrit, est patient, prête ses disques)
3. Cet après-midi, je vais à la plage. Avant d'aller à la plage, je te téléphonerai. (vais au café, sors, joue au tennis, fais une promenade)
4. Thérèse étudie. Elle écoute la radio en étudiant. (déjeune, lave sa voiture, travaille, joue aux cartes)

Vous avez la parole: Ma journée

Décrivez votre journée dans le sens chronologique inversé. Commencez par vos activités présentes et terminez par vos activités du matin. Commencez vos phrases par *avant de*.

▶ *Je suis en classe. Avant d'aller en classe ...*

Instantané

LE FRANÇAIS PRATIQUE

Vive le sport!

quelques sports ...	et l'équipement nécessaire ...
l'athlétisme	un short, des chaussures, un maillot
l'aviron *(rowing)*	un bateau, des rames *(oars)*
le baseball	une batte, un gant, un masque (pour l'attrapeur), une balle de baseball
le basketball	un ballon de basket
le cyclisme	une bicyclette (un vélo)
l'équitation	un cheval, une selle *(saddle)*
le football	un ballon de foot
le patinage	des patins *(skates)*
la plongée sous-marine	un scaphandre *(diving suit)*
le rugby	un ballon de rugby
le ski	des skis, des bâtons *(poles)*, des chaussures de ski
le ski nautique	un bateau, des skis nautiques
la voile	un bateau à voile
le volleyball	un ballon de volley, un filet

Le vélo

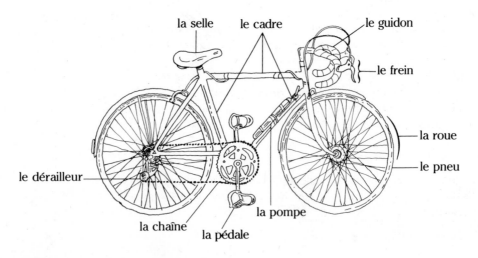

L'arrivée du Tour de France à Paris

Vrai ou faux?

Êtes-vous bien informé(e) en matière de sport? Lisez les phrases suivantes. Selon vous, est-ce que les informations que ces phrases contiennent sont vraies? ou sont-elles fausses? Vérifiez vos réponses à la fin du texte.

V F 1. C'est un Français, Pierre de Coubertin, qui a organisé les premiers Jeux Olympiques modernes en 1896.

V F 2. Les Jeux Olympiques ont eu lieu à Paris en 1900, 1924 et 1952.

V F 3. L'équipe de France de tennis a gagné la Coupe Davis cinq années de suite (1927 à 1931).

V F 4. L'équipe de France a gagné la Coupe du Monde de football en 1978.

V F 5. Un skieur français, Jean-Claude Killy, a remporté trois médailles d'or aux Jeux Olympiques de Grenoble en 1968.

V F 6. Les «24 Heures du Mans» sont une course cycliste.

V F 7. En 1913, un Français a gagné les «500 Milles d'Indianapolis» sur une voiture française.

V F 8. Le volleyball est un sport d'origine française.

Réponses: 1 vrai; 2 faux (seulement en 1900 et 1924); 3 vrai; 4 faux (c'est l'Argentine); 5 vrai; 6 faux (C'est une course automobile); 7 vrai (J. Goux sur Peugeot); 8 faux (c'est un sport d'origine américaine.)

Les Français et le sport

Entre le stade et la télévision, les Français n'hésitent pas. C'est devant le petit écran° qu'ils s'informent de l'actualité° sportive. Ce sont, il est vrai, des spectateurs assidus°. Cinquante pour cent (50%) des Français déclarent regarder régulièrement les émissions sportives. Et dans un sens, ces téléspectateurs sont des sportifs. Après tout, le fait de saisir° une chaise° et de ne pas la quitter pendant les deux heures de l'émission «Sports-Dimanche» constitue une belle performance°, surtout quand elle est répétée 52 fois par an.

TV screen/les nouvelles

diligents

prendre/*chair*

showing

Les sportifs de la télévision s'enthousiasment facilement. Pour le football et pour le rugby, par exemple, ou pour le cyclisme et le ski. L'intérêt du téléspectateur augmente surtout avec les dimensions géographiques de l'événement. Si cet événement est une rencontre° internationale, toute la France est là, anxieuse, devant le petit écran. Les téléspectateurs les plus placides et les plus tolérants se transforment soudain en super-patriotes fanatiques. Quand l'équipe° nationale est sur le terrain°, l'honneur du pays est engagé°. Un but° pour l'adversaire, c'est un désastre! Un but pour la France, l'espoir° renaît°. Deux buts, c'est du délire ... , trois buts, de la frénésie ... , une victoire, la preuve° irréfutable que la civilisation française est supérieure à toute autre.

Hélas, il y a loin° entre les désirs et la réalité. Bien sûr, il y a eu les grands moments du sport français: les trois médailles d'or° de Jean-Claude Killy aux Jeux Olympiques d'Hiver en 1968, le triomphe d'Alain Mimoun au Marathon de Melbourne en 1956.... Il y a eu aussi les succès en Coupe Davis de Cochet, de Lacoste et de Borotra, les «trois mousquetaires» du tennis français. Mais c'était il y a bien longtemps, avant la guerre, pour ainsi dire° avant le déluge°....

Et aujourd'hui? Aujourd'hui les victoires sont modestes et les défaites plus régulières° que les succès. Ce n'est pas souvent que les athlètes français montent sur le podium olympique, ou que le Quinze de France° triomphe dans le Tournoi des Nations.[1] Ignominie° suprême, depuis quelques années, les coureurs° belges ou italiens ont pris la mauvaise habitude d'inscrire leurs noms au palmarès° du Tour de France.[2]

On peut toujours adoucir° ou camoufler une défaite avec des mots. Si l'équipe nationale n'a pas gagné, c'est qu'elle n'a pas eu de chance, que les adversaires ont profité des circonstances ou que les conditions atmosphériques n'étaient pas favorables. En somme, la France ne perd pas, c'est la victoire qui lui échappe°. On ne peut cependant pas transformer les scores, et une victoire de l'adversaire n'est pas une victoire de la France.

Ce n'est cependant pas la bonne volonté° qui manque°! Le Gouvernement a, par exemple, créé un Ministère de la Jeunesse et des Sports. Ce Ministère patronne° les équipes nationales. Il donne des subventions aux clubs sportifs. Il facilite la construction de stades et de piscines. Pourtant, le fait demeure°: Si les Français veulent bien applaudir leurs champions, ils refusent obstinément de descendre dans le stade. Soixante-six pour cent (66%) d'entre eux déclarent ne pratiquer aucun° sport. Hélas, il faut choisir: on ne peut pas être à la fois° devant sa télévision et à l'entraînement°. Si l'on veut des champions, il faut quitter ses pantoufles° et mettre un survêtement°.

Heureusement le téléspectateur français manifeste un joyeux optimisme. Sa patience est inépuisable° et ses illusions persistent. «D'ici° les prochains Jeux Olympiques, nos athlètes ont tout le temps de s'entraîner et s'ils n'obtiennent pas quelques médailles de bronze, ou même d'or (pourquoi pas?), il y aura toujours 1984, 1988 ... et même les Jeux Olympiques de l'an 2000.»

[1] Un tournoi entre la France, l'Angleterre, l'Irlande, l'Ecosse *(Scotland)* et le Pays de Galles *(Wales)*.
[2] Course *(race)* cycliste qui a lieu au mois de juillet et qui dure *(lasts)* vingt jours.

meet

team/field/at stake/goal
hope/réapparaît
proof

une grande distance
gold

i.e./the flood (Noah's flood)

fréquentes
l'équipe nationale de rugby
disgrace
bicycle racers
de gagner le
soften

escapes

good will/is lacking

donne des subventions aux
reste

pas de/*at the same time*
training
slippers/sweat suit

éternelle/*between now and*

XIII: Le monde d'aujourd'hui

Leçon 37: Interview avec un Québécois

Aujourd'hui 30% des Canadiens sont francophones, c'est-à-dire d'expression française°. Les Canadiens français résident principalement dans les provinces du Québec, de l'Ontario et du Nouveau-Brunswick. Voici une conversation entre un étudiant français et un étudiant québécois.

French-speaking

—Comment t'appelles-tu?
—Denis Thibodeau.
—Tu es québécois?
—Oui, à 100 pour cent! Je suis né à Québec et j'habite à Québec.
—Est-ce que tu parles anglais?
—Oui, je suis bilingue comme beaucoup de Canadiens français. Mais je parle surtout français ... même avec mes amis anglais.
—Pourquoi?
—À l'heure actuelle°, il est important que nous préservions notre identité et notre culture. Pour cela il est essentiel que nous maintenions nos traditions ... En particulier, il faut absolument que nous continuions à parler français qui est notre langue. D'ailleurs, depuis 1977, le français est la seule langue officielle de la province de Québec!

at this time

—Dans ce domaine, penses-tu que la France doive vous aider, en vous envoyant, par exemple, des professeurs?
—Non! Ce serait dangereux. Il faut que nous réalisions nous-mêmes cet effort de préservation. Il ne faut pas que ce soit° la France. Il est utile, cependant, que nous gardions de bons rapports avec la France.

it should not be

—Comment?
—Il faudrait, par exemple, qu'il y ait° plus d'échanges culturels entre nos deux pays. Des échanges qui soient° de véritables échanges.

there be
are

—Est-ce que tu aimerais aller en France?
—Bien sûr, j'espère y aller l'année prochaine!
—Et qu'est-ce que tu veux faire plus tard?
—Je veux faire de la politique.
—Tes parents sont d'accord?
—Oui, ils sont assez favorables à cette idée, mais ils veulent que je finisse d'abord mes études.

Renseignements culturels:

Les Canadiens français

Savez-vous que Montréal est la deuxième ville d'ex-pression française du monde, immédiatement après Paris? Aujourd'hui les Canadiens français sont près de sept millions et représentent presque 30% de la population canadienne.

La présence française au Canada est très ancienne. Elle date du voyage historique de Jacques Cartier, le premier homme blanc qui ait exploré le Saint-Laurent (en 1536). Cinquante ans plus tard, les premiers colons[1] français arrivent au Canada. En 1608, Samuel de Champlain fonde Québec et devient Gouverneur de la nouvelle colonie en 1633. Cette colonie, qu'on appelle alors la «Nouvelle France», se développe très rapidement. Les Français qui n'étaient que[2] quelques familles en 1600 sont 70.000 en 1750.

Malheureusement la rivalité franco-anglaise menace[3] la colonie. En 1713, les Anglais occupent l'Acadie (aujourd'hui le Nouveau-Brunswick et la Nouvelle-Écosse[4]) et déportent un grand nombre de colons français (les Acadiens ou «Cajuns») en Louisiane. L'exode de ces malheureux Acadiens sera immortalisé plus tard par Longfellow dans son célèbre poème «Evangeline».

De nouvelles batailles opposent Français et Anglais et leurs alliés indiens. En 1763, le Canada devient colonie anglaise. Malgré[5] cet événement, les colons français restent dans leur pays d'adoption où ils maintiennent leur langue et leur culture.

Aujourd'hui on assiste à[6] un renouveau[7] de la langue française au Canada, particulièrement au Québec. En 1977, cette province est devenue unilingue et le français y est maintenant la seule langue officielle. Certains Canadiens français, les partisans du «Parti Québécois», vont plus loin et voudraient obtenir l'autonomie du Québec.

1 *colonists* 2 ne ... que = *only* 3 *threatens* 4 *Nova Scotia*
5 *in spite of* 6 voit 7 *rebirth*

Le Château Frontenac à Québec

Structure et Vocabulaire

VOCABULAIRE: Traditions

noms

un échange	exchange	**une langue**	language
un rapport	relationship	**une tradition**	tradition

adjectifs

actuel (actuelle)	present, of today	Quelle est la population **actuelle** du Canada?
réel (réelle)	real, actual	Aujourd'hui, l'inflation est un problème très **réel.**
véritable	true, real	Est-ce qu'il y a une **véritable** solution à ce problème?

verbes

conserver	to keep, save	**Conservez** vos notes: elles peuvent être utiles plus tard.
garder	to keep, preserve	Allez-vous **garder** votre livre de français?
maintenir	to maintain	Est-ce que les Américains **maintiennent** leurs traditions?
organiser	to organize	Il faut **organiser** des échanges entre les deux pays.

expressions

à l'heure actuelle	at the present time	**À l'heure actuelle,** je n'ai pas de projets.
absolument	absolutely	Vous devez **absolument** lire ce livre.

NOTE DE VOCABULAIRE

Maintenir is conjugated like **obtenir.**

---

1. D'accord? Voici plusieurs opinions. Dites si vous êtes (absolument, partiellement) d'accord ou pas d'accord. Si vous voulez, expliquez votre position.

1. Le monde actuel est un monde très dangereux.
2. À l'heure actuelle les gens sont moins heureux qu'autrefois.
3. Les gens qui conservent tout n'ont pas confiance *(confidence)* en l'avenir.
4. Les gens qui veulent absolument maintenir leurs traditions sont opposés au progrès.
5. Il faut garder les traditions de ses ancêtres pour conserver son identité.
6. Pour maintenir la paix dans le monde, il faut développer nos échanges culturels avec les autres pays.

NOTE LINGUISTIQUE: Verbes apparentés **-tenir** ↔ *-tain*
Most verbs in **-tenir** in French have English cognates in *-tain*.

-tenir ↔ *-tain*		
	main**tenir**	to main*tain*
	con**tenir**	to con*tain*
	ob**tenir**	to ob*tain*
	re**tenir**	to re*tain*

A. La formation du subjonctif

The sentences on the left express *facts.* The verbs are in the *indicative* mood. The sentences on the right express *obligations.* The verbs are in the *subjunctive* mood. Compare the verbs in each set of sentences.

Vous **parlez** anglais.	Il faut que vous **parliez** français aussi.
Nous **visitons** Montréal.	Il faut que nous **visitions** Québec ensuite.
Vous **lisez** des magazines américains.	Il faut que vous **lisiez** des magazines canadiens.
Tu **sors** avec des Américains.	Il faut que tu **sortes** avec des Canadiens aussi.

The subjunctive mood is frequently used in French. It occurs in subordinate clauses and is practically always introduced by **que.**

■ For all regular verbs, and most irregular verbs, the subjunctive is formed according to the following pattern.

	subjunctive stem	+	ending
je tu il/elle ils/elles	**ils**-stem of the present indicative	+	**-e** **-es** **-e** **-ent**
nous vous	**nous**-stem of the present indicative	+	**-ions** **-iez**

• Note that the subjunctive has *one* set of regular endings and *two* possible stems.

In this UNIT, all subjunctive verb charts will first give the **je, tu, il** and **ils** forms, and then give the **nous** and **vous** forms.

The subjunctive of three regular verbs **(parler, finir, vendre)** and one irregular verb **(venir)** illustrates this pattern.

	parler	finir	vendre	venir
present *indicative*	ils **parlent** nous **parlons**	ils **finissent** nous **finissons**	ils **vendent** nous **vendons**	ils **viennent** nous **venons**
present *subjunctive*	que je **parle** que tu **parles** qu'il **parle** qu'ils **parlent**	que je **finisse** que tu **finisses** qu'il **finisse** qu'ils **finissent**	que je **vende** que tu **vendes** qu'il **vende** qu'ils **vendent**	que je **vienne** que tu **viennes** qu'il **vienne** qu'ils **viennent**
	que nous **parlions** que vous **parliez**	que nous **finissions** que vous **finissiez**	que nous **vendions** que vous **vendiez**	que nous **venions** que vous **veniez**

- For most French verbs, the **ils**-stem and the **nous**-stem of the present indicative are the same; therefore, in effect, these verbs have *one* subjunctive stem.

- On the other hand, verbs like **venir,** which have different stems in the **nous**- and **ils**-forms of the indicative, have *two* subjunctive stems. Here are a few more examples of such verbs.

	indicative	*subjunctive*
acheter	ils **achèt**ent	que j'**achète**
	nous **achet**ons	que nous **achet**ions
prendre	ils **prenn**ent	que je **prenne**
	nous **pren**ons	que nous **pren**ions
recevoir	ils **reçoiv**ent	que je **reçoive**
	nous **recev**ons	que nous **recev**ions
voir	ils **voi**ent	que je **voie**
	nous **voy**ons	que nous **voy**ions

NOTE LINGUISTIQUE: Temps et modes

The verb of a sentence identifies an action. The verb is characterized by its *tense* and its *mood*.

The tense of a verb indicates the *time* of the action. For example, the *present*, the *imperfect*, the *future*, and the *passé composé* are all tenses.

The mood of a verb reflects the *manner* in which the speaker considers the action. The *imperative*, *conditional*, *indicative*, and *subjunctive* are moods.

The *imperative* is used to give orders.

The *conditional* is used to express the result of a hypothetical situation.

The *indicative* is used to state a fact or a concrete reality.

The *subjunctive* is used to express an attitude, feeling, or opinion toward an idea or fact.

---

2. Tourisme: Imaginez que vous travaillez pour le Bureau du Tourisme de Québec. Vous conseillez à des touristes français de visiter certaines choses de la province. Pour chaque personne, faites une phrase commençant par *Il faut que.* Utilisez le subjonctif de *visiter*.

▶ Paul (Québec)   *Il faut que Paul visite Québec.*

1. Georges (Montréal)
2. Nathalie (l'université de Laval)
3. Pierre (Expo)
4. Isabelle (l'université McGill)
5. Michèle et Françoise (le vieux Montréal)
6. Marc et Philippe (la Gaspésie)
7. vous (Trois-Rivières)
8. nous (les musées)
9. toi (la citadelle de Québec)
10. Max (la Place des Arts)

3. Avant le week-end: Dites ce que les étudiants suivants doivent faire avant le week-end.

▶ Isabelle (téléphoner à ses parents)   *Il faut qu'elle téléphone à ses parents.*

1. Thomas (téléphoner à sa fiancée)
2. Nathalie (laver sa voiture)
3. Paul (parler au professeur)
4. Charles (se raser)
5. Thérèse (finir ses devoirs)

6. Jean-Paul (réussir à l'examen)
7. Claire (choisir une nouvelle robe)
8. Albert (répondre à une lettre)
9. Marianne (vendre sa guitare)
10. Jacques (rendre visite à une amie)

4. Expression personnelle: Est-ce que vous devez faire les choses suivantes avant la fin de l'année? Répondez affirmativement ou négativement en commençant vos phrases par *Oui, il faut que* ou *Non, il n'est pas nécessaire que* et utilisez le subjonctif des expressions suivantes.

▶ trouver un job pour l'été?   *Oui, il faut que je trouve un job pour l'été.*
     ou: *Non, il n'est pas nécessaire que je trouve un job pour l'été.*

1. étudier beaucoup?
2. vendre mon livre de français?
3. vendre mes autres livres?
4. réussir à l'examen de français?
5. réussir à mes autres examens?
6. choisir mes cours pour l'année prochaine?
7. louer un appartement pour l'année prochaine?
8. rendre les livres de la bibliothèque?

Sur l'autoroute au Québec

5. Vous êtes le juge: Analysez les situations suivantes. Pour chacune de ces situations, dites s'il faut ou s'il ne faut pas que les personnes fassent les choses indiquées entre parenthèses.

▶ Hélène veut être ingénieur. (étudier le français)   *Il faut qu'elle étudie le français.*
                                                        ou: *Il ne faut pas qu'elle étudie le français.*

1. Tu as besoin d'argent. (chercher un job, jouer au poker, attaquer une banque)
2. J'ai un ami qui est à l'hôpital avec une maladie contagieuse. (téléphoner à cet ami, écrire à cet ami, rendre visite à cet ami)
3. Charles est au restaurant. Il a très faim ... mais il n'a pas beaucoup d'argent. (manger beaucoup, commander du caviar, commander des spaghetti, boire du champagne, boire le l'eau, partir sans payer)
4. Vous avez un accident avec la voiture d'un ami. (inventer une histoire, dire la vérité, téléphoner à la compagnie d'assurance *(insurance)*, payer une nouvelle voiture à votre ami, réparer la voiture)
5. Jacqueline et Françoise sont deux étudiantes françaises. Cet été, elles veulent voyager aux États-Unis. (apprendre l'anglais, rester à New York tout l'été, acheter une voiture, prendre le bus, visiter Disneyland, voir le Grand Canyon, jouer à la roulette à las Vegas)
6. Pierre est secrètement amoureux de Francine, mais il est très timide. (parler à la sœur de Francine, inviter Francine dans un restaurant très cher, envoyer une déclaration d'amour à Francine, sortir avec une autre fille, voir un psychiatre)
7. Nous avons décidé d'aller au cinéma avec des amis. À l'heure du film, nos amis ne sont pas là. (attendre nos amis, téléphoner à nos amis, partir, voir le film sans nos amis)
8. Henri et Suzanne ont 18 ans et sont étudiants. Ils s'aiment et ont décidé de se marier. (se marier immédiatement, finir leurs études, attendre 2 ou 3 ans, parler à leurs parents, vivre ensemble)
9. Nathalie est étudiante. Un imprésario a visité le campus et lui a offert un petit rôle dans un film. (accepter l'offre, refuser, quitter l'université, demander conseil à ses parents, prendre des renseignements sur l'imprésario)

NOTE LINGUISTIQUE: Le subjonctif

Compare the following sentences:

Indicative: Je sais que
        Je suis sûr que }   vous **parlez** français.

Subjunctive: Il faut que
        Je veux que }   vous **parliez** français.

When you tell someone: **Vous parlez français** or **Je sais que vous parlez français,** you state a *fact* or you express your knowledge of this fact. Therefore, you use the *indicative.*

When you say: **Je veux que** ... or **Il faut que** ... , you express an *attitude* (a wish, a necessity). After such expressions, French uses the *subjunctive.*

In English, the subjunctive mood has become rare, but it is still commonly used in a few contexts:

I wish I *were* rich.
It is essential that you *be* here at noon.
My father insists that Paul *come* to our house.

In French, the subjunctive is used after many expressions, especially those reflecting a *wish*, a *doubt*, or *feeling*, or an *emotion*. The following sections present some of the most frequent uses of the subjunctive.

B. L'usage du subjonctif après certaines expressions d'opinion

Note the use of the subjunctive in the sentences below.

Il est important que vous **respectiez** nos traditions.	*It is important that* you *respect* our traditions.
Il est normal que nous **organisions** des échanges.	*It is to be expected that* we *organize* exchanges.
Il est possible que nous **visitions** le Canada cet été.	*It is possible that* we *will visit* Canada this summer.

■ The subjunctive is used after expressions of opinion. The usual pattern is:

il est + adjective + **que** + subject + *subjunctive verb* + ...

• If the opinion is a general one, the following construction is used:

il est + adjective + **de** + *infinitive*

Compare:

infinitive	*subjunctive*
Généralement,	*En particulier,*
... **il est utile de** voyager.	... **il est utile que** je voyage.
... **il est essentiel de** maintenir nos traditions.	... **il est essentiel que** Paul maintienne les traditions de sa famille.

■ The subjunctive is also used after impersonal verbs of opinion:

> **il faut** (it is necessary)
> **il vaut mieux** (it is better) } + **que** + subject + *subjunctive verb* + ...

• If the opinion is a general one, the following construction is used:

il faut + *infinitive*

Compare:

infinitive	*subjunctive*
Il faut lire cet article.	**Il faut que** vous lisiez cet article.
Il **vaut mieux** ne pas sortir ce soir.	Il **vaut mieux** que nous ne sortions pas ce soir.

"*Un film qu'il faut absolument voir...*"

VOCABULAIRE: Expressions d'opinion

Il est bon
Il est essentiel
Il est important
Il est indispensable } que vous passiez les vacances à Québec.
Il est inutile
Il est juste *(fair)*
Il est nécessaire

Il est normal *(to be expected)*
Il est possible
Il est préférable } que vous parliez français.
Il est utile

Il est dommage *(too bad)* ...   que vous ne veniez pas avec nous.

Il faut
Il vaut mieux *(it is better)* } que vous preniez le bus.

NOTE DE VOCABULAIRE
The conditional of **il faut** and **il vaut mieux** is often used to soften the statement.

Il **faudrait** partir.   Il **vaudrait mieux** que nous partions.

6. Expression personnelle: Selon vous, est-ce que les étudiants de votre université doivent faire les choses suivantes? Répondez d'après le modèle, en commençant vos phrases par *Il est normal que ...*

▶ passer l'après-midi à la bibliothèque
   Il est normal que nous passions l'après-midi à la bibliothèque.
   ou: *Il n'est pas normal que nous passions l'après-midi à la bibliothèque.*

1. étudier pendant la semaine
2. étudier le week-end
3. travailler pendant les vacances
4. se reposer en classe
5. respecter les professeurs
6. payer notre scolarité
7. apprendre une langue
8. s'intéresser à la politique
9. boire de la bière
10. garder les traditions de l'école

7. Opinions: Est-ce que les Américains doivent faire les choses suivantes? Exprimez votre opinion personelle en utilisant les expressions du VOCABULAIRE.

▶ respecter la loi *(law)*
   Il est (Il n'est pas) indispensable (important, utile) que les Américains respectent la loi.

1. garder leurs traditions
2. respecter les minorités
3. aider les autres nations
4. conserver l'énergie
5. voter aux élections
6. développer leur armée
7. maintenir de bonnes relations avec la France
8. développer les échanges avec la Chine
9. respecter la Constitution
10. négocier avec les Russes
11. arrêter *(stop)* les expériences *(experiments)* nucléaires
12. s'intéresser à la politique

C. *Le subjonctif d'être et d'avoir*

The subjunctive forms of **être** and **avoir** have irregular stems and endings. Note these forms in the following chart.

être	avoir
Il faut que je **sois** énergique.	Il faut que j'**aie** de l'énergie.
Il faut que tu **sois** patient.	Il faut que tu **aies** de la patience.
Il faut qu'il **soit** riche.	Il faut qu'il **ait** de l'argent.
Il faut que nous **soyons** ambitieux.	Il faut que nous **ayons** de l'ambition.
Il faut que vous **soyez** courageux.	Il faut que vous **ayez** du courage.
Il faut qu'ils **soient** persévérants.	Il faut qu'ils **aient** de la persévérance.

8. Avant le départ: Imaginez que vous organisez un voyage en Europe. Dites ce que les personnes suivantes doivent avoir avant le départ.

▶ Jacques (son passeport)   *Il faut que Jacques ait son passeport.*

1. Carole (son visa)
2. toi (tes bagages)
3. nous (nos valises)
4. vous (assez d'argent)
5. moi (des traveller-chèques)
6. Philippe (son appareil-photo)
7. les étudiants (leur dictionnaire de français)
8. nous (l'adresse de nos amis)
9. vous (votre caméra)

9. Changements d'attitude: Dites que les personnes suivantes doivent changer leur attitude, suivant le modèle.

▶ Philippe est pessimiste. (optimiste)   *Il n'est pas bon que Philippe soit pessimiste.*
Il vaudrait mieux qu'il soit optimiste.

1. Jacqueline est impatiente. (patiente)
2. Le professeur est strict. (flexible)
3. Nous sommes nerveux. (calmes)
4. Tu es intolérant. (tolérant)
5. Vous êtes superstitieux. (logique)
6. Je suis égoïste. (généreux/généreuse)
7. Les étudiants sont paresseux. (travailleurs)
8. Mes amis sont conformistes. (indépendants)
9. Marc est triste. (heureux)

10. Expression personnelle: Complétez les phrases suivantes avec une expression de votre choix.

▶ Il est nécessaire que je ...
Il est nécessaire que j'écrive à mes parents (que j'obtienne de meilleures notes, que je sorte ce week-end, que je sois moins paresseux/paresseuse, etc.)

1. Il est bon que mes parents ...
2. Il est essentiel que mes professeurs ...
3. Il est important que mon meilleur ami ...
4. Il faut que je ...
5. Il vaut mieux que tu ...
6. Il vaudrait mieux que nous ...
7. Il est dommage que nous ...
8. Il est possible que tu ...
9. Il est utile que vous ...

D. L'usage du subjonctif après les verbes de volonté

In each of the following sentences, the subject expresses a wish that concerns *someone other* than himself. Note the use of the subjunctive.

> Je veux **que tu apprennes** à jouer au bridge.
> Nous aimerions **que vous veniez** au Canada avec nous.
> Mon père voudrait **que je réussisse** à mes examens.

■ The subjunctive is used after some expressions of *wish, will,* or *desire.*
After such verbs, the French use ...

the infinitive	if the wish concerns the subject.
the subjunctive	if the wish concerns not the subject but someone or something else.

Compare:

Je veux **partir.**	Je veux **que tu partes.**
I want *to leave.*	I want *you to leave.*
Anne souhaite **visiter** Montréal.	Anne souhaite **que vous visitiez** Montréal.
Anne wishes *to visit* Montréal.	Anne wishes *that you would visit* Montréal.

VOCABULAIRE: Verbes de volonté

accepter	to agree	J'**accepte**
aimer mieux	to prefer	J'**aime mieux**
désirer	to wish	Je **désire**
permettre	to allow	Je **permets**
préférer	to prefer	Je **préfère**
souhaiter	to wish	Je **souhaite**
vouloir	to want	Je **veux**
vouloir bien	to agree, to be willing	Je **veux bien**

} que vous veniez en France avec moi.

NOTE DE VOCABULAIRE

These verbs are often used in the conditional to make the wish or request more polite.

> **J'aimerais mieux** que tu ne dises pas cela.   I *would prefer* that you not say that.

---

11. Souhaits *(Wishes):* Un professeur souhaite que chacun de ses élèves réussisse à l'examen. Jouez le rôle du professeur.

▶ Charles   *Je souhaite que Charles réussisse à l'examen.*

1. David	3. Paul	5. vous	7. Hélène et Claire
2. Henri	4. toi	6. ces élèves	8. Marc et Simon

12. Rebellion: Le père de Marc pense que son fils doit faire certaines choses. Marc n'est pas d'accord. Jouez les deux rôles, d'après le modèle.

▶ étudier   LE PÈRE: *Je voudrais que tu étudies.*
            MARC: *Je ne veux pas étudier.*

1. travailler pendant les vacances
2. se lever à sept heures
3. respecter la discipline
4. finir ses études
5. se coucher avant minuit

6. choisir des amis sérieux
7. vendre sa moto
8. écrire à ses grands-parents
9. lire des livres sérieux
10. sortir moins souvent

13. Exigences *(Demands):* Nous avons tous certaines exigences. Expliquez les exigences des personnes suivantes.

▶ le professeur/vouloir/les étudiants/étudier   *Le professeur veut que les étudiants étudient.*

▶ nous/ne pas souhaiter/vous/boire du vin   *Nous ne souhaitons pas que vous buviez du vin.*

1. les étudiants/souhaiter/le professeur/donner un examen facile.
2. mon père/vouloir bien/je/choisir une profession intéressante
3. je/ne pas permettre/vous/prendre mes disques
4. Marc/souhaiter/ses parents/lui acheter une voiture
5. les parents de Jean-Pierre/préférer/leur fils/vendre sa moto
6. Jacques/ne pas accepter/sa fiancée/sortir avec d'autres garçons
7. Janine/désirer/son fiancé/apprendre à danser
8. le médecin/ne pas vouloir/nous fumer

14. Souhaits personnels: Faites des souhaits pour les personnes suivantes, en complétant les phrases avec une expression de votre choix.
1. J'aimerais que mes parents ...
2. Je souhaite que mon meilleur ami ...
3. Je désire que mes amis ...
4. Je ne souhaite pas que le professeur ...
5. Je voudrais que ma famille ...
6. Je souhaite que le président ...

Phonétique

Les lettres on (ou om)

The letters **on** (or **om**) represent the nasal vowel /ɔ̃/, unless they are followed by a vowel or another **n** (or **m**). Be careful not to pronounce a /n/ or /m/ after the nasal vowel.

nasal /ɔ̃/	*non-nasal* /ɔn/, /ɔm/
m**on**	M**on**ique
b**on**	b**on**ne
s**on**t	s**om**mes
Yv**on**	Yv**on**ne
c**on**cours	c**on**naître
c**om**prendre	c**om**merce
aband**on**	aband**on**ne

Répétez: Il est bon que tu comprennes la leçon.

Il est dommage que tu ne connaisses pas cet homme.

Récapitulation

Substitution

Remplacez les mots soulignés par les expressions entre parenthèses. Faites tous les changements nécessaires.

1. Il faut que <u>tu</u> manges moins. Il faut que tu maigrisses avant les vacances.   (je, nous, vous, Pauline, Catherine et Jacques, Il)
2. Je dois téléphoner à <u>Jacques</u>. Il faut que je lui téléphone avant le weekend.   (inviter Mélanie, parler au professeur, finir ce livre, répondre à cette lettre, lire cet article, écrire à Henri)
3. Vous ne devez pas <u>fumer</u>. Il ne faut pas que vous fumiez.   (regarder la télé, écouter ce programme idiot, grossir, choisir ce disque, attendre François, lire mes lettres, écrire à mes amis, prendre ma voiture, boire trop)
4. Je veux <u>quitter l'université</u>. Mes parents ne veulent pas que je quitte l'université.   (travailler dans un bar, louer un appartement, acheter une moto, vendre mes livres, finir mes études cet été, partir en Afrique, être professeur.
5. Je souhaite que <u>tu</u> sois heureux ici et que tu aies beaucoup d'amis.   (Marc, nous, Paul et Alice, vous)

Vous avez la parole: Projets

Parlez de votre vie actuelle et de vos projets. Commencez vos phrases par des expressions comme: *il est important que, il faut que, il est dommage que, je voudrais que, mes parents veulent que ...*

Leçon 38: Interview avec une Allemande

Autrefois la France et l'Allemagne étaient des nations ennemies. Aujourd'hui, ce sont des alliés, politiquement, économiquement et militairement. Voici une interview avec une jeune Allemande.

—Vous vous appelez Karin Hoffmann et vous êtes allemande, je crois?

—Exact!

—Vous parlez bien français. Est-ce que vous allez souvent en France?

—Très souvent! J'habite à Fribourg. C'est près de la frontière°.   *border*

—Pensez-vous qu'il y ait de l'animosité entre les Français et les Allemands à l'heure actuelle?

—Au contraire! Je pense qu'il y a beaucoup de respect mutuel et de compréhension entre nos deux nations. L'existence de bons rapports entre la France et l'Allemagne est essentielle à la stabilité européenne.

—Croyez-vous que l'unité politique de l'Europe soit un jour possible?

—Personnellement, je suis une Européenne convaincue. Je crois donc que cette unité est possible. D'ailleurs, elle est faite en partie. En 1979, nous avons voté pour un Parlement européen.

—Et l'unité économique?

—Elle existe depuis plusieurs années. Vous connaissez le Marché Commun?

—Oui, mais êtes-vous sûre que cela corresponde à une réalité?

—Évidemment! Les Allemands mangent des fromages français et conduisent°   *drive*
des Renault et des Citroën, et les Français achètent des caméras allemandes et conduisent des Volkswagen et des Mercédès.

—Mais il y a encore des frontières et des douanes! Croyez-vous qu'elles disparaissent un jour?

—J'en suis sûre.

Renseignements culturels: L'Europe unie

Pendant longtemps, l'histoire du monde a été l'histoire des conflits qui opposaient les différents pays d'Europe d'une façon[1] plus ou moins continue[2]. En 1944, ces conflits avaient transformé l'Europe en un vaste champ[3] de ruines. La première question qui s'est posée aux gouvernements d'après-guerre a été de décider comment reconstruire[4] leurs pays. Ces gouvernements ont choisi une solution impensable[5] autrefois: la réconciliation et l'unité!

Aujourd'hui l'Europe est une Europe stable et unie. Voici les étapes importantes qui ont marqué la construction de cette Europe unie.

1944   Trois pays (la Belgique, les Pays-Bas[6] et le Luxembourg) décident de former une zone de libre-échange qui prend le nom de Bénélux.

1946   Dans un discours, Winston Churchill suggère à la France et à l'Allemagne de former des «États-Unis d'Europe».

1950   La Création de la C.E.C.A. (Communauté Européenne du Charbon et de l'Acier) crée une zone de libre-échange pour le charbon[7] et l'acier[8] entre la France, l'Allemagne, l'Italie et les pays du Bénélux, et permet le rapprochement politique entre l'Allemagne et la France.

1957   Le Traité[9] de Rome crée la C.E.E. (Communauté Economique Européenne ou «Marché Commun»). En permettant la libre circulation des gens, des capitaux et des marchandises, ce traité facilite l'expansion économique de l'Europe.

1973   L'Angleterre, l'Irlande et le Danemark entrent dans le «Marché Commun». «L'Europe des Six» devient «L'Europe des Neuf».

1979   Les citoyens des pays du «Marché Commun» élisent un «Parlement européen». Une Française, Simone Weil, devient la première présidente de ce parlement.

1 *manner*   2 sans fin   3 *field*   4 *to rebuild*   5 *unthinkable*
6 *Netherlands*   7 *coal*   8 *steel*   9 *treaty*

Débat politique à l'Assemblée Nationale

Structure et Vocabulaire

VOCABULAIRE: La politique internationale

noms

un accord	agreement	**la douane**	customs
un ennemi	enemy	**la frontière**	border
un allié	ally	**la loi**	law
un traité	treaty	**la politique**	politics

verbes

correspondre	to correspond	Votre opinion ne **correspond** pas à la réalité.
disparaître	to disappear	Est-ce que nos traditions **disparaissent?**
menacer	to threaten	L'inflation **menace** la stabilité de l'économie américaine.
protéger	to protect	Les lois **protègent** les droits des citoyens.

expressions

d'ailleurs	besides, moreover	Je ne te crois pas. **D'ailleurs,** je ne t'ai jamais cru.

NOTES DE VOCABULAIRE

1. **Disparaître** is conjugated like **connaître**.

2. **Menacer,** like **commencer,** requires **ç** before **a** and **o: nous menaçons, je menaçais.**

3. **Protéger** is conjugated like **préférer.**

---

1. D'accord? Voici certaines opinions. Dites si vous êtes (totalement, partiellement) d'accord ou si vous n'êtes pas d'accord. Si possible, illustrez votre position avec un exemple.

1. Aujourd'hui, les États-Unis n'ont pas d'alliés sûrs.
2. En politique internationale, nos ennemis d'hier sont souvent nos amis d'aujourd'hui.
3. La criminalité et la violence, plus que l'inflation, menacent notre société actuelle.
4. Entre alliés, les traités ne sont pas nécessaires.
5. Les traités sont inutiles parce que la seule loi qui détermine les relations entre le bloc capitaliste et le bloc communiste est la loi de la jungle.
6. L'honnêteté et la générosité sont des qualités qui ont disparu dans notre monde moderne.
7. Les frontières sont des obstacles artificiels entre les pays. Il faut les abolir.
8. Si nous voulons protéger notre économie nationale, il faut établir des droits de douane *(custom duties)* plus élevés.

NOTE LINGUISTIQUE: Verbes apparentés **-ir** ↔ *-ish*

Many French verbs in **-ir** have English cognates in *-ish*.

-ir ↔ *-ish*   abol**ir**   to abol*ish*

A. Subjonctifs irréguliers

The following verbs have irregular subjunctive stems, but regular endings.

verbs with 1 subjunctive stem			verbs with 2 subjunctive stems	
faire	**pouvoir**	**savoir**	**aller**	**vouloir**
que je **fasse**	que je **puisse**	que je **sache**	que j'**aille**	que je **veuille**
que tu **fasses**	que tu **puisses**	que tu **saches**	que tu **ailles**	que tu **veuilles**
qu'il **fasse**	qu'il **puisse**	qu'il **sache**	qu'il **aille**	qu'il **veuille**
qu'ils **fassent**	qu'ils **puissent**	qu'ils **sachent**	qu'ils **aillent**	qu'ils **veuillent**
que nous **fassions**	que nous **puissions**	que nous **sachions**	que nous **allions**	que nous **voulions**
que vous **fassiez**	que vous **puissiez**	que vous **sachiez**	que vous **alliez**	que vous **vouliez**

2. Expression personnelle: Est-ce que les choses suivantes sont importantes pour vous? Exprimez votre opinion en commençant vos phrases par *Il est important que* ou *Il n'est pas important que* et utilisez la forme *je* du subjonctif.

▶ faire des projets pour cet été
Il est important que je fasse des projets pour cet été.
ou: *Il n'est pas important que je fasse des projets pour cet été.*

1. faire des économies
2. faire beaucoup de sport
3. aller au laboratoire régulièrement
4. aller souvent chez mes amis
5. savoir bien parler français
6. savoir piloter un avion
7. pouvoir obtenir mon diplôme
8. pouvoir être heureux

3. Études universitaires? Lisez les projets professionnels des personnes suivantes. Dites si oui ou non il faut que ces personnes aillent à l'université. Commencez vos phrases par *il faut que* ou *il n'est pas nécessaire que* et utilisez le subjonctif de l'expression *aller à l'université*.

▶ Jacques veut être photographe.　　*Il faut qu'il aille à l'université.*
ou: *Il n'est pas nécessaire qu'il aille à l'université.*

1. Ma sœur veut être médecin.
2. Janine veut être modèle.
3. Nous voulons être journalistes.
4. Je veux être pilote.
5. Vous voulez être artiste.
6. Mes cousines veulent être dentistes.
7. Tu veux être architecte.
8. Mes amis veulent être électriciens.

B. Le subjonctif après les expressions de doute

In the sentences on the left, a fact is expressed as being *certain*. In the sentences on the right, a fact is expressed as being *doubtful*. Compare the verbs in each set of sentences.

certainty	*doubt*
Je sais que vous **parlez** français.	Je doute que vous **parliez** italien.
Je pense que vous **êtes** français.	Je ne pense pas que vous **soyez** américain.
Je suis sûr que tu **as** mon adresse.	Je ne suis pas sûr que tu **aies** l'adresse de Paul.
Je crois que vous **habitez** à Paris.	Je ne crois pas que vous **habitiez** en Allemagne.

■ The subjunctive is used after *expressions of doubt*.

• An expression of certainty may become an expression of doubt when it is used in the negative or interrogative forms. In that case, the subjunctive can be used.

certainty: indicative	*doubt: subjunctive*
Tu **crois** que Paul **est** ambitieux.	Tu **ne crois pas** qu'il **soit** patient.
Je **pense** que Michel **est** très riche.	**Penses-tu** qu'il **soit** généreux?
Vous **êtes sûr** que Jacques **a** son passeport.	**Êtes-vous** sûr qu'il **ait** les visas nécessaires?
Il est vrai que le français est utile.	**Il n'est pas vrai** que le français **soit** inutile.

VOCABULAIRE: Le doute et la certitude

le doute		*la certitude*	
Je doute que		**Je ne doute pas que**	
Je ne pense pas que		**Je pense que**	
Je ne crois pas que	+ *subjunctive*	**Je crois que**	+ *indicative*
Il est douteux *(doubtful)* **que**		**Il est certain que**	
Il n'est pas sûr que		**Il est sûr que**	
Il n'est pas vrai que		**Il est vrai que**	

---

4. Différences d'opinion: Sylvie et Jacques discutent de l'Europe. Ils ne sont pas d'accord. Jouez le rôle de Sylvie en utilisant la construction *Je pense que + l'indicatif.* Jouez le rôle de Jacques en utilisant la construction *Je doute que + le subjonctif.*

▶ L'Europe est riche.   SYLVIE: *Je pense que l'Europe est riche.*
                          JACQUES: *Je doute que l'Europe soit riche.*

1. Les Européens sont heureux.
2. Les Européens sont indépendants.
3. Les universités européennes sont excellentes.
4. Les journaux européens sont intéressants.

5. Le cinéma italien est excellent.
6. La littérature anglaise est riche.
7. Les Français sont indépendants.
8. La cuisine française est excellente.

5. Dialogue: Demandez à vos camarades leur opinion sur les sujets suivants. Pour cela, commencez vos phrases par *Crois-tu que ...*

▶ les lois (justes?)   *—Crois-tu que les lois soient justes?*
                          —Oui, je crois que les lois sont justes.
          ou: *Non, je ne crois pas que lois soient justes.*

1. la société (stable?)
2. la guerre (possible?)
3. l'inflation (contrôlable?)
4. l'argent (indispensable?)
5. la liberté (un mythe?)
6. les Américains (tolérants?)
7. les Français (prétentieux?)
8. les Françaises (snobs?)
9. les étudiants d'aujourd'hui (paresseux?)
10. les femmes d'aujourd'hui (indépendantes?)

6. Expression personnelle: Exprimez votre opinion sur les sujets suivants. Commencez vos phrases par *Je pense que + l'indicatif* ou *Je ne pense pas que + le subjonctif.*

▶ les Américains/être/conservateurs   *Je pense que les Américains sont conservateurs.*
                               ou: *Je ne pense pas que les Américains soient*
                                            conservateurs.

1. les Américains /être/superstitieux
2. les femmes/être/plus superstitieuses que les hommes
3. notre horoscope/déterminer/notre destinée
4. certaines personnes/avoir/des facultés extra-sensorielles
5. les fantômes *(ghosts)*/exister
6. la science/expliquer tout
7. l'univers/être/mystérieux
8. il/être/dangereux de sortir le vendredi 13

C. *Le subjonctif après les expressions d'émotion*

In the sentences on the left, the subject expresses his feelings (happiness, sadness) about his own actions. In the sentences on the right, the subject expresses his feelings about the actions of someone else.

Je suis content **d'aller** à Paris.	Je suis content que **mes amis aillent** à Paris.
Je suis heureux **de visiter** la France.	Je suis heureux que **vous visitiez** la France.
Je suis triste **de partir.**	Je suis triste que **vous partiez.**

■ To express the subject's feelings about the actions of someone else, the following construction is used:

> expression of emotion + **que** + *subjunctive*

• But: To express the subject's feelings about his own actions, the following construction is used:

expression of emotion + **de** + *infinitive*

VOCABULAIRE: Expressions d'émotion

la satisfaction

être content	to be happy	Je **suis content** que tu ailles en France cet été.
être heureux	to be happy	**Êtes-vous heureux** que vos amis aillent à Paris?

la tristesse   sadness

être désolé	to be sorry	Je **suis désolé** que vous ne compreniez pas.
être triste	to be sad	Jacques **est triste** que Sylvie ne lui écrive pas.
regretter	to regret	Paul **regrette** que ses amis ne puissent pas venir.
déplorer	to deplore	Je **déplore** que vous ayez cette attitude absurde.

la surprise

être supris	to be surprised	Jean **est surpris** que tu ne viennes pas avec nous.

la peur   fear

avoir peur	to be afraid	J'**ai peur** qu'il fasse mauvais ce week-end.

la fierté   pride

être fier (fière)	to be proud	Monsieur Durand **est fier** que sa fille soit médecin.

la colère   anger

être furieux	to be mad, furious	Philippe **est furieux** que tu ne l'attendes jamais.

7. Invitations: Imaginez que vous organisez une surprise-partie. Les personnes suivantes ont dit qu'elles viendraient. Exprimez votre satisfaction en utilisant le subjonctif de *venir*.

▶ Paul   *Je suis content(e) que Paul vienne.*

1. Henri	3. Isabelle	5. toi	7. Marc et Etienne
2. Christine	4. nos amis	6. vous	8. mes cousines

8. Expression personnelle: Dites comment vous réagiriez dans les circonstances suivantes. Commencez vos phrases par *Je suis content(e) que* ou *Je regrette que* ...

▶ Votre meilleur ami est malade.   *Je regrette que mon meilleur ami soit malade.*

1. Les vacances commencent aujourd'hui.
2. Les examens sont faciles.
3. Le professeur est malade.
4. Le professeur met des mauvaises notes.
5. Vos amis organisent une surprise-partie.
6. Vos amis ne vous invitent pas.
7. Vos parents vont à la Martinique.
8. Vos parents vous achètent une voiture.
9. Il fait très beau.
10. Vos camarades peuvent partir en vacances.

9. Satisfaction: Les événements suivants concernent Jacques ou certaines personnes qu'il connaît. Exprimez la satisfaction de Jacques, d'après les modèles. Étudiez attentivement les deux modèles.

▶ Jacques part en vacances.   *Jacques est heureux de partir en vacances.*
▶ Sa sœur part en vacances.   *Jacques est heureux que sa sœur parte en vacances.*

1. Ses amis réussissent à leurs examens.
2. Jacques réussit à ses examens.
3. Son frère passe une année à Fribourg.
4. Jacques passe un mois au Canada.
5. Ses parents voyagent.
6. Jacques voyage.
7. Ses amis trouvent un job intéressant.
8. Jacques trouve un job bien payé.
9. Sa sœur sort avec un garçon sympa.
10. Jacques sort avec une fille intelligente.

10. Sentiments: Expliquez les sentiments des personnes suivantes. Pour cela, transformez chaque paire de phrases en une seule phrase, en utilisant la construction *que + le subjonctif*, ou *de + l'infinitif*.

▶ Jacqueline est contente. Elle voyage.
Jacqueline est contente de voyager.
▶ Jacqueline est contente. Ses amies voyagent avec elle.
Jacqueline est contente que ses amies voyagent avec elle.

1. Marc est surpris. Il rencontre ses amis.
2. Marc est surpris. Ses amis ne le reconnaissent pas.
3. Paul est furieux. Il attend un ami.
4. Paul est furieux. Ses amis ne l'attendent jamais.
5. Nathalie est heureuse. Elle a des vacances.
6. Nathalie est heureuse. Paul passe les vacances avec elle.
7. Isabelle est triste. Elle reste chez elle.
8. Isabelle est triste. Ses amies partent en vacances.
9. J'ai peur. Je rate mes examens.
10. J'ai peur. Mes amis ratent leurs examens.

11. Réactions personnelles: Exprimez vos réactions aux faits suivants. Pour cela, commencez vos phrases par l'une des expressions du VOCABULAIRE.

▶ Les femmes d'aujourd'hui sont très indépendantes.
Je suis content(e) (je regrette, je déplore ...) que les femmes d'aujourd'hui soient indépendantes.

1. Les étudiants sont idéalistes.
2. Les gens sont souvent égoïstes.
3. Les jeunes n'ont pas assez de responsabilités.
4. Il y a trop de violence à la télévision.
5. La vie est plus intéressante qu'avant.
6. Les États-Unis sont le premier pays du monde.
7. Les Américains sont généralement tolérants.
8. Nous sommes plus indépendants qu'avant.
9. Nous avons des professeurs sympathiques.
10. Nous ne sommes pas immortels.

D. Le verbe *conduire*

Note the forms of the irregular verb **conduire** *(to drive)* in the chart below.

infinitive	**conduire**	
present	Je **conduis** bien.	Nous **conduisons** une Renault.
	Tu **conduis** mal.	Vous **conduisez** une Talbot.
	Il/elle **conduit** vite.	Ils/elles **conduisent** une Citroën.
passé composé	J'**ai conduit** la voiture de mon grand-père.	

- The following verbs are conjugated like **conduire**:

construire	to build, construct	Qui **a construit** la Tour Eiffel?
détruire	to destroy	Un cyclone **a détruit** cette maison.
produire	to produce, create	On **produit** beaucoup de vin en France.
se conduire (bien)	to behave (properly)	En classe, nous **nous conduisons bien.**
se conduire (mal)	to misbehave	Pourquoi est-ce que Pierre **se conduit mal?**

12. Économies d'essence *(Fuel savings):* Paul et ses amis ont acheté des voitures économiques. Dites quelle voiture chacun conduit.

▶ Paul (une Renault 5)   *Paul conduit une Renault 5.*

1. Martine (une Chevette)
2. nous (une Pinto)
3. vous (une Simca)
4. toi (une Toyota)
5. Charles et Henri (une Fiat)
6. moi (une Volkswagen)
7. Les cousines de Paul (une Deux Chevaux Citroën)

13. D'accord? Dites si vous êtes d'accord ou non avec les opinions suivantes.

1. En général, les Américains conduisent bien.
2. Les femmes conduisent mieux que les hommes.
3. Aujourd'hui les jeunes se conduisent plus égoïstement qu'avant.
4. Il faut produire plus d'énergie solaire.
5. Il ne faut pas détruire nos ressources naturelles.
6. Au lieu de construire des prisons, il faut construire des hôpitaux.
7. Notre société produit beaucoup de gens instables.
8. Pour maintenir la paix, il faut que nous détruisions nos stocks d'armes nucléaires.
9. Les États-Unis produisent trop de millionnaires et pas assez de philosophes.
10. Le matérialisme a détruit nos valeurs *(values)* spirituelles.

Phonétique

Les lettres eu (*ou* œu)

The letters **eu** (**œu**) are pronounced in the following ways:

/ø/ when the vowel is the last sound in a word, and in the ending **-euse**.
Répétez: d**eux**, p**eu**, mi**eux**, v**eux**, séri**eux**, heur**eux**, séri**euse**, heur**euse**

/œ/ in other positions.
Répétez: l**eur**, s**œu**rs, n**euf**, doct**eur**, act**eur**, déj**eu**ner, v**eu**lent

Je suis heureux que ta sœur ait des amis sérieux.
Il est douteux qu'il veuille venir à neuf heures.

Récapitulation

Substitution

Remplacez les mots soulignés par les mots entre parenthèses. Faites tous les changements nécessaires.

1. Je suis surpris que <u>Claire</u> sache faire de la planche à voile.   (vous, tu, mes amis, mon père, Sylvie et Pascale)
2. Martine regrette que <u>Paul</u> n'aille pas en Allemagne avec elle.   (je, nous, tu, ses cousines, vous)
3. Françoise <u>travaille</u> aujourd'hui mais je doute qu'elle travaille demain.   (fait du ski, est patiente, a de l'argent, prend un taxi, vient chez moi, écrit une lettre, peut sortir, veut étudier)
4. Je suis sûr que Pierre <u>est heureux</u> mais je ne suis pas sûr que son frère soit heureux aussi.   (parle français, habite à Paris, a une voiture, est étudiant)
5. Je vais <u>jouer au tennis</u>. Je suis désolé que vous ne jouiez pas avec moi.   (voyager, choisir des disques, visiter le Canada, rendre visite à Paul, sortir)
6. <u>Je</u> me conduis bien parce qu'il faut que je me conduise bien.   (mes cousines, nous, vous, tu, Charlotte, les étudiants)

Vous avez la parole: Interview et critique

1. Interview. Imaginez qu'un groupe d'étudiants français visitent votre université. Demandez-leur leurs impressions sur les États-Unis. Pour cela, composez plusieurs questions commençant par: *Croyez-vous que ...*

2. Critique. Êtes-vous satisfait(e) ou non de votre existence actuelle? Exprimez vos sentiments dans des phrases commençant par:

   Je suis heureux (heureuse) que ...
   Je déplore que ... , etc.

Leçon 39: Pour un monde meilleur

L'univers où nous vivons n'est pas parfait°. Tout le monde est d'accord pour le   *perfect*
réformer. Oui, mais comment? Là, les opinions diffèrent, suivant les intérêts,
les convictions morales ou les points de vue politiques de chacun de nous.
   Voici plusieurs solutions partielles. Certaines offrent un point de vue plutôt
conservateur. Les autres offrent un point de vue plutôt libéral. Avec quelles
solutions êtes-vous d'accord?

	PAS	
D'ACCORD	D'ACCORD	
☐	☐	1. Il faut voter pour des candidats conservateurs pour qu'ils rétablissent les valeurs traditionnelles.
☐	☐	2. Il faut voter pour les candidats (et les candidates) féministes pour que les femmes aient vraiment les mêmes chances que les hommes.
☐	☐	3. Il faut que la justice soit beaucoup plus sévère avec les criminels pour qu'il y ait moins de violence dans la rue.
☐	☐	4. Il faut augmenter° les impôts° et taxer davantage° les gros° revenus pour que la société soit plus juste et plus équitable.
☐	☐	5. Il faut que les nations riches aident les pays pauvres° pour que ces pays s'aident eux-mêmes°.
☐	☐	6. Il faut contrôler l'inflation pour que nous puissions maintenir notre niveau de vie°.
☐	☐	7. Il faut faire la révolution pour que la société change vraiment.
☐	☐	8. Il faut interdire l'expansion des centrales° nucléaires avant qu'il ne soit trop tard.
☐	☐	9. Il faut préserver la nature pour que nos enfants puissent vivre dans un environnement sain°.
☐	☐	10. Il faut arrêter° le progrès avant qu'il ne nous détruise.

increase/taxes/more
large

poor
themselves

standard of living

power plants

healthy
stop

Une réunion à l'UNESCO

Renseignements culturels: La France dans le monde

Au dix-septième siècle, la France était la plus puissante[1] nation du monde. Aux dix-huitième et dix-neuvième siècles, cette place[2] lui a été disputée par l'Angleterre, puis par l'Allemagne. Comparée aux nouvelles nations comme les États-Unis ou l'Union Soviétique, la France est aujourd'hui un pays d'importance secondaire du point de vue économique. La France, cependant, aspire toujours à jouer un rôle international important. Ce rôle est basé sur quelques principes[3] simples.

Indépendance

La politique d'indépendance concerne surtout le domaine militaire. Sous la présidence de Charles de Gaulle (1959–1969), la France a décidé d'assurer sa propre défense et de développer son armement atomique. Par contre, sur le plan[4] politique et économique, la France a choisi de s'intégrer à une Europe unie.

Neutralité

Dans les conflits internationaux (conflit vietnamien, conflit israëlien), la France essaie de jouer le rôle d'arbitre[5] et de médiateur entre les nations. Cela nécessite une certaine neutralité, en particulier une certaine indépendance vis-à-vis des deux «super grands», États-Unis et Union Soviétique.

Aide et assistance aux pays du Tiers[6] Monde

La France avait autrefois un vaste empire colonial qui comprenait[7] la moitié[8] de l'Afrique et l'Indochine. La France a maintenu de bons rapports avec ses anciennes colonies, surtout avec ses colonies d'Afrique Noire (Sénégal, Mali, Côte d'Ivoire ...), devenues[9] des nations indépendantes dans les années 1960. Ces rapports d'amitié se concrétisent par la signature de nombreux accords[10] culturels, et par l'existence de programmes d'aide économique, technique et militaire. L'existence d'une vaste communauté francophone dans le monde donne aussi plus de poids[11] et de stature à la position française en matière de politique internationale.

1 *powerful*   2 *position*   3 *principles*   4 *in the sphere*   5 *referee*   6 *third*   7 *included*   8 *half*   9 *which became*   10 *agreements*   11 *weight*

Structure et Vocabulaire

VOCABULAIRE: La vie économique et sociale

noms

les impôts	taxes	**une centrale nucléaire**	nuclear power plant
le niveau de vie	standard of living	**une réforme**	reform
un point de vue	point of view	**une valeur**	value

adjectifs

gros (grosse) ≠ **mince**	fat, large ≠ thin
juste ≠ **injuste**	fair ≠ unfair
parfait ≠ **imparfait**	perfect ≠ imperfect
riche ≠ **pauvre**	rich ≠ poor

verbes

améliorer	to improve	Il faut **améliorer** notre niveau de vie.
arrêter	to stop (someone, something)	Il faut **arrêter** l'inflation.
s'arrêter	to stop (oneself)	Nous allons nous **arrêter** ici.
augmenter	to increase	Il faut **augmenter** notre productivité.
changer	to change, to modify	Il ne faut pas **changer** la constitution.
changer de	to change, to exchange	Nous devons **changer de** voiture cette année.
diminuer	to diminish	Il faut **diminuer** les impôts.
envoyer	to send	Nous **envoyons** des lettres au président pour exprimer notre point de vue.
établir	to establish	Il faut **établir** un programme d'aide aux pays pauvres.
rétablir	to re-establish, to restore	Il faut **rétablir** les valeurs traditionnelles.
interdire	to forbid	Il faut **interdire** la violence à la télé.

expressions

chacun, chacune	each, each one	Dans une démocratie, **chacun** peut exprimer ses opinions.
davantage	more	Vous devez travailler **davantage!**
moi-même	myself	J'ai fait cela **moi-même.**
plutôt	rather, on the whole	Mes parents sont **plutôt** conservateurs.

NOTES DE VOCABULAIRE

1. **Changer**, like other verbs in **-ger**, adds an **e** to the stem before endings beginning with **a** and **o:** nous **changeons**, je **changeais**, il **changeait**.

2. **Envoyer**, like **payer**, changes the **y** of the stem to **i** in the **je, tu, il** and **ils** forms of the present: **j'envoie**. **Envoyer** also has an irregular future stem: **j'enverrai**.

3. **Interdire** is conjugated like **dire**, except for the **vous**-form of the present: **vous interdisez**.

4. The ending **-même(s)** is often used to reinforce a stress pronoun when this pronoun refers to the subject of the sentence.

J'ai fait cela **moi-même**. I did that *myself.*
Pierre et Paul sont sûrs d'**eux-mêmes**. Pierre and Paul are sure of *themselves.*

NOTE LINGUISTIQUE: Le préfixe **re-, r-**
In French as in English, the prefix **re- (r-)** is used to express the meaning of *again* or *back.*

prendre → **re**prendre to take → to take *back*
établir → **ré**tablir to establish → to establish *again*, to re-establish
envoyer → **re**nvoyer to send → to send *back*

1. Questions personnelles:

1. Est-ce que vous avez un travail? Est-ce que vous payez des impôts?
2. Est-ce que vous établissez un budget pour chaque mois?
3. À l'heure actuelle, est-ce que vos dépenses augmentent ou diminuent?
4. Est-ce que vous avez amélioré votre niveau de vie depuis que vous êtes à l'université?
5. Est-ce que vous avez amélioré vos notes en français, ce semestre-ci?
6. Est-ce que vous changez souvent d'opinion?
7. En politique, est-ce que vous avez les mêmes idées que vos parents?
8. Êtes-vous plutôt conservateur (conservatrice) ou plutôt libéral(e)?
9. Selon vous, est-ce qu'il faut arrêter la construction de centrales nucléaires? Pourquoi ou pourquoi pas?
10. Selon vous, est-ce qu'il faut interdire les cigarettes aux jeunes de moins de 20 ans? Pourquoi ou pourquoi pas?

A. *Le subjonctif après certaines conjonctions*

In each of the sentences below, note the use of the subjunctive after the conjunctions in heavy print.

Le professeur répète **pour que**
les étudiants comprennent.

Cet été, j'irai en France **à condition que**
je sois reçu à mes examens.

Je resterai là-bas **jusqu'à ce que**
je n'aie plus d'argent.

The professor repeats *so that*
the students understand.

This summer, I will go to France *on condition that*
I pass my exams.

I will stay over there *until*
I am out of money.

■ The subjunctive is always used after certain conjunctions, which introduce conditions under which an action *may* occur.

VOCABULAIRE: Conjonctions suivies du subjonctif

à condition que	on condition that, provided that	Charles ira en France **à condition qu'il ait** de l'argent.
à moins que	unless	Nous irons à la plage **à moins qu'il fasse** mauvais!
avant que	before	Je lui téléphonerai **avant qu'il parte.**
jusqu'à ce que	until	Je resterai chez moi **jusqu'à ce que vous téléphoniez.**
pour que	so that	Je vous prête mon appareil-photo **pour que vous preniez** des photos.
pourvu que	provided that let's hope that	Je passerai de bonnes vacances **pourvu que j'aie** assez d'argent. **Pourvu que vous soyez** heureux!
sans que	without	Mes parents m'ont prêté leur voiture **sans que je** la leur demande.

NOTE DE VOCABULAIRE

The constructions **avant que, pour que, sans que** + *subjunctive* are replaced by the constructions **avant de, pour, sans** + *infinitive* when the subjects of the main clause and the dependent clause are the same.

Hélène est venue ...

... **pour parler** de son voyage.
... **avant de partir** de France.
... **sans téléphoner.**

Hélène est venue ...

... **pour que vous** lui **parliez** de votre voyage.
... **avant que vous partiez** en vacances.
... **sans que vous** lui **téléphoniez.**

---

2. Voyages: Cet été Jacqueline et ses amies voyageront, si certaines conditions sont réalisées. Expliquez ces conditions.

▶ Jacqueline (elle a de l'argent)   *Jacqueline voyagera à condition qu'elle ait de l'argent.*

1. Paul (il a une voiture)
2. Albert (il est reçu à ses examens)
3. Nicole (elle a un job pendant l'année)
4. Michèle (elle fait des économies)
5. Catherine (elle a son diplôme en juin)
6. Robert (il n'a pas la grippe)
7. François (ses parents sont d'accord)
8. Isabelle (elle sait conduire)

3. Séjour en France: Imaginez que vous êtes en voyage en France. Vous êtes si enthousiasmé(e) par votre voyage que vous désirez rester plus longtemps que prévu *(planned).* Commencez vos phrases par *Je resterai jusqu'à ce que* + subjonctif.

▶ Je n'ai plus d'argent.   *Je resterai en France jusqu'à ce que je n'aie plus d'argent.*

1. Mon visa expire.
2. Mes vacances sont finies.
3. Mes cours recommencent.
4. Mes amis partent.
5. Mon passeport n'est plus valable *(valid).*
6. Mes parents veulent que je rentre.
7. Je sais parler parfaitement français.
8. J'ai trente ans.

4. La compagnie internationale: Imaginez que vous êtes le directeur (la directrice) d'une compagnie internationale. Vous décidez d'envoyer certains employés à l'étranger. Dites où vous envoyez les personnes suivantes et pourquoi. Commencez vos phrases par *Je vais envoyer ...*

▶ Monsieur Moreau/en Espagne/apprendre l'espagnol
  Je vais envoyer Monsieur Moreau en Espagne pour qu'il apprenne l'espagnol.

1. ma secrétaire/à Londres/apprendre l'anglais
2. Madame Camus/à New York/étudier les méthodes modernes de management
3. Mademoiselle Imbert/au Japon/acheter un ordinateur
4. mes représentants/au Brésil/vendre nos machines
5. mes ingénieurs/à Chicago/rencontrer des ingénieurs américains
6. Monsieur Lucas/à Genève/établir des contacts avec une banque suisse

5. D'accord: Pierre est d'accord avec les actions suivantes. Exprimez cela avec des phrases commençant par *Pierre est d'accord pour* + *infinitif* ou *Pierre est d'accord pour que* + *subjonctif.* Étudiez les modèles.

▶ Il veut travailler.   *Pierre est d'accord pour travailler.*
▶ Ses amis veulent travailler.   *Pierre est d'accord pour que ses amis travaillent.*

1. Il veut écouter ce disque.
2. Vous voulez écouter ses disques.
3. Il veut regarder ce programme.
4. Je veux regarder ses photos.
5. Il veut inviter des amis.
6. Nous voulons inviter nos amis.
7. Il veut aller au théâtre.
8. Nous voulons aller au théâtre avec lui.
9. Il veut venir chez nous.
10. Ses amis veulent venir aussi.

Le 14 juillet sous la pluie

6. Êtes-vous d'accord? Êtes-vous d'accord avec les situations suivantes? Exprimez votre opinion personnelle en commençant vos phrases par *Je suis d'accord pour que* ou par *Je ne suis pas d'accord pour que.*

▶ les jeunes: avoir plus de responsabilités
Je suis d'accord pour que les jeunes aient plus de responsabilités.
ou: *Je ne suis pas d'accord pour que les jeunes aient plus de responsabilités.*

1. l'université: augmenter la scolarité
2. les étudiants: faire la révolution
3. le gouvernement: diminuer les impôts
4. les États-Unis: aider les pays pauvres
5. on: interdire les centrales nucléaires
6. nous: établir des relations diplomatiques avec Cuba
7. nos professeurs: avoir des salaires plus élevés
8. les hommes: avoir plus de responsabilités que les femmes

7. Opinions personnelles: Complétez les phrases suivantes.

1. Je resterai à l'université jusqu'à ce que …
2. J'aurai mon diplôme à condition que …
3. Après l'université, je chercherai une situation *(job)* à moins que …
4. Le week-end prochain, je sortirai à moins que …
5. Plus tard, je voyagerai à condition que …
6. Je travaillerai jusqu'à ce que …

B. Résumé: Les principaux usages du subjonctif

The subjunctive usually occurs in dependent clauses introduced by **que.** The main uses of the subjunctive are summarized below.

Uses of the subjunctive	*Remarks*
WILL: After verbs or expressions denoting wish, or will, such as **vouloir, souhaiter.**	The *infinitive* is used after these verbs and expressions when the wish concerns the subject itself.
Je ne veux pas **que vous fassiez** cela.	*Je ne veux pas* **faire** cela.
OPINION AND OBLIGATION: After many impersonal expressions of opinion and obligation, such as **il faut, il est important, il est bon,** when the opinion or obligation concerns someone in particular.	The *infinitive* is used after these expressions when the opinion or obligation is a general one.
Il faut **que vous travailliez.** *Il est utile* **que tu apprennes** l'anglais.	*Il faut* **travailler.** *Il est utile* d'**apprendre** l'anglais.
DOUBT: After verbs and expressions of doubt, such as **douter, ne pas croire, ne pas être sûr.**	The *indicative* is used after verbs or expressions indicating certainty, such as **savoir, croire, être sûr.**
Je doute **que vous soyez** patient.	*Je crois* **que vous êtes** impatient.
FEELINGS: After verbs and expressions denoting emotion, such as **être content, être triste, regretter.**	The *infinitive* is used after these verbs and expressions when the emotion concerns the subject itself.
Nous sommes contents **que vous veniez.**	*Nous sommes contents* de **venir.**
CONJUNCTIONS: After certain conjunctions such as **pour que, avant que, à moins que, sans que.**	The *infinitive* is used after **pour, avant de, sans,** when the subject does not change.
Je travaille pour que **mes enfants aient** de l'argent.	*Je travaille pour* **avoir** de l'argent.
	The *indicative* is used after conjunctions such as **parce que, depuis que** *(since),* **pendant que** *(while).*
	Je travaille parce que **je n'ai pas** d'argent.

8. Parlez-vous français? Complétez les phrases suivantes avec l'une des formes suivantes: *parler français*, *vous parlez français*, *vous parliez français*.

1. Nous sommes heureux que ...
2. Êtes-vous contents de ...
3. Paul n'est pas sûr que ...
4. Moi, je suis sûr que ...
5. Il faut que ...
6. Il est utile de ...
7. Le professeur souhaite que ...
8. Pourquoi est-ce que vos amis veulent que ...
9. Quand vous serez au Canada, il sera essentiel que ...
10. Vous allez vous amuser à Paris parce que ...
11. Annette va vous inviter parce que ...
12. Mes cousins vont vous inviter aussi à condition que ...

9. Expression personnelle: Qu'est-ce que vous attendez *(expect)* de l'avenir? Exprimez vos idées personnelles en complétant les phrases suivantes. Si vous voulez, vous pouvez utiliser les sujets indiqués.

	sujets:
1. Il faut que ...	je
2. Il est important que ...	nous
3. Il est indispensable que ...	mes amis
4. Je souhaite que ...	mes parents
5. J'aimerais que ...	mon patron/ma patronne
6. Je doute que ...	mon mari/ma femme
7. Je ne crois pas que ...	mes enfants
8. Je serais content que ...	les États-Unis
9. Je serais furieux que ...	le gouvernement
10. J'ai peur que ...	le monde
11. Je veux faire quelque chose pour que ...	

Phonétique

Les lettres un (*ou* um)

The letters **un** (or **um**) represent the nasal vowel /œ̃/, unless they are followed by a vowel or another **n** (or **m**). Be careful not to pronounce a /n/ or /m/ after the nasal vowel.

nasal /œ̃/	*non-nasal* /yn/, /ym/
un	**une**
br**un**	br**une**
chac**un**	chac**une**
empr**un**ter	pr**une**
h**um**ble	h**um**eur

Récapitulation

Substitution

Remplacez les mots soulignés par les expressions entre parenthèses. Faites tous les changements nécessaires.

1. Je <u>doute</u> que Françoise aille au cinéma avec nous.   (veux, souhaite, pense, suis content, ne suis pas sûr, sais, crois)
2. Je vous prête mon appareil-photo <u>pour que</u> vous preniez de bonnes photos.   (à condition que, parce que, parce que je veux que, parce que je pense que)
3. Vous allez <u>téléphoner</u>? Alors je resterai chez moi jusqu'à ce que vous <u>téléphoniez</u>.   (venir, passer, voir la maison, visiter le quartier)
4. Nous allons à la plage <u>parce qu'</u>il fait beau.   (pourvu qu', à condition qu', car, mais je doute qu', s')

Vous avez la parole: Pour ou contre?

Composez un petit paragraphe sur l'un des sujets suivants. Consultez le VO-CABULAIRE spécialisé: La vie économique et sociale. Utilisez trois conjonctions comme *à condition que, à moins que, pour que,* etc.

1. les centrales nucléaires: pour ou contre?
2. la consommation de l'alcool à 18 ans: pour ou contre?
3. l'augmentation des impôts: pour ou contre?

Instantané

LE FRANÇAIS PRATIQUE

À la douane

—Où sont vos bagages?
—Les voici.
—Combien de valises avez-vous?
—J'ai deux valises et un sac.
—Ouvrez cette valise, s'il vous plaît.
   Avez-vous quelque chose à déclarer?
—Non, je n'ai rien à déclarer.
   Oui, j'ai une bouteille[1] d'alcool,
         une cartouche[2] de cigarettes,
         une bouteille de parfum.

1 *bottle* 2 *carton*

Contrôle d'identité

—Avez-vous une pièce d'identité?
—Oui, j'ai un passeport,
       une carte d'identité,
       un permis de conduire.
—Où résidez-vous?
—Je réside aux États-Unis.
—Où êtes-vous né(e)[1]?
   (Quel est votre lieu de naissance[2]?)
—Je suis né(e) à Chicago.
—Combien de temps allez-vous rester en France?
—Quatre semaines.
—Pourquoi venez-vous en France?
—Je viens en voyage d'affaires[3],
       en voyages d'études,
       en voyage d'agrément[4],
       en touriste.

1 *born* 2 *birthplace* 3 *business* 4 *pleasure*

Le français dans le monde

- Il y a 100 millions de francophones dans le monde.
- Paris est la première ville d'expression française. Montréal est la seconde.
- Vingt pays d'Afrique utilisent le français comme langue officielle.
- Par sa superficie[1], le plus petit état d'expression française est Monaco. Le plus grand est le Zaïre.
- Le français est la langue officielle de la province de Québec. Les Canadiens français sont les descendants des colons venus de Bretagne et de Normandie à partir du[2] 17e siècle.
- Aux États-Unis, le français est parlé en Nouvelle Angleterre (surtout dans le Maine, le Massachusetts et le Rhode Island), par les Franco-Américains (descendants d'immigrés Canadiens français). Il est aussi parlé en Louisiane par les Acadiens (ou «Cajuns», descendants de Canadiens français déportés par les Anglais en 1755), et par les Créoles (descendants de colons français venus en Louisiane au 18e et 19e siècles).
- Il y a aux États-Unis 100.000 Français et plus de 100.000 Haïtiens francophones.
- Tahiti (en Polynésie), la Martinique et la Guadeloupe (dans les Antilles) sont des îles françaises.
- L'Alliance Française, dont le but[3] est la diffusion de la culture et de la langue françaises, a 600 centres et 300.000 étudiants dans le monde.

1 *area* 2 *as of* 3 *whose goal*

Au Sénégal

À la Martinique

La Nouvelle Orléans: le Vieux Carré

RENCONTRES

Poème africain

Il y a une riche littérature africaine d'expression française. Le poème que vous allez lire a été écrit par René Philombe (1930–   ), un poète camerounais.

L'homme qui te ressemble

J'ai frappé° à ta porte   knocked
J'ai frappé à ton cœur
pour avoir bon lit
pour avoir bon feu°   fire
pourquoi me repousser°?   push back
Ouvre-moi mon frère! ...

Pourquoi me demander si
si je suis d'Afrique
si je suis d'Amérique
si je suis d'Asie
si je suis d'Europe?
Ouvre-moi mon frère! ...

Pourquoi me demander
la longueur° de mon nez   length
l'épaisseur° de ma bouche   thickness
la couleur de ma peau°   skin
et le nom° de mes dieux°?   name/gods
Ouvre-moi mon frère! ...

Je ne suis pas un noir
je ne suis pas un rouge
je ne suis pas un jaune
je ne suis pas un blanc
mais je ne suis qu°'un homme   only
Ouvre-moi mon frère! ...

Ouvre-moi ta porte
Ouvre-moi ton cœur
car je suis un homme
l'homme de tous les temps
l'homme de tous les cieux°   heavens
l'homme qui te ressemble! ...

Petites gouttes de chant pour créer l'homme,
   in *Le Monde,* 8 février 1973.
   © *Le Monde*

XIV: Points de vue et attitudes

Leçon 40: Réflexions sur l'Amérique

Véritable denim
bleu indigo
U.S. TOP
Ils vous iront
de mieux en mieux.

Les Français, surtout les jeunes, ne sont pas indifférents à l'égard° des États-Unis et des Américains. Un sondage° d'opinion a révélé que les jeunes Français considèrent les Américains comme les meilleurs amis de la France. Cette admiration n'est cependant pas inconditionnelle°. Voici une interview avec une étudiante française.

—Pour toi, l'Amérique, qu'est-ce que c'est?
—C'est un pays qui a un dynamisme extraordinaire et que j'admire beaucoup. C'est un pays qui m'attire° et que j'aimerais visiter.
—Aimerais-tu vivre là-bas?
—Oui, mais pas pour toujours.
—Pourquoi pas?
—Parce que la société américaine est trop intense! D'un côté°, j'admire l'ardeur avec laquelle les Américains essaient de résoudre° les problèmes auxquels ils sont exposés. D'un autre côté°, je ne comprends pas la violence continuelle dans laquelle ils vivent ...
—Tu généralises! Tous les Américains ne sont pas violents!
—Bien sûr, tous les Américains ne sont pas des gens violents. Je crois cependant que l'Amérique est un pays d'extrêmes dans le bien et dans le mal. Il n'y a pas d'équilibre, de «juste milieu»°, comme en France.
—Est-ce qu'il y a des Américains pour qui tu as une admiration particulière?
—Bien sûr. Steinbeck, Hemingway, Dos Passos, par exemple. Personnellement j'admire aussi les géants du jazz: Louis Armstrong, Duke Ellington, Bessie Smith.
—Pourquoi?
—Parce qu'ils ont créé une musique à laquelle on ne peut pas rester insensible°.

with regard to
survey

absolute

attracts

on the one hand
to solve
on the other hand

"golden mean"

indifferent

Renseignements culturels: Les Français jugent les Américains

Il y a longtemps que la France s'est «américanisée». Aujourd'hui les jeunes Français boivent du Coca-cola, portent des blue-jeans et écoutent la musique disco. Leurs parents boivent du whisky, parlent de management et vont voir les derniers films américains une semaine après qu'ils sont sortis à New York.

Si la France vit «à l'américaine», est-ce que cela signifie que les Français soient pro-Américains? Généralement oui! Mais l'admiration des Français n'est pas sans limite. Si les Français admirent le dynamisme, le courage et la sincérité des Américains, ils déplorent, à tort[1] ou à raison[2], la superficialité des relations humaines, la violence, l'absence de traditions culturelles qui semblent caractériser les États-Unis.

Mais c'est surtout dans le domaine de la politique internationale que les Français tendent à être les plus critiques. D'après un sondage[3], voici comment les Français jugent les États-Unis et la politique américaine.

1. Dans l'ensemble[4], quelle opinion avez-vous sur la politique des États-Unis dans le monde?

très bonne opinion	1%
plutôt bonne opinion	45%
plutôt mauvaise opinion	20%
très mauvaise opinion	4%
sans opinion	30%

2. En cas de crise mondiale[5], feriez-vous confiance au président des États-Unis?

très confiance	6%
assez confiance	40%
peu confiance	17%
pas confiance du tout	8%
sans opinion	29%

3. Parmi les présidents américains de l'après-guerre, quel est celui pour lequel vous avez le plus d'admiration?

John Kennedy	68%
Eisenhower	8%
Nixon	8%
Lyndon Johnson	2%
Carter	2%
Truman	1%
Ford	1%
sans opinion	15%

1 *wrongly* 2 *rightly* 3 *poll* 4 *on the whole* 5 *world crisis*

Structure et Vocabulaire

VOCABULAIRE: Analyse et évaluation

noms

le pouvoir	power	**une analyse**	analysis
un sondage	poll	**une méthode**	method
		la moitié	half

verbes

admirer	to admire	Quelle est la personne que vous **admirez** le plus?
attirer	to attract	Je voudrais **attirer** votre attention sur ce point.
critiquer	to criticize	Pourquoi est-ce que tu **critiques** tout?
juger	to judge	Ne **jugez** pas les gens sur leurs apparences.

expressions

en cas de	in case of	Que ferais-tu **en cas de** révolution?
à l'égard de	with respect to	As-tu une opinion **à l'égard de** ce problème?
la plupart de	most, the greatest number	**La plupart des** Américains sont idéalistes.

> NOTE LINGUISTIQUE: Noms apparentés **-se** ↔ *-sis*
> Many French nouns in **-se** have English cognates in *-sis*.
>
> **-se** ↔ *-sis*   une analy**se** analy*sis*   une cri**se** cri*sis*

1. D'accord? Dites si vous êtes (partiellement, complètement, pas du tout) d'accord avec les opinions suivantes.

1. La plupart des Américains sont idéalistes.
2. Les États-Unis ne sont pas une véritable démocratie parce que moins de la moitié des gens votent aux élections.
3. Les sondages influencent l'opinion publique pendant les élections. Pour cette raison, il faut les interdire.
4. Les Américains ont tendance à juger les gens sur les apparences.
5. Les sondages sont une méthode très précise pour connaître l'opinion publique à un moment donné.
6. Aux États-Unis, on a tendance à admirer les gens quand ils sont au pouvoir et à les critiquer quand ils ne sont plus au pouvoir.
7. La plupart des Américains sont indifférents à l'égard de la politique internationale.
8. En cas de crise nationale ou internationale, les Américains ont tendance à soutenir *(support)* leur président.
9. Les gens qui critiquent les autres sont des gens qui ne sont pas sûrs d'eux-mêmes.
10. La violence attire la violence.

A. Révision: les pronoms relatifs qui et que

Compare the use of the relative pronouns **qui** and **que** in the following sentences.

J'ai un ami français ...
    ... **qui** admire les États-Unis.
    ... **que** je vais inviter cet été.

I have a French friend ...
    ... *who (that)* admires the United States.
    ... *(whom, that)* I am going to invite this summer.

Paris est une ville ...
    ... **qui** attire les touristes.
    ... **que** tout le monde trouve belle.

Paris is a city ...
    ... *which (that)* attracts tourists.
    ... *(which, that)* everyone finds beautiful.

■ The choice between **qui** and **que** depends on the function of the relative pronoun in the clause:

Qui is a subject pronoun. It is generally followed by a verb.
Que is a direct-object pronoun. It is generally followed by a subject and a verb.

• Although in English the direct-object relative pronoun (*whom*—or conversationally *who—that, which*) is often omitted, **que** must be expressed in French.

2. En ville: Jacques est en ville. Décrivez ce qu'il fait, d'après le modèle.

▶ Jacques parle à une fille. Elle s'appelle Anne.   *Jacques parle à une fille qui s'appelle Anne.*

1. Jacques lit un journal. Il s'appelle *France-Soir.*
2. Jacques regarde une revue. Elle a beaucoup de photos.
3. Jacques discute avec des étudiants. Ils sont américains.
4. Jacques voit des personnes. Elles se promènent.
5. Jacques regarde des voitures. Elles passent dans la rue.
6. Jacques achète un livre. Il coûte 20 francs.
7. Jacques parle avec des touristes américains. Ils visitent la France.
8. Jacques voit une voiture. Elle vient d'Espagne.

3. Commentaires: Jean-Marc fait des commentaires sur certaines personnes ou sur certaines choses. Jouez le rôle de Jean-Marc selon les modèles.

▶ Voici une fille. Elle est très sympathique.   *Voici une fille qui est très sympathique.*
▶ Voici une fille. Je la trouve intelligente.   *Voici une fille que je trouve intelligente.*

1. Voici des artistes. Je les admire.
2. Voici des artistes. Ils n'ont pas de talent.
3. Voici une amie. Elle vient des États-Unis.
4. Voici une amie. Je l'invite souvent.
5. Voici un disque. Je l'écoute souvent.
6. Voici un disque. Il n'est pas à moi.
7. Voici des livres. Je les trouve idiots.
8. Voici des magazines. Je les lis souvent.

4. Opinions: Complétez les phrases suivantes avec une expression personnelle.

1. J'admire les gens qui/que ...
2. Je critique les personnes qui/que ...
3. Je n'aime pas juger les gens qui/que ...
4. Je voudrais me marier avec quelqu'un qui/que ...
5. Je voudrais habiter dans une ville qui/que ...
6. Récemment j'ai lu un livre qui/que ...
7. La semaine dernière j'ai regardé un programme à la télé qui/que ...
8. Je veux avoir une profession qui/que ...

B. *Le pronom relatif* lequel

The sentences on the left have been combined to form the single sentence which appears on the right. Note that the relative pronouns which join these sentences are introduced by prepositions **(sur, pour, avec)**. Note also the forms of these pronouns.

Voici un sondage. Je travaille sur ce sondage.	Voici un sondage **sur lequel** je travaille. This is a poll *on which* I am working (*that* I am working *on*).
Connais-tu la compagnie? Paul travaille pour cette compagnie.	Connais-tu la compagnie **pour laquelle** Paul travaille? Do you know the company *for which* Paul works (*that* Paul works *for*)?
Vous critiquez les idées. Vous n'êtes pas d'accord avec ces idées.	Vous critiquez les idées **avec lesquelles** vous n'êtes pas d'accord. You criticize ideas *with which* you do not agree (*that* you don't agree *with*).

FORMS

The relative pronoun **lequel** has the following forms:

	singular	*plural*
masculine	**lequel**	**lesquels**
feminine	**laquelle**	**lesquelles**

• Note that **lequel** consists of two parts (**le** + **quel**), both of which agree with its antecedent.

USES

Lequel is used after prepositions to refer to *things*. The word order is:

> antecedent + preposition + **lequel** + subject + verb

- **Lequel** may also be used to refer to *people*, but **qui** is preferred.

$$\text{Voici la personne pour} \left\{ \begin{array}{l} \textbf{qui} \\ \textbf{laquelle} \end{array} \right\} \text{je travaille.}$$

- In French, the preposition *never* comes at the end of the sentence, though this word order is common in English.

VOCABULAIRE: Quelques prépositions

après	after	**dans**	in
pendant	during	**sur**	on
avant	before	**sous**	under
avec	with	**chez**	at ...'s house
sans	without	**entre**	between
pour	for, in favor of	**parmi**	among
contre	against	**envers**	towards
		vers	towards (a place)
devant	in front of	**par**	through, by
derrière	in back of, behind		
d'après	according to		
selon	according to		

---

5. Au travail: Anne montre à un ami l'endroit où elle travaille. Complétez ses phrases.

▶ Voici le bureau dans ... *Voici le bureau dans lequel je travaille.*

1. Voici le laboratoire dans ...
2. Voici le projet sur ...
3. Voici les problèmes sur ...
4. Voici la compagnie pour ...
5. Voici les nouveaux instruments avec ...
6. Voici l'objectif principal pour ...
7. Comprends-tu la raison pour ...
8. Comprends-tu les nouvelles méthodes avec ...

6. Expression personnelle: Êtes-vous d'accord avec les choses ou les personnes suivantes? Exprimez votre opinion personnelle. Pour cela, complétez les phrases en utilisant l'expression *avec lequel/qui je suis (je ne suis pas) généralement d'accord*. Faites attention à l'accord de *lequel*.

▶ Le capitalisme est un système ...
Le capitalisme est un système avec lequel je suis (je ne suis pas) généralement d'accord.

▶ Le président est un homme ...
Le président est un homme avec qui je suis (je ne suis pas) généralement d'accord.

1. Le communisme est une philosophie ...
2. La révolution est une méthode ...
3. Le pacifisme est une méthode ...
4. Jane Fonda est une femme ...
5. Karl Marx est un philosophe ...
6. La tolérance et la patience sont des qualités ...
7. La violence et la force sont des méthodes ...
8. Les partis extrémistes sont des partis ...
9. Mes amis sont des gens ...
10. Mes parents sont des personnes ...

C. *Les formes contractées* auquel *et* duquel

Note the forms of **lequel** in the sentences on the right.

Paul est allé à un concert.
Il a aimé ce concert.
} Paul a aimé le concert **auquel** il est allé.
Paul liked the concert *to which* he went (*that he went to*).

Nous habitons près d'un parc.
Connais-tu ce parc?
} Connais-tu le parc près **duquel** nous habitons?
Do you know the park near *which* we live?

J'ai raté l'examen à cause de deux questions.
Voici les deux questions.
} Voici les deux questions à cause **desquelles** j'ai raté l'examen.
Here are the two questions because of *which* I failed the exam.

■ When introduced by the prepositions **à** or **de, lequel** has the following forms:

à + lequel → **auquel**	de + lequel → **duquel**
à + laquelle → **à laquelle**	de + laquelle → **de laquelle**
à + lesquels → **auxquels**	de + lesquels → **desquels**
à + lesquelles → **auxquelles**	de + lesquelles → **desquelles**

• The relative pronoun **duquel** is used most frequently with prepositional phrases ending in **de** (such as **près de, à côté de, à cause de,** etc.).

7. Expression personnelle: Dites si oui ou non vous avez aimé les derniers spectacles ou autres événements auxquels vous êtes allé(e).

▶ le dernier film   *J'ai aimé le dernier film auquel je suis allé(e).*
        ou: *Je n'ai pas aimé le dernier film auquel je suis allé(e).*

1. le dernier match de football
2. le dernier concert
3. la dernière surprise-partie
4. la dernière comédie

5. les derniers films
6. la dernière classe
7. le dernier rendez-vous
8. les derniers récitals

ORCHESTRE DE PARIS
SOCIÉTÉ DES CONCERTS DU CONSERVATOIRE

VOCABULAIRE: Quelques locutions prépositives

à cause de	because of		
loin de	far from	**au milieu de**	in the middle of
près de	near	**autour de**	around
à côté de	next to	**à l'extérieur de**	outside (of)
en face de	across from, opposite	**à l'intérieur de**	inside (of)
à droite de	to the right of	**au-dessus de**	above, on top (of)
à gauche de	to the left of	**au-dessous de**	below

NOTE DE VOCABULAIRE

Note the difference between **à cause de** (which introduces *a noun* or *stress pronoun*) and **parce que** (which introduces *a clause*):

Je suis resté chez moi **à cause de** l'examen.   ... *because of* the exam.
Je suis resté chez moi **parce que** j'ai un examen.   ... *because* I have an exam.

8. Questions personnelles:

1. Habitez-vous loin de l'université ou près de l'université?
2. Qui habite à côté de chez vous?
3. Qui habite en face de chez vous?
4. En Angleterre est-ce qu'on conduit à droite ou à gauche de la rue? Et aux États-Unis?
5. Est-ce qu'il y a un jardin autour de la maison où vous habitez?
6. Est-ce qu'il y a un parc au milieu de votre ville?

9. À Paris: Imaginez que vous avez visité Paris en compagnie d'un ami français. Maintenant vous lui demandez comment s'appellent les endroits que vous avez vus avec lui. Étudiez le modèle attentivement.

▶ Nous sommes passés près d'un monument.   *Comment s'appelle le monument près duquel nous sommes passés?*

1. Nous sommes passés près d'un cinéma.
2. Nous sommes passés près d'une école.
3. Nous avons déjeuné en face d'un magasin.
4. Nous avons pris des photos à l'intérieur d'un musée.
5. Nous avons rencontré des amis à côté d'un monument.
6. Nous avons attendu le bus en face d'un parc.

D. *Le pronom* dont

Note the use of the relative pronoun **dont** in the sentences on the right.

Voici un jeune homme.
Je vous ai parlé de ce jeune homme. } Voici le jeune homme **dont** je vous ai parlé.
Here is the young man *about whom* I spoke to you (*whom* I spoke to you *about*).

La politique est un sujet.
Je ne parle jamais de ce sujet. } La politique est un sujet **dont** je ne parle jamais.
Politics is a subject *about which* I never speak (*that* I never talk *about*).

Avez-vous ces livres?
J'ai besoin de ces livres. } Avez-vous les livres **dont** j'ai besoin?
Do you have the books *that* I need (=*of which* I have need)?

■ The relative pronoun **dont** replaces **de** + *noun* (or *noun phrase*). It is therefore used with verbs and verbal expressions that are followed by **de: discuter de, parler de, se souvenir de, avoir besoin de, avoir envie de,** etc.

• **Dont** is invariable. It may refer to people or things.

• As with other relative pronouns, the word order is:

> antecedent + **dont** + subject + verb (+ rest of sentence)

10. Expression personnelle: Voici certains sujets de discussion. Dites si ce sont des sujets dont vous parlez avec les amis.

▶ la politique   *La politique est un sujet dont je parle souvent (rarement, etc.) avec mes amis.*
     ou: *La politique est un sujet dont je ne parle jamais avec mes amis.*

1. le sport
2. le théâtre
3. la philosophie
4. la religion
5. mon avenir
6. mes études
7. mes relations familiales
8. mes problèmes d'argent

11. En ville: François est en ville avec Janine. Il lui montre certaines choses et certaines personnes. Jouez le rôle de François, d'après le modèle.

▶ Voici le café. (Je t'ai parlé de ce café.)   *Voici le café dont je t'ai parlé.*

1. Voici le magasin de disques. (Je t'ai parlé de ce magasin de disques.)
2. Voici les disques. (J'ai envie de ces disques.)
3. Voici la librairie. (Je te parle souvent de cette librairie.)
4. Voici un livre. (Nous avons discuté de ce livre.)
5. Voici une employée. (Je ne me souviens pas de cette employée.)

Phonétique

Les lettres en (ou em) et ien (ou iem)

The group of letters **en** (or **em**) represents the nasal vowel /ɑ̃/, unless followed by a vowel or by another **n** (or **m**).

Exception: The group of letters **ien** (or **iem**) represents the sound /jɛ̃/, unless followed by a vowel or by another **n** (or **m**).
Be careful not to pronounce a /n/ or /m/ after /ɑ̃/ and /jɛ̃/.

Contrast:
/ɑ̃/	/jɛ̃/	/jɛn/
ensem**ble**	anc**ien**	anc**ienn**e
exist**en**ce	music**ien**	music**ienn**e
gouvernem**en**t	cito**yen**	cito**yenn**e

Répétez: En France, les enfants rentrent en classe en septembre.
Cette musicienne italienne vient à Vienne avec Etienne.

Récapitulation

Substitution

Remplacez les mots soulignés par les mots entre parenthèses. Faites tous les changements nécessaires.
1. Où est le projet sur lequel tu travailles?   (la composition, les articles, le livre, les devoirs)
2. Où est la fille avec qui tu es venu ce matin?   (le garçon, les étudiants, le livre, les disques, la revue, le journal, le journaliste, la journaliste)
3. Voici une idée à laquelle je pense souvent.   (un problème, des questions, un sujet, une chose)
4. Comment s'appelle l'école près de laquelle vous habitez?   (le restaurant, le musée, la bibliothèque, les magasins, le parc)

Vous avez la parole: Réflexions sur la France

Composez un petit dialogue intitulé «*Réflexions sur la France*». Si vous voulez, vous pouvez vous inspirer de «*Réflexions sur l'Amérique*» en utilisant quelques-unes des questions.

Leçon 41: Êtes-vous idéaliste?

Répondez aux questions suivantes, en choisissant l'une des options a, b, ou c.

1. Selon vous, quelle est la principale qualité chez un ami?
   a. l'intelligence
   b. la sincérité
   c. la patience

2. Voici trois autres qualités. Laquelle est la plus importante pour votré réus-
   site° personnelle?   *success*
   a. le courage
   b. l'ambition
   c. l'honnêteté

3. Voici trois objectifs°. Lequel voudriez-vous réaliser en priorité?   *goals*
   a. être riche
   b. être célèbre°   *famous*
   c. être indépendant(e)

4. Voici trois professions. Laquelle vous semble la plus intéressante?
   a. celle d'ingénieur°   *engineer*
   b. celle de journaliste
   c. celle de poète

Pendant la campagne électorale

5. Voici trois grands problèmes contemporains. Lequel doit-on résoudre° en priorité? *solve*

   a. celui de l'énergie
   b. celui de l'inflation
   c. celui de la justice dans le monde

6. Imaginez que vous allez passer une année en France. Vous avez le choix entre trois appartements. Lequel allez-vous choisir?

   a. celui qui a la plus belle vue° *view*
   b. celui qui est le plus confortable
   c. celui qui est le plus près de l'université

Interprétation

Marquez un point pour les réponses suivantes: 1-b, 2-c, 3-c, 4-a, 5-c, 6-a. Comptez vos points.

Si vous avez 5 ou 6 points, vous êtes généreux (généreuse) et sans doute trop idéaliste. Ne soyez pas déçu(e) si la réalité ne correspond pas toujours à vos aspirations.

Si vous avez de 2 à 4 points, vous êtes idéaliste, mais vous avez aussi le sens pratique. Vous réussirez dans vos entreprises car vous connaissez les limites de ce qui est possible.

Si vous avez 1 ou 0 point, vous êtes réaliste, mais vous êtes peut-être trop préoccupé(e) par les questions matérielles.

Renseignements culturels: Idéalisme ou matérialisme?

«Avez-vous un idéal?» Les jeunes Français à qui on avait posé cette question dans un sondage d'opinion ont répondu oui sans hésiter. Mais quand on leur a demandé quel était leur idéal, ces jeunes Français ne semblent pas avoir compris la signification du mot «idéal».

Leur idéal est, en fait, le contraire de l'idéal. Ce n'est pas l'aspect spirituel ou moral de l'existence qui compte[1]. C'est l'aspect pratique et matériel. Les jeunes d'aujourd'hui croient avant tout[2] à la réussite[3] familiale ou professionnelle.

Voici les résultats de ce sondage:

1. Croyez-vous qu'il soit nécessaire d'avoir un idéal?

oui	85%
non	15%

2. Quel est cet idéal?

la réussite familiale	24%
la réussite professionnelle	21%
le bonheur[4]	16%
les loisirs	10%
l'argent et le confort	10%
les valeurs morales, esthétiques ou religieuses	9%
la justice, l'égalité, la paix	7%
la santé	3%

1 *counts* 2 *above all* 3 *success* 4 *happiness*

Structure et Vocabulaire

VOCABULAIRE: L'idéal

noms

le bonheur	≠ **le malheur**	happiness	≠	unhappiness
une qualité	≠ **un défaut**	quality	≠	flaw, fault, drawback
une réussite	≠ **un échec**	success	≠	failure
un objectif	= **un idéal**	goal	=	ideal

adjectif

célèbre	≠ **inconnu**	famous	≠ unknown

verbe

compter	to count	Quelles sont les choses qui **comptent** le plus pour vous?

---

1. D'accord? Dites si vous êtes (complètement, partiellement, pas du tout) d'accord avec les opinions suivantes. Si possible, expliquez votre position.

1. Le bonheur est une illusion.
2. L'argent ne fait pas le bonheur.
3. Le malheur des uns fait le bonheur des autres.
4. Pour la plupart des Américains, la réussite est une obsession.
5. En général, on excuse les défauts des gens célèbres.
6. Nos défauts sont des déformations de nos qualités.
7. Nous vivons dans un monde sans idéal.
8. La curiosité est une qualité plus qu'un défaut.

L'argent ne fait pas le bonheur, mais ...

A. Le pronom interrogatif lequel

In the questions on the right, the pronouns in heavy print replace nouns. They are called *interrogative pronouns*. Note the forms of these pronouns.

J'achète un journal.	**Lequel** achètes-tu?	*Which one ...*
J'invite une amie.	**Laquelle** invites-tu?	*Which one ...*
Je parle avec des amis.	Avec **lesquels** parles-tu?	With *which ones ...*
Je sors avec des amies.	Avec **lesquelles** sors-tu?	With *which ones ...*

FORMS

■ The interrogative pronoun **lequel?** has the same forms as the relative pronoun **lequel.**

• When introduced by the prepositions **à** and **de,** it has the same contracted forms:

	parler à	*parler de*
J'ai deux frères.	**Auquel** as-tu parlé?	**Duquel** parles-tu?
J'ai deux sœurs.	**À laquelle** as-tu parlé?	**De laquelle** parles-tu?
J'ai beaucoup d'amis.	**Auxquels** as-tu parlé?	**Desquels** parles-tu?
J'ai beaucoup d'amies.	**Auxquelles** as-tu parlé?	**Desquelles** parles-tu?

USES

■ **Lequel?** is an interrogative pronoun and replaces a noun which has already been expressed. It is used to refer to people and things. **Lequel?** corresponds to the English *which one?* It is never followed by a noun. Contrast the use of the interrogative adjective **quel?** and the interrogative pronoun **lequel?:**

Tu as beaucoup de livres.

Quels livres sont en français?	*Which books* are in French?
Lesquels sont en anglais?	*Which ones* are in English?

Voici des revues françaises.

Quelles revues lisez-vous d'habitude?	*Which magazines* do you usually read?
Lesquelles préférez-vous?	*Which ones* do you prefer?

2. La visite de Paris: Un touriste américain a visité Paris. Une Parisienne lui demande quels endroits il a visités. Jouez les deux rôles d'après le modèle.

▶ un musée   LE TOURISTE: *J'ai visité un musée.*
                    LA PARISIENNE: *Ah bon! Lequel?*

1. une église
2. un théâtre
3. un immeuble moderne
4. une chapelle

5. des magasins
6. des monuments anciens
7. des vieilles maisons
8. des constructions modernes

3. Interview: Un journaliste veut interviewer plusieurs membres d'une troupe musicale. Il parle à l'imprésario qui lui demande des précisions. Jouez les deux rôles d'après le modèle.

▶ les acteurs principaux   LE JOURNALISTE: *Je voudrais parler aux acteurs principaux.*

                            L'IMPRÉSARIO: *Auxquels voulez-vous parler?*

1. les acteurs secondaires
2. les actrices
3. les danseurs
4. les danseuses
5. les chanteurs
6. les chanteuses
7. les musiciens
8. les violonistes

4. Absence: Marcelle parle des sujets qui ont été discutés au café cet après-midi. Georges, qui était absent, veut avoir des précisions. Jouez les deux rôles d'après le modèle.

▶ un film récent   MARCELLE: *Nous avons parlé d'un film récent.*

                 GEORGES: *Ah oui? Duquel?*

1. un livre
2. un artiste moderne
3. une revue
4. un programme de télé
5. certains problèmes
6. certaines idées

B. *Le pronom démonstratif* celui

The words in heavy print replace nouns. They are called *demonstrative pronouns*. Note the forms of these pronouns.

Quel journal lis-tu?	**Celui-ci!**	(= ce journal-ci)
Quelle amie vas-tu inviter?	**Celle-ci!**	(= cette amie-ci)
Quels disques veux-tu écouter?	**Ceux-ci!**	(= ces disques-ci)
Quelles filles invitons-nous?	**Celles-ci!**	(= ces filles-ci)

FORMS

The demonstrative pronoun **celui** agrees in gender and number with the noun it replaces. It has the following forms:

	singular	plural
masculine	**celui**	**ceux**
feminine	**celle**	**celles**

USES

■ The relative pronoun **celui** replaces **ce** + *noun* or *noun phrase*.

■ **Celui** cannot stand alone. It is often followed by **-ci** or **-là.**

    Celui-ci usually means *this one* (or *these*, in the plural).
    Celui-là usually means *that one* (or *those*, in the plural).

5. Rien n'est parfait: Jacqueline exprime son opinion sur certaines choses. François trouve d'autres personnes et d'autres choses plus intéressantes. Voici les commentaires de Jacqueline. Jouez le rôle de François d'après le modèle.

▶ Cette fille est sympathique. (intelligente)   *D'accord, mais celle-ci est plus intelligente!*

1. Ce garçon est intelligent. (sympathique)
2. Cet étudiant est riche. (généreux)
3. Ces professeurs sont intéressants. (tolérants)
4. Cette voiture est confortable. (économique)
5. Ces maisons sont jolies. (modernes)
6. Ces chaussures sont confortables. (élégantes)
7. Ces pulls sont jolis. (chauds)
8. Ce film est amusant. (intelligent)

C. Le pronom celui + de

Note the use of the demonstrative pronouns in the following sentences.

Regarde la voiture! C'est **celle de Paul.**	It is *Paul's (= the one belonging to Paul).*
Regarde les photos! Ce sont **celles de Jacques.**	They are *Jacques' (= the ones belonging to Jacques).*
J'aime les films de Charlie Chaplin. Moi, je préfère **ceux de Woody Allen.**	I prefer *Woody Allen's (= those of Woody Allen).*
Le problème de l'énergie est sérieux. **Celui de l'injustice** est plus sérieux.	*That of injustice* is more serious.

■ The pronoun **celui** may be followed by **de** + *noun.*

• The preposition **de** has several English equivalents *(of, from, by).* It may also indicate possession.

Est-ce que c'est **le livre de Paul?**	Is it *Paul's book?*
Non, c'est **celui de Marc.**	No, *it's Marc's.*

Note that although the equivalent construction in English does not use a pronoun, the pronoun **celui** must be expressed in French.

6. Objets trouvés *(Lost and found):* Paul a trouvé certains objets. Il demande à Hélène si ces objets sont à elle. Hélène dit que non et elle identifie leurs propriétaires *(owners).* Jouez les deux rôles.

▶ une bicyclette (Henri)

PAUL: *C'est ta bicyclette?*
HÉLÈNE: *Non, c'est celle d'Henri.*

1. un journal (Jacques)
2. une montre (Sylvie)
3. une radio (Marc)
4. des livres (Philippe)

5. des disques (Martin)
6. une caméra (Michèle)
7. une revue (mes cousins)
8. des photos (mes amis)

7. Dialogue: Demandez à vos camarades leurs préférences d'après le modèle.

▶ la musique (les Beatles/les Bee Gees)

Préfères-tu la musique des Beatles ou celle des Bee Gees?
Je préfère celle des Beatles.
ou: *Je préfère celle des Bee Gees.*

1. le théâtre (Shakespeare/O'Neill)
2. les articles *(Time/Newsweek)*
3. les nouvelles (CBS/NBC)
4. l'humour (Steve Martin/Woody Allen)
5. la politique (les Démocrates/les Républicains)
6. la cuisine (la cafétéria/ta mère)

Vous aimez le THÉÂTRE *Découvrez les* CAFÉS-THÉÂTRE

les spectacles de café théâtre

Lucernaire Forum - Paris Montparnasse - 544-57-34
LES DEUX GENTILSHOMMES DE VERONE
de Shakespeare – Adaptation et mise en scène Mario Franceschi
à 20 h 30

Alain Brice	Blancs-Manteaux
Alors	Pt Virgule
.....	Gd Hall Montorgueil
.....	La Soup'ap'
.....	Fanal
.....	Aux 400 Coups
.....	Bec fin
.....	Saltimbanques
.....	Athletic
Cœur sous une soutane	La Mirandière
Crapoussins (Les)	Le Plateau
Crinière apprivoisée (La)	La Soup'ap'
Dame au slip rouge (La)	Café de la Gare
Daniel Prévost	Aux 400 coups
Diner de têtes (Le)	Bec fin
Dominique Denis	Sélénite
Dominique Lavanant	Cour des Miracles
Douby	Petit Casino
Eclimont et Dodane	Petit Casino
Font et Val	Th. de Dix-Heures
Frères Ennemis (Les)	Espace Carole
François-Regis Mellet	La Soup'ap'
Gilles Langoureau	Nouveau Chic Parisien
Guy Bertil	Coupe-Chou
Jean-Luc Bourdeaux	Saltimbanques
Jean-Pierre Reginal	Petits Pavés

8. Emprunts: Quand nous n'avons pas certaines choses, nous empruntons celles de nos amis. Dites à qui vous empruntez les choses suivantes. Pour cela complétez les phrases selon le modèle.

▶ Quand j'ai besoin d'une voiture, j'emprunte ...   *celle de mes parents (de ma sœur, d'un ami ...)*

1. Quand j'ai besoin d'un électrophone, j'emprunte ...
2. Quand j'ai besoin d'une radio, j'emprunte ...
3. Quand je n'ai pas mes notes, j'emprunte ...
4. Quand je n'ai pas mon livre de français, j'emprunte ...

D. *Le pronom* celui + qui/que

Note the use of **celui** in the following sentences.

Achètes-tu ce journal?	C'est **celui qui** parle de politique.
	C'est **celui que** je trouve idiot.
Connais-tu cette fille?	C'est **celle qui** parle toujours de ses études.
	C'est **celle que** Robert trouve sympathique.

■ The pronoun **celui** can be followed by a relative pronoun.

• The choice between **celui qui** and **celui que** depends on what follows the pronoun.

Qui is a subject pronoun and is followed by a verb: **... celui qui parle ...**
Que is a direct-object pronoun and is followed by a subject and a verb: **... celui que je trouve ...**

• **Celui qui** and **celui que** correspond to the English expressions: *the one(s) who(m), the one(s) that.* In English the pronouns *whom (who)* and *that* are often omitted. In French, the pronoun **que** must be expressed.

Est-ce que ce journal est **celui que** tu veux?	Is this paper *the one (that)* you want?
Est-ce que ces filles sont **celles que** tu invites?	Are these girls *the ones (whom)* you are inviting?

9. Conformités: Jacques fait tout ce qu'Hélène fait. Jouez le rôle de Jacques d'après le modèle.

▶ Voici le livre que je lis.   *C'est celui que je lis aussi.*

1. Voici la revue que je lis.
2. Voici la leçon que j'étudie.
3. Voici la revue que j'achète.
4. Voici les magazines que j'achète.
5. Voici les articles que je préfère.
6. Voici le professeur que je préfère.
7. Voici les étudiants que j'invite.
8. Voici le film que je vais voir ce soir.

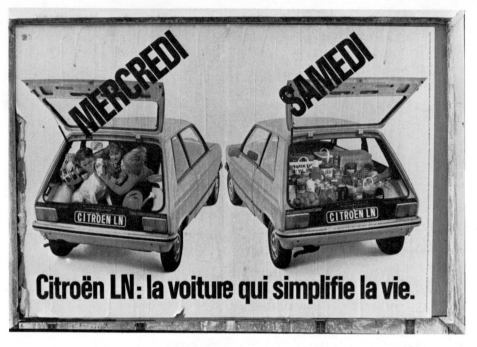

Citroën LN : la voiture qui simplifie la vie.

10. Contradictions: Pierre et Jeanne ne sont pas d'accord. Pierre dit ce qu'il aime. Jeanne déclare qu'elle préfère d'autres choses. Jouez les deux rôles.

▶ les personnes qui sont intelligentes (sincères)

    PIERRE: *J'aime les personnes qui sont intelligentes.*
    JEANNE: *Moi, je préfère celles qui sont sincères.*

1. les garçons qui s'intéressent à la politique (au sport)
2. les filles qui s'intéressent à la musique (aux sciences)
3. les classes qui sont faciles (difficiles)
4. les professeurs qui sont généreux (stricts)
5. les vins qui viennent de Californie (France)
6. les voitures qui sont confortables (rapides)

11. Expression personnelle: Indiquez ce que vous aimez et ce que vous préférez. Pour cela, complétez les phrases suivantes avec une expression personnelle. Étudiez le modèle attentivement.

▶ J'aime les étudiants qui ...

    J'aime les étudiants qui sont brillants, mais je préfère ceux qui sont généreux avec moi.

1. J'aime les classes qui ...
2. J'aime les professeurs qui ...
3. J'aime les restaurants qui ...
4. J'aime les magasins qui ...
5. J'aime les livres qui ...

Phonétique

La terminaison consonne + -le, -re

In words ending in consonant + **-le,** the last two consonants are pronounced together. Thus, the consonants **bl** represent the same sound in **probable** and **probablement.**

Compare: dou**ble**/dou**ble**ment   sim**ple**/sim**ple**ment
sensi**ble**/sensi**ble**ment   terri**ble**/terri**ble**ment
no**ble**/no**ble**ment   proba**ble**/proba**ble**ment

In words ending in consonant + **-re,** the last two consonants are pronounced together.

let**tre**, mè**tre**, permet**tre**, promet**tre**, équili**bre**

Récapitulation

Substitution

Remplacez les mots soulignés par les expressions entre parenthèses. Faites tous les changements nécessaires.

1. Tu veux <u>un livre</u>! D'accord! Lequel veux-tu?   (des disques, une bicyclette, des chemises, un réfrigérateur)
2. J'achète <u>cette voiture</u> parce que celle-ci est trop chère.   (cette moto, ces chaussures, cet électrophone, ces disques)
3. Je n'ai pas <u>ton appareil-photo</u> mais j'ai celui de Jacques.   (ta machine à écrire, ta guitare, ton magnétophone, tes livres, les revues de Paul)
4. Je ne connais pas <u>cette fille</u> mais je connais bien celle qui parle à Sylvie.   (cet étudiant, ces garçons, ce jeune homme, ces personnes, ces étudiantes)

Vous avez la parole: Préférences

Exprimez vos préférences en matière littéraire ou artistique, d'après le modèle. Vous pouvez utiliser les mots suivants: *romans, poèmes, articles, disques, pièces, opéras, comédies musicales, films.*

▶ *J'aime les romans. J'aime surtout ceux de Steinbeck et ...*

Leçon 42: Avez-vous l'esprit d'initiative?

Répondez aux questions suivantes en choisissant l'une des options a, b, ou c.

1. Quand vous avez un problème, sur qui comptez-vous principalement?

    a. sur vos amis
    b. sur vos parents
    c. sur vous-même

2. Si vous aviez le choix, avec qui voudriez-vous faire le tour du monde°?   *to go around the world*

    a. avec un club de vacances
    b. avec votre meilleur(e) ami(e)
    c. seul(e)

3. De quoi parlez-vous le plus souvent avec vos amis?

    a. de sport
    b. de vos projets
    c. de vos sorties°   *dates*

4. Selon vous, qu'est-ce qui constitue l'élément le plus important dans une profession?

    a. le salaire
    b. les responsabilités
    c. la sécurité de l'emploi

5. Qu'est-ce que vous admirez le plus chez une personnalité politique?

    a. l'indépendance
    b. le savoir-faire°   *"know-how"*
    c. l'honnêteté

Une personne dynamique

6. Qu'est-ce qui vous préoccupe le plus actuellement?

    a. vos relations familiales
    b. vos rapports avec vos amis
    c. l'avenir

7. Dans une situation compliquée, qu'est-ce qui vous attire le plus?

    a. ce qui est dangereux
    b. ce qui est difficile
    c. ce qui est mystérieux

8. Pour vous, qu'est-ce que c'est que la liberté?

    a. faire ce qu'on veut
    b. dire ce qu'on pense
    c. faire le contraire de ce que veulent les autres

Interprétation

Marquez un point pour les réponses suivantes: 1-c, 2-c, 3-b, 4-b, 5-a, 6-c, 7-b, 8-a. Comptez vos points.

Si vous avez 5 points ou plus, vous êtes une personne dynamique et indépendante.

Si vous avez moins de 5 points, vous avez certainement beaucoup de qualités, mais l'énergie n'est pas votre qualité principale.

Renseignements culturels:

La théorie et la pratique

On reproche aux Français d'être des penseurs[1], rarement des réalisateurs[2]. Le jugement est assez juste. Prenons un exemple en politique. C'est un philosophe français qui a exprimé, le premier, le principe de la séparation des pouvoirs[3] (entre la branche exécutive, la branche législative et la branche judiciaire).* C'est la Constitution américaine qui, la première, a mis en pratique ce principe.

Considérons le domaine des sciences. Là aussi, les savants[4] français s'intéressent plus à la théorie qu'à la pratique et brillent[5] plus par l'esprit d'invention que par le sens des affaires[6]. Ce sont des Français qui ont inventé le moteur à explosion, la photographie, le télégraphe, le téléphone, le cinéma ...† Ce sont des sociétés étrangères[7] qui ont assuré le succès commercial de ces inventions.

Cela ne signifie pas que les réalisations[8] techniques n'existent pas en France. Au contraire, les Français ont joué un rôle de pionniers dans le développement de l'industrie automobile et de l'aviation. Dans de nombreux domaines (aéronautique, transports, électronique, optique ...) la technologie française est aujourd'hui parmi les plus avancées du monde.

1 *thinkers* 2 *doers* 3 *powers* 4 *scientists* 5 se distinguent
6 commercial 7 d'autres pays 8 créations

* C'est le philosophe Montesquieu (1689–1755) qui a exprimé cette doctrine dans «L'Esprit des Lois».
† On doit le moteur à explosion à l'ingénieur Beau de Rochas (1862), la photographie à Niepce (1827), le télégraphe à Ampère (1820), le téléphone à Bourseul (1854), le cinéma aux frères Lumière (1895).

"Le penseur" de Rodin

Un roman d'anticipation: "De la terre à la lune" de Jules Verne

Structure et Vocabulaire

A. Les pronoms interrogatifs sujets

The pronouns in heavy print are the subjects of the questions below. Note which pronouns refer to people and which pronoun refers to things.

Qui est venu ce matin?	C'est *ta cousine.*
Qui est-ce qui a téléphoné?	C'est *Jean-Claude.*
Qu' est-ce qui est sur la table?	C'est *le livre de Charles.*
Qu'est-ce qui vous préoccupe?	Ce sont *mes examens.*

■ In asking about the *subject* of a sentence, the following interrogative pronouns are used:

to identify people:	**qui** **qui est-ce qui** (= quelle est la personne qui)	*who*
to identify things:	**qu'est-ce qui** (= quelle est la chose qui)	*what*

• The above pronouns are followed by singular verbs.

Qui est-ce qui vous **amuse?**	Mes amis.
Qu'est-ce qui vous **amuse?**	Ces histoires drôles.

• These pronouns are modified by masculine singular adjectives.

> Qu'est-ce qui est très **important** pour vous?

• Note the following expressions.

Qu'est-ce qui se passe?	*What's going on?*
Qu'est-ce qui est arrivé?	*What happened?*
Qu'est-ce qui ne va pas?	*What's wrong?*

qui est ? qui

« L'apotheose du quiproquo, la quintescense du vaudeville et c'est d'une drôlerie incessante. »

ROBERT KANTERS (L'Express) TRI 94-28

1. Le retour d'Éric: Éric est parti pendant le week-end. Quand il revient, son frère lui explique les choses qui se sont passées pendant son absence. Éric veut avoir des précisions. Jouez le rôle d'Éric. Commencez vos phrases par *Qui est-ce qui.*

▶ Quelqu'un a téléphoné.　　*Qui est-ce qui a téléphoné?*

1. Quelqu'un est venu.
2. Quelqu'un est entré dans ta chambre.
3. Quelqu'un a pris ta guitare.
4. Quelqu'un a conduit ta moto.
5. Quelqu'un a vendu tes disques.
6. Quelqu'un a cassé ta caméra.
7. Quelqu'un est sorti avec ta petite amie.
8. Quelqu'un a lu ton journal *(diary).*

2. Un test psychologique: Imaginez que vous êtes l'assistant(e) d'un professeur de psychologie. Vous allez interviewer plusieurs personnes pour connaître les choses suivantes. Préparez vos questions. Commencez chaque question par *Qu'est-ce qui.*

▶ les choses que vous troublent   *Qu'est-ce qui vous trouble?*

1. les choses qui vous amusent
2. les choses qui vous intéressent
3. les choses qui vous préoccupent
4. les choses qui vous embarrassent
5. les choses qui vous laissent indifférent
6. les choses qui vous rendent malheureux
7. les choses qui vous rendent heureux
8. les choses qui ne vous intéressent pas

B. Les pronoms interrogatifs objets directs

In the following questions, the pronouns in heavy print are the direct objects of the verb. Note which pronouns are used when the questions concern a person and which are used when the questions concern a thing.

Qui regardez-vous?   Je regarde *Paul.*
Qui est-ce que vous écoutez?   J'écoute *une amie.*

Que regardez-vous?   Je regarde *un livre.*
Qu'est-ce que vous écoutez?   J'écoute *un disque de musique classique.*

■ In asking about the *direct object* of a sentence, the following interrogative pronouns are used:

to identify people:	**qui** + verb + subject ... **qui est-ce que** + subject + verb ...	*whom (who)*
to identify things:	**que** + verb + subject ... **qu'est-ce que** + subject + verb ...	*what*

3. Samedi: Paul explique à Caroline ce qu'il a fait le week-end dernier. Caroline veut avoir des précisions. Jouez le rôle de Caroline.

▶ J'ai vu quelqu'un.   *Qui est-ce que tu as vu?*
▶ J'ai vu quelque chose.   *Qu'est-ce que tu as vu?*

1. J'ai rencontré quelqu'un.
2. J'ai fait quelque chose.
3. J'ai invité quelqu'un.
4. J'ai acheté quelque chose.
5. J'ai aidé quelqu'un.
6. J'ai vendu quelque chose.
7. J'ai reçu quelqu'un chez moi.
8. J'ai perdu quelque chose.

C. Les pronoms interrogatifs après une préposition

The questions below begin with prepositions. Note the interrogative pronouns that follow these prepositions.

À **qui** penses-tu?	Je pense *à un ami.*
À **quoi** penses-tu?	Je pense *à mes examens.*
De **qui** parles-tu?	Je parle *de mon professeur de français.*
De **quoi** parles-tu?	Je parle *de mes vacances.*

■ After a preposition:
   —the interrogative pronoun **qui** refers to persons;
   —the interrogative pronoun **quoi** refers to things.

• In French, prepositions always come before the words they introduce. In questions, they usually come at the beginning of a sentence, never at the end.

À qui parles-tu?	*To* whom are you speaking?
	(Who(m) are you talking *to?*)
Avec qui sors-tu?	*With* whom are you going out?
	(Who(m) are you going out *with?*)

4. Au téléphone: Marc et Claire se téléphonent. Claire entend mal ce que Marc dit (entre parenthèses). Elle demande à Marc de répéter. Jouez le rôle de Claire.

▶ Je sors avec (un ami américain).   *Avec qui sors-tu?*
▶ Je joue au (tennis).   *À quoi joues-tu?*

1. Je parle à (Paul).
2. Je parle souvent de (mes classes).
3. Je parle de (Francine).
4. Je parle des (vacances).
5. Je vais chez (un ami).
6. Je pense aux (vacances).
7. Je pense à (mes amis de Paris).
8. J'ai besoin d'(argent).
9. J'ai envie d'(une moto).
10. J'ai téléphoné à (Christine).

Comment? Je t'entends mal ...

VOCABULAIRE: La conversation

verbes

penser à	to think about	Je **pense** souvent **à** l'avenir.
rêver de	to dream of	Paul **rêve de** la moto qu'il va acheter.
se souvenir de	to remember	Je ne **me souviens** pas **de** cet épisode.
s'intéresser à	to be interested in	Françoise **s'intéresse à** la musique américaine.
se passionner pour	to be enthusiastic about	Elle **se passionne pour** le jazz.
parler de	to speak, to talk about	Albert **parle** souvent **de** la politique.
discuter de	to discuss, to talk over	Je **discute de** la situation internationale.
se moquer de	to make fun of	Pourquoi **te moques-tu** de mes idées?

prépositions

à propos de	with regard to	Je veux vous parler **à propos de** l'examen.
de la part de	from, on behalf of	Je vous téléphone **de la part de** mon frère.

5. Et toi? Claire parle de ce qui l'intéresse, puis elle pose des questions à Marc. Jouez le rôle de Claire d'après le modèle.

▶ Je rêve d'aller en Europe.   *Et toi, de quoi rêves-tu?*

1. Je m'intéresse au cinéma.
2. Je me passionne pour les films d'aventure.
3. Je rêve d'être actrice.
4. Je pense à Jane Fonda.
5. Je parle souvent de ses films.
6. Je me passionne aussi pour les westerns.

6. Questions personnelles:

1. De qui parlez-vous avec vos amis? avec vos parents?
2. De quoi parlez-vous avec votre meilleur ami? avec votre meilleure amie? avec vos parents?
3. De quoi discutez-vous en classe de français? en classe d'histoire? en classe d'anglais? en classe de sciences sociales?
4. Chez qui allez-vous le week-end? pendant les vacances?
5. De quoi avez-vous le plus besoin actuellement?
6. À quoi aimez-vous jouer?

D. Résumé: les pronoms interrogatifs

The following chart summarizes the French interrogative pronouns.

	questions concerning people		questions concerning things	
subject	qui qui est-ce qui	Qui parle? Qui est-ce qui vient?	qu'est-ce qui	Qu'est-ce qui vous irrite?
direct object	qui + inversion qui est-ce que	Qui cherches-tu? Qui est-ce qu'il voit?	que + inversion qu'est-ce que	Que cherches-tu? Qu'est-ce que tu vois?
object of preposition	qui	À qui parlez-vous?	quoi	De quoi parlez-vous

7. Le président: Imaginez que vous êtes le/la président(e) d'une compagnie française. Vous avez pris quinze jours de vacances. À votre retour, votre secrétaire vous explique ce qui s'est passé pendant votre absence. Demandez-lui des précisions en utilisant le pronom interrogatif qui convient.

▶ J'ai écrit une lettre à quelqu'un.   *À qui avez-vous écrit?*

1. Quelqu'un a téléphoné.
2. Quelqu'un a envoyé un télégramme.
3. Quelque chose est arrivé.
4. Quelque chose m'a préoccupé.
5. J'ai envoyé une lettre à quelqu'un.
6. J'ai téléphoné à quelqu'un.
7. J'ai acheté quelque chose pour le bureau.
8. J'ai eu besoin de quelque chose.
9. J'ai pensé à quelque chose.
10. J'ai parlé de quelque chose à nos clients.

E. Les pronoms ce qui, ce que

The sentences on the left are direct questions. The sentences on the right are indirect questions. Note the expressions in indirect speech that correspond to the interrogative pronouns **qu'est-ce qui** and **qu'est-ce que**.

direct speech	indirect speech
Qu'est-ce qui est arrivé?	Dis-moi **ce qui** est arrivé.
Qu'est-ce qui vous amuse?	Je vous demande **ce qui** vous amuse.
Qu'est-ce que tu fais?	Je voudrais savoir **ce que** tu fais.
Qu'est-ce que Pierre pense de ce livre?	Dites-moi **ce que** Pierre pense de ce livre.

■ Both **ce qui** and **ce que** correspond to the English pronoun *what.*

Dites-moi **ce qui** vous amuse.   Tell me *what* amuses you.
Dites-moi **ce que** vous voulez.   Tell me *what* you want.

- **Ce qui** means **la chose qui** or **les choses qui,** and corresponds to the subject pronoun **qu'est-ce qui. Ce qui** is followed by a singular verb and is modified by a masculine adjective.

> J'aime **les choses belles.**   J'aime **ce qui est beau.**
> Je déteste **les choses compliquées.**   Je déteste **ce qui est compliqué.**

- **Ce que** means **la chose que** or **les choses que,** and corresponds to the direct object pronoun **qu'est-ce que.**

- Both **ce qui** and **ce que** are often used as indefinite pronouns and do not refer to a specific antecedent.

> **Ce qui** est simple ne m'intéresse pas.   *What* is simple does not interest me.
> **Ce que** tu dis n'est pas vrai.   *What* you say is not true.

PROVERBE   **Tout ce qui brille n'est pas d'or.**
All that glitters is not gold.

---

8. Interview: Imaginez que vous travaillez pour le magazine de votre université. Vous allez interviewer Annie, une étudiante française, et vous voulez obtenir les renseignements suivants. Posez vos questions d'une façon indirecte en commençant vos phrases par *Dis-moi.*

> ▶ Qu'est-ce que tu étudies?   *Dis-moi ce que tu étudies.*
> ▶ Qu'est-ce qui est important pour toi?   *Dis-moi ce qui est important pour toi.*

1. Qu'est-ce que tu fais le week-end?
2. Qu'est-ce que tu as fait le week-end dernier?
3. Qu'est-ce que tu penses des Américains?
4. Qu'est-ce que tu vas faire l'année prochaine?
5. Qu'est-ce que tu trouves de bizarre ici?
6. Qu'est-ce qui t'intéresse?
7. Qu'est-ce qui t'amuse?
8. Qu'est-ce qui te préoccupe?

9. Préférences: Dites ce que vous préférez. Utilisez l'expression *ce qui est* + adjectif masculin singulier.

> ▶ les choses belles ou les choses utiles   *Je préfère ce qui est beau.*
>   ou: *Je préfère ce qui est utile.*

1. les choses faciles ou les choses difficiles
2. les choses simples ou les choses compliquées
3. les choses normales ou les choses anormales
4. les choses sérieuses ou les choses amusantes

10. Le bon exemple: En général, donnez-vous le bon exemple? Si oui, dites à un ami de faire ce que vous faites. Sinon, dites-lui de ne pas faire ce que vous faites.

▶ faire   *Fais ce que je fais.*   ou: *Ne fais pas ce que je fais.*

1. étudier   3. acheter   5. boire
2. raconter   4. manger   6. choisir

Phonétique

Le son /j/ *(révision)*

The sound /j/ introduces a vowel sound. It is pronounced rapidly, with much tension. It is usually written **i** + vowel, or **y** + vowel.

Mot-clé: b**i**en
Répétez: p**i**ano, anc**i**en, av**io**n, sc**i**ence, **yo**ga.

> Fab**i**enne vient de se marier.
> Pierre croyait que vous voul**i**ez étudier.
> Que fer**i**ez-vous si vous all**i**ez à Lyon?
> Si nous av**i**ons la télévision, nous rester**i**ons à la maison.

Récapitulation

Substitution

Remplacez les mots soulignés par les expressions entre parenthèses. Faites tous les changements nécessaires.

1. J'écoute le <u>professeur</u>. Et toi qui est-ce que tu écoutes? (Jean-François, un disque, la radio, mes parents, Mike Wallace, un concert de piano)
2. Nous pensons <u>à nos amis</u>. Et vous, à qui pensez-vous? (à nos parents, à cet acteur, à l'avenir, à nos amies, aux vacances, au problème de l'énergie, à la classe de français, au professeur)
3. Qu'est-ce que tu <u>fais</u>? Dis-moi ce que tu fais! (manges, écoutes, bois, prépares, ne comprends pas, veux, vas faire ce soir)
4. Vous aimez les choses <u>belles</u>. Eh bien, moi aussi, j'aime ce qui est beau. (drôles, sérieuses, mystérieuses, logiques, simples)

Vous avez la parole: Interview

Supposez que des étudiants français en voyage aux États-Unis visitent votre campus. Posez-leur 10 questions (sur ce qu'ils ont fait, ce qu'ils ont aimé, ce qu'ils n'ont pas aimé, ce qu'ils vont faire, etc.).

Instantané

LE FRANÇAIS PRATIQUE

Les bons coups et les mauvais coups

Le mot «coup» est un mot très utilisé en français. En général, coup signifie *blow* ou *strike*. Ce mot est aussi utilisé dans un très grand nombre d'expressions où il a un sens différent.

expression:	équivalent:
donner un coup de main	aider quelqu'un
donner un coup d'œil	regarder rapidement
partir sur un coup de tête	partir brusquement et sans raison
donner un coup de téléphone	téléphoner
faire un mauvais coup	faire une mauvaise action
être dans le coup	être bien informé
tout à coup	soudainement

Joyeux anniversaire!

L'art des exclamations

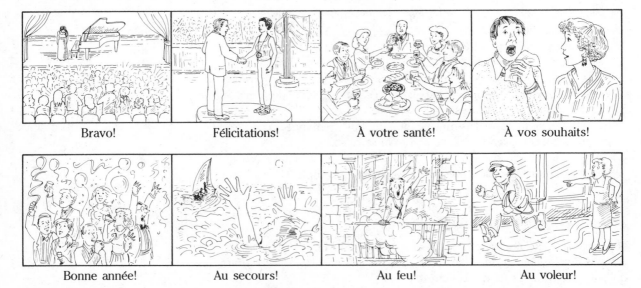

Bravo!

Félicitations!

À votre santé!

À vos souhaits!

Bonne année!

Au secours!

Au feu!

Au voleur!

FLASH! *Informations*

La cathédrale de Reims

Une centrale nucléaire dans la campagne française

Croyances et opinions des Français

- 84% des Français se déclarent catholiques, mais seulement 14% vont à la messe le dimanche. 55% vont à la messe pour les cérémonies (baptême, communion, mariages, enterrement°).   *funeral*
- 62% des jeunes entre 15 et 30 ans croient en Dieu° (68% pour les filles, 57% pour les garçons).   *God*
- Seulement 38% des Français s'intéressent à la politique, mais 73% s'intéressent aux problèmes économiques.
- 62% des Français sont pour le développement de l'énergie nucléaire.
- Un Français sur deux se prononce contre la peine de mort°.   *death penalty*
- 30% des Français se considèrent très heureux, 65% se considèrent assez heureux. 5% seulement se considèrent malheureux.

RENCONTRES
Réflexions philosophiques

La France a eu de grands écrivains et de grands philosophes. Voici quelques-unes de leurs réflexions.

- La plus grande chose du monde, c'est de savoir être à soi.   Montaigne (1533–1582)

- Je pense, donc je suis.   Descartes (1596–1650)

- Les vertus sont les frontières des vices.   La Rochefoucauld (1613–1680)

- Il n'y a pour l'homme que trois événements: naître, vivre et mourir. Il ne se sent pas naître, il souffre à mourir, et il oublie de vivre.   La Bruyère (1645–1696)

- Le cœur a ses raisons que la raison ne connaît pas.   Pascal (1623–1662)

- Si l'homme était parfait, il serait Dieu.   Voltaire (1694–1778)

- L'amour n'est pas seulement un sentiment, il est un art aussi.   Balzac (1799–1850)

- La musique, c'est du bruit qui pense.   Victor Hugo (1802–1885)

- L'enfer, c'est les autres.   Jean-Paul Sartre (1905–1980)

- Le monde a commencé sans l'homme et il s'achèvera sans lui.   Claude Lévi-Strauss (1908–   )

- Je me révolte, donc je suis.   Albert Camus (1913–1960)

- Il y a des guerres justes, il n'y a pas d'armées justes.   André Malraux (1901–1976)

Voltaire

Jean-Paul Sartre avec Simone de Beauvoir

APPENDICES

I: Les sons français

	Son	Orthographe	Exemples
Voyelles orales	/a/	**a, à, â**	banane
	/i/	**i, î**	Mimi, Philippe, Nîmes
		y	Sylvie
	/e/	**é**	Léa
		e (devant un **z, t** ou **r** final et non-prononcé)	chez, chalet, dîner
		ai	français
	/ɛ/	**è**	chère, Michèle
		ei	Marseille
		ê	tête
		e (devant 2 consonnes)	Isabelle
		e (devant une consonne finale prononcée)	cher
		ai (devant une consonne finale prononcée)	française
	/u/	**ou, où, oû**	Loulou
	/y/	**u, û**	Lulu
	/o/	**o**	auto
		au, eau	beau
		ô	rôle
	/ɔ/	**o**	Nicole
		au	Paul
	/ø/	**eu, œu**	neveu
		eu (devant la terminaison **-se**)	sérieuse
	/œ/	**eu, œu** (devant une consonne finale prononcée excepté /**z**/)	moteur, sœur
	/ə/	**e**	le, René
Voyelles nasales	/ɑ̃/	**an, am**	André, Adam
		en, em	ensemble, emblème
	/ɛ̃/	**in, im**	instant, important
		yn, ym	synthèse, symphonie
		ain	américain
		en (dans la terminaison **-ien**)	bien, Julien

Son	Orthographe	Exemples
/ɔ̃/	**on, om**	on, salon, bombe
/œ̃/	**un, um**	brun, humble

Semivoyelles

Son	Orthographe	Exemples
/ɥ/	**u** (devant une voyelle)	suave, Suisse
/j/	**i, y** (devant une voyelle)	piano, Yolande, payer
	il, ill (après une voyelle)	travail, travailler
/w/	**ou** (devant une voyelle)	oui
/wa/	**oi** (devant une consonne)	noir
	oy	voyage
/wɛ̃/	**oin**	loin

Consonnes

Son	Orthographe	Exemples
/b/	**b**	barbare
/ʃ/	**ch**	machine
/d/	**d**	David
/f/	**f, ph**	Fifi, photo
/g/	**g** (devant **a, o, u** ou consonne)	garçon, Margot, Gustave
	gu (devant **e, i, y**)	guerre, guitare, Guy
/ʒ/	**j, je** (dvant **a**)	Jacques, Jean
	g (devant **e, i, y**)	danger, Gigi
	ge (devant **a, o, u**)	changeant, Georges, courageux
/ɲ/	**gn**	espagnol
/l/	**l**	Lili, il
/m/	**m**	maman
/n/	**n**	ananas
/p/	**p**	papa
/r/	**r**	Robert
/k/	**c** (devant **a, o, u** ou consonne)	cacao, Corinne, Hercule
	ch (devant **r**)	Christine
	qu	qualité
	k	kilo
/s/	**c** (devant **e, i, y**)	Cécile
	ç (devant **a, o, u**)	garçon
	s (au début d'un mot ou avant une consonne)	Suzanne, reste
	ss	masse
	t (devant **i** + voyelle)	solution
/z/	**s** (entre deux voyelles)	rose
	z	Elizabeth
/t/	**t, th**	tante, théâtre
/v/	**v**	Victor
/gz/	**x** (devant **a, o, u**)	examiner
/ks/	**x** (devant **e, i**)	taxi

II: Les verbes réguliers

A. Conjugaison régulière

	Verbes en **-er** parl**er**	*Verbes en* **-ir** fin**ir**	*Verbes en* **-re** répond**re**	*Verbes pronominaux* se laver
Indicatif *présent*	je parle tu parl**es** il parle nous parl**ons** vous parl**ez** ils parl**ent**	je fin**is** tu fin**is** il fin**it** nous fin**issons** vous fin**issez** ils fin**issent**	je répond**s** tu répond**s** il répond nous répond**ons** vous répond**ez** ils répond**ent**	je me lave tu te laves il se lave nous nous lavons vous vous lavez ils se lavent
imparfait	je parl**ais** tu parl**ais** il parl**ait** nous parl**ions** vous parl**iez** ils parl**aient**	je finiss**ais** tu finiss**ais** il finiss**ait** nous finiss**ions** vous finiss**iez** ils finiss**aient**	je répond**ais** tu répond**ais** il répond**ait** nous répond**ions** vous répond**iez** ils répond**aient**	je me lavais tu te lavais il se lavait nous nous lavions vous vous laviez ils se lavaient
futur	je parler**ai** tu parler**as** il parler**a** nous parler**ons** vous parler**ez** ils parler**ont**	je finir**ai** tu finir**as** il finir**a** nous finir**ons** vous finir**ez** ils finir**ont**	je répondr**ai** tu répondr**as** il répondr**a** nous répondr**ons** vous répondr**ez** ils répondr**ont**	je me laverai tu te laveras il se lavera nous nous laverons vous vous laverez ils se laveront
passé composé	j'**ai** parlé tu **as** parlé il **a** parlé nous **avons** parlé vous **avez** parlé ils **ont** parlé	j'**ai** fini tu **as** fini il **a** fini nous **avons** fini vous **avez** fini ils **ont** fini	j'**ai** répondu tu **as** répondu il **a** répondu nous **avons** répondu vous **avez** répondu ils **ont** répondu	je me **suis** lavé tu t'**es** lavé il s'**est** lavé nous nous **sommes** lavés vous vous **êtes** lavés ils se **sont** lavés
plus-que-parfait	j'**avais** parlé tu **avais** parlé il **avait** parlé nous **avions** parlé vous **aviez** parlé ils **avaient** parlé	j'**avais** fini tu **avais** fini il **avait** fini nous **avions** fini vous **aviez** fini ils **avaient** fini	j'**avais** répondu tu **avais** répondu il **avait** répondu nous **avions** répondu vous **aviez** répondu ils **avaient** répondu	je m'**étais** lavé tu t'**étais** lavé il s'**était** lavé nous nous **étions** lavés vous vous **étiez** lavés ils s'**étaient** lavés
impératif	parle parl**ons** parl**ez**	fin**is** fin**issons** fin**issez**	répond**s** répond**ons** répond**ez**	lave-toi lavons-nous lavez-vous

	Verbes en -er parler	Verbes en -ir finir	Verbes en -re répondre	Verbes pronominaux se laver
Conditionnel *présent*	je parlerais tu parlerais il parlerait nous parlerions vous parleriez ils parleraient	je finirais tu finirais il finirait nous finirions vous finiriez ils finiraient	je répondrais tu répondrais il répondrait nous répondrions vous répondriez ils répondraient	je me laverais tu te laverais il se laverait nous nous laverions vous vous laveriez ils se laveraient
Subjonctif *présent*	que je parle que tu parles qu'il parle que nous parlions que vous parliez qu'ils parlent	que je finisse que tu finisses qu'il finisse que nous finissions que vous finissiez qu'ils finissent	que je réponde que tu répondes qu'il réponde que nous répondions que vous répondiez qu'ils répondent	que je me lave que tu te laves qu'il se lave que nous nous lavions que vous vous laviez qu'ils se lavent
Participe *présent*	parlant	finissant	répondant	se lavant
passé	parlé	fini	répondu	lavé

B. Verbes à modification orthographique

	acheter	préférer	payer	appeler
Indicatif *présent*	j'achète tu achètes il achète nous achetons vous achetez ils achètent	je préfère tu préfères il préfère nous préférons vous préférez ils préfèrent	je paie tu paies il paie nous payons vous payez ils paient	j'appelle tu appelles il appelle nous appelons vous appelez ils appellent
imparfait	j'achetais	je préférais	je payais	j'appelais
futur	j'achèterai	je préférerai	ja paierai	j'appellerai
passé composé	j'ai acheté	j'ai préféré	j'ai payé	j'ai appelé
plus-que-parfait	j'avais acheté	j'avais préféré	j'avais payé	j'avais appelé
impératif	achète achetons achetez	préfère préférons préférez	paie payons payez	appelle appelons appelez

	acheter	préférer	payer	appeler
Conditionnel *présent*	j'achèterais	je préférerais	je paierais	j'appellerais
Subjonctif *présent*	que j'achète que tu achètes qu'il achète que nous achetions que vous achetiez qu'ils achètent	que je préfère que tu préfères qu'il préfère que nous préférions que vous préfériez qu'ils préfèrent	que je paie que tu paies qu'il paie que nous payions que vous payiez qu'ils paient	que j'appelle que tu appelles qu'il appelle que nous appelions que vous appeliez qu'ils appellent
Participe *présent*	achetant	préférant	payant	appelant
passé	acheté	préféré	payé	appelé

III: Les verbes auxiliaires

Être et avoir

Indicatif Présent	Imparfait	Futur	Passé Composé	Impératif	Subjonctif Présent	Participe Présent	Participe Passé
être je suis tu es il est nous sommes vous êtes ils sont	j'étais	je serai	j'ai été	 sois soyons soyez	que je sois que tu sois qu'il soit que nous soyons que vous soyez qu'ils soient	étant	été
avoir j'ai tu as il a nous avons vous avez ils ont	j'avais	j'aurai	j'ai eu	 aie ayons ayez	que j'aie que tu aies qu'il ait que nous ayons que vous ayez qu'ils aient	ayant	eu

IV: Les verbes irréguliers

Infinitif	Indicatif Présent		Imparfait	Futur
aller	je vais tu vas il va	nous allons vous allez ils vont	j'allais	j'irai
boire	je bois tu bois il boit	nous buvons vous buvez ils boivent	je buvais	je boirai
conduire	je conduis tu conduis il conduit	nous conduisons vous conduisez ils conduisent	je conduisais	je conduirai
connaître	je connais tu connais il connaît	nous connaissons vous connaissez ils connaissent	je connaissais	je connaîtrai
croire	je crois tu crois il croit	nous croyons vous croyez ils croient	je croyais	je croirai
devoir	je dois tu dois il doit	nous devons vous devez ils doivent	je devais	je devrai
dire	je dis tu dis il dit	nous disons vous dites ils disent	je disais	je dirai
écrire	j'écris tu écris il écrit	nous écrivons vous écrivez ils écrivent	j'écrivais	j'écrirai
envoyer	j'envoie tu envoies il envoie	nous envoyons vous envoyez ils envoient	j'envoyais	j'enverrai
faire	je fais tu fais il fait	nous faisons vous faites ils font	je faisais	je ferai
falloir	il faut		il fallait	il faudra
lire	je lis tu lis il lit	nous lisons vous lisez ils lisent	je lisais	je lirai

Passé composé	Subjonctif Présent	Participe Présent	Autres verbes ayant une conjugaison semblable
je suis allé	que j'aille que nous allions	allant	
j'ai bu	que je boive que nous buvions	buvant	
j'ai conduit	que je conduise que nous conduisions	conduisant	construire détruire produire
j'ai connu	que je connaisse que nous connaissions	connaissant	disparaître reconnaître
j'ai cru	que je croie que nous croyions	croyant	
j'ai dû	que je doive que nous devions	devant	
j'ai dit	que je dise que nous disions	disant	interdire (vous interdisez) prédire (vous prédisez)
j'ai écrit	que j'écrive que nous écrivions	écrivant	décrire
j'ai envoyé	que j'envoie que nous envoyions	envoyant	
j'ai fait	que je fasse que nous fassions	faisant	
il a fallu	qu'il faille		
j'ai lu	que je lise que nous lisions	lisant	élire

Infinitif	Indicatif Présent		Imparfait	Futur
mettre	je mets tu mets il met	nous mettons vous mettez ils mettent	je mettais	je mettrai
ouvrir	j'ouvre tu ouvres il ouvre	nous ouvrons vous ouvrez ils ouvrent	j'ouvrais	j'ouvrirai
partir	je pars tu pars il part	nous partons vous partez ils partent	je partais	je partirai
pouvoir	je peux tu peux il peut	nous pouvons vous pouvez ils peuvent	je pouvais	je pourrai
prendre	je prends tu prends il prend	nous prenons vous prenez ils prennent	je prenais	je prendrai
recevoir	je reçois tu reçois il reçoit	nous recevons vous recevez ils reçoivent	je recevais	je recevrai
savoir	je sais tu sais il sait	nous savons vous savez ils savent	je savais	je saurai
suivre	je suis tu suis il suit	nous suivons vous suivez ils suivent	je suivais	je suivrai
venir	je viens tu viens il vient	nous venons vous venez ils viennent	je venais	je viendrai
vivre	je vis tu vis il vit	nous vivons vous vivez ils vivent	je vivais	je vivrai
voir	je vois tu vois il voit	nous voyons vous voyez ils voient	je voyais	je verrai
vouloir	je veux tu veux il veut	nous voulons vous voulez ils veulent	je voulais	je voudrai

Passé composé	Subjonctif Présent	Participe Présent	Autres verbes ayant une conjugaison semblable
j'ai mis	que je mette que nous mettions	mettant	permettre promettre
j'ai ouvert	que j'ouvre que nous ouvrions	ouvrant	couvrir offrir découvrir souffrir
je suis parti	que je parte que nous partions	partant	dormir (j'ai dormi) s'endormir (je me suis endormi) mentir (j'ai menti) sentir (j'ai senti) servir (j'ai servi) sortir (je suis sorti)
j'ai pu	que je puisse que nous puissions	pouvant	
j'ai pris	que je prenne que nous prenions	prenant	apprendre comprendre
j'ai reçu	que je reçoive que nous recevions	recevant	apercevoir décevoir
j'ai su	que je sache que nous sachions	sachant	
j'ai suivi	que je suive que nous suivions	suivant	
je suis venu	que je vienne que nous venions	venant	devenir (je suis devenu) revenir (je suis revenu) se souvenir (je me suis souvenu) maintenir (j'ai maintenu) obtenir (j'ai obtenu)
j'ai vécu	que je vive que nous vivions	vivant	
j'ai vu	que je voie que nous voyions	voyant	
j'ai voulu	que je veuille que nous voulions	voulant	

VOCABULAIRE
Français-Anglais

This vocabulary includes all the words used in *Contacts* except compound numbers and grammatical terminology. The definitions given are limited to the context in which the words are used in this book. Lesson references are given for those words and expressions that are formally activitated in a VOCABULAIRE or STRUCTURE section.

Regular adjectives are listed only in the masculine singular form. Irregular adjectives are listed under the masculine singular form followed by the irregular feminine singular or masculine plural form in parentheses. Irregular feminine or plural nouns are also noted in parentheses beside the singular form. Expressions are listed according to the key word.

The following abbreviations are used:

(m.)	masculine
(f.)	feminine
(sing.)	singular
(pl.)	plural
(inf.)	infinitive
(adj.)	adjective
(qqch.)	**quelque chose** (something)
(qqn.)	**quelqu'un** (someone)

à to, at, in 4; **à cause de** because of 40; **à l'heure** on time 6; **à moins que** unless 39; **à nouveau** again; **à partir de ce moment** from this moment; **à peu près** about; **à quelle heure** at what time 3; **à travers** through; around; across; **être à** to belong to
abandonner to abandon
une abbaye monastery
abolir to abolish
d'abord first, at first 27
l'abruti *(m.)* moron
absolu absolute
absolument absolutely 37
absorber to absorb
abstrait abstract
l'Acadie *(f.)* Acadia
les acadiens *(m.)* "cajuns"

accéder à to attain, to reach
l'accélerateur *(m.)* accelerator
accentué stressed 6
accepter to accept; to agree
un accident accident 27
accompagner to accompany
accomplir to fulfill
un accord agreement 38; **d'accord** OK! all right!; **être d'accord** to agree 5
un achat purchase
acheter to buy 10; **s'acheter** to buy for oneself 23
l'acier *(m.)* steel
un acteur (une actrice) actor (actress)
actif (active) active 28
l'action *(f.)* action
l'activité *(f.)* activity 23

actuel (actuelle) present, today 37
adapter to adapt
l'addition *(f.)* bill
additionner to add
administratif (administrative) administrative
l'administration *(f.)* administration; **l'administration des affaires** business admnistration 20
administrer to administer
l'admirateur *(m.)* admirer
admirer to admire 40
adopter to adopt
adorer to adore 4
adoucir to soften
l'adresse *(f.)* address
l'adversaire *(m.)* adversary
adverse adverse
un aérogramme air letter

aéronautique aeronautic

un aéroport airport 9

une affaire bargain; **les affaires** business

affecté affected 28

affecter to affect

affectif (affective) affective, emotional

une affiche sign

affirmatif (affirmative) affirmative 5

affirmativement affirmatively

affreux (affreuse) awful

africain African; from Africa

l'Afrique *(f.)* Africa; **l'Afrique Noire** *(f.)* Black Africa; **l'Afrique du Nord** *(f.)* North Africa

l'âge *(m.)* age

agé old 28

l'agence *(f.)* agency; **l'agence immobilière** real estate agency; **une agence de publicité** advertising agency

l'agent agent; **l'agent de police** policeman

l'agglomération *(f.)* urban area

agir to act 34

agréable pleasant 25

l'agrément *(m.)* pleasure

agressif (agressive) aggressive 28

l'agriculteur *(m.)* farmer

l'aide *(f.)* aid, help

aider to help 20

aigu acute, sharp

ailleurs elsewhere; **d'ailleurs** besides, moreover 38

aimer to like, to love 4; **aimer bien** to like 24; **aimer mieux** to prefer 37

ainsi thus, therefore; so

l'air *(m.)* air; **avoir l'air** *(+ adj.)* to seem 22; **en plein air** open air

l'aise *(f.)* ease; **à l'aise** at ease

l'album *(m.)* album

l'alcool *(m.)* alcohol

l'Algérie *(f.)* Algeria

algérien (algérienne) Algerian

l'alimentation *(f.)* food; feeding

l'Allemagne Germany 16

allemand German 16; **l'allemand** German language; **un Allemand (une Allemande)** German (person) 16

aller to go 9; **je vais bien** I'm fine 2; **un aller-retour** round-trip ticket; **un aller simple** one-way ticket; **Comment allez-vous?** How are you? 2

l'alliance *(f.)* alliance; union

un allié ally 38

allô hello (on the telephone)

allumer to light

alors therefore, then, so, well 12; at that moment; **alors!** well! so! 12; **alors?** so? 12

l'alphabet *(m.)* alphabet 2

l'alpinisme *(m.)* mountain climbing 35

l'amateur *(m.)* lover, fan

l'ambassadeur *(m.)* ambassador

ambigu ambiguous

ambitieux (ambitieuse) ambitious 28

l'ambition *(f.)* ambition

l'ambulance *(f.)* ambulance

l'amélioration *(f.)* improvement

améliorer to improve 39

amener to bring, to take (along) 10

américain American 8; **un Américain (une Américaine)** American (person) 16

l'Amérique *(f.)* America; the Americas **l'Amérique Latine** Latin America; **l'Amérique du Nord** North America

un ami (une amie) friend 7

l'amiral *(m.)* admiral

l'amitié *(f.)* friendship 24

l'amour *(m.)* love 24

amoureux (amoureuse) (de) in love (with) 24

l'amphithéâtre *(m.)* lecture hall

amusant amusing 28

l'amusement *(m.)* amusement, entertainment

amuser to amuse 34; **s'amuser** to have fun 23; to enjoy oneself

un an year 11

une analyse analysis 40

l'ancêtre *(m.)* ancestor

ancien (ancienne) old 25

les Andes *(f.)* Andes

anglais English 8; **l'anglais** English (language); **un Anglais (une Anglaise)** English person 16

l'Angleterre *(f.)* England 16

l'animal domestique *(m.)* pet

animé lively

animer to animate; to enliven

l'animosité *(f.)* animosity

une année (whole) year 16; **bonne année** Happy New Year; **l'année d'avant** the year before; **l'année prochaine** next year; **l'année scolaire** school year

un anniversaire birthday; anniversary 16

l'annonce *(f.)* sign; advertisement; **une petite annonce** classified ad 29

annoncer to announce

l'anonymat *(m.)* anonymity

un anorak ski jacket 10

les Antilles *(f.)* West Indies

un/une antiquaire antique dealer

août August 16

apercevoir to see, to catch a glimpse of 34; **s'apercevoir** to realize 34

l'appareil: qui est à l'appareil? who's on the phone?

un appareil-photo camera 7

apparenté related

un appartement apartment 12

appartenir à to belong to

appeler to call 23; **s'appeler** to be called 23; **je m'appelle** my name is 1; **comment vous appelez-vous?** what is your name? 1

appétissant appetizing

l'appétit *(m.)* appetite; **bon appétit!** enjoy your meal!

apporter to bring (something) 34

apprécier to appreciate

apprendre to learn 14; **apprendre à** *(+ inf.)* to learn 35

approprié appropriate

après after 16; **un après-midi** afternoon 17; **de l'après-midi** P.M. 6; **l'après-guerre** post-war; **après tout** after all 12; **d'après** according to

l'arbre *(m.)* tree

l'Arc *(m.)* **de Triomphe** Arch of Triumph (monument in Paris)

archaïque archaic

un/une architecte architect 31

l'architecture *(f.)* architecture 20

l'ardeur *(f.)* energy, enthusiasm

l'argent *(m.)* money 10; **gagner de l'argent** to earn money

l'armée *(f.)* army

l'armement *(m.)* arms

s'arranger to work out

l'arrêt stop; **l'arrêt de l'autobus** bus stop

arrêter to stop (someone, something) 39; **s'arrêter** to stop (oneself) 39

l'arrivée (f.) arrival

arriver to arrive 6; to happen 27

un art art 9

un article article 29

artificiel (artificielle) artificial

un/une artiste artist

artistique artistic 20

l'Asie (f.) Asia

asocial antisocial

aspiré aspirated

aspirer to aspire

l'aspirine (f.) aspirin

assez enough; rather 5; **assez bien** pretty well; **assez de** enough 13

assidu diligent

un assistant (une assistante) assistant

assister à to attend; to witness

l'associé (m.) associate

l'assurance (f.) insurance; **une compagnie d'assurances** insurance company

assurer to assure

l'astrologie (f.) astrology

un/une astronaute astronaut

un/une athlète athlete

l'athlétisme track and field 35

l'atmosphère (f.) atmosphere, air

atmosphérique atmospheric

atomique atomic

atroce atrocious

attacher to fasten; to tie

attaquer to attack 20

attendre to wait for 13

attentif (attentive) attentive; careful

l'attention (f.) attention

attentivement attentively

une attitude attitude

attirer to attract 40

l'attrapeur (m.) catcher

attribuer to attribute

au = (à + le) 9; **au lieu de** instead of 36; **au moins** at least; **au sujet de** about; on the subject of; **au revoir** goodby 1

une auberge inn

aucun (aucune) none, no, not any

audacieux (audacieuse) brave

augmenter to increase 39

aujourd'hui today 16

auquel = (à + lequel) 41

aussi also, too 5; **aussi ... que** as ... as 29

l'Australie (f.) Australia

autant de as many as 29

l'auteur (m.) author

une auto car 7; **en auto** by car

l'autobiographie (f.) autobiography

l'automne (m.) fall 16; **en automne** in the fall 16

un/une automobiliste motorist

l'autonomie (f.) autonomy

l'autoportrait (m.) self-portrait

l'autorisation (f.) authorization

l'autorité authority

l'autoroute (f.) expressway

l'auto-stop hitchhiking; **faire de l'auto-stop** to hitchhike 18

autour de around 40

autre other 25

un(e) autre another 25; **d'autres** other 25; **l'autre** the other 25; **les autres** the others 25

autrefois in the past, formerly 26

un avis opinion; **à mon avis** in my opinion 29

aux = (a + les) 9

avance: en avance early, ahead of time 6

avancer to move ahead, to advance

avant before 16; **avant de** before 36; **avant que** before 39; **avant tout** above all

un avantage advantage

avec with 4

l'avenir (m.) future 31

l'aventure (f.) adventure

une avenue avenue 25

l'aviation (f.) aviation

avide eager

un avion plane 9; **en avion** by plane 9

l'aviron (m.) rowing

un avocat (une avocate) lawyer 31

avoir to have 7; to own; to possess; **avoir ... ans** to be ... years old 13; **avoir besoin de** to need 13; **avoir chaud** to be warm 13; **avoir faim** to be hungry 13; **avoir l'air** to seem, to look 22; **avoir lieu** to take place 27; **avoir mal à ...** to have a ... ache 22; **avoir moins de ... ans** to be under ... years old; **avoir peur** to be afraid 38; **avoir raison** to be

right 13; **avoir soif** to be thirsty 13; **avoir tort** to be wrong 13; **avoir rendez-vous avec** (qqn.) to have a date with (someone) 3

avril (m.) April 16

le baccalauréat (le bac) French secondary school diploma 19

les bagages (m.) baggage; luggage

la bagarre fight

le bal ball, dance

Balance (f.) Libra (zodiac sign)

une balle (un ballon) ball; **une balle de baseball** baseball; **un ballon de basket** basketball; **un ballon de foot** soccer ball; **un ballon de rugby** rugby ball; **un ballon de volley** volleyball

une banane banana

le banc bench

une bande dessinée comic strip 29

le bandit bandit

le banjo banjo

la banlieue suburbs 25

la banque bank

les bans official wedding announcement; public notice of intent to marry

le baptême baptism

barbu bearded

bas (basse) low 30

la base base; basis

baser to base

la bataille battle

un bateau (pl. **bateaux**) boat; **un bateau-mouche** sightseeing boat

un bâtiment building 25

le bâton stick, pole; skipole

une batte baseball bat

beau (belle, bel, beaux, belles) beautiful, handsome 12; **il fait beau** it's beautiful 15

beaucoup a lot, much, very much 5; **beaucoup de** much (many), very much (very many), a lot of, lots of 13; **beaucoup trop** much too much 13; **beaucoup trop de** much too much (many too many) 13

les beaux arts fine arts 20

un bébé baby

belge Belgian; from Belgium

la Belgique Belgium

Bélier (m.) Aries (zodiac sign)

les Bermudes (f.) Bermuda

besoin need; **avoir besoin de** to need 13

bête stupid

la bêtise stupid act or remark

le beurre butter 14

une bibliothèque library 9

une bicyclette bicycle 7

bien well 5; **je vais bien** I am fine 2; **bien sûr** of course 5; **bien sûr que non** of course not 5; **le bien vivre** good living

un bien good; advantage; asset

bientôt soon 32

la bière beer 14

un bifteck steak; minute steak

bilingue bilingual

un billet ticket; **un billet d'avion** plane ticket; **un billet de chemin de fer** train ticket

la biologie biology 20

biologiquement biologically

un bistrot small café

blanc (blanche) white 13

blanchir to bleach; to whiten

blasé offhand, blase

bleu blue 10

blond blond 8

une blouse blouse 10

le bœuf beef 14

boire to drink 14

la boisson beverage, drink 14

la boîte box; can

la bombe bomb

bon (bonne) good 8 **bon marché** cheap; inexpensive 10; **il est bon** it is good 37; **il fait bon** the weather is nice 15; **en bonne forme** in good shape; **un bon vivant** one who appreciates good living

le bonheur happiness 41

bonjour hello 1

la bouche mouth 22

la boule ball; **la boule de cristal** crystal ball

un boulevard boulevard 25

un bourgeois (une bourgeoise) member of the middle class, bourgeois

une bourse scholarship 11

le bout end

la bouteille bottle

la boutique shop, boutique

la boxe boxing

la branche branch

le bras arm 22

bref (brève) brief

le Brésil Brazil

brésilien (brésilienne) Brazilian

breton (bretonne) from Britanny

le bridge bridge game 9

brillant brilliant 28

briller to shine

la brochure brochure

une bronchite bronchitis

le bruit noise 25

brûler to burn

brun dark-haired 8

le budget budget 11

un buffet buffet

le bulletin bulletin; **le bulletin d'information** news bulletin; **le bulletin météorologique** weather report

un bureau *(pl.* **bureaux***)* office 25; desk 33; **le bureau de tourisme** tourist bureau

une bureaucratie bureaucracy

un bus bus 9; **en bus** by bus 9

un but goal

le buveur drinker

c' = ce

ça = cela this, that, it 2; **ça va?** How are you? 2

une cabine téléphonique phone booth

un cabinet de toilette bathroom 12

le cabinet ministériel ministerial cabinet

un cachet pill, tablet

un cadeau *(pl.* **cadeaux***)* gift

le cadre frame

un cadre (une femme-cadre) executive 31; **le cadre supérieur** executive

le café coffee 14

un café café 9

la cafétéria cafeteria

un cahier notebook 19

calculateur (calculatrice) calculating

une calculatrice calculator 7

calculer calculate

le calendrier calendar

calme calm 28

calmer to calm

la calorie calorie

un/une camarade classmate 34

le Cambodge Cambodia

le cambriolage burglary

un cambrioleur burglar

une caméra movie camera 7

camoufler to camouflage

la campagne country, countryside 18; **à la campagne** in the country 25

le camping camping 35; **faire du camping** to go camping

le campus campus

le Canada Canada 16

canadien (canadienne) Canadian 16; **un Canadien (une Canadienne)** Canadian (person) 16

le Cancer Cancer (zodiac sign)

le candidat candidate

le canotage boating

une cantine school cafeteria 15

une capitale capital (city) 16

le capitalisme capitalism

Capricorne *(m.)* Capricorn (zodiac sign)

car because 31

un caractère character, personality

cardio-vasculaire cardio-vascular

des carottes *(f.)* carrots 15

une carte menu; map; card; **une carte de crédit** credit card 11; **une carte d'étudiant** student ID card; **une carte d'identité** (official) identity card issued by French government; **une carte (postale)** card (postcard) 29; **jouer aux cartes** to play cards 9

une cartouche carton

cas: en cas de in case of

un casino casino

casser to break; **se casser la jambe** to break one's leg

une cassette cassette 7

le catalogue catalog

la catégorie category

catholique Catholic

la cause cause; **à cause de** because of 40

la cave cellar

le caviar caviar

ce he, she, it, that; **c'est ...** it is 7; **c'est-à-dire** that is to say 30; **ce que** what 42; **ce qui** what 42

ce (cet, cette, ces) this, that; these, those 10

cela (ça) that 21; **pour cela** for that reason

célèbre famous 41
célébrer to celebrate
le céleri celery
célibataire single, unmarried 8
celui (celle, ceux, celles) this one, that one; these, those 41; **celui-ci** this one here; **celui-là** that one there
cent one hundred 11; **pour cent** percent
cent mille one hundred thousand 11
une centaine a hundred
centième hundredth 28
un centime 1/100 of a franc
central (pl. **centraux**) central; main
une centrale nucléaire nuclear power plant 39
la centralisation centralization
le centre center 25; **au centre de** in the middle of
cependant however 31
la céréale cereal
la cérémonie ceremony
des cerises (f.) cherries 15
certain certain; **certainement** certainly, obviously
un(e) certain(e) a certain 25; **certains** a few people
le certificat certificate
la certitude certainty 38
cesser de (+ inf.) to stop, to quit 35
chacun (chacune) each, each one 39
une chaîne T.V. channel 26; chain; **une chaîne-stéréo** stereo 7
une chaise chair 33
le châlet chalet
une chambre (bed)room 12; **une chambre d'étudiant** student room; **une chambre d'hôtel** hotel room
le champ field
le champagne champagne
le champion (la championne) champion
le championnat championship
la chance luck 31; **avoir de la chance** to be lucky 31
le changement change; **le changement de vitesse** gear shift
changer to change, to modify 39; **changer de** to change, to exchange 39

la chanson song; **une chanson à boire** drinking song
chanter to sing 5
un chanteur (une chanteuse) singer
une chapelle chapel
chaque each, every 25
le charbon coal
charger to charge, lead
le charter charter
le château (pl. **châteaux**) castle, chateau
chaud warm, hot; **avoir chaud** to be hot (warm) 13; **il fait chaud** it's hot out 15
le chauffeur de taxi taxi driver
des chaussettes (f.) socks 10
des chaussures (f.) shoes 10
la chaussure de ski ski boot
chauvin chauvinistic
le chauvinisme chauvinism, nationalism
un chef boss, head 30
le chef-d'œuvre masterpiece
une chemise shirt 10
la chemiserie shirt store
un chemisier blouse 10
un chèque check 11
cher (chère) dear; expensive 10
chercher to look for, to get 20
le cheval (pl. **chevaux**) horse
les cheveux (m.) hair 22
chez to, at ...'s house; **chez moi** at my house; **chez le dentiste** to the dentist's (office)
chic elegant; **un chic type** nice guy
le chien dog 23
la Chine China 16
chinois Chinese 16; **le chinois** Chinese (language)
la chimie chemistry 20
chimique chemical
un/une chimiste chemist
le chocolat chocolate
choisir to choose 13
un choix choice 30
le chômage unemployment
choquant shocking
la chorale choir
une chose thing 7; **quelque chose (de)** something 18
la chute fall, drop 23; **les chutes** waterfall
le ciel sky; **les cieux** heavens
le cigare cigar

la cigarette cigarette
le cinéaste film-maker
le cinéma movies 9; cinema, movie house; **le cinéma de quartier** local movie theater
cinq five 3
cinquante fifty 6
cinquième fifth 28
les circonstances (f.) circumstances
la circulation traffic 25
circuler to circulate, to move
le cirque circus
un citoyen (une citoyenne) citizen 36
la Cité Universitaire student residence hall
civiliser to civilize
la clarinette clarinet
une classe class 19; course; **en classe** in class
classer to class, classify
le classement ranking
classique classical
clé key
le client (la cliente) customer, client
le climat climate
un club club; **un club sportif** athletic club
un coca coca-cola
le cœur heart 22; **avoir mal au cœur** to have an upset stomach 22
le coffre chest; glove compartment
un coin corner
la colère anger 38; **se mettre en colère** to get angry 23
le collègue colleague
le colon colonist
une colonie colony; **une colonie de vacances** summer camp
combien? how much?; **combien (+ verb + subject)?** how much? 10; **combien de (+ noun)?** how many? 10
un comédien (une comédienne) actor (actress), comedian
le comité committee
commander to order 15
comme like, as 20; **comme ça** like that; **comme ci, comme ça** not too bad 2; **comme les autres** like others, like the others
commencer to begin 19; **commencer à (+ inf.)** to begin 35

comment how 6; **comment allez-vous** how are you? 2; **comment vous appelez-vous?** what's your name? 1

le commentaire comment; commentary

un commerçant businessman, shopkeeper

le commerce trade

commercialiser to commercialize

commun common

une communauté community

une commune commune

la communion communion

communiquer to communicate

le communisme communism

une compagnie company, business; **une compagnie multinationale** multinational company; **en compagnie de** in company of

comparable comparable

comparer to compare

compenser to compensate

compétent competent 28

complet (complète) complete; "No Vacancy" (hotels)

compléter to complete

le compliment compliment

compliqué complicated 28

compliquer to complicate 29

le compositeur composer

compréhensif (compréhensive) understanding 28

la compréhension understanding

comprendre to understand 14

compris understood; **service compris** tip included

un compte account; **un compte en banque** bank account

compter to count 41

la conception conception

concerner to concern

le concert concert

concevoir to conceive, to imagine

concilier to reconcile

conclure to conclude

le concours contest

concrétiser to put into concrete form

la concurrence competition

le condiment condiment

la condition condition; **à condition que** on condition that 39; **les conditions de vie** living conditions

conduire to drive 38; **se conduire bien** to behave; **se conduire mal** to misbehave 38

la conférence lecture

la confiance confidence; **faire confiance à** to trust in

une confidence confidence, secret; **faire une confidence** to tell a secret

la confiture jam 14

le conflit conflict

la conformité conformity

le confort comfort

confortable comfortable 12

confortablement comfortably

confus confused; embarrassed

le congé vacation; **les congés payés** paid vacation

un congélateur freezer

le congrès congress

la connaissance knowledge; acquaintance; **faire connaissance** to get to know; to meet

connaître to know 20; to meet; to be acquainted with 25

la conquête conquest

consacrer to devote

la conscience conscience; **prendre conscience de** to become aware of

consciencieux (consciencieuse) conscientious 28

un conseil (piece of) advice 21; opinion

la conséquence consequence; **par conséquent** consequently

conservateur (conservatrice) conservative 28

conserver to keep, save 37

considérable considerable

considérer to consider 10; **être bien considéré** to be well thought of

consister à to consist of

la consommation drink (at a café); consumption

consommer to consume

une consonne consonant 13

la construction construction

construire to construct, to build 38

le contact contact; **prendre contact (avec)** to make contact (with)

contagieux (contagieuse) contagious

contemporain contemporary

contenir to contain

content happy 28; satisfied; **être content** to be happy 38; **se contenter de** to be satisfied with, to settle for

un contestataire activist; protester

la contestation (social and political) protest

continental *(pl.* **continentaux)** continental

continu regular, continuous

continuel (continuelle) continual, unending

continuer to continue

la contraception contraception

la contraction contraction

contradictoire contradictory

la contrainte constraint, problem; restraint

le contraire opposite; **au contraire** on the contrary

la contravention ticket, fine

contre against 24

contredire to contradict

le contrôle control, management

contrôler to control; to check

convaincu convinced

convenir to suit, to be appropriate, to be suitable

la conversation conversation

la conviction conviction

un copain (une copine) pal, friend 21

le corps body 22

correspondre to correspond 38

une corrida bullfight

la Corse Corsica

un costume (man's) suit 10

la côte coast

la Côte d'Ivoire Ivory Coast

le côté side; **à côté de** next to 33; **d'un côté** on the one hand; **de l'autre côté** on the other hand

le coton cotton

le cou neck 22

coucher to put to bed; **se coucher** to go to bed 23

le coucou cuckoo

la couleur color 10; **un téléviseur (en) couleur** color T.V. set

couper to cut 23; **se couper** to cut oneself 23

le courage courage

courageux (courageuse) courageous 28

le couronnement crowning, coronation

le courrier mail

un cours course, class 19; **les cours d'été** summer courses; **suivre un cours** to take a class 32

la course race

les courses errands; **faire les courses** to go shopping 15

court short 22

le cousin (la cousine) cousin 11

le coût cost; **le coût de la vie** cost of living

coûter to cost 10; **coûter cher** to be expensive

coûteux (coûteuse) costly; **peu coûteux** inexpensive

la coutume habit, custom

la couture fashion

une couverture cover; rain fly

couvrir to cover 33

la craie chalk

une cravate tie 10

le crédit credit 11; **une carte de crédit** credit card 11

créer to create

la crème cream; custard 14

créole Creole

une crêpe crepe, thin pancake

le crétin idiot

crier to scream, to shout

le crime crime 25

la criminalité crime, criminality

le criminel criminal

le cristal crystal

la critique criticism, critical review

critiquer to criticize 40

une crise crisis; **la crise cardiaque** heart attack

croire to believe, to think 31; **croire à** to believe in

la croisade crusade

un croque-monsieur grilled ham and cheese sandwich

la croyance belief

cruel (cruelle) cruel 28

la cuisine cooking 9; **faire la cuisine** to cook, to do the cooking 15

une cuisine kitchen 12

une cuisinière range, stove

culinaire culinary

cultivé cultivated

culturel (culturelle) cultural

une cure cure

curieux (curieuse) curious 28

la curiosité curiosity

d' = de

d'abord first of all

d'accord! OK! all right! 5; **être d'accord** to agree 5

d'ailleurs besides, moreover 38

une dame lady 7

les dames *(f.)* checkers 9; **jouer aux dames** to play checkers

le danger danger

dangereux (dangeureuse) dangerous

danois Danish

dans in 3; **dans dix ans** in ten years; **dans l'ensemble** on the whole

la danse dance, dancing 9

danser to dance 5

le danseur (la danseuse) dancer

d'après according to 29; after; **d'après vous** according to you

la date date 16; **la date de naissance** birthdate

dater (de) to date (back to)

davantage more 39

de (d') from; of; about 4; **de la part de** from, on behalf of 42; **de l'après-midi** P.M. (in the afternoon) 6; **pas de** no, not any 7

débarquer to disembark

le débat debate

débattre to debate

le débrayage clutch

le début beginning

décembre *(m.)* December 16

la déception deception

décevoir to disappoint

décider to decide; **décider de (+ inf.)** to decide to 35

la décision decision; **prendre une décision** to make a decision 36

déclarer to declare

décoratif (décorative) decorative

décorer to decorate

décourager to discourage

découvrir to discover 33

décrire to describe 29

la défaite defeat

un défaut flaw, fault 41

défendre to defend, to protect 36; **défendre de (+ inf.)** to forbid, to prohibit 36; **défense de stationner** parking prohibited

la défense defense

le défilé parade

défini definite, defined

définir to define

la déformation deformation

se déguiser to disguise oneself

dehors outside; **en dehors de** aside from

déjà already 32

déjeuner to have lunch 15

un déjeuner lunch, noon meal 15

délicieux (délicieuse) delicious

le délire delirious excitement

le déluge flood

demain tomorrow; **demain matin** tomorrow morning 17; **demain soir** tomorrow night 17

la demande request

demander to ask; **demander (qqch.) à (qqn.)** to ask someone for something 21; **demander à (qqn.) de (+ inf.)** to ask someone

demi half 3

demeurer to remain

une démocratie democracy 36

démocratique democratic

démonstratif (demonstrative) demonstrative

le dentiste dentist

les dents *(f.)* teeth 22

le déodorant deodorant

le départ departure

dépasser to surpass, to exceed

se dépêcher to hurry 23

dépendre (de) to depend (on); **ça dépend** it depends

une dépense expense 11

dépenser to spend 11

se déplacer to move around

déplorer to deplore 38

déporter to deport

un dépôt deposit; **un dépôt de garantie** security deposit

déprimer to depress

depuis since; **depuis combien de temps ... ?** for how long ... ? 30; **depuis quand ... ?** since when ... ? 30; **depuis que** since

le dérailleur derailler

dernier (dernière) last 17; **la dernière fois** the last time

derrière behind 33; in back of 40

des = (de + les) 7

le désaccord disagreement

désagréable unpleasant 8

un désastre disaster 41

le désavantage disadvantage

désavantagé disadvantaged

descendre to go down, to get off, to stop (at a place) 18

la description description 8

se déshabiller to undress

un déshonneur disgrace, dishonor

désigner to designate, to indicate

désirer to wish 37; to want

désolé "sorry"; **être désolé** to be sorry 38

désoler to disappoint

le désordre disorder

le despotisme despotism

desquels (desquelles) = (des + lesquels) 41

le dessert dessert 14

le dessin drawing; **un dessin animé** cartoon 26

dessiner to draw; to design

au-dessous de below 40; **ci-dessous** below

au-dessus de above, on top of 40; **ci-dessus** above

la destinée destiny

le détail detail

détériorer to deteriorate

le déterminant determiner 9

détester to hate, to detest 4

le détracteur detractor; critic

détruire to destroy 38

la dette debt

le D.E.U.G. (Diplôme d'Études Universitaires Générales) French undergraduate degree 19

deux two 3; **une Deux Chevaux** small French Citroën car; **deux fois** twice 26 **deux heures et demie** two-thirty

deuxième second 28; **la Deuxième Guerre Mondiale** Second World War

devant in front of 33

le développement development

développer to develop

devenir to become 16

la devise motto

devoir to have to; to be supposed to; must 19; **devoir (+ noun)** to owe 19

un devoir (written) assignment 19; duty 36

d'habitude usually 26; **comme d'habitude** as usual

dialoguer to speak with

un dictionnaire dictionary

la différence difference

difficile difficult 19

une difficulté difficulty; problem 34

la dignité dignity

dimanche *(m.)* Sunday 16

diminuer to diminish 39

dîner to dine; to eat dinner 15

un dîner dinner 15

diplomate diplomatic 28

un diplôme (en) diploma, degree (in) 19

dire to say, to tell 31; **dire à** *(qqn.)* **de** *(+ inf.)* to tell someone 35

directement directly

le directeur (la directrice) director

la direction direction

diriger to direct; to manage

dis! say! hey! 12

discipliner to discipline

une discothèque a disco

discret (discrète) discreet 28

une discrimination discrimination

discuter to talk; **discuter de** to discuss, to talk over 42

disparaître to disappear 38

disponible available

les disponibilités number available

disposer de to have the use of

se disputer (avec) to quarrel, to argue (with) 24

un disque record 7

distant distant

distinct distinct

la distinction distinction

la distraction distraction

la distribution distribution

divers (diverses) miscellaneous

le divorce divorce

divorcer to divorce 24

dix ten 3

dix-huit eighteen

dix-neuf nineteen

dix-sept seventeen

dixième tenth 28

un doctorat Ph.D.; doctor's degree 19

un documentaire documentary 26

le doigt finger 22

un domaine area, field 30

domestique domestic, household

le domicile home

la domination dominance, domination

dominer to dominate

dommage! too bad!; **il est dommage** it is too bad 37

donc therefore, thus 29

donner to give; **donner** *(qqch.)* **à** *(qqn.)* to give (something) to (someone) 21; **donner rendez-vous (à)** to make a date (with) 24

dont whose; of which 40

dormir to sleep 30

le dortoir dormitory

le dos back 22

la douane customs 38

doublement doubly

une douche shower

le doute doubt 38

douteux doubtful 38

doux (douce) sweet

douze twelve 3

droit straight; **tout droit** straight ahead

le droit law 20

un droit right 36

la droite the right; **à droite** to the right; **à droite de** to the right of 40

une drogue drug

drôle funny 28

du (de la, de l', des) some *(partitive articles)* 14

du = (de + le); du matin A.M. (in the morning) 6; **du soir** P.M. (in the evening) 6; **du moins** at least

duquel = (de + lequel)

dur hard

durable lasting

durer to last

dynamique dynamic 28

un dynamisme dynamism

l'eau *(f.)* water 14; **l'eau courante** running water; **l'eau minérale** mineral water 14

un échange exchange 37; **faire échange avec** to exchange with; to make an exchange with

échapper to escape

les échecs *(m.)* chess 9; **jouer aux échecs** to play chess 9

l'échelle *(f.)* ladder

une école school 9; **l'école secondaire** *(f.)* secondary school

l'économie *(f.)* economy

les économies savings 11; **faire des économies** to save money 11

économique economical
économiser to save, economize
écouter to listen to 4
l'écran (m.) screen
écrire to write 29
un écrivain writer 29
éduquer to educate 29
en effet in fact
efficace efficient; effective
égal (pl. égaux) equal 30
l'égalité (f.) equality 30; l'égalité des sexes equality of the sexes
un égard consideration; à l'égard de with respect to 40
une église church 9
égoïste selfish 28
l'Égypte (f.) Egypt
électrique electric
l'électronique (f.) electronics 20
un électrophone record player 7
élégant elegant
l'élément (m.) element
élevé high 30
elle she 4; avec elle with her; elle-même herself; elles they 4; elles-mêmes themselves
élire to elect 36
élision elision 4
embarrasser to embarrass 34
embêter to annoy 34
une émission show, program 26
empêcher to prevent
un emploi job, employment
un employé (une employée) employee 31
emprunter (à) to borrow (from) 34
en in, into; by; some, any; en cas de in case of 40; en effet as a matter of fact, indeed 12; en même temps at the same time; en particulier in particular; en plus moreover
L'E.N.A. (École Nationale d'Administration) French administrative school
enchanté delighted; pleased to meet you
enchanter to delight, enchant
encore still, yet, once more 27
l'encouragement (m.) encouragement
encourager to encourage
s'endormir to fall asleep 30
un endroit place 18

l'énergie (f.) energy; l'énergie nucléaire nuclear energy
énergique energetic 28
s'énerver to get nervous, upset 23
un/une enfant child; les enfants children 11
s'enfermer to shut oneself up
enfin finally, at last 27
s'engager to enlist
enlever to take off, remove
un ennemi enemy 38
ennuyeux (ennuyeuse) boring 28
énorme enormous
une enquête survey, poll
l'enregistrement tape recording
enrichir to enrich 13
ensemble together 30; dans l'ensemble on the whole; un ensemble group; musical ensemble
l'enseignement (m.) teaching; education; enseignement secondaire secondary education; enseignement supérieur higher education
enseigner to teach 19
ensuite after, then 27
entamer to strike up
entendre to hear 13; s'entendre to get along; s'entendre bien (avec) to get along well (with) 24
l'entente (f.) understanding
l'enterrement (m.) burial, funeral
un entr'acte intermission
l'entraînement (m.) training
entre between; among 24; entre parenthèses in parentheses
l'entrée (f.) entry; entrance
une entreprise business, firm 30; une entreprise familiale family business
entrer (dans) to enter; to come in 9
l'entretien (m.) upkeep
une entrevue interview
l'enveloppe (f.) envelope
envers toward 36
une envie envy; desire; avoir envie de to want; to feel like 13
envoyer to send 39
l'équilibre (m.) balance
équilibré well-balanced
une équipe team
l'équipement (m.) equipment; appliance 33
équiper to equip

équitable equitable
l'épaisseur (f.) thickness
les épices (f.) spices
épier to watch; to spy
un épisode episode
une époque period, epoch, time 27
épouser to marry; to espouse 24
un époux (une épouse) spouse 24
épuisant exhausting
les escaliers (m.) stairs
l'esclavage (m.) slavery
l'esclave (m. f.) slave
l'escroquerie (f.) fraud
l'espace (m.) space; l'espace vert open land
l'Espagne (f.) Spain 16
espagnol Spanish 8; l'espagnol Spanish (language); un Espagnol (une Espagnole) Spanish (person)16
l'espérance (f.) hope
espérer to hope 35
l'espoir (m.) hope
essayer to try; essayer de (+ inf.) to try 35
l'essence (f.) gasoline
l'essentiel (m.) essential thing
essentiel (essentielle) essential; il est essentiel it is essential 37
essentiellement essentially
l'essuie-glace (m.) windshield wiper
l'estomac (m.) stomach 22
et and 4
établir to establish 39
un établissement establishment 24
une étape step, stage
un état state 16
les États-Unis United States 16
l'été (m.) summer 16; en été in summer 16
éternel (éternelle) eternal
l'étiquette (f.) etiquette
l'étoile (f.) star
étonnant surprising
l'étranger (l'étrangère) foreigner; stranger; à l'étranger abroad 18
être to be 5; c'est/il est/elle est It's ... ; That's ... ; He's ... ; She's ... 8; être à to belong to 12; être au régime to be on a diet 15; être d'accord to agree 5; être en bonne santé to be in good health 22; être en forme to be in shape 22

les études (f.) studies 19; **faire des études** to study; to go to school 19; **faire des études de** to specialize in 20; **les études commerciales** business studies 20; **les études d'ingénieur** engineering studies 20; **les études littéraires** literary studies 20; **les études professionnelles** professional studies 20; **les études supérieures** higher education 20

un **étudiant (une étudiante)** student 7; **étudiant en pharmacie** pharmacy student; **étudiant en psychologie** psychology student; **un étudiant étranger** foreign student; **la carte d'étudiant** student ID card

étudier to study 4

euh ... uh ... er ... 12

européen (européenne) European

eux them 6; **chez eux** at their house

l'évasion (f.) escape

un **événement** event 27

une **éventualité** eventuality

évoluer to evolve

évidemment obviously

évident obvious

éviter to avoid

évoquer to evoke

exactement exactly

un **examen** exam (test) 19; **l'examen d'entrée** entrance exam; **être reçu à un examen** to pass an exam 19; **passer un examen** to take an exam 19; **rater un examen** to flunk, fail an exam 19

excéder to exceed

excellent excellent

excentrique eccentric

excepter to except

l'exception (f.) exception

exceptionnel (exceptionnelle) exceptional

l'excès (m.) excess

excessif (excessive) excessive

l'exclamation (f.) exclamation

exclu excluded

l'excursion (f.) excursion

excuser to excuse; **excusez-moi** excuse me; pardon me

l'exclusivité (f.) exclusiveness

l'exemple (m.) example; **par exemple** for example

l'exigence (f.) demand

l'existence (f.) existence

exister to exist

l'exode (m.) exodus

l'expansion (f.) expansion

l'expérience (f.) experiment

expliquer to explain 27

explorer to explore

explosif (explosive) explosive

l'exposition (f.) exhibit, exhibition

l'expression (f.) expression

exprimer to express 34; **s'exprimer** to express oneself 34

l'extra-lucide (m.) psychic

extraordinaire extraordinary

l'extra-terrestre (m.) being from outer space

extrêmement extremely

une **fabrique** factory; **une fabrique d'affiches** sign factory

la **façade** facade; front

la **face** face; **en face de** across from, opposite 40

facile easy 19

facilement easily

faciliter to facilitate

une **façon** way

faible weak 8

le **faible** weakness (moral)

la **faiblesse** weakness (physical)

la **faim** hunger; **avoir faim** to be hungry 13

faire to do; to make 11; **faire attention (à)** to pay attention (to) 11; **fais attention!** watch out!; be careful!; **faire de l'auto-stop** to hitchhike 18; **faire du (français)** to study (French) 15; **faire du/de la** (+ musical instrument) to study; to play 15; **faire du/de la/des** (+ a sport) to do, to participate actively in a sport 35; **faire la cuisine** to cook 15; **faire des économies** to save money 11; **faire un match (de)** to play a game (of) 11; **faire partie de** to be part of; **faire des progrès** (m.) to make progress 19; **faire une promenade** to go for a walk 11; **faire savoir** to announce; to advertise; **faire un séjour** to reside; to spend time 18; **faire un stage** to work as a trainee; **faire le tour** to go around; **faire les**

valises to pack 18; **faire un voyage** to take a trip 11; **se faire inviter** to get oneself invited; **il fait beau** it is beautiful out 15; **il fait bon** it's nice out 15; **il fait chaud** it's warm, hot out 15; **il fait du vent** it's windy out 15; **il fait froid** it's cold out 15; **il fait mauvais** it is bad out 15; **il fait un temps épouvantable** the weather is awful 15; **faisons connaissance** let's get acquainted **faire le plein** to fill up (cars)

un **fait** fact 27

falloir to be necessary 19; **il faut** it is necessary; one must; you need 19; **il ne faut pas** you must not 19; **il ne faut pas nécessairement** you do not have to; one need not 19

fameux (fameuse) famous

familial (pl. **familiaux**) familial

familier (familière) familiar

la **famille** family 11; **en famille** in, with the family

la **famine** famine

un **fana** (= **fanatique**) fan; enthusiast

fantastique fantastic

le **fantôme** ghost

fascinant fascinating 28

fasciner to fascinate

fatigué tired

fatiguer to tire

faut: il faut (see **falloir**)

une **faute** mistake; **faute d'argent** for lack of money

un **fauteuil** armchair 33

faux (fausse) false

favori (favorite) favorite 26

favoriser to favor

félicitations! congratulations!

féministe feminist

féminin feminine

une **femme** woman 7; wife 11; **la femme-cadre** (woman) executive 37; **la femme-ingénieur** (woman) engineer 31

une **fenêtre** window 33

la **ferme** farm

fermer to close

le **fermier (la fermière)** farmer

la **ferraille** scrap iron

une **fête** holiday; **la fête nationale** national holiday; **la fête de la**

Bastille French national holiday (July 14)

le feu fire; **au feu!** fire!; **le feu-arrière** rear light; **les feux d'artifice** fireworks

une feuille leaf; **une feuille de papier** piece of paper

février (*m.*) February 16

le fiancé (la fiancée) fiancé; engaged person

se fiancer (avec) to get engaged (to) 24

fier proud; **être fier (fière)** to be proud 38

la fierté pride 38

la fièvre fever; **avoir de la fièvre** to have a fever

la figure face 22

un filet net

une fille girl, young woman 7; daughter 11; **une jeune fille** young woman 7

un film movie 26; **les films en exclusivité** newly released movies; **les films d'horreur** horror films

filmer to film

le fils son 11

la fin end 31

finalement finally

la finance finance

financer to finance

financier (financière) financial

finir to finish 13; to stop; to end; **c'est fini** it's finished; it's over **finir de** (+ *inf.*) to finish 35

la firme firm, business

un flâneur stroller

la fleur flower

flexible flexible

le flic cop

la flûte flute

une fois once, one time 26; **à la fois** at the same time; **combien de fois?** how many times? 26; **plusieurs fois** several times 26

une folie mania; craze

la fonction function; **en fonction de** according to

un/une fonctionnaire civil servant 31

le fonctionnement functioning; operation

fondamental (fondamentaux) fundamental

fonder to found

le football soccer 9

la force force; strength

la forêt forest

forger to forge

un forgeron blacksmith

la formalité formality

la formation formation; training

la forme shape, form 22; **être en forme** to be in shape 22; **garder la forme** to keep in shape

former to form

formidable wonderful

une formule formula, method

formuler to formulate

fort strong 8

la fortune fortune, money

fou (folle) crazy; **devenir fou** to go crazy

un four solaire solar collector

frais (fraîche) fresh; cool 24

les frais (*m.*) expenses; **les frais médicaux** medical expenses

des fraises (*f.*) strawberries 15

un franc Franc (unit of French money)

franc (franche) frank

français French 8; **d'expression française** French speaking **le français** French (language); **un Français (une Francaise)** French person 16

la France France 16; **la France métropolitaine** continental France

franchement frankly

francophone French-speaking

le frein brake

la frénésie frenzy

fréquenter to frequent, to go (someplace) often

le frère brother 11

des frites (*f.*) French fries 15

froid cold; **avoir froid** to be cold 13; **il fait froid** it's cold out 15

le fromage cheese 14

la frontière border 38

les fruits (*m.*) fruit 15

fugitif (fugitive) fleeting

fumer to smoke 15

furieux (furieuse) furious; **être furieux** to be mad, furious 38

futile futile

le futur future

la futurologie science of predicting the future

gagner to earn; to win 11; **gagner (sa) vie** to earn a living

un gant glove

un garage garage 12

garantir to guarantee

un garçon boy, young man 7; waiter 15

garder to keep 15; to preserve 37; **garder la forme** to stay in shape

une gare (train) station 9

la gastronomie gastronomy

le gâteau (*pl.* gâteaux) cake 14

la gauche left; **à gauche de** to the left of 40

la Gaule Gaul

géant giant

Gémeaux Gemini (zodiac sign)

le gendarme police, guards

gêner to bother 34

le général general

général (*pl.* généraux) general; **en général** in general

généralement usually, generally

généraliser to generalize

généreux (généreuse) generous 28

génétique genetic

Genève Geneva

génial (*pl.* géniaux) bright 28

le genou (*pl.* genoux) knee 22

le genre gender 7

les gens (*m. pl.*) people 16

géographique geographic

la gestion management 20

le gigantisme hugeness, enormity

la glace ice cream; mirror 14

la gloire glory

le golf golf

la gorge throat 22

le gourmet gourmet

un goût taste

un gouvernement government 36

la grâce grace; **grâce à** thanks to

un gramme gram 35

grand big, tall 8; **le grand magasin** department store; **une grande école** specialized graduate school

la grand-mère grandmother 11

le grand-père grandfather 11

les grands-parents (*m.*) grandparents 11

gratuit free 22

grave grave, serious

grec (grecque) Grecian

la Grèce Greece

une grève strike; **faire la grève** to go on strike

la grippe flu 22

gris grey 10

gros (grosse) fat 13

grossir to gain weight 13

un groupe group; **en groupe** in a group; **les groupes constitués** organized groups

la guerre war 27; **la deuxième guerre mondiale** World War II

le guide guide; guidebook

guider to guide; to direct

le guidon handlebar

une guitare guitar

la gymnastique gymnastics 35

The asterisk indicates an aspirate **h;** no liaison or elision at the beginning of the word.

l'habillement (*m.*) dress

habiller to dress; **s'habiller** to get dressed 23

les habitants (*m.*) inhabitants 25

habiter to live 4; to dwell in a place

une habitude habit; **d'habitude** usually; **avoir l'habitude de** to be used to, to be accustomed to

habituel (habituelle) habitual, usual

habituellement usually 26

haïtien (haïtienne) Haïtian

des haricots* (*m.*) beans 15

l'harmonie (*f.*) harmony

le hasard* chance 31; **par hasard** by chance, accidentally 31

haut* tall; high; elevated

H.E.C. (Hautes Études Commerciales) French business school

hélas! alas!

un hélicoptère helicopter

un héritage heritage, inheritance; background

hériter to inherit

l'hésitation (*f.*) hesitation

hésiter to hesitate; **hésiter à** (*+ inf.*) to hesitate 35

l'heure (*f.*) time, hour 3; **à l'heure** on time 6; **à deux heures** at two o'clock; **à l'heure actuelle** at the present time 37; **Quelle heure est-il?** What time is it? 3

heureux (heureuse) happy 8; **être heureux (heureuse)** to be happy 38

hier yesterday 17; **hier matin** yesterday morning 17; **hier soir** last night 17

l'histoire (*f.*) history 20; story 27

historique historic

l'hiver (*m.*) winter 16; **en hiver** in the winter 16

H.L.M. (habitations à loyer modéré) low-rent housing

le hockey* hockey

hollandais* Dutch

la Hollande* Holland

un homme man 7; **un jeune homme** young man 7; **un homme d'affaires** businessman; **un homme politique** politician

honnête honest 28

l'honnêteté (*f.*) honesty

la honte* shame; **avoir honte de** to be ashamed of

un hôpital hospital 22

l'horoscope (*m.*) horoscope

l'horreur (*f.*) horror

les hors-d'œuvre* (*m.*) appetizer(s) 14

hospitaliser to hospitalize

l'hospitalité (*f.*) hospitality

l'hôtel (*m.*) hotel

l'hôtesse (*f.*) hostess; **l'hôtesse de l'air** stewardess

l'huile (*f.*) oil

huit* eight 3

huitième* eighth 28

humain human

humble humble

humaniser to humanize

l'humanité (*f.*) humanity

l'humeur (*f.*) mood; **de bonne (mauvaise) humeur** in a good (bad) mood 34

l'humour (*m.*) humor

un/une hypocrite hypocrite

hypocrite hypocritical

ici here 9; **d'ici là** between now and then

idéal ideal

un idéal ideal 41

idéaliste idealistic 28

une idée idea 36

identique identical

l'idiot (*m.*) idiot

idiot stupid 8

l'ignominie (*f.*) shame

ignorer to ignore; to be unaware of

il he; it 4; **ils** they 4

il y a there is, there are 7; **il y a ... ans** ... years ago 30; **il n'y a pas de quoi** you're welcome; don't mention it

une île island

illisible unreadable

l'image (*f.*) image, picture

imaginaire imaginary

imaginatif (imaginative) imaginative 28

l'imagination (*f.*) imagination

imiter to imitate

immédiat immediate

immédiatement immediately; right now

immense immense; huge

un immeuble apartment building 25

l'immigré (*m.*) immigrant

immobile immobile

immortaliser to immortalize

l'imparfait (*m.*) imperfect 27

imparfait imperfect 39

l'impatience (*f.*) impatience

impatient impatient 28

s'impatienter to grow impatient 23

impensable unthinkable

impératif (impérative) imperative

un imperméable raincoat

impersonnel (impersonnelle) impersonal

impopulaire unpopular

important important; **il est important** it is important 37

imposer to impose

impossible impossible

les impôts (*m.*) taxes 39

un imprésario impresario; producer (theater)

l'impression (*f.*) impression; **avoir l'impression (que)** to think (that)

impressionner to impress

l'impressionnisme (*m.*) Impressionism, a style of French painting

imprimer to print

imprudent careless 28

impulsif (impulsive) impulsive 28

inaliénable unalienable

inaugurer inaugurate

inciter to incite; to urge

incompréhensible incomprehensible

inconditionnel (inconditionnelle) absolute; unconditional

inconnu unknown 41
l'inconvénient *(m.)* inconvenience
l'Inde *(f.)* India
indéfini indefinite
l'indépendance *(f.)* independence 30
indépendant independent
indien (indienne) Indian
indiquer to indicate 29
indirect indirect
indiscret (indiscrète) indiscrete 28
indispensable indispensable; **il est indispensable** it is indispensable 37
un individu individual, person
l'individualité *(f.)* individuality
l'Indochine *(f.)* Indochina
l'industrie *(f.)* industry; **l'industrie pétrolière** oil industry
industriel (industrielle) industrial
industrieux (industrieuse) industrious
inégal *(pl.* **inégaux)** unequal 30
l'inégalité *(f.)* inequality
inépuisable inexhaustible
l'infini *(m.)* infinity
un infirmier (une infirmière) nurse 31
l'inflation *(f.)* inflation
inflexible inflexible 28
influencer to influence
les informations news 26
l'informatique *(f.)* computer science 20
informer to inform; **s'informer de** to find out about
bien informé well-informed 28
un ingénieur (une femme-ingénieur) engineer 31; **les études d'ingénieur** engineering studies 20
l'ingrédient *(m.)* ingredient
inhumain inhuman
l'initiative *(f.)* initiative; **avoir l'esprit d'initiative** to be enterprising
injuste unfair 39
l'injustice *(f.)* injustice
une innovation innovation
inquiet (inquiète) worried
inquiéter to worry (someone) 34
inscrire to inscribe; **s'inscrire** to enroll, to sign up; to register
insensible insensitive
insister to insist

un inspecteur (une inspectrice) inspector; **un inspecteur de police** police inspector
l'inspirateur (l'inspiratrice) inspirer
l'inspiration *(f.)* inspiration
inspirer to inspire
instable unstable
installer to install; **s'installer** to move in
un instant moment; **dans un instant** in a while 32
l'instantané *(m.)* snapshot
un instituteur (une institutrice) teacher
l'institution *(f.)* institution
l'instruction *(f.)* instruction, education
un instrument instrument; **un instrument de musique** music instrument
intégrer to integrate
un intellectuel *(m.)* intellectual
intellectuel (intellectuelle) intellectual 28
intelligent intelligent 8
intense intense
l'intention *(f.)* intention; **avoir l'intention de** to intend to 13
l'interdiction *(f.)* banning, ban on; **interdiction de stationner** no parking
interdire to forbid 39
intéressant interesting 8
intéresser to interest 34; **s'intéresser à** to be (to get) interested in 23
l'intérêt *(m.)* interest
l'intérieur *(m.)* interior; **à l'intérieur (de)** inside (of) 40
international *(pl.* **internationaux)** international
un/une interprète interpreter
interroger to question, interrogate
interrompre to interrupt
une interview interview
interviewer to interview
intituler to entitle; to title
l'introduction *(f.)* introduction
intuitif (intuitive) intuitive 28
l'intuition *(f.)* intuition
inutile useless 19; **il est inutile** it is useless 37
inventer to invent
l'inventeur *(m.)* inventor

inverser to reverse
l'inversion *(f.)* inversion 10
l'investissement *(m.)* investment
un invité (une invitée) guest
inviter to invite 4
l'ironie *(f.)* irony
irréfutable irrefutable
irrégulier (irrégulière) irregular
irrésistible irresistible
irrespectueux (irrespectueuse) disrespectful
irriter to irritate
isolé isolated; alone
l'isolement *(m.)* isolation
isoler to isolate; to insulate
Israël *(m.)* Israel
l'Italie *(f.)* Italy 16
italien (italienne) Italian 16; **l'italien** *(m.)* Italian (language); **un Italien (une Italienne)** an Italian person
un itinéraire itinerary
l'ivoire *(f.)* ivory

j' = je
jaloux (jalouse) jealous
jamais never; ever; **ne ... jamais** never; not ever
la jambe leg 22
le jambon ham 14
janvier *(m.)* January 16
le Japon Japan 16
japonais (japonaise) Japanese 8; **le japonais** Japanese (language); **un Japonais (une Japonaise)** Japanese (person)
le jardin garden 12
jaune yellow 13
jaunir to yellow, to turn yellow 13
le jazz jazz
des jeans *(m.)* jeans 10
je (j') I 4
le jet jet
un jeu *(pl.* **jeux)** game 9; **le jeu des acteurs** acting; **les Jeux Olympiques** Olympic Games; **des jeux télévisés** tv game show 26
jeudi *(m.)* Thursday 16; **jeudi prochain** next Thursday 17
jeune young 8
un jeune young person; **une jeune fille** young woman 7; **un jeune homme** young man 7; **les jeunes** youth, young people; **une Maison des Jeunes** youth center

la jeunesse youth, young people

un job job

la joie joy; **la joie de vivre** happiness

joli pretty 8

jouer to play 4 **jouer à** to play a sport or game 9; **jouer de** to play an instrument 9; **jouer un rôle** to play a part

un jour day 11; **de jour en jour** day to day; **ce jour-là** that day; **par jour** per day 11; **une journée** a (whole) day; **quel jour sommes-nous?** what day is it?

un journal *(pl.* **journaux)** newspaper 18; **un journal de mode** fashion magazine

un/une journaliste journalist 31

joyeux (joyeuse) joyous; **joyeux anniversaire** happy birthday

judiciaire judicial

un jugement judgement, opinion

juger to judge 40

juillet *(m.)* July 16

juin *(m.)* June 16

une jupe skirt 10

juridique judicial

le jus juice 14; **le jus de fruit** fruit juice; **le jus d'orange** orange juice 14; **le jus de tomate** tomato juice

jusqu'à until, up to 23; **jusqu'à ce que** until 39

juste just, right; fair 39; **il est juste** it is fair 37

la justice justice

justifier to justify

un kilo(-gramme) kilogram

le kilomètre kilometer

le klaxon car horn

klaxonner to honk

l' = le; la

là there, here 9; **là-bas** over there 9; **ces jours-là** those days

un laboratoire laboratory 9

laisser to leave 34; to let; **laisser** *(+ adj.)* to leave 34

le lait milk 14

une lampe lamp 33

lancer to launch; to throw

une langue language 37; tongue; **la langue maternelle** mother tongue

lasser to bore; to tire

laver to wash 23; **se laver** to wash oneself 23; **un lave-vaisselle** dishwasher; **une machine à laver** washing machine 33

le (la, l', les) the; him, her, it, them 20

la leçon lesson

un lecteur (une lectrice) reader

la lecture reading 29

législatif (législative) legislative

un légume vegetable 15

lent slow 30

lentement slowly

lequel (laquelle, lesquels, lesquelles) who, whom, which 40; which one? which ones? 41

une lettre letter 25; **une lettre de recommandation** letter of recommendation; **les lettres** humanities 20; **faire des études de lettres** to study literature

leur (leurs) their 11; **leur** them; to them 21

lever to raise; **se lever** to get up 23

un lézard lizard

la liaison liaison

libéral *(pl.* **libéraux)** liberal 28

la libération liberation

libérer to liberate

la liberté freedom, liberty 36

libre free 36; **le libre-échange** free exchange, free trade; **le temps libre** free time

une licence French graduate degree

un lien tie, link

le lieu *(pl.* **lieux)** place; **au lieu de** instead of 36; **avoir lieu** to take place 27; **le lieu de travail** place of work

la ligne figure, waistline 15; line; **sur la ligne** on the line

la limite limit

limité limited

limiter to limit

la limonade lemon soda 14

linguistique linguistic

Lion Leo (zodiac sign)

lire to read 29

un lit bed 33

un litre liter 35

littéraire literary

la littérature literature 20

un livre book leçon 7

se livrer to indulge in

local *(pl.* **locaux)** local

le locataire tenant

le logement housing 11

la logique logic

logique logical 28

la loi law 38

loin far; **loin de** far from 33

les loisirs leisure activities 11

Londres London

long (longue) long 22

longtemps (for) a long time 26

lorsque when, as

la loterie lottery

louer to rent 12

la Louisiane Louisiana

loyal *(pl.* **loyaux)** loyal 28

le loyer rent 11

lui him 6; to him, to her 21; **lui-même** himself, itself

la lumière light

lundi *(m.)* Monday 16; **le lundi** on Mondays 17; **un lundi** (on, a, one) Monday 26

la lune moon

des lunettes *(f.)* glasses 10; **des lunettes de soleil** sunglasses 10

la lutte struggle; fight

le luxe luxury

luxueux (luxueuse) luxurious

le lycée French secondary school

un lycéen (une lycéenne) French high school student

m' = me

M. (monsieur: *pl.* **Messieurs)** Mr.

une machine machine; **une machine à écrire** typewriter 33 **une machine à laver** washing machine 33

Madame *(pl.* **Mesdames)** Mrs., Madam

Mademoiselle *(pl.* **Mesdemoiselles)** Miss 2

un magasin store 9; **un magasin de chaussures** shoe store; **un magasin de vêtements** clothing store; **un grand magasin** department store

un magazine magazine 29

un magnétophone tape or cassette recorder 7

magnifique magnificent

mai *(m.)* May 16

maigrir to lose weight 13

un maillot (de bain) swim suit

la main hand 22

maintenant now 5

maintenir to maintain 37

le maire mayor

la mairie town hall

mais but 4; **mais non!** why no!; of course not! 5; **mais oui!** why yes! 5; **mais si!** why yes! (in response to a negative statement or question)

une maison house, home 12; **à la maison** at home 9; **la Maison des Jeunes** youth center

la maîtrise French graduate degree 19

majeur major; of age

la majorité majority 30; **dans la majorité** for the most part

mal badly, bad 2; poorly 5; **un mal** evil; **avoir mal à** to have a ... ache; to have a sore ... 22; **avoir mal au cœur** to have an upset stomach 22; **avoir du mal à** to have difficulty with

malade sick 22

le malade patient, sick person 22

une maladie sickness, disease 22

le malaise discomfort

la malchance bad luck

malgré in spite of; **malgré tout** after all, nevertheless

le malheur unhappiness 41

malheureusement unfortunately

malheureux (malheureuse) unhappy 28

maman Mother, Mom

maniable easy to handle

une manière way, style; manner; **à sa manière** in his (her, its) way; **les bonnes manières** good manners

manger to eat 15

une manifestation demonstration

manifester to show

un manque lack

manquer to lack; to miss

un manteau coat 10

manuel (manuelle) manual

se maquiller to put on makeup

un marathon marathon

le marchand dealer, vendor; **le marchand de tableaux** art dealer

la marchandise merchandise

la marche march, walk; **la marche**

à pied walking 35

le marché market; **le Marché Commun** Common Market; **le marché aux puces** flea market; **bon marché** inexpensive, cheap

marcher to "run," (work) 7; to walk

mardi *(m.)* Tuesday 16

le mari husband 11

le mariage marriage; wedding ceremony 24

marié married 8

marier to marry (a couple); **se marier (avec)** to marry, get married 24

le marin sailor

la marine navy

le marketing marketing 20

le Maroc Morocco

la marque mark 20

marquer to mark

marron brown 10

mars *(m.)* March 16

masculin masculine

un masque mask

un match game, match; **faire un match** to play a game 11

le matériel material

matérialiste materialistic

les mathématiques (les maths) mathematics 20; **faire des maths** to study math 15

un matin morning 17; **ce matin** this morning 17

maudit darn

mauvais bad, poor 8

le maximum maximum; **au maximum** at most, maximum

la mayonnaise mayonnaise 14

Mlle (Mademoiselle) Miss 2

M.L.F. (Mouvement de Libération des Femmes) French Women's Liberation Movement 30

Mme (Madame) Mrs. 2

me me; to me 21

un mécanicien (une mécanicienne) mechanic

mécanique mechanical

mécaniser to mechanize

la médaille medal

le médecin doctor 22

la médecine medicine 20

le médiateur mediator

médical *(pl.* **médicaux***)* medical

le médicament medicine 22

la Méditerranée Mediterranean

se méfier de to distrust

meilleur better 10; **le meilleur** the best 29

le mélange mixture

le melon melon

même even 20; same 24; **même si** even if 20; **-même(s)** -self 39

la mémoire memory

mémorable memorable

menacer to threaten 38

une ménagère housewife

un mensonge lie 29

mensuel (mensuelle) monthly

mentionner to mention

mentir to lie 30

le menu menu 14

la mer sea 18

merci thank you

mercredi *(m.)* Wednesday 16

la mère mother 11; **la mère de famille** housewife

la messe Mass

mesurer to measure, be tall

métaphysique metaphysical

le météorologiste meteorologist

une méthode method 40

méthodique methodical 28

le métier trade 31

le mètre meter

un métro subway 9; **en métro** by subway 9

métropolitain metropolitan

mettre to put, to place 22; **mettre une note** to give a grade 22; **mettre la radio** to turn on the radio 22; **mettre la table** to set the table 22; **mettre des vêtements** to put on clothes 22

un meuble piece of furniture

meublé furnished

mexicain Mexican 16

le Mexique Mexico 16

midi *(m.)* noon 3

mieux better 29; **le mieux** the best 29; **pour le mieux** for the better

le milieu middle; background; **au milieu de** in the middle of 40; **le juste milieu** golden mean

militaire military

militairement militarily

mille one thousand 11

un mille mile

millénaire millennial

un millier a thousand

un million million
un/une millionnaire millionaire
mince thin 39
minéral *(pl. minéraux)* containing minerals; **l'eau minérale** mineral water 14
le ministre government minister
la minorité minority
minuit midnight 3
minuscule tiny
la minute minute 3; **dans une minute** in a while 32
la mise en scène directing (of a play, movie)
le mobilier furniture 33
la mobilité mobility
la mode fashion; **à la mode** fashionable
le mode mood
le modèle model
modérément moderately
moderne modern 12
moi me; **c'est à moi** it belongs to me 12; **chez moi** to, at my house 12; **moi-même** myself 39; **moi non plus** me neither 6
moins less 10; **moins de** *(+ noun)* less 29; **moins ... que** less ... than 29; **le moins** the least 29; **midi moins le quart** a quarter to twelve 3
un mois month 11; **par mois** per month 11
la moitié half 40
un moment moment; **dans un moment** in a while 32; **en ce moment** at this moment; **un moment de libre** a free moment
mon (ma, mes) my 11
la monarchie monarchy
le monde world 16; **tout le monde** everyone 18
mondial *(pl. mondiaux)* worldwide
la mono-nucléose mononucleosis
monotone monotonous
Monsieur (M.) Mr., sir 2
un monsieur man, gentleman 7
un monstre monster
la montagne mountain; mountains 18
monter to climb, to go up; to get on 18
une montre watch 7
montrer to show 21; **montrer**

(qqch.) **à** *(qqn.)* to show something to someone 21
le monument monument
se moquer de to make fun of 42
moral *pl. (moraux)* moral
mort dead
Moscou Moscow
le mot word; **mot à mot** word for word; **mot-clé** key word; **les mots-croisés** crossword puzzle; **mot apparenté** cognate
un moteur motor
une moto motorcycle 7
la moutarde mustard 14
mourir to die
le mouvement movement
moyen (moyenne) average
le Moyen-Âge Middle Ages
la moyenne average; **en moyenne** on the average
muet (muette) silent; dumb
une mule mule
un mur wall 33
un musée museum 9
le musicien (la musicienne) musician
la musique music 9; **la musique pop** popular music
mutuel (mutuelle) mutual
mystérieux (mystérieuse) mysterious

n' = **ne**
nager to swim
naïf (naïve) naive 28
la naissance birth
naître to be born
nasal nasal
la natation swimming 35; **faire de la natation** to swim
la nation nation; **les Nations-Unies** United Nations
le nationalisme nationalism
une nationalité nationality 16
naturel (naturelle) natural 28
naturellement naturally
ne: ne ... jamais never, not ever 22; **ne ... pas** not 4; **ne ... pas encore** not yet 32; **ne ... personne** nobody, no one, not anyone 22; **ne ... plus** no longer 22; **ne ... rien** nothing, not anything; 22 **n'est-ce pas?** right?, aren't you?, don't you? 5

né (née) born
nécessaire necessary; **il est nécessaire** it is necessary 37
nécessairement necessarily; **il ne faut pas nécessairement** it is not necessary 19
une nécessité necessity
négatif (négative) negative 5
la négation negation 4
négativement negatively
négliger to neglect
négocier to negotiate
la neige snow
neiger to snow; **il neige** it's snowing 15
nerveux (nerveuse) nervous 28
neuf nine 3
neuf (neuve) new
la neutralité neutrality
le neveu nephew
neuvième ninth 28
le nez nose 22
un nid nest
la nièce niece
le niveau level; **le niveau de vie** standard of living 39; **niveaux de langue** levels of language
noble noble
noblement nobly
Noël *(m.)* Christmas
noir black 10
noircir to blacken
le nom noun; name
le nombre number; **les nombres ordinaux** ordinal numbers 28
nombreux (nombreuses) numerous, many 21
nommer to name
non no; **non plus** neither; not either
le nord north
normal *(pl. normaux)* normal; **il est normal** it is to be expected 37
normalement usually, normally
la Normandie Normandy
une note grade 19; note; **des notes** (lecture) notes 19
noter to note
la notion notion
notre (nos) our 11
la nourriture food
nous we 4; us; to us 21
nouveau (nouvel, nouvelle, nouveaux, nouvelles) new 12; **de nouveau** again 32
une nouvelle (piece of) news, news

item 29; **les nouvelles** news 26
le Nouveau Brunswick New
Brunswick
la Nouvelle-Angleterre New England
la Nouvelle-Écosse Nova Scotia
la Nouvelle-Zélande New Zealand
novembre *(m.)* November 16
nu nude
nucléaire nuclear 39
une nuit night 17
le numéro number; **numéro de téléphone** telephone number

obéir to obey
obèse obese
un objectif goal 41
un objet object, thing 7; **objets trouvés** lost and found
obligé obliged
obliger to oblige
observer to observe
une observation remark; observation
l'obsession *(f.)* obsession
obstiné obstinate 28
obstinément obstinately
obtenir to obtain, to get 19
l'occasion *(f.)* opportunity, chance 31; **à quelle occasion** on what occasion; **avoir l'occasion (de)** to have the chance (to) 31; **une voiture d'occasion** used car
l'occupation *(f.)* occupation
occuper to occupy; **s'occuper de** to take care of, be busy with 23
l'océan *(m.)* ocean
l'Océanie *(f.)* Oceania
octobre *(m.)* October 16
une odeur odor; smell
l'odyssée *(f.)* odyssey
un œil *(pl.* **yeux***)* eye 22
un œuf egg 14
une œuvre work; work of art
officiel (officielle) official
un officier officer
l'offre *(f.)* offer; **une offre d'emploi** help wanted ad
offrir to give, to offer 33
un oiseau *(pl.* **oiseaux***)* bird
une omelette omelette
on one; you; they 19; **comment dit-on ... ?** how do you say ... ?
l'oncle *(m.)* uncle 11

onze eleven 3
onzième eleventh 28
l'opéra *(m.)* opera
l'opinion *(f.)* opinion
opprimer to oppress 34
l'opposé *(m.)* opposite; contrary
opposer to oppose
une option option
optimiste optimistic 28
optique optical
or but; now
l' or *(m.)* gold
orange orange 10
une orange orange 15; **une orangeade** orange soda
un orchestre orchestra, band; **le chef d'orchestre** concert conductor
ordinaire ordinary
l'ordinateur *(m.)* computer 3
l'ordonnance *(f.)* prescription
l'oreille *(f.)* ear 22
l'organe *(m.)* organ
organisé organized 28
organiser to organize 37
oriental *(pl.* **orientaux***)* oriental
originaire (de) native (of)
original *(pl.* **originaux***)* original 28
l'origine *(f.)* origin; **d'origine étrangère** of foreign origin
s'orner to be adorned
ou or 4
où where 6
oublier to forget 18; **oublier de** *(+ inf.)* to forget 35
oui yes
un ouragan hurricane
ouvert open
un ouvrier (une ouvrière) worker 31
ouvrir to open 33

la page page
le pain bread 14
une paire pair
la paix peace
le palais palate, taste
un pamplemousse grapefruit 15
le panneau sign; **le panneau de signalisation** traffic sign
un pantalon pants 10
les pantoufles *(f.)* slippers
un pape pope
Pâques Easter

le paquet package
par by, through 11; **par an** by year 11; **par exemple** for example
le parachutisme sky-diving
le/la parachutiste parachutist
le paradoxe paradox
un paragraphe paragraph
paraître to seem; to appear
paralyser to paralyze
un parc park 25
parce que because 6
pardon! excuse me!; pardon me!
le pare-choc bumper
le parent parent; **les parents** relatives 11
les parenthèses parentheses; **entre parenthèses** in parentheses
paresseux (paresseuse) lazy 28
un parking parking space
parfait perfect 39
parfaitement perfectly
parfois sometimes 26
le parfum perfume
la parfumerie perfume store
le parlement parliament, council
parler to speak; to talk 4; **se parler** to talk to one another
parmi among 40
la parole word, speech; **vous avez la parole** you have the floor
le parrain godfather
une part part; **une part importante** a large part
un parti side; party (political)
participer (à) to participate (in)
particulièrement particularly
une partie part; **faire partie de** to be part of; **en grande partie** to a large extent
partiellement partially
partir to leave 18
le partisan partisan
pas not 4; **pas du tout** not at all; you're wrong 5; **pas si mal** not so bad
passager (passagère) passing, temporary
le passé past
un passeport passport
passer to pass; to spend (time) 9; **passer un examen** to take an exam 19; **passer par** to go through 9; **se passer** to happen 27
un passe-temps pastime 9

passionnant exciting
passionné passionate
passionner to excite; to interest greatly; **se passionner pour** to be enthusiastic about 42
la patience patience
patient patient 28
le patinage skating 35
les patins skates
un patron (une patronne) boss 31
patronner to patronize
pauvre poor 39
payable payable; **payable d'avance** payable in advance
payer to pay; to pay for 11
un pays country 16
les Pays-Bas *(m.)* Netherlands
le paysan (la paysanne) peasant; farmer
la pêche fishing
le pêcheur fisherman
la pédale pedal
peigner to comb; **se peigner** to comb one's hair 23
la peine punishment; **la peine de mort** capital punishment
le peintre painter
la peinture painting 9
pendant during, for 11; **pendant que** while 27
pénible boring 8
la pensée thought
penser to think, to believe 9; **penser à** to think about 9; **penser de** to think of, about; to have an opinion 9; **penser que** to think that 9
le penseur thinker
perceptif (perceptive) perceptive 28
perdre to lose 13; **perdre patience** to lose patience; **perdre son temps** to waste one's time 13
le père father 11
perfectionner to perfect
permanent permanent
permettre to permit, to give permission; to let, to allow 22
le permis de conduire driver's license
la permission permission
la persévérance perseverance
persévérant persevering 28
le personnage person; character
personnaliser to personalize

la personnalité personality 28
une personne person 7; **ne ... personne** no one; not anyone 22
personnel (personnelle) personal
le personnel personnel; staff; **le chef du personnel** personnel manager
personnellement personally
la perspective perspective; prospect
une perte waste; loss; **une perte de temps** a waste of time
peser to weigh
pessimiste pessimistic 28
la pétanque bocci-like game
petit short, small 8; **un(e) petit(e) ami(e)** boyfriend (girlfriend) 7
un petit déjeuner breakfast 15
des petits pois *(m.)* peas 15
pétrolier (pétrolière) oil
peu (de) few, not much, many 13; **peu à peu** bit by bit
le peuple people; population
la peur fear 38; **avoir peur** to be afraid 38
peut-être maybe 5
le phare headlight
la pharmacie pharmacy 20
un pharmacien pharmacist; **chez le pharmacien** to the pharmacist's
la philosophie philosophy 20
philosophique philosophical
la phonétique phonetics
une photo photograph 7
le/la photographe photographer
la photo(graphie) photography
la phrase sentence
la physique physics 20
physiquement physically
un piano piano; **un/une pianiste** pianist
une pièce room (of a house) 12; coin; **une pièce d'identité** identity card
le pied foot 22; **à pied** on foot 9
le pilote pilot
la pilule pill
le pique-nique picnic
une piscine swimming pool
une pizza pizza
la place place, seat; position
placide placid
la plage beach 9
se plaindre to complain

plaire to please; **s'il te plaît (s'il vous plaît)** please
le plaisir pleasure; **par plaisir** for fun
le plan plan; map
la planche à voile wind surfing 35
la planète planet
une plante plant
planter to plant
le plat dish
plein (de) full (of)
pleuvoir to rain; **il pleut** it is raining 15
la plongée sous-marine deep-sea diving
la pluie rain
la plupart de most, the greatest number 40; **la plupart du temps** most of the time
le pluriel plural 7
plus more 10; **ne ... plus** no more 22; **en plus** moreover; **le plus** the most 29; **plus ... que** more ... than 29; **plus tard** later
plusieurs several 21 **plusieurs fois** several times 26
plutôt rather, on the whole 39
le pneu tire
la poche pocket
le podium podium
un poème poem 29
le poète (la poétesse) poet
le poids weight
le point point
la pointe forefront
une poire pear 15
le poisson fish 14; **un poisson rouge** goldfish
Poissons *(m.)* Pisces (zodiac sign)
le poivre pepper 14
le poker poker game 9
la police police
poli polite
la politesse manners, politeness
la politique policy, politics
politique political
pollué polluted
la pollution pollution 25
la Polynésie Polynesia
Polytechnique French business school
une pomme apple 15; **la pomme de terre** *(pl. des pommes de terre)* potato
la pompe pump

le pompier fireman
la ponctualité punctuality 3
ponctuel (ponctuelle) punctual 28
le pont bridge
populaire popular
la popularité popularity
une population population
le porc pork 14
le port port
une porte door 33; **une porte
vitrée** glass door
le portefeuille wallet
porter to wear 10
le portier clerk, porter; **le portier
de nuit** night clerk
la portière car door
le portrait portrait
le Portugal Portugal
posséder to own 10
possible possible 37
la poste post office; **la poste res-
tante** general delivery
un poste position, job; **le poste-clé**
key position
un poster poster
un pot jar, pot
la poterie pottery
le poulet chicken 14
pour for; in order to 36; in favor of
40; **pour que** so that 39
le pourboire tip
pour cent percent
le pourcentage percentage
pourquoi why 6; **pourquoi pas?**
why not?
poursuivre to pursue; to prosecute
pourtant nevertheless, yet 31
pourvu que provided that, let's
hope that 39
pouvoir to be able to; can; may 19
le pouvoir power 40
pratique practical
pratiqué in effect
pratiquement practically
pratiquer to practice; **(un sport)**
to be active in sports 35
précédent preceding
précieux (précieuse) precious
précis precise
la précision detail; precision
la prédiction prediction
prédire to predict, foretell 31
préférable preferable 37
préféré favorite, preferred
la préférence preference

préférer to prefer 10
premier (première) first 17
prendre to take; to have 14;
prendre pour to take for, to consider
préoccuper to concern, to preoccupy; **se préoccuper de** to be
concerned about 23
une préparation preparation (for
class)
préparer to prepare, make 15;
préparer un examen to study
for an exam 19; **se préparer** to
get ready 23
près (de) near 33
le présent present
la présentation introduction
présenter to introduce, to present
24; **je te présente ...** may I introduce..., this is...
la préservation preservation 37
préserver to preserve
le président president
presque almost 30
la presse press
prétentieux (prétentieuse) pre-
tentious
prêter *(qqch.)* **à** *(qqn.)* to loan, to
lend 21
un prétexte pretext
la preuve proof
prévoir to foresee
principal *(pl. principaux)* principal
un principe principle; **en principe**
in theory; in principle
le printemps spring 16 **au printemps** in spring 16
la priorité priority
la prison prison
le prisonnier (la prisonnière)
prisoner
privé private
le prix price 10; **le prix réduit** reduced price
probable probable
probablement probably
un problème problem 21
un procès law suit; trial
prochain next
proche rear
proclamer to proclaim
produire to produce 38
le produit product 14; **le produit
chimique** chemical product; **les**

produits laitiers milk products
un professeur professor, teacher 7
la profession profession 31
professionnel (professionnelle)
professional
profiter de to make use of
la programmation computer programming
un programme program 26
le programmeur computer pro-
grammer
le progrès progress 30; **faire des
progrès** to make progress, to improve 19
un projet project 11
une promenade walk; ride; **faire
une promenade** to take a walk
11
se promener to go for a walk 23
promettre to promise 22; **promettre à (qqn.) de** *(+ inf.)* to
promise someone 35
le pronom pronoun
prononcer to pronounce; **se prononcer** to declare oneself
propager to propagate
propos: à propos de with regard
to 42
la proportion proportion
proposer to propose
propre clean 25; own
la propreté cleanliness
le/la propriétaire owner
la propriété property
protéger to protect 38
la protéine protein
prouver to prove
le proverbe proverb
la province province
la provision provision
provoquer to provoke
prudent careful 28
un/une psychiatre psychiatrist
la psychologie psychology 20
psychologiquement psychologi-
cally
le public public; **en public** in public
la publicité advertising; commer-
cials 20
la puce flea
puis then 27; **et puis** and then 12
puissant powerful
un pull (pull-over) sweater 10
pur pure

qu' = **que**

le quai wharf, quay; platform (train station)

qualifier to qualify

une qualité quality 41; characteristic

quand when 6; **quand même** all the same; even so

quant à as for

la quantité quantity **en grande quantité** in large quantity

quarante forty 6

un quart quarter; **un quart d'heure** quarter of an hour 3; **et quart** quarter past 3; **moins le quart** quarter of; quarter to 3

un quartier district, area, neighborhood 25; **le Quartier Latin** Latin Quarter (student section of Paris)

quatorze fourteen 6

quatre four 3

quatrième fourth 28

que whom; which; that 25; than 29; what 42; **ne ... que** only; **qu'est-ce que (qui) ... ?** what ... ? 42 **qu'est-ce que c'est?** what is it? what is that? 7

le Québécois person from Quebec

quel (quelle, quels, quelles) which 10; **quelle heure est-il?** what time is it? 3; **quel temps fait-il?** what's the weather? 15

quelque some; **quelque chose** something, anything 18; **quelques** some, a few 25; **quelqu'un (quelqu'une)** someone, anyone 18; **quelques-uns (quelques-unes)** some (of them)

quelquefois sometimes, a few times 26

une question question; **une question de goût** a matter of taste; **poser une question à (qqn.)** to ask (someone) a question 21

une queue line; queue

qui who, which, that 25; **à qui** to whom 6; **à qui est-ce?** whose is this?; **qui est-ce?** who is it? 7; **qui est-ce que** whom 42; **qui est-ce qui** who 42

quinze fifteen 6

quitter to leave 18

quoi what 42

quotidien (quotidienne) daily; **un quotidien** daily newspaper

la race race

la racine root

le racisme racism

raconter to tell 27

le radiateur radiator

une radio radio 7; x-ray

le/la radiologue radiologist

le radis radish

une raffinerie (de pétrole) (petroleum) refinery

une raison reason 30; **à raison** rightly; **avoir raison** to be right 13; **une raison d'être** justification

le ralenti slow motion; **au ralenti** at a slow pace

rapide fast, rapid 30

rapidement quickly

la rapidité speed

rappeler to remind; **se rappeler** to remember; to recall

le rapport relation; **les rapports** relationship 21

la raquette racket; **la raquette de tennis** tennis racket

rare rare

rarement rarely

se raser to shave 23

le rasoir razor

rater to fail; to flunk 19; to miss

rationnel (rationnelle) rational

ravi delighted, very happy

un ravin ravine

rayer to scratch

une réaction reaction

réagir to react 34

le réalisateur doer; (cinema) director

la réalisation achievement

réaliser to carry out 31; to achieve; to realize; **se réaliser** to achieve; to come true

réaliste realistic 28

la réalité reality; **en réalité** in reality

la rébellion rebellion

la récapitulation recapitulation, review

récemment recently

récent recent

la réception reception; reception area; (hotel) registration desk

la recette receipt; receipts; (cooking) recipe

recevoir to receive 34

un réchaud portable stove

la recherche research; **faire des recherches** to do research 20

réciproque reciprocal 24

une réclamation complaint; **faire une réclamation** to make a complaint

une réclame ad

réclamer to ask for, demand

recommander to recommend

recommencer to begin again

récompenser to reward

la réconciliation reconciliation

la reconnaissance recognition

reconnaître to recognize

reconstruire reconstruct

la récréation recreation

recruter to recruit

reçu: être reçu à un examen to pass an exam 19

se reculer to step back

la réduction reduction

réduire to reduce

réel (réelle) real, actual 37

réellement really

réfléchi reflexive 23

réfléchir (à) to reflect (about); to think (over)

refléter to reflect

la réflexion reflection

une réforme reform 39

réformer to reform

un réfrigérateur refrigerator 33

refuser de (+ *inf.*) to refuse 35

regarder to look at; to watch 4

un régime diet; **être au régime** to be on a diet 15

la région region; **la région parisienne** greater metropolitan Paris

régional (*pl.* **régionaux**) regional

la règle rule

le règlement rules

réglementer to regiment

regretter to regret 38

régulier (régulière) regular

régulièrement regularly

la reine queen

relatif (relative) relative 25

les relations relationship 21; **les relations internationales** international relations 36; **les relations publiques** public relations

relativement relatively

religieux (religieuse) religious

la religion religion

remarquable remarkable 20
la remarque remark
remarquer to notice
rembourser to reimburse
remettre to put back
remonter à to go back to
remplacer to replace
une rémunération pay, compensation
la rencontre encounter
rencontrer to meet 18
un rendez-vous date, appointment 24; **donner rendez-vous (à)** to make a date (with); to arrange to meet 24; **prendre rendez-vous** to make an appointment, a date
rendre to give back 13; *(+ adj.)* to make, to render 34; *(+ noun or pronoun)* to give back 34; **rendre visite à** to visit (someone) 13; **se rendre compte** to realize
renoncer à to give up
un renouveau rebirth
les renseignements information
la rentrée return to school 1
rentrer to return; to go home 6; **rentrer dans (une voiture)** to hit (a car)
réparer to repair
un repas meal 11; **un repas de fête** holiday meal
répéter to repeat 10; **répétez, s'il vous plaît** please repeat
la répétition rehearsal (theater)
répondre à to answer 13
la réponse answer
un reportage news report
le repos rest
se reposer to rest, relax 23
repousser to push back
reprendre to take again; to start over
une représentation (theater) performance
représenter to represent; to present
un reproche reproach
reprocher (à) to reproach, to criticize
républicain republican
la république republic
la réputation reputation
réputé well-known, famous
un requin shark
réservé reserved 28
réserver to reserve

une résidence dormitory 12; residence; **une résidence secondaire** second home
résider to reside
la Résistance French resistance movement (during W.W. II)
une résolution resolution; **prendre une résolution** to make a resolution
résoudre to solve; to resolve
respecter to respect
respirer to breathe
une responsabilité responsibility 30
le responsable responsible person
responsable responsible
la ressemblance resemblance, similarity
ressembler (à) to resemble 34; to look like; **se ressembler** to look alike
les ressources resources; income
un restaurant restaurant 9
le restaurateur restaurant owner
restaurer to restore
le reste rest; remainder
rester to stay; to remain 18
le résultat result
le résumé summary
résumer to summarize
rétablir to re-establish, to restore 39
le retard tardiness, delay; **en retard** late 6
le retour return; coming back
la retraite retirement
le retraité retired person
la réunion reunion; meeting; **la réunion de famille** family reunion
réunir to assemble, to bring together
réussir (à) to succeed, to be successful (in) 19
une réussite success 41
le rêve dream
un réveil alarm clock
un réveille-matin alarm clock
réveiller to wake up (someone) 23; **se réveiller** to wake up 23
révéler to reveal
une revendication protest, claim
revenir to come back 16
le revenu income
rêver (de) to dream (about) 35
une révision review, revision

le révolté rebel, mutineer
la révolte revolt; uprising
la révolution revolution
révolutionner to revolutionize
une revue (illustrated) magazine 29
le rez-de-chaussée first floor, ground floor
un rhume cold 22
riche rich 39
la richesse wealth, resources
ridicule ridiculous
rien nothing; **ne ... rien** nothing 22; **de rien** you're welcome; it was nothing
un risque risk
un rite rite
la rivalité rivalry
une robe dress 10
le robot robot
le rôle role
romain Roman
un roman novel 29; **un roman policier** detective novel 29; **un roman d'anticipation** science-fiction novel
romantique romantic
le rosbif roast beef 14
rose pink 10
un rosé pink wine
la roue wheel
rouge red 10
rougir to redden, to blush 13
la roulette roulette
roux (rousse) redhead
une rue street 25
le rugby rugby
la ruine ruin; **en ruines** in ruins
ruiner to ruin, to destroy
la rumeur rumor
une rupture break, rupture
rural *(pl. ruraux)* rural
russe Russian; **le russe** Russian (language) **un/une Russe** Russian (person)
la Russie Russia
un rythme rhythm, pace

s' = se; si
un sac bag; sack; **un sac de couchage** sleeping bag; **un sac à dos** knapsack
sacré sacred
Sagittaire *(m.)* Sagittarius (zodiac sign)

le Sahara Sahara
sain healthy
un saint (une sainte) saint
saisir to grab, to seize
une saison season 16
la salade salad 14
un salaire salary 30
sale dirty 25
salé salted
saler to salt
la salle room; **une salle de bains** bathroom 12; **la salle de classe** classroom; **une salle à manger** dining room 12; **une salle de séjour** living room 12.
un salon living room 12
salutations greetings 2
salut! hi! (informal) 2
samedi *(m.)* Saturday 16
un sandwich sandwich; **un sandwich au jambon** ham sandwich
le sang blood
sans without 36; **sans que** without 39
la santé health 22; **être en bonne santé** to be in good health 22
un satellite satellite
satisfait (de) satisfied (with) 21
le saucisson salami, bologna 14
sauf except, except for
sauver to save
le savant scientist; **Les Femmes Savantes** The Well-mannered Ladies (comedy by Molière)
savoir to know, to know how 25; **le savoir-faire** "know-how"; **avoir du savoir-vivre** to be well-mannered
un scaphandre diving suit
la scène scene; stage
sceptique skeptical
les sciences *(f.)* science 20; **les sciences économiques** economics 20; **les sciences politiques** political science 20; **Sciences-Po (École des Sciences Politiques)** French government administration school
scientifique scientific 20
la scolarité tuition 11; schooling
Scorpion *(m.)* Scorpio (zodiac sign)
la sculpture sculpture 20
sec (sèche) dry
une seconde second
la seconde the second one

au secours! help!
secret (secrète) secretive 28
un/une secrétaire secretary 31
la sécurité security; safety; **la sécurité sociale** social security
seize sixteen 6
le séjour stay 18; **faire un séjour** to reside, to spend time 18
le sel salt 14
un self-service cafeteria
une selle saddle; seat
selon according to 29
une semaine week 11; **par semaine** by week, weekly 11
semblable similar
sembler to seem 34
le semestre semester
le séminaire seminar
le sénateur senator
le sens meaning; **le bon sens** common sense; **les sens opposés** opposite directions; **sens unique** one way (street)
sensationnel (sensationnelle) sensational
la sensibilité sensitivity
sensible sensitive 28
sensiblement sensitively
un sentiment feeling 34
sentimental *(pl.* **sentimentaux)** sentimental 28
sentir to feel; to sense; to smell 30; **se sentir** to feel 30
séparer to separate
sept seven 3
septembre *(m.)* September 16
septième seventh 28
serein serene
sérieux (sérieuse) serious 28; **prendre au sérieux** to take seriously
un serpent snake
un serveur (une serveuse) waiter (waitress) 15
le service service; **service compris** service (tip) included; **le service comptable** accounting service; **le service informatique** computer service; **le service militaire** military service; **un service public** public service; **le service ventes** sales
servir to serve 30; **se servir de** to use 30
seul alone, lonely 30

le seul (la seule) the only one
seulement only 31
sévère severe
le sexe sex
sexuel (sexuelle) sexual
la S.F.P. (Société Française de Production) national French television networks
un short shorts 10
si if, whether 11; yes (in answer to a negative question) 22; so; **s'il te plaît (s'il vous plaît)** please
un siècle century 27
le siège seat
signaler to signal
simple simple
simplement simply
simultanément simultaneously
sincère sincere 28
la situation situation; job
situer to situate, to locate
six six 3
sixième sixth 28
le ski skiing 35; **faire du ski** to ski 15; **le ski nautique** water skiing 35
la sociabilité sociability
sociable sociable
social social 8
le socialisme socialism
la société society
la sociologie sociology 20
la sœur sister 11
un sofa sofa 33
soi oneself; **soi-même** oneself
la soif thirst; **avoir soif** to be thirsty 13
un soir evening 17; **ce soir** tonight 17; **du soir** P.M.; in the evening 6
une soirée a (whole) evening; evening party
soixante sixty 6
soixante-dix seventy 10
le sol ground
solaire solar
le soldat soldier
un solde sale; **en solde** on sale
la sole sole 14
le soleil sun 18; **des lunettes de soleil** sunglasses 10
la solitude solitude; loneliness
une solution solution
le sommet summit
le somnifère sleeping pill
son (sa, ses) his; her 11

le son sound

un sondage survey, poll 40

sonner to ring

la sorte type, sort

une sortie date 21

sortir to go out; to get out (of a place) 18

le sou cent, penny; **sans le sou** without a cent

la soucoupe saucer; **une soucoupe volante** flying saucer

souffrir to suffer 33

le souhait wish

souhaiter to wish 37

souligné underlined

souligner to underline; to emphasize

sous under 33

soutenir to support

un souvenir souvenir; memory

se souvenir (de) to remember 23

souvent often 5

spécialisé specialized

la spécialité specialty; area of concentration

spécifique specific

un spectacle show 26

spectaculaire spectacular

le spectateur (la spectatrice) spectator

splendide splendid, wonderful

spirituel (spirituelle) spiritual

spontané spontaneous 28

un sport sport 35; **les sports d'hiver** winter sports

le sportif (la sportive) athletic person

sportif (sportive) athletic 28

la stabilité stability

stable stable, balanced

un stade stadium 9

la station station; **la station de métro** subway station; **la station de taxi** taxi stand; **la station-service** gas station

stationner to park; **défense de stationner** no parking

stimuler to stimulate

stipuler to stipulate

le stock stock

studieux (studieuse) studious

un studio studio (one room) apartment 12

le subjonctif subjunctive

la substitution substitution

substituer to substitute

la subvention subsidy

succéder (à) to follow

le succès success

le sucre sugar 14

sucrer to put sugar in; to sweeten

le sud south; **le sud-est** southeast; **le sud-ouest** southwest

suffisant adequate; sufficient

suffocant suffocating

la Suisse Switzerland

un/une Suisse Swiss (person)

suite continued

la suite continuation

suivant following

suivre to follow 32; **suivre un cours** to take a class, course; to be enrolled in a class 32; **suivre un régime** to be on a diet 32; **suivre (un sujet)** to keep abreast of (a topic) 32

le sujet subject; **au sujet de** about; on the subject of; **à ce sujet** on this topic 29

la superficialité superficiality

la superficie area

superficiel (superficielle) superficial 28

le supermarché supermarket

superstitieux (superstitieuse) superstitious 28

en supplément extra

supposer to suppose

sur on 12; on top of 33

sûr sure

surprendre to surprise

surpris surprised 38

une surprise surprise; **une surprise-partie** (pl. **surprises-parties**) party 24

surtout especially; above all

surveiller to watch

un survêtement sweat suit

la syllabation syllabification

le symbole symbol

symboliser to symbolize 21

sympathique (sympa) nice; pleasant 8

le symptôme symptom

le syndicat labor union

la synthèse synthesis

le système system

une table table 33; **une bonne table** good cuisine

le tableau painting; **le tableau d'affichage** schedule; notice

la tache spot, stain

se taire to be quiet; to keep silent; **tais-toi!** be quiet!

le talent talent

tant so much; **tant mieux!** so much the better!

la tante aunt 11

tard late 23

la tarte pie 14

une tasse cup

Taureau (m.) Taurus (zodiac sign)

le taux rate

le taxi taxi

te you; to you 21

le technicien (la technicienne) technician

technologique technological

un tee-shirt T-shirt

un télégramme telegram

un téléphone telephone 7

téléphoner (à) to phone, to call 4

le téléspectateur (la téléspectatrice) TV viewer

un téléviseur TV set 7; **un téléviseur (en) couleur** color television set

la télévision television 9; **l'émission de télévision** (f.) television program; **à la télé** on TV 26

tellement that much, so much

la température temperature

temporaire temporary

le temps weather; time 15; **en même temps** at the same time; **de temps en temps** from time to time, once in a while 26; **combien de temps** how long; **le temps libre** free time

la ténacité tenacity

la tendance tendency; **avoir tendance à** to have a tendency to

le tennis tennis 9; **jouer au tennis** to play tennis

une tension tension

une tente tent; **planter une tente** to pitch a tent

le terrain playing field; **le terrain de jeux** playground

terriblement terribly

un territoire territory

la tête head 22

têtu stubborn

le texte text

un textile textile
ticket ticket; **un ticket de métro** subway ticket
tiens! look! 12
un tiers one third
le tiers monde Third World
un timbre stamp
timide timid, shy 28
le titre title
le thé tea 14
le théâtre theater 9
théorique theoretical
le thermomètre thermometer
une thèse thesis 40
le thon tuna 14
un toast toast
la toilette washing; **les toilettes** toilets 12
tolérant tolerant 28
tolérer to tolerate
la tomate tomato
tomber to fall 18
ton (ta; *pl.* **tes)** your 11
un tort error; fault; **avoir tort** to be wrong 13; **à tort** wrongly
tôt early 23
totalement totally
toujours always; still 5
la tour tower
le tourisme tourism; **le bureau de tourisme** tourist bureau
un/une touriste tourist
touristique tourist *(adj.)*
le tournoi tournament
tout everything 18; **c'est tout** that's all; **tout droit** straight ahead; **tout de suite** immediately, right away 34
tout (toute, tous, toutes) all
tout le (toute la) all the, the whole; **tout le monde** everyone 18; **tout le temps** all the time 26
tous les (toutes les) all the, every 25; **tous les ans** every year; **tous les jours** every day 21; **tous les mois** every month;
une tradition tradition 37
la traduction translation
le tragédien (la tragédienne) tragedy actor, tragedy actress
le train train
un traité treaty 38
la tranquillité tranquillity
transformer to transform
un transistor transistor radio 7

en transit in transit
transmettre to transmit
la transmission transmission
la transplantation transplant
les transports transportation 11; **les transports publics** public transportation
le travail *(pl.* **les travaux)** work; job 30; **travaux pratiques** small sections (in a university course)
travailler to work 4
travailleur (travailleuse) hard-working 28
les traveller-chèques travellers checks
traverser to cross
treize thirteen 6
trente thirty 6
très very 5; **très bien** very well 2
un trésor treasure
une tribu tribe
le trimestre trimester
triompher to triumph, to win
triste sad 8; **être triste** to be sad 38
la tristesse sadness 38
trois three 3
troisième third 28
trop (de) too much; too many 13
le trottoir sidewalk
trouver to find 20; **comment trouves-tu ...** how do you like ... ; **se trouver** to be located
la troupe troop
tu you 4
un tube tube
tuer to kill
la Tunisie Tunisia
le type type, kind
typique typical
typiquement typically

U.E.R. (Unité d'Enseignement et de Recherche) French university administrative unit
un (une) a, an 7; one 3; **une sur trois** one out of three
uni united
unilingue unilingual
l'Union Soviétique *(f.)* Soviet Union
unique only, sole
uniquement uniquely; only; solely
l'unité *(f.)* unity; unit

l'univers *(m.)* universe
universel (universelle) universal
une université university 9
urbain urban
l'urbanisation *(f.)* urbanisation
une urgence emergency; **en cas d'urgence** in case of emergency
l'usage *(m.)* usage
une usine factory 25
un ustensile utensil
utile useful 19
utilement usefully
utiliser to use

les vacances *(f.)* vacation 11; **en vacances** on vacation 18
le vagabondage vagrancy
valable valid
une valeur value 39
la validité validity
une valise suitcase 18; **faire les valises** to pack 18
valoir to be worth; **il vaut mieux** it is better 37
un vantard boaster
varier to vary
la variété variety; **les variétés** variety show 26
le veau veal
le végétarien vegetarian
le véhicule vehicle
un vélo bike, bicycle 7; **à vélo** by bicycle 9
un vélomoteur motorbike 7
les vendanges *(f.)* grape harvest
un vendeur (une vendeuse) sales-person 31
vendre to sell 13
vendredi *(m.)* Friday 16
venir to come 16; **venir de** *(+ inf.)* to have just 16
la vente sale
le ventre stomach; abdomen 22
le verbe verb
vérifier to verify; to check
véritable true, real 37
la vérité truth
vers towards (a place) 40; around
Verseau *(m.)* Aquarius (zodiac sign)
vert green 10
une veste jacket 10
les vêtements *(m.)* clothes 10
la vexation vexation

la viande meat 14

la vie life 21; **gagner sa vie** to earn one's living

Vierge *(f.)* Virgo (zodiac sign)

vietnamien (vietnamienne) Vietnamese

vieux (vieil, vieille, vieux, vieilles) old 12

une ville city, town 16; **une ville-frontière** border town; **une ville universitaire** university town; **en ville** in the city, downtown 25

une villa villa, small house

un village village

le vin wine 14; **le vin du pays** local wine; **le vin doux** sweet wine; **un vin généreux** full-bodied wine; **le vin pétillant** sparkling wine

vingt twenty 6

vingtième twentieth 28

la violence violence 4

violent violent 28

le violon violin

la virgule comma

la virtuosité skill, virtuosity

le visa visa

vis-à-vis toward, concerning

la visibilité visibility

la visite visit; **rendre visite à** to visit 21

visiter to visit (a place) 4

vite quickly 30

un vitrail *(pl.* **vitraux***)* stained-glass window

vitre glass

vivre to live 26; **vive!** long live ... !; hooray for ... !

le vocabulaire vocabulary

voici here is, here are 1

voilà there is, there are 1

la voile sailing 35

voir to see 31

un voisin neighbor 25

une voiture car 7; **en voiture** by car 9

la voix voice

le vol flight

le volant steering wheel

volant flying

voler to fly; to steal

le voleur robber, thief; **au voleur!** thief!

le volleyball volleyball 9

la volonté will 37; **la bonne volonté** good will

voter to vote 36

votre (vos) your 11

vouloir to want 19; to wish 35; **vouloir bien** to agree, to be willing 37; **vouloir dire** to mean 19

vous you 1; to you 21

un voyage trip 11; **faire un voyage** to take a trip 11; **un voyage organisé** organized tour

voyager to travel 5

la voyelle vowel

le voyou punk; bum

vrai true, real 8

vraiment truly; really

la vue sight

une vue view; **le point de vue** point of view

un wagon car; **un wagon-lit** pullman car; sleeping car; **le wagon-restaurant** dining car

les WC toilet(s) 12

le weekend weekend 16; on weekends

un western western movie

y there 22; **allons-y** let's go; **il y a** there is, there are 7; **y a-t-il?** is there? are there?

le yaourt yogurt 14

les yeux *(m.) (sing.* **œil***)* eyes

la Yougoslavie Yugoslavia

zéro zero

la zone zone, region

le zoo zoo

zut! darn!

Anglais-Français

This English-French listing includes all the active vocabulary presented in a STRUCTURE or VOCABULAIRE section. Only those French equivalents that occur in the text are given. Expressions are listed according to the key word. The feminine and plural forms of French adjectives and nouns are given only when they are irregular.

The following abbreviations are used:

(v.)	verb
(n.)	noun
(adj.)	adjective
(prep.)	preposition
(m.)	masculine
(f.)	feminine
(pl.)	plural

a lot beaucoup; **a lot of** beaucoup de
about de
above au-dessus; **above all** avant tout
abroad à l'étranger
absolutely absolument
accidentally par hasard
according to selon, d'après; suivant
across from en face de
act *(v.)* agir;
act *(n.)* un fait
ad (classified) une (petite) annonce
admire admirer
advance l'avance *(f.)*; **in advance** en avance
advertisement une annonce
advertising la publicité
advice un conseil
after après; ensuite; **after all** après tout
afternoon un après-midi
again de nouveau
against contre
ago il y a (+ *time*)
agree accepter; vouloir bien
agreement un accord
ahead of time en avance
airport un aéroport
alarm clock un réveil; un réveille-matin

all tout; tous; **all in all** enfin; **all the time** tout le temps
allow permettre
ally un allié
almost presque
alone seul
already déjà
also aussi
always toujours
American américain
among parmi; entre
amuse amuser
amusements les distractions
amusing amusant
analysis une analyse
and et; **and then** et puis
anger la colère
announcement un faire-part
another un(e) autre
answer répondre (à)
anyone quelqu'un; personne
anything quelque chose
apartment un appartement
appetizer les hors-d'œuvre
appointment un rendez-vous
April avril
architect un/une architecte
area un domaine; un quartier
arm un bras
armchair un fauteuil
around autour de; vers (+ *time*)

arrange to meet donner rendez-vous
arrive arriver
artist un/une artiste
as comme; **as for** quant à
ask demander; **ask a question** poser une question; **ask for** demander
asleep: to fall asleep s'endormir
assignment (written) un devoir
astonishing étonnant
at à; **at ... 's house** chez ... ; **at first** d'abord; **at last** enfin; **at least** au moins; **at that moment** alors
athletic sportif (sportive)
atrocious atroce
attack attaquer
attract attirer
August août
aunt la tante
authority l'autorité *(f.)*
avenue une avenue
average moyen (moyenne); **on the average** en moyenne

back le dos, l'arrière *(m.)*
back light le feu-arrière
backpack un sac à dos
bad mauvais; **bad luck** la malchance; in a **bad mood** de mauvaise humeur

badly mal
bag un sac
balanced équilibré
bargain une affaire
bathroom une salle de bains; un cabinet de toilette
battle une bataille
be être; **be ... (years old)** avoir ... ans; **be able to** pouvoir; **be busy with** s'occuper (de); **be called** s'appeler; **be cold** avoir froid; **be concerned (with)** se préoccuper de; **be enthusiastic about** se passionner pour; **be hot** avoir chaud; **be hungry** avoir faim; **be interested in** s'intéresser à; **be located** se trouver; **be lucky** avoir de la chance; **be on a diet** être au régime; **be part of** faire partie de; **be right** avoir raison; **be satisfied** être content (de); **be scared** avoir peur; **be sorry** être désolé; **be successful at (something)** réussir à; **be supposed to** devoir; **be thirsty** avoir soif; **be willing** vouloir bien; **be wrong** avoir tort
beach une plage
beard la barbe
bearded barbu
beautiful beau (bel, belle, beaux, belles)
because parce que; car; **because of** à cause de
become devenir
bed un lit
beef le bœuf
beer une bière
before avant; avant de; avant que
begin commencer (à)
behave (properly) se conduire bien
behind derrière
belong to être à
below au-dessous (de)
besides d'ailleurs
best le mieux; le meilleur
better mieux; meilleur
between entre
beverage une boisson
bicycle un vélo; **by bicycle** à vélo
big grand
bilingual bilingue
bill l'addition (f.)
biology la biologie

birth la naissance
birthday un anniversaire
black noir
blond blond
blouse un chemisier; une blouse
blue bleu
blush rougir
book un livre
boots des bottes (f.)
border la frontière
boring ennuyeux (ennuyeuse); pénible
born né; **I was born** je suis né(e)
borrow emprunter
boss un patron (une patronne); un chef
bother gêner
bottle la bouteille
boulevard un boulevard
boy un garçon
brake le frein
brand une marque
bread le pain
break casser; **break (one's leg)** se casser (la jambe)
breakfast le petit déjeuner
bridge un pont
bring (along) apporter; amener
brother le frère
brown marron; **dark brown hair** brun
budget un budget
build construire
building un bâtiment; un immeuble
bumper un pare-choc
burn brûler
bus un bus; **by bus** en bus
business un commerce; une entreprise; les affaires (f.)
businessman un homme d'affaires
but mais
butter le beurre
buy acheter; **buy for oneself** s'acheter
by par; **by chance** par hasard

cafeteria (school) une cantine
cake un gâteau
calculator une calculatrice
call appeler; téléphoner (à)
camera un appareil-photo; **movie camera** une caméra
camping le camping
can (to be able to) (v.) pouvoir
can (tin) (n.) une boîte

Canadian canadien (canadienne)
capital une capitale
car une auto; une voiture; **by car** en voiture
card une carte; **post card** une carte postale
careful prudent
careless imprudent
carrot une carotte
carry out réaliser
cartoon un dessin animé
cassette une cassette; **cassette player** un magnétophone
cellar la cave
center le centre
century un siècle
certain certain
chain la chaîne
chair une chaise
chalk la craie
champagne le champagne
chance (luck) le hasard; **chance (opportunity)** l'occasion (f.)
change changer (de)
channel (TV) une chaîne
charming charmant
cheap bon marché
check un chèque
checkers les dames (f.)
cheese le fromage
chemist un chimiste
chemistry la chimie
chess les échecs
chestnut marron
chicken le poulet
child un enfant
children les enfants
Chinese chinois
choice un choix
choose choisir
Christmas Noël (m.)
church une église
citizen un citoyen (une citoyenne)
city la ville; **in the city** en ville
civil servant un/une fonctionnaire
class une classe; un cours
classmate un/une camarade
classroom une salle de classe
clean propre
climb monter
close fermer
clothes les vêtements
clutch le débrayage
coat un manteau
coffee le café

coin une pièce
comb one's hair se peigner
come venir; arriver; **come back** revenir; **come in** entrer
comfortable confortable
comic strip une bande dessinée
common sense le bons sens
compare comparer
complain se plaindre
computer un ordinateur; **computer science** l'informatique *(f.)*
consequently par consequent
conservative conservateur (conservatrice)
consider considérer; **consider as** prendre pour
construct construire
consume consommer
content content; satisfait
continually sans cesse
cook *(v.)* faire la cuisine
cook *(n.)* un chef
cooking la cuisine
copy copier
cost coûter; **the cost of living** le coût de la vie
count compter
country un pays; la campagne; **in the country** à la campagne
course un cours
cousin un cousin
covered couvert (de)
cream la crème
create produire; créer
credit card une carte de crédit
crisis une crise
criticize critiquer
cultural culturel (culturelle)
cultured cultivé
cup une tasse
custard la crème
customs la douane; **customs official** le douanier
cut couper; **cut oneself** se couper

dance *(v.)* danser
dance *(n.)* la danse
dancer un danseur (une danseuse)
darn zut!
date un rendez-vous; une sortie; **to make a date** donner rendez-vous
daughter la fille
day un jour; **whole day** une journée
dealer un marchand

December décembre *(m.)*
decide décider
defend défendre
degree un diplôme
demand réclamer
democracy une démocratie
department store un grand magasin
desert le dessert
design dessiner
desk un bureau *(pl.* bureaux)
destroy détruire
detective novel un roman policier
detest détester
die mourir
diet un régime; **to be on a diet** suivre un régime
difficult difficile
difficulty une difficulté
diminish diminuer
dine dîner
diner car le wagon-restaurant
dining room une salle à manger
dinner un dîner; **to eat (have) dinner** dîner
diploma un diplôme
dirty sale
disappear disparaître
disappoint décevoir
discover découvrir
discuss discuter (de)
discussion une discussion
disease une maladie
dish un plat
dishonest malhonnête
dishwasher un lave-vaisselle
dislike détester
district un quartier
divorce divorcer
do faire; **to do the cooking** faire la cuisine
doctor un médecin; un docteur
documentary un documentaire
dog un chien
door la porte
dormitory un dortoir; une résidence
doubt douter
doubtful douteux (douteuse)
downtown en ville
dozen une douzaine
drawback un défaut
dream rêver (de)
dress (get dressed) *(v.)* s'habiller
dress *(n.)* une robe

drink *(v.)* boire
drink *(n.)* la boisson
drive conduire
driver un chauffeur
during pendant
duty un devoir

each chaque **each one** chacun
early en avance; tôt
earn gagner
easily facilement
easy facile
eat manger; **eat dinner** dîner; **eat lunch** déjeuner
economics les sciences économiques *(f.)*
egg un œuf
eighteen dix-huit
eighty quatre-vingts
elect élire
eleven onze
elsewhere ailleurs
embarrass embarrasser
employee un employé (une employée)
enemy un ennemi
engagement les fiançailles *(f.)*
engineer un ingénieur
English anglais
enormous énorme
enough suffisant; assez; assez (de)
enrich enrichir
enter entrer (dans)
entertain recevoir
equal égal *(pl.* égaux)
equality l'égalité *(f.)*
especially surtout
establish établir
even (if) même (si)
evening un soir; **in the evening** le soir; du soir
event un événement
every chaque; tous les; **every day** tous les jours; **everyone** tout le monde; **everything** tout; chaque chose
evidently évidemment
exam un examen
exchange un échange
exchange changer de
exciting passionnant
exhibit (exhibition) une exposition
expense une dépense
expensive cher (chère)
explain expliquer

express exprimer; **express oneself** s'exprimer
extra en supplément
eye un œil (*pl.* les yeux)

face la figure
fact un fait
factory une usine
fail an exam rater un examen
fair juste
fall (*v.*) tomber
fall (*n.*) l'automne (*m.*)
family la famille
famous célèbre
far (from) loin (de)
fascinating fascinant
fashion la mode; la couture
fast rapide; vite
fat gros (grosse)
father le père; **father-in-law** le beau-père
fault un défaut
favorite préféré; favori (favorite)
fear la peur; **to be afraid** avoir peur
February février (*m.*)
feel sentir; se sentir; **feel like** avoir envie de
feeling un sentiment
feet les pieds (*m.*)
few peu nombreux; **few times** quelquefois
field un champ; un domaine
fifteen quinze
fifty cinquante
fight (*v.*) lutter
fight (*n.*) une bagarre
figure la ligne
finally enfin
find trouver; **find out about** s'informer (de)
fine arts les beaux arts
finish finir; finir de (+ *inf.*)
fire un feu
fireman un pompier
first d'abord; premier (première)
fish le poisson
fix (food) préparer
flashlight une lampe électrique
flower une fleur
flu la grippe
flunk rater un examen
flying saucer une soucoupe volante
follow suivre
following suivant

food la nourriture
foot le pied; **on foot** à pied
for pour; comme; pendant; **for that reason** pour cela
forbid interdire
forbidden interdit
forehead le front
foreign étranger (étrangère)
foretell prédire
forget oublier (de + *inf.*)
form la forme
former ancien (ancienne)
formerly autrefois
forty quarante
found fonder
fourteen quatorze
free (in movement) libre; **free (of charge)** gratuit; **free time** le temps libre
freedom la liberté
freezer un congélateur
French français; **French-speaker** un francophone; **French** (*person*) un Français (une Française)
Friday vendredi
friend un ami; un copain (une copine)
friendship l'amitié
from de; de la part de; **from time to time** de temps en temps
fun amusant; **to have fun** s'amuser
funny drôle
furious furieux (furieuse)
furnished meublé
future l'avenir (*m.*)

gain: to gain weight grossir
game un jeu
garage un garage
garden un jardin
gas l'essence (*f.*); **gas pedal** l'accélérateur (*m.*)
gears le changement de vitesse
generous généreux (généreuse)
gentleman un monsieur
German allemand; **German** (*person*) un Allemand (une Allemande); **Germany** l'Allemagne (*f.*)
get (receive) recevoir; obtenir; **get (pick up)** chercher; **get along (with)** s'entendre bien (avec); **get dressed** s'habiller; **get impatient** s'impatienter; **get married** se marier; **get off** descendre; **get**

on monter; **get up** se lever; **get upset** s'énerver
gift un cadeau (*pl.* cadeaux)
girl une fille
give donner; offrir; **give a grade** mettre une note; **give back** rendre; **give permission** permettre
glasses des lunettes (*f.*); **sunglasses** des lunettes de soleil
go aller; **go back** rentrer; **go by or through** passer (par); **go down** descendre; **go home** rentrer; **go shopping** faire les courses; **go to bed** se coucher; **go to school** faire des études; **go up** monter
goal un objectif
goldfish un poisson rouge
good bon (bonne); **good-by** au revoir; **in a good mood** de bonne humeur
government un gouvernement
grade une note
grandchild un petit-enfant (*pl.* petits-enfants)
grandfather un grand-père
grandmother la grand-mère
grandparent un grand-parent (*pl.* grands-parents)
gray gris
green vert
greetings les salutations (*f.*)

hair les cheveux (*m.*)
hairdresser le coiffeur
half la moitié
ham le jambon
hand la main
handlebar le guidon
handsome beau (bel, belle, beaux, belles)
happen se passer; arriver
happiness le bonheur
happy heureux (heureuse); content; satisfait
hard difficile; dur
hard-working travailleur (travailleuse)
hat un chapeau (*pl.* chapeaux); **hat (wool)** un bonnet
hate détester
have avoir; **have a sore ... (have a ...ache** avoir mal à ...; **have dinner** dîner; **have fun** s'amuser;

have the chance (to) avoir l'occasion (de); **have to (must)** devoir

head une tête

headlight le phare

headache (to have a headache) avoir mal à la tête

health la santé

hear entendre

hello bonjour; salut

help aider

her son, sa, ses

here ici

hesitate hésiter à

hey! dis!

hi salut; bonjour

high élevé

himself lui-même

his son, sa, ses

history l'histoire (f.)

hitchhike faire de l'auto-stop

home la maison; **at home** à la maison

homework les devoirs

honest honnête

hope espérer

hospital un hôpital

house une maison

housing le logement

how comment; **how much** combien; **how many** combien de

however cependant; pourtant

humanities les lettres

hundreds des centaines (f.)

hurry se dépêcher

husband le mari

ice cream la glace

if si (s')

illness une maladie

imagination l'imagination (f.)

immediately tout de suite

improve faire des progrès

in dans; à; **in a while** dans un instant; **in back of** derrière; **in fact** en effet; **in favor of** pour; **in front of** devant; **in love with** amoureux (amoureuse) de

increase augmenter

indeed en effet

inexpensive bon marché

inn une auberge

inside (of) à l'intérieur (de)

intelligent intelligent

intend avoir l'intention de

interest intéresser; **to be interested in** s'intéresser à

interesting intéressant

interview une entrevue

introduce présenter

invite inviter

island une île

Italian italien (italienne); **Italian** (person) un Italien (une Italienne)

its son, sa, ses

itself lui-même

Ivory Coast la Côte d'Ivoire

jacket une veste

jam la confiture

January janvier (m.)

Japanese japonais

jar un pot

jeans des jeans (m.)

job le travail (pl. travaux)

joke plaisanter

journalist un/une journaliste

judge juger

July juillet (m.)

June juin (m.)

keep garder; **keep abreast of** suivre

kill tuer

kilogram un kilo(gramme)

kilometer un kilomètre

kitchen une cuisine

knee le genou (pl. genoux)

know connaître; savoir; **know-how** le savoir-faire; **know how to** savoir

known connu

laboratory un laboratoire

lady une dame

lamp une lampe

language une langue; un langage

large grand

last dernier (dernière); **last night** hier soir

late en retard; tard

later plus tard

law le droit; la loi

lawyer un avocat (une avocate)

lazy paresseux (paresseuse)

learn apprendre à

leave laisser; partir; **leave (a place)** quitter

lecture une conférence

left gauche; **to the left of** à gauche de

leg une jambe

lemon soda la limonade

lend prêter

let permettre

letter une lettre

level un niveau

liberty la liberté

library une bibliothèque

lie (v.) mentir

lie (n.) un mensonge

life la vie

like (v.) aimer; aimer bien

like (prep.) comme

lips les lèvres (f.)

listen (to) écouter

liter un litre

little (few) peu (de)

little petit

live habiter; vivre

lively animé

living room un salon; une salle de séjour

loan prêter

local wine le vin du pays

lonely seul

long long (longue); **for a long time** longtemps, depuis longtemps

look (at) regarder; **to look (seem)** avoir l'air (+ adj.); **look for** chercher

lose perdre; **lose weight** maigrir

a lot of (lots of) beaucoup de

loud fort

love (v.) aimer; **love each other** s'aimer

love (n.) l'amour (m.)

lovers les amants (m.)

low bas (basse)

luck la chance

lunch le déjeuner; **to have lunch** déjeuner

mad furieux (furieuse)

magazine un magazine; une revue

majority la majorité

make faire; rendre (+ adj.); **make a date** donner rendez-vous; **make a decision** prendre une décision; **make fun of** se moquer de; **make progress** faire des progrès

man un homme

manage diriger

management la gestion
manner une façon; une manière
many beaucoup de; **many too many** beaucoup trop de
map (of a city) un plan
March mars *(m.)*
mark une marque
marriage le mariage
married marié
marry épouser; marier; **to get married** se marier
math les maths; les mathématiques *(f.)*
matter une question
May mai *(m.)*
may pouvoir
maybe peut-être
mayonnaise la mayonnaise
mayor un maire
meal un repas
mean vouloir dire
meat la viande
mechanic un mécanicien (une mécanicienne)
medicine (study of) la médecine
medicine (drug) le médicament
meet rencontrer
memory un souvenir
meter un mètre
method une méthode
Mexican mexicain
Middle Ages le Moyen Age
middle milieu; **in the middle of** au milieu de
milk le lait
mineral water l'eau minérale *(f.)*
minute une minute
mirror la glace
misbehave se conduire mal
mix mélanger
modern moderne
Monday lundi *(m.)*
money l'argent *(m.)*
month le mois
monthly mensuel (mensuelle)
more davantage; plus (de); plus ... que
moreover en plus; d'ailleurs
morning un matin
Morocco le Maroc
most la plupart de; le (la, les) plus ...
mother la mère
motor un moteur
motorbike un vélomoteur
motorcycle une moto

mountain la montagne; **mountain climbing** l'alpinisme *(m.)*
moustache la moustache
movie un film; **movies** le cinéma
much beaucoup (de); very much beaucoup; **much too much** beaucoup trop de
museum un musée
must devoir; il faut
mustard la moutarde
my mon, ma, mes
myself moi-même

name *(v.)* nommer
name *(n.)* un nom
nationality une nationalité
near près de
need avoir besoin (de)
neighbor un voisin (une voisine)
neighborhood un quartier
nervous nerveux (nerveuse)
never ne ... jamais
nevertheless pourtant
new nouveau (nouvel, nouvelle, nouveaux, nouvelles); moderne
New England la Nouvelle-Angleterre
New Zealand la Nouvelle-Zélande
news une nouvelle; **news bulletin** les informations *(f.)*; **les nouvelles**
newspaper un journal
next prochain; **next year** l'année prochaine; **next to** à côté de
nice sympathique; bon (bonne); agréable
night une nuit; un soir
nineteen dix-neuf
ninety quatre-vingt-dix
no non; **no longer** ne ... plus; **no one, nobody** ne ... personne
noise un bruit
noon midi *(m.)*
normally normalement
north le nord
not ne ... pas; **not anyone** ne ... personne; **not anything** ne ... rien; **not ever** ne ... jamais; **not many** peu de; **not much** peu (de); **not yet** ne ... pas encore
notebook un cahier
notes (lecture) des notes *(f.)*
nothing ne ... rien
notice remarquer
novel un roman
November novembre *(m.)*

now maintenant
nuclear nucléaire;
nuclear power plant une centrale nucléaire
numerous nombreux (nombreuses)
nurse un infirmier (une infirmière)

obey obéir (à)
object un objet
obliged obligé
obtain obtenir
obvious évident
obviously évidemment
occupy occuper
October octobre *(m.)*
of de
offer offrir
office un bureau *(pl.* bureaux)
often souvent
old âgé; vieux (vieil, vieille, vieux, vieilles); ancien (ancienne)
on sur; **on behalf of** de la part de; **on condition that** à condition que; **on the whole** plutôt; **on this topic** à ce sujet; **on time** à l'heure; **on top (of)** au-dessus (de); sur
once une fois; **once in a while** de temps en temps; **once more** encore
one *(pronoun)* on
one un (une); **one-way ticket** un aller simple
only seulement; uniquement
open ouvrir
opinion une opinion; **in my opinion** à mon avis
opportunity l'occasion *(f.)*
opposite en face de
oppress opprimer
optimistic optimiste
or ou; ou bien
orange une orange; **orange juice** le jus d'orange
order commander
organized organisé
other autre; d'autres; **the other** l'autre; **the others** les autres
our notre (nos)
outside of à l'extérieur de
over there là-bas
overtake dépasser
own *(v.)* posséder
own *(adj.)* propre
ox un bœuf

pack faire les valises
package un paquet
pal un copain (une copine)
pants un pantalon
parents les parents *(m.)*
park *(v.)* stationner
park *(n.)* un parc
party une surprise-partie
pass (by) passer (par); **pass (a car)** doubler; **pass an exam** être reçu à un examen
past le passé; **in the past** autrefois
patient *(adj.)* patient
patient *(n.)* un/une malade
pay payer
pedal la pédale
people les gens *(m.)*
pepper le poivre
per: per cent pour cent; **per day** par jour; **per month** par mois; **per week** par semaine; **per year** par an
perfect parfait
period une époque
permit permettre
persevering persévérant
person une personne
pessimistic pessimiste
pet un animal domestique
phone téléphoner (à)
photograph une photo
photography la photo
picnic un pique-nique
pie la tarte
pink rose
place *(v.)* mettre
place *(n.)* une place; un endroit
plan *(v.)* avoir l'intention de
plan *(n.)* un projet
plane un avion; **by plane** en avion; **plane ticket** un billet d'avion
platform le quai
play (a game) jouer à; **play (an instrument)** jouer de
pleasant agréable
poem un poème
politics la politique
poll un sondage; une enquête
pollution la pollution
poor (≠ **rich**) pauvre; **(in quality)** mauvais
poorly mal
pork le porc
post office la poste
potato une pomme de terre

pound une livre
power le pouvoir
predict prédire
prefer préférer; aimer mieux
preoccupy préoccuper
prepare préparer
present *(v.)* présenter
present *(adj.)* présent
preserve préserver
pretty joli
prevent empêcher
price un prix
pride la fierté; **to be proud** être fier (fière)
private privé
probably sans doute
problem un problème; une difficulté
produce produire
product un produit
professional professionnel (professionnelle)
professor un professeur
program un programme; une émission (TV)
progress le progrès
prohibit défendre de *(+ inf.)*
promise promettre
property la propriété
protect protéger; défendre
proud fier (fière)
provided that à condition que; pourvu que
psychology la psychologie
pullman un wagon-lit
purchase *(v.)* acheter
purchase *(n.)* un achat
purple violet (violette)
put (put on) mettre

quality une qualité
quarrel (with) se disputer (avec)
quarter un quart
question une question
quickly vite
quit cesser de

radio la radio
rain la pluie; **it's raining** il pleut
raincoat un imperméable
range (oven) une cuisinière
rapid rapide
rather assez; plutôt
razor un rasoir
react réagir

read lire
reading la lecture
real vrai
realistic réaliste
realize s'apercevoir (de)
reason une raison
receive recevoir
recognize reconnaître
record un disque
record player un électrophone
red rouge
reflect refléter
refrigerator un réfrigérateur
refuse refuser (de)
register s'inscrire
regret regretter (de)
relationship les rapports *(m.)*
relatives les parents *(m.)*
relax se reposer
remain rester
remarkable remarquable
remember se souvenir de; se rappeler
rent *(v.)* louer
rent *(n.)* le loyer; **low rent** un loyer modéré
repair réparer
repeat répéter
resemble ressembler (à)
reserved réservé
respect respecter
responsibility une responsabilité
rest se reposer
restaurant un restaurant
return rentrer
rich riche
right *(direction)* la droite; **to the right of** à droite de; **to be right** avoir raison; **right away, right now** tout de suite; **a right** *(legal)* un droit
ring sonner
risk un risque
roast beef le rosbif
room une salle; **(of a house)** une pièce; **bedroom** une chambre (à coucher)
roommate un/une camarade de chambre
round-trip ticket un aller-retour
rule la règle
run courir

sad triste
safety la sécurité

sailing la voile; **to go sailing** faire de la voile
salad la salade
salami le saucisson
salary un salaire
salesperson un vendeur (une vendeuse)
salt le sel
same même
sandwich un sandwich
satisfied (with) satisfait (de)
satisfy satisfaire
Saturday samedi (m.)
save (money) faire des économies
saving(s) une économie
say dire
scholarship une bourse
school une école; **secondary school** un lycée
sea la mer
season une saison
seat un siège
secretary un/une secrétaire
secretive secret (secrète)
see voir; apercevoir
seem sembler; avoir l'air
selfish égoïste
sell vendre
send envoyer; **send back** renvoyer
sense sentir
sensible raisonnable; sensé
sensitive sensible
sensitivity la sensibilité
September septembre (m.)
serial (TV) un téléroman
serious sérieux (sérieuse)
serve servir
service le service; **military service** le service militaire
seventeen dix-sept
seventy soixante-dix
several plusieurs; **several times** plusieurs fois
shape la forme; **to be in shape** être en forme
share partager
shave se raser
shirt une chemise
shoe une chaussure
shopkeeper un commerçant
short court; petit
shorts un short
show (v.) montrer
show (n.) un spectacle; une émission

shower une douche
sick malade
sickness une maladie
simple facile
since depuis (que); comme
sing chanter
singer un chanteur (une chanteuse)
sister la sœur
sixteen seize
sixty soixante
skating le patinage
ski faire du ski; **skiing** le ski; **ski jacket** un anorak
skirt une jupe
sky le ciel
sleep dormir; **sleeping bag** un sac de couchage
slow lent
slowly lentement
small petit
smell sentir
smoke fumer
so alors; **so that** pour que
soccer le football
society la société
socks des chaussettes (f.)
sofa un sofa
soldier un soldat
sole la sole
some du (de l', de la, des); certain(e)s; quelques; **some day** un jour
someone quelqu'un
something quelque chose
sometimes quelquefois
somewhere quelque part
son le fils
soon bientôt
sore: sore throat mal à la gorge; **to have a sore;** ... avoir mal à ...
south le sud
Spanish espagnol
speak parler; **speak of** parler de
speed la vitesse
spend (money) dépenser; (time) passer
spontaneous spontané
sports les sports (m.)
spouse un époux (une épouse)
spring le printemps; **in spring** au printemps
stain une tache
stairs les escaliers (m.)
stamp un timbre
standard of living le niveau de vie

state un état
station (train) une gare
stay (v.) rester
stay (n.) un séjour
studio apartment un studio
steadfast persévérant
steering wheel le volant
stereo une chaîne-stéréo
stewardess une hôtesse de l'air
still encore
stockings des bas (m.)
stomach l'estomac (m.)
stop arrêter; cesser (de); **stop (oneself)** s'arrêter; **stop (at a place)** descendre
store un magasin; **department store** un grand magasin
story une histoire
street la rue
strong fort
stubborn obstiné
student un étudiant (une étudiante)
studies les études (f.)
study étudier; faire des études (de)
stupid idiot
suburbs la banlieue
subway le métro; **by subway** en métro; **subway ticket** un ticket de métro
succeed réussir (à)
success une réussite
sufficient suffisant
sugar le sucre
suit un costume; **swimming suit** un maillot de bain
summer l'été; **in summer** en été
sun le soleil
Sunday dimanche (m.)
sunglasses des lunettes de soleil (f.)
supper le dîner
surprised surpris
sweater un pull-over; un pull
swim nager
swimming la natation; **swimming pool** une piscine

T-shirt un tee-shirt
table la table
take prendre; **take (along)** amener; **take an exam** passer un examen; **take back** reprendre; **take care of** s'occuper (de); **take off** enlever; **take place** avoir lieu
talk parler; discuter; **talk about** parler de; **talk over** discuter de

tall grand
tape recorder un magnétophone
taxes les impôts *(m.)*
taxi un taxi
tea le thé
teach enseigner
teacher un professeur
team une équipe
telephone *(v.)* téléphoner
telephone *(n.)* un téléphone; un appareil
television la télévision; **television set** un téléviseur; **on the television** à la télé
tell dire; raconter
tennis le tennis
tent une tente
test un examen
that cela (ça); ce (cet, cette); **that is to say** c'est-à-dire
the le, l', la, les
theater le théâtre
their leur (leurs)
then alors; ensuite; puis
there là, là-bas
therefore donc; ainsi
thesis une thèse
they ils; elles; on
thin maigre
thing un objet; une chose
think penser; réfléchir; **think about** penser à; **think of** *(opinion)* penser de
thirteen treize
thirty trente
this ce (cet, cette); **this morning** ce matin
thousand mille
threaten menacer
three trois
throat la gorge
through par
throw jeter
Thursday jeudi *(m.)*
thus ainsi; donc
ticket un billet; un ticket; **traffic ticket** une contravention
tie une cravate
time le temps; l'heure *(f.)*; **at what time?** à quelle heure?; **one time (once)** une fois
tip un pourboire; **tip included** service compris
tire le pneu
tired fatigué

to à; en
today aujourd'hui
together ensemble
toilet(s) les toilettes *(f.)*; les W.C. *(m.)*
tomorrow demain; **tomorrow morning** demain matin
tonight ce soir
too (also) aussi; **too bad** (il est) dommage; **too many** trop de; **too much** trop (de)
toward vers; envers
town la ville
track and field l'athlétisme *(m.)*
traffic la circulation
train un train
transistor radio un transistor
transportation les transports *(m.)*
travel voyager
treaty un traité
tree un arbre
trip un voyage
true vrai; véritable
trunk le coffre
truth la vérité
try essayer
Tuesday mardi *(m.)*
tuition la scolarité
tuna le thon
turn on mettre
TV game show des jeux télévisés *(m.)*
twelve douze
twenty vingt
twice deux fois
two deux
typewriter une machine à écrire

uncle un oncle
under sous
understand comprendre
unequal inégal *(pl. inégaux)*
unfair injuste
unfortunately malheureusement
unhappiness le malheur
unhappy malheureux (malheureuse)
uniquely uniquement
United States les États-Unis *(m.)*
unknown inconnu
unless à moins que
unmarried célibataire
unpleasant désagréable
until jusqu'à; jusqu'à ce que
upkeep l'entretien *(m.)*

use se servir de
used d'occasion
useful utile
useless inutile
usually d'habitude; habituellement

vacation les vacances *(f.)*; **on vacation** en vacances
value une valeur
variety show les variétés *(f.)*
very très; **very many** beaucoup de; **very much** beaucoup (de)
violence la violence
visit (someone) rendre visite (à); **(a place)** visiter
voice la voix
volleyball le volleyball
vote voter

waistline la ligne
wait (for) attendre
waiter un garçon
waitress une serveuse
wake up se réveiller; **wake up (someone)** réveiller
walk *(v.)* marcher; **to go for a walk** se promener
walk *(n.)* une promenade
walking la marche à pied
wall un mur
wallet un portefeuille
want vouloir; avoir envie de
war la guerre
wash laver; **wash up** se laver
washing machine une machine à laver
waste time perdre son temps; **waste of time** une perte de temps
watch *(v.)* regarder; *(take care of)* surveiller
watch *(n.)* une montre
water l'eau *(f.)*
waterskiing le ski nautique
way une façon; une manière
we nous
weak faible
wear porter; mettre
weather le temps; **weather report** la météo
wedding le mariage; **wedding ring** une alliance
Wednesday mercredi *(m.)*
week une semaine
weekend un week-end
well bien

wheel la roue
when quand
where où
whether si
while pendant que
white blanc (blanche)
who qui
whole l'ensemble; **the whole** tout le (toute la)
whom que; qui
why pourquoi
wife la femme
win gagner
wind le vent; **wind surfing** la planche à voile
window une fenêtre
windshield-wiper l'essuie-glace *(m.)*

wine le vin
winter l'hiver *(m.)*; **in winter** en hiver
wish désirer; souhaiter
with avec; **with regard to** à propos de; **with respect to** à l'égard de
without sans
woman une femme
work *(v.)* travailler; *(to function)* marcher
work *(n.)* le travail *(pl.* travaux*)*
worker un ouvrier (une ouvrière)
world le monde; **world war** une guerre mondiale; **worldwide** mondial
worried inquiet (inquiète)

worry inquiéter; **to be worried** s'inquiéter
write écrire
writer un écrivain

year un an; **whole year** une année
yellow jaune
yesterday hier; **yesterday morning** hier matin
yet pourtant; encore
yogurt le yaourt
you tu; vous; on
young jeune
your ton, ta, tes; votre, vos
youth la jeunesse; **youth center** la Maison des Jeunes

INDEX

CREDITS

Drawings by Martha Weston

Maps by James Loates

Black and white photographs:
Mark Antman 12, 61, 78, 97, 113, 119, 155, 170, 161, 163, 165, 201, 220, 332, 337, 395, 421, 426, 430, 433, 455.   Bettman Archive, Inc. 278, 323R, 466R.   Black Star *John Launois* 131.   Culver Pictures, Inc. 323C, 456T, 456B, 466L.   Documentation Française Photothèque 43; *P. Almasy* 372L; *Guillemant* 380; *J. C. Pinheira* 85B, 120; *S. Bois Prévost* 444; *Verney* 143; *Centre Nationale d'Etudes Spatiales* 300.   Editorial Photocolor Archives 256, 284, 302, 465L; *SIPA* 92; *Alain Keler* 16B, 255B, 267, 434R; *S. Oudot* 58; *Robert Rapalye* 148, 279; *Steven Scher* 18, 19.   French Government Tourist Office 129.   Historical Picture Service 255T.   HOA-QUI 431BL.   Clemens Kalischer 36, 288.   Keystone 323L.   Susan Lapides 16TR, 47R, 60.   Louisiana Office of Tourism 431BR.   Magnum 326, 361; *Henri Cartier-Bresson* 139, 341; *Bruce Davidson* 16TL; *Jean Gaumy* 28, 224, 275; *Guy Le Querrec* 50; *Richard Kalvar* 83, 393; *Marc Riboud* 138, 151, 174, 411; *Sagaldo Jr.* 2.   Peter Menzel 1, 6, 10, 49, 81, 84, 90, 106, 116, 185, 188, 264, 289, 291, 327, 344, 372R, 435T, 452, 454R.   Carol Palmer and Andy Brilliant 153, 223, 235, 243, 292, 359.   The Picture Cube 336, 454L; *Foto du Monde* 465R; *Jaye R. Phillips* 401; *Richard Wood* 431TR.   Photo Researchers, Inc. 117, 459.   Stock Boston *Mark Antman* 71, 184, 187, 189, 290; *Tyrone Hall* 434L; *Owen Franken* 27, 211, 371, 383, 397, 435B; *Cary Wolinsky* 85T, 222, 303, 312, 321.   United Press International 382.   Rebecca Valette 253.   Max Waldman 293.   Woodfin Camp & Associates 47L, 355; *Alain Dagbert* 368.

Color photographs:
1. Stock Boston/Owen Franken   2. Bruce Coleman, Inc.   3. Images Unlimited/Leon Hovespian   4. Stock Boston/Owen Franken   5. Walter S. Clark   6. Hank Morgan/Rainbow   7. Peter Menzel   8. Stock Boston/Owen Franken   9. Stuart Cohen   10. Stock Boston/Owen Franken   11. Stock Boston/Cary Wolinsky   12. Michal Heron/Woodfin Camp & Assoc.   13. Stock Boston/Cary Wolinsky   14. Susan Lapides   15. Stuart Cohen   16. Woodfin Camp & Associates   17. Carl Purcell   18. Mark Antman   19. Peter Menzel   20. Magnum/Henri Cartier-Bresson   21. Woodfin Camp & Associates/*Viva* M. Dullac   22. Stock Boston/Owen Franken   23. Larry Melvehill/Photo Researchers, Inc.   24. Walter S. Clark   25. Peter Menzel   26. Carl Purcell   27. Peter Menzel   28. Editorial Photocolor Archives/Simone Oudot   29. Studio 20/Tom Bross   30. Peter Menzel   31. Mark Antman   32. Peter Menzel   33. Peter Menzel

The statistical and other factual information used in many of the *Renseignements culturels* and *Instantané* sections of *Contacts* was derived from various sources and French publications including *Quid*, *Le Monde*, *Le Point*, and *L'Express*.

CDEFGHIJ-H-821